都市を生きぬくための狡知

タンザニアの零細商人マチンガの民族誌

小川さやか

ujanja

世界思想社

都市を生きぬくための狡知

目次

序　論

introduction

第Ｉ部　騙しあい助けあう狡知
マチンガの商慣行を支える実践論理と共同性

第Ⅱ部　活路をひらく狡知

マチンガの商慣行と共同性の歴史的変容

結　論

conclusion

イラスト　須藤千春

はじめに

タンザニアの都市住民は、ときに誇らしげに、ときに自嘲気味に自分たちを「ワボンゴ *wabongo*」という愛称で呼ぶ。ワボンゴとは、スワヒリ語で「頭脳」や「脳」を意味する *ubongo* に、複数人称詞を示す接頭辞 *wa* を組みあわせた造語で、直訳すると「頭脳の人びと」という意味である。曰く、「われわれは、生活費の捻出や友人とのカネの貸し借りをめぐるトラブル、警官による嫌がらせなど、さまざまな問題に日々頭を悩ませながら暮らしている。われわれの頭はつねに悩みごとでいっぱいだ。予測不可能な都市世界を生きぬいていくためには、「エクストラな頭脳 *extra ubongo*」が必要であり、実際に厳しい現実を生きぬいているわれわれには、「ビッグな頭脳 *big ubongo*」がある。だからわれわれは、頭を使って生きている人びとである」。

急速な都市化がすすむタンザニアでは、その他の多くのアフリカ諸都市と同様に、失業問題の深刻化や不衛生なスクウォッター（不法占拠区）の拡大、貧困に起因する犯罪の増加、社会的サービスの不足などさまざまな困難が蔓延している。地方から都市へと出稼ぎにきた人びとの多くは、フォーマルな雇用機会を得ることができず、一般的に「インフォーマルセクター」と呼ばれる都市雑業に身をおいている。また経済状況の悪化により、フォーマルセクターに従事している人びとも、収入の不足を補塡するため、あるいは突然の解雇や賃金カットに備えるためにインフォーマルセクターに参入している。現在のアフリカ諸都市を特徴づけるひとつの現象は、「都市経済のインフォーマル化」［Hansen 2004：62］である。

このようなインフォーマルセクターのなかでも、アフリカ都市空間を占拠する零細商人は、とりわけ目立った存在である。公設・私設市場からあふれ出て、地べたにビニールシートを敷き、野菜や果物を販売している、自称

「市場商人」。バス停や駅、人通りの多い路上に簡素な露店を設置して、日用雑貨を販売する露店商。道路標識や電線、街路樹、公園のベンチ、建物の壁など、利用できるものなら何にでも色鮮やかな衣料品を吊して販売している路上商人。時計やラジオ、車の部品からおもちゃまで多種多様な商品を携えて、狭い路地を縦横無尽に練り歩く行商人。大きな荷物を担いで地方の定期市を巡回する定期市商人。タンザニアでは、これらの零細商人の一群は、「マチンガ *machinga*」と総称されている。

アフリカの都市生活者の経済活動について調査したいというきわめて漠然とした目的でタンザニアを訪れたわたしは、このマチンガと呼ばれる人びとに興味を抱いた。マチンガは、さまざまな意味でタンザニアの都市現象を象徴する人びとであった。経済自由化とともに激増したマチンガは、タンザニアにおける市場経済化・グローバル化の申し子といえる存在であった。また地方から都市へと出稼ぎにきた若年貧困層で構成されるマチンガは、タンザニアにおける都市化の進展と貧困問題の深刻化を体現していた。さらに日々警官に追い回され、ときに取り締まりに抵抗して暴動を引き起こすマチンガは、国家と民衆とのあいだの緊張や、都市における社会不安の象徴でもあった。

これら膨大な数のマチンガの零細な商業活動はいかなる社会、経済、政治的な状況のもとで展開しているのか。マチンガの商売はどのようなしくみで成り立っているのか。多様な人びとが日々参入退出を繰り返す零細商人の世界とはどのような世界なのか。わたしはマチンガを調査することに決めた。

しかし、都市中心部の路上から農漁村の定期市までを流動的に動きまわり、タンザニア第二の都市であるムワンザ市内中心部だけで六〇〇〇人はいるとされるマチンガを、どうやって調査したらよいのか、皆目見当がつかなかった。わたしはただ漫然と、知りあったマチンガと一緒に炎天の日も雨の日も、両手に数十枚の古着を携えて行商していた。マチンガは、闖入者のわたしに掛け売りで（代金後払いの約束で）古着を卸し、値段交渉の仕方や売れ筋商品の見分け方だけでなく、消費者をうまく騙す術も学ばせた。また警官による取り締まりから逃げる技だけでなく、警官への賄賂の渡し方や暴動での戦い方までも伝授した。五カ月も過ぎる頃には、わたしは五〇〇人以上の常連客をつかみ、手ぶらで道を歩いていても頻繁に呼び止められ、古着を注文されるようになった。何百人ものマチンガと会話を交わす仲にもなった。そのうち二九七人のマチンガのライフヒストリーを聞いた。四人のパトロン（中間卸売商）をもち、およそ一〇〇人の商売仲間であると同時に商売敵でもある友人ができた。その後わたしは一七人のマチンガ（小売商）のパトロンになった。しかし、マチンガは、わたしがすっかり仲間になったと感じるたびに、わたしの心をくじいた。マチンガは、口約束のみで、後に代金を支払ってもらう約束でわたしが前渡しした古着を何度も持ち逃げし、しばらくするとしれっとした顔で戻ってきた。マチンガは何度も嘘をついてわたしからカネをかすめ取り、鞄に鍵をかけることをすっかり諦めさせた。

わたしはマチンガの商売の方法を知っている。なぜなら、わたしはマチンガの商売をひとりきりでも何不自由なくこなせるからだ。しかし彼らの実践や商売を支える仲間関係を学問的な問題系に落として言葉にしようとすると、わかっていたはずのことがとたんにわからなくなる。何より、わたしが理解したいのは、知れば知るほどわからなくなる、この魅力的な人びとはいったいどのような人びとなのかということだった。

マチンガは語る。「オレたちは、最大の敵はもっとも身近にいる人間だと信じている。彼らはすぐに嫉妬してオレの人生を遅らせようとする。オレたちに友人はひとりもいない。信頼できる人間なんてひとりもいない。カネをもっているときは、友人なんてつくれない。近寄ってくる人間はみんな偽物の友人だ」。しかし彼らは何度持ち逃げされても、本名も出身地もきちんと把握していない人間に掛け売りで商品を販売し、また逃げられ、信用を踏み倒した人間が戻ってくると受け入れ、また掛け売りで商品を販売する。そのようなとき、彼らは「大事なのは近寄ってくる人間の心（*nafsi*）をいきなり拒絶しないことだ。知りあうことのできた人こそ友人なのだから」とも語る。彼らの言葉はいっけん矛盾だらけに思えた。

マチンガは、ときに巧みな戦術を駆使して田舎者の消費者をうまく乗せ、ぼろ儲けする。しかしときには、消費者の懇願に負けて大幅な赤字価格でも商品を売ってしまう。マチンガは仲間のあいだでも嘘や騙しの応酬による熾烈な駆け引きをする。しかし彼らは騙しあいができる人間だから信頼しているのだと語り、「うまく騙し、うまく騙されることができる人間こそ仲間なのだ」と言う。騙すことが信頼とはどういうことなのか。

マチンガの商売上の連携は、はかないものだ。彼らは、些細なことで揉めてすぐにけんか別れする。別れは突然で極端にさっぱりしている。彼らは、「都市にはほかにも仕事があり、いろんな人間がいる。いつまでも儲からない商売にこだわったり、気が合わない人間と関係をつづけるのは人生の無駄だ。利にならない仕事や関係など捨て、はやく新天地に踏み出したほうがいい」と語る。しかしひとたび目的が合致すると、けんか別れしていたはずの者どうしが結託して、すばらしい連携プレーを演じる。群れあい、親しくなる。親しくなると、離れていく。そしてふたたび群れあい、親しくなる。その繰り返しだった。

マチンガの商売は、驚きの連続であった。わたしは「社会に埋め込まれた経済」を切り口に議論を重ねてきたモラル・エコノミー論に関心をもった。マチンガのあいだでは「生存維持倫理」に似通った概念が存在していた。彼らの行為は、互酬性や贈与交換の用語でうまく説明できた。しかし彼らの実践を何らかのモラリティとしてまとめようと試みれば試みるほど、彼らの実像からかけ離れていくように感じた。

わたしは日常的抵抗論にも関心をもった。マチンガどうしの取引関係は、急激な社会経済変容のただ中におかれたパトロン―クライアント関係として説明できた。何より日々、警官に追い回されているマチンガは被抑圧者である。都市の路上は闘争のアリーナだ。逃散、猫かぶり、ほとんど計画を必要としない日常的でコンスタントな闘争。即興的な連携、素晴らしい演技力、変装、変幻自在な話術。創造的で豊かな抵抗実践をいくつも見つけた。しかし、彼らを抵抗論で描かれてきたような主体像に近づけようとしすぎると、何か腑に落ちない違和感に悩まされるようになった。

わたしは、マチンガが毎日、何十回も口にする「ウジャンジャ *ujanja*」に興味を抱いた。ウジャンジャは、スワヒリ語で「狡猾さ」や「賢さ」を意味する言葉である。ウジャンジャは東アフリカの民話に登場する野兎の狡知＝策略的な実践知である。わたしはしだいにウジャンジャこそ彼らの実践や仲間関係を解く鍵ではないかと考えるようになった。しかしこのウジャンジャは、わたしをふかい混乱に陥れる最大の原因にもなった。本書では、不確実な都市世界を、頭を使って生きぬいているマチンガたちのユニークな商売のしくみ、人間関係をウジャンジャに着目しながら描いていく。彼らとはかなり違った現実を生きているわたしたちも、ときに、思うようにならない現実、理解できない他者、受け入れられない自分を思い悩む。ウジャンジャを駆使して生きぬく「頭脳の人びと」の姿から、わたしたちが不確実な世の中を生きぬくヒントを見つけ出せれば、幸いである。

序論

introduction

序章　マチンガと都市を生きぬくための狡知

本書が対象としているのは、アフリカ諸都市では、ありふれた経済活動である。しかしそれは、現在のグローバル資本主義経済の内部（最末端）にありながら、通常の市場交換の論理では説明しきれないような活動であり、しかも経済活動という定義からも逃れるような人間の生の営みである。具体的には、タンザニアのムワンザ市におけるマチンガのミクロな商実践、騙しあい助けあう商慣行のしくみとその変容、騙し騙されながら生成・解体・変容する仲間という共同性、いっけん混沌とした路上という社会経済空間に立ち現れる秩序……これらをウジャンジャ（狡知）に着目しながら明らかにすること、これが本書の目的である。

本書が描き出そうと試みる「ウジャンジャ・エコノミー」は、社会の底辺に生きるマチンガたちが、不可逆的に浸透するグローバル資本主義と戯れながら、日々狡知を働かせて創りだしている独自の商世界である。しかし、それはじつはアフリカ都市の零細商人の世界特有のものではなく、グローバル資本主義システムの内部に巣くい、そのシステムを駆動している、わたしたちの世界のどこかしこにも存在する、アナザーワールドかもしれない。グローバル経済の波がおし寄せているアフリカ諸都市において、その末端を担っている零細商人の世界を照射することにより、わたしたちの生きている世界について新たな理解を導き出せればと考えている。

一　マチンガとは誰か

「マチンガ *machinga*」とは、タンザニアの都市零細商人の総称である。その語源には、諸説あるが、もっとも有力な説は英語の「行進する marching」と「男 guy」を組みあわせた造語であり、もともとは、独立後に社会主義体制を推し進めていたタンザニアが一九八〇年代半ばに経済自由化に踏み切った後に、タンザニア諸都市の路上で激増した「男性の行商人」を指していたというものである。[1]現在では、市場で営業する露店商や女性路上商人をふくむ零細商人（*wafanya biashara ndogo ndogo*）一般が、マチンガとして自称他称されている。では、マチンガ、彼らの経済活動、彼らが織りなす路上空間は、先行研究ではどのように描かれ、位置づけられ、意味づけられてきたのであろうか。ここでは、本書の問題関心に即して、それらを「零細企業家としてのマチンガ」と「路上商人としてのマチンガ」に分けて概観し、本書の視座を提示する。

零細企業家としてのマチンガ

マチンガは前述したとおり、タンザニアの零細商人を指す俗称であるが、より一般的には、インフォーマルセクター商業部門や零細企業家（micro entrepreneur）として区分される人びとである。インフォーマルセクターや零細企業家に関する研究は、それがインフォーマルや零細という言葉を冠しているとおり、フォーマルではないことや大規模ではないことに問いの焦点があてられてきた。たとえば、なぜ彼らは、西欧社会の企業のように内部に分業体制をもつ組織へと発展せずに個人操業形態のままでとどまるのか、なぜ彼らは経営拡大に向かわず「アメーバのように」［Tinker 1987］自己分裂を繰り返し増殖していくのか、という問いは、多くの研究者の関心を惹きつけた。これには、植民地化の影響や独立後の不適切な国家政策、世界システムにおける従属的な地位、外国企業（人）との競争といった外的な要因から、資金や教育・技能・知識、銀行サービスの不足などさまざまな要因が指摘されてきた。なかでも（開発）経済学者や社会学者とともに人類学者の関心を集めたのは、彼らの企業家精神の発揮を支えると同時に妨げることもある「多くの縁者」の存在であった。

アフリカ諸都市で暮らす人びとが直面している共通した現実とは、著しい生活困難にほかならない。困難な都市生活をやりくりするために、アフリカ諸都市では、都市への移住から職探しまでを支援しあう親族や同郷者のネットワークをはじめとし、民族や宗教を基盤につくられる共同体、互助講や葬式講、貯蓄講といった多種多様な講組織、近隣組織や若者組織、ローカルNGOなどがひしめいている。しかし、そうした共同体や共同性の規範やそれに応じた関係が、ネオ・リベラリズムの精神と相容れず、人びとに深い葛藤やジレンマをもたらすことがある。それがもっとも顕著に現れているのが、都市下層の経済世界、とくに国際市場の最末端で動いている零細商売の世界なのである。以下では、こうした問題関心のもとで、零細企業家を扱った研究を整理していく。

（一）市場の論理と互助の論理のはざまで

零細企業家の企業家精神や行動規範、企業家の活動に影響を与える社会ネットワークを扱った研究のなかには、移出元の人間関係や規範が出稼ぎ先の都市部でも大きな影響力をもつことに着目し、アフリカ都市の経済活動を、利益の再分配や相互扶助に特徴づけられたものとして描く研究潮流がある。たとえば、アフリカ版モラル・エコノミーの発案者ともいえるゴラン・ハイデンは、血縁や地縁などを基盤とする互酬的交換に着目し、タンザニアの小農社会にみられる再分配をつうじた相互扶助システムを「情の経済 economy of affection」と名づけた［Hydén 1980, 1983］。この「情の経済」は都市においても機能し、都市出稼ぎ民たちの生存戦略に重要な役割を果たしていると指摘された［Macharia 1997: 136; Tripp 1997: 80; Swantz and Tripp 1996: 12-13; 小川 1998: 248］。

しかし一方で、このような相互扶助のシステムは、都市に深く浸透した近代資本主義の論理と矛盾するために、人びとに葛藤やジレンマをもたらしている源泉であるとも指摘されてきた［Bienefeld 1975; Kennedy 1988: 135-183; Marris and Somerset 1971 など[2]］。たとえば、インフォーマルセクター研究の先駆者であるハートは、企業家と資本家というふたつの異なる像の対比にもとづき、ガーナのフラフラ人の成功者は、彼らの共同体の成員にとって「貢献者なのか、それとも詐欺師なのか」と問いかけた。ここでのハートの問題意識は、「個人的な富の蓄積と共同体との関係の維持は、両立できるのだろうか……なぜ故郷やエスニックな紐帯は、それほど重視されるのだろうか。なぜそれらは、個人的な成功を抑圧するのだろうか」［Hart 1975: 3］というものである。[3] また、ケニアの小規模企業家の企業家精神——「資源と機会を新たな方法において組みあわせる、実践的な創造性」［Marris and Somerset 1971: 1-2］——の発揮にかかわる拘束要因を膨大なデータから多角的に検討したマリスとサマセットや、アフリカにおける資本主義の全面的な出現にかかわる阻害要因を歴史的に検討したケネディはともに、その決定的な要因のひとつとして、親族や同郷者などとの関係と、そこでみられる経済的な平等性および富の再分配を道徳的な美徳とする「伝統的」なアフリカの価値システムに着目した［Marris and Somerset 1971; Kennedy 1988: 5, 135–138; cf. Marris 1968, 1971］。

零細企業家にとって親族や同郷者などとの関係は、都市での生活支援や帰郷に備えた土地などの権利の維持、さらには都市での成功を左右する資本提供において重要であるが、自身が成功すれば、彼らに支援を提供しなければならない。つまり、これらの研究では、こうした互酬的な関係が、企業家として利益を追求し、資本を蓄積することの障害となるため、彼らはビジネスを拡大できず、零細なまま留まるとしているのである。この研究潮流から生まれるであろうマチンガ像は、「縁者との関係」に埋め込まれた「道徳的」な人びとである。

（二）　親しさと信頼のジレンマ　　またこれらの研究を含むいくつかの研究は、アフリカの経済活動の特色を「信頼」に着目して論じている。これにはつぎのふたつの説明様式があり、ここでは、アフリカ都市の経済活動は、基本的に不信感の蔓延に特徴づけられるものとして描かれている。ひとつは、エスニシティや宗教、あるいは親族や同郷者などの身内を超えた信頼構築が難しく、共同経営や信用供与、技術移転などが限定された範囲でしか達成されないこと［Macharia 1997: 147–148; Shack 1973 など］、またそれゆえ支援を求める縁者との関係により深くコミットせざるをえないことを指摘する研究であり、もうひとつは、「見知らぬ者は当然のことながら信頼できないが、親しい者もその近しさゆえに信頼できない」としてアフリカ諸都市の経済活動が、背信や裏切りが頻発する相互不信の状況にあることを問題とする研究［Hart 2000; Maphosa 1999: 173-175; van Donge 1992, 1995］である。

後者の研究潮流でもっともラディカルなのは、人類学者ヴァン・ドンへの研究である。彼はタンザニアの首座都市ダルエスサラーム市で活動するルグル人の野菜商人を事例に、タンザニア都市部の経済活動が不安定なのは、政府の不合理な市場統制などの外部要因によるのではなく、地域固有の文化的な論理(4)、平等主義的な圧力の反動として生じる「信頼の欠如」に起因すると断じた。彼によれば、ルグル商人は、道徳的な再分配の要請や嫉妬を怖れ、親族や故郷の成員を信用せず、「現金主義的な cash and carry」個人操業形態を好む。そのため、彼らは市場価格を統制したり、不測の事態に協力して対応したりできず、経営の安定化が図れない。さらに、配偶者を除いて誰も信頼しない彼らは、経営の拡大に投資すべき資本を不測の事態に備えて不動産に投資する。ヴァン・ドンへは、こうした傾向はルグル商人に限らないものとして、アフリカ諸都市における零細商人の増殖を招いている主な要因であるとした［van Donge 1992, 1995］。この研究潮流から生まれるであろうマチンガ像は、「信頼関係」をつくることができない「孤独」な人びとである。

(三)　異なる論理と関係性の使い分け

これらに対して、零細企業家による創意工夫に着目し、彼らがうまく市場の論理と互助の論理を使い分けたり、接合すると論じる研究もある。ここでは、アフリカ諸都市の経済活動は、利益の再分配や相互扶助がうまく機能する、インフォーマルな制度をもつものとして描かれている［Egbert 2004; Sørensen 2000, 2001; cf. 野元 2005］。また、ここでのいくつかの研究は、ジレンマをアフリカの零細企業家に特有のものというよりも、他地域の事例とも共通する「商人のジレンマ」として位置づけている。

「商人のジレンマ」とは、モラル・エコノミーと市場経済とのあいだで、適正な取引価格や信用供与、利益の配当などをめぐって、商人たちがジレンマに陥ることを指摘したものである。商人たちは、市場の需要変動や商人間の市場競争に対応して、仕入れと販売にかかわる価格・量・時期を決定しなければならないが、他方で当該社会の道徳的な規範（たとえば、「生存維持の倫理」［Scott 1985］に応じた適正価格や信用供与およびその支払いの猶予や焦げつきに対する寛容な態度）の期待にも従わなければならない。このパラダイムを提唱したエヴァーズとシュレイダー編『交易のモラル・エコノミー』［Evers and Schrader 1994］では、主として東南アジアの事例から、商人がジレンマを解決しうる方法として、次の五つが指摘されている。第一に、空間的・物理的に道徳的要請から離れた場所（とりわけ都市部や異民族の居住地）に移住する。第二に、資本蓄積が認められた宗教に改宗する。第三に、共同体内部において文化資本／象徴資本を蓄積し、卓越した地位を確立する。第四に、現金主義的な商取引形態に特化する。第五に、社会関係の脱人格化（脱埋め込み化）を図る［Evers 1994: 7-10］。

この解決策に依拠してアフリカ都市商人の経済活動を論じた研究として、たとえば、人類学者のショレンセンの研究がある。彼は、『カネは真の友だち』というウガンダのメイズ商人の言葉を冠した著作において、都市で出会う人びととの信頼構築をつうじた、商売上の連携について論じている［Sørensen 2000］[5]。彼によれば、そもそも資本主義経済における商取引とは、「他者から自己の損失なしに多くを得ようとする」否定的互酬性にもとづくものであり、商取引をふくむ連携（生産者―商人、卸―小売、長距離交易のパートナー）を、一般的な互酬性の論理で動く親密な人間と築くことは難しい[6]。彼は、メイズ商人たちが実際に、親しい人間との商売上の連携を避け、かわりに都市社会で出逢う「よそ者 stranger」とのあいだで経済関係を築こうとしていると論じた[7]。これは、経済人類学の古典であるサーリンズの社会的距離を前提にした互酬性の類型論の一方の極と一致している[8]。

そのうえで、ショレンセンは、メイズ商人がよそ者と取引をする際に、信用の不履行を防ぐために、評判のネットワーク「信頼の鎖 trust-chain」を利用していることに注目した。つまり、ショレンセンは、メイズ商人が親族など既存の関係を切断し、都市で新しい経済関係を構築することをつうじて、公私の分離とサンクションを前提とする、近代的な経済活動を実現していると論じたのである。このように、市場交換が「共同体の果てる場所」において「よそ者」相手に成立するという見方は、古典的な「商人モデル」に依拠したものであると同時に[9]、アフリカをふくむ世界各地の交易マイノリティを説明する主要なパラダイムとなっている[10]。以上の研究潮流から生まれるマチンガ像は、「状況に応じた関係性」を使い分けることができるプレイヤーであり、「戦略的」な人びとである。

最後に、ここで描かれるような「戦略的」な人びとが、うまくいかない場面に注目した研究を捕足しておきたい。近藤は、ナイジェリアのカドゥマ市の工場労働者の事例をもとに、企業や工場、市場交換における資本主義の論理と、親族や同郷者とのあいだでの互酬性の論理との折衝・接合のあり方を、経済活動にかかわらないより広い文脈において、(一)貢献による制約、(二)状況選択[11]、(三)コンバージェンスの三つに整理した。そして、「状況選択」と「コンバージェンス」に問題が生じた場面に注目し、状況に応じて複数の顔を使い分けようとする「状況選択」が逆に裏切りや不信を招いたり、「コンバージェンス」が全体主義的な様相を帯びて縁故主義や恩顧主義に帰結することがあるとした[12]。そのうえで彼は、資本主義の論理と互酬性の論理は、それほど容易に接合したり、異なる領域に配置して使い分けたりできるものではなく、そこでのやり取りは、「対話 dialogue モデル」として理解したほうがよいものであるとした。つまり、彼は、このふたつの論理は、対話しあい、相互に浸食しあうが、統合されないし相補的な関係にもならないとしたのである［Kondo 2003］。ここから導き出されるマチンガ像は、状況に応じてさまざまな戦略を試みつつも、道徳的なアクターにも経済人にもなりきれない「あいだ」にある人びとである。

路上商人としてのマチンガ

さて、ここまで述べてきたアフリカ諸都市における零細商人の経済活動に関する研究潮流とは別に、零細商人の路上での活動に注目するポリティカル・エコノミー論の潮流がある。マチンガのような零細商人を扱った研究の中心を占めてきたのは、国家とインフォーマルセクターとの関係をめぐる議論である。とくにアフリカ諸都市で激増した路上商人は、税や営業許可料を支払う正規商店の営業を妨害し、混雑した状況を生み出すことで交通問題を引き起こし、都市の美観を損ねる存在として、研究者だけでなく、各国の政策担当者や他の都市住民からも「路上商人問題 street trader issue」として広く関心を集めてきた。路上商人の一斉検挙とそれに対して路上商人が引き起こす暴動は、国家とインフォーマルセクターとの軋轢を象徴する出来事として注目されてきた。

（一）　経済的弱者の生存の場　　従来、路上商売に対する支配的な見方は、国家経済の破綻と不適切な社会経済制度に起因して生み出された脆弱な貧困層による生存戦略であるというものであった。そのため、路上商売に対する第一の研究群は、貧困削減政策や教育政策、都市偏重の開発政策などの政策的な問題、都市における労働力過剰を生み出す移出元の社会経済的・生態的な問題、都市での就業機会の不足や生活・治安状況の悪化などを検討したものが大半であった。これらの研究では、路上商売の増加を招く制度的・構造的な問題を解決するための方策を提言しようとする議論が中心を占めてきた［Liviga and Mekacha 1998; Mbilinyi and Omari 1996; Ngware 1996; Omari 1994; Rogerson and Hart 1989］。ここでは、アフリカ諸都市の路上空間は、国家経済の破綻や不適切な社会経済制度に起因して生み出された経済的弱者の生存の場として描かれてきた。

たとえば、リヴィガとメカチャは、マチンガの故郷と都市における社会経済的問題を分析し、マチンガにとって出稼ぎも零細商売も「自主的なものではない」と断じた。そしてマチンガのような脆弱な社会経済アクターの根本的消滅をめざすために、都市偏重の開発政策を見直し、彼らの移出元の社会経済的な問題を抜本的に解決する必要があると指摘した［Liviga and Mekacha 1998］。

この研究潮流から生まれるであろうマチンガ像は、資本や技能、教育の欠如により路上商売以外に選択肢をもたない貧困層であり、社会経済的に「脆弱」な人びとである。

こうした研究と問題意識を共有しながらも、異なる視座から路上商人を扱った研究として、以下のふたつの研究群がある。

（二）　抑圧的な社会経済秩序に対する闘争のアリーナ　第二の研究群は、路上商人と国家とのコンフリクトに焦点をあて、インフォーマルセクターの増加や路上商売の継続を、日常的抵抗として再評価する研究である［Clark 1994: 372-401; Jimu 2005; Kerner 1988; Müller Online; Robertson 1997: 137-145, 263-274; Tripp 1997］。ここでは、アフリカ諸都市の路上空間は、抑圧的な社会経済秩序に対する闘争のアリーナとして描かれてきた。

一九八〇年代、政治学者の一グループは、路上商人に代表されるインフォーマルセクターを、機能不全に陥った国家からの社会的「離脱」として捉える視座を共有していた。つまり、個々の経済アクターは、国家の規制や公的なチャネルを迂回し、直接的に国家統制主義者の経済モデルから離脱することで、「インフォーマル性の政治」をおこなっているとみなされた［Lindell 2010: 5］。たとえば、アザリヤとチャザンは、アルバート・ハーシュマンの「離脱・発言・忠誠」モデル［cf. ハーシュマン 2005（1970）］によりつつ、「発言」が効果を生み出さず、実質的に不可能であるような政治経済状況において、「離脱」がその代替的な選択肢となったと論じた［Azarya and Chazan 1987］。

この「離脱」モデルに対して、インフォーマルセクターの活動自体を、既存の政治経済秩序に対する積極的な抵抗であるとみなす議論が生じた。タンザニアにおいては、日常的抵抗論の礎を築いたジェームズ・スコットの『弱者の武器』［Scott 1985］を応用した、政治経済学者のトリップの研究がその代表である。トリップは、貿易自由化や経済自由化、インフォーマルセクターの合法化などの背景には、国際機関からの働きかけだけでなく、不服従の精神をもつ都市住民が日常的な闘争をつうじて既存の政治経済的秩序に挑戦しつづけたことが大きな推進力としてあったと論じた。彼女は、インフォーマルセクター従事者による逃散、無視、即興的な連携、歌や詞での嘲笑といった抵抗実践を詳細に記述するとともに、膨大な聞き取り調査と資料をもとに、そのような粘り強い抵抗に直面した政府や党内で、意見の対立や変化を求める動きが生じていく過程を綿密に描き出した［Tripp 1997; cf. 上田 2002: 218-221］。トリップの研究は、路上商人に限定されていないが、その後のタンザニアや近隣諸国の路上商人研究に絶大な影響を及ぼした［ex. Jimu 2005; Hansen 2004; Lindell 2010; Müller Online］。

これらの日常的抵抗論は、それまで受動的に描かれてきた構造的弱者や被抑圧者による、既存の秩序や言説、権力構造に対する能動的で豊かな抵抗の可能性を提示した。しかし一方で日常的抵抗論に対しては、多くの批判もなされた。たとえば、グットマンは、スコットの日常的抵抗（とそれを応用した多くの研究）は、グラックマンが「叛乱の儀礼 ritual of rebellion」［Gluckman 1940］と名づけたものと類似した「抵抗の儀礼」にすぎず、既存の秩序を維持するのに役立つような行為を賞賛しているにすぎないと厳しく批判している［Gutmann 1985］。[13] こうした日常的抵抗論への批判に対しては、「ソフト・レジスタンス」という用語でケニアの都市住民の抵抗実践を多数の著書において論じてきた松田が三つに整理し反論を試みている。[14] この潮流から生まれるであろうマチンガ像は、国家権力に対して異議申し立てをおこなう「抵抗する」人びとである。

（三）　多様な権利を折衝する公共空間　　第三の研究群は、こうした抵抗論の視座を保持しつつ、市民社会論や社会空間論へ重点をシフトする研究である。この研究群は、公共空間である路上に重層的に関与する諸アクターの「人間の権利 human right」の拮抗に着目し、都市計画、ライブリィフッド・アプローチ、[15] 市民社会論を重ねあわせる［Brown 2006；Hansen 2004, 2010；Nnkya 2006］。ここでは、アフリカ諸都市の路上空間は、都市権力をふくめ、異なる利害関心をもつ市民が、路上をめぐる多様な権利を折衝する公共空間として描かれている。

ブラウン編の『抗争空間』［Brown 2006］は、この視座から路上商売を扱った代表的な論集である。ブラウンによれば、都市空間の管理・デザインの仕方には、利用者の必要性に応じて場の利用を統制する「応答型 responsive」、すべての利用者グループの権利を守ることをめざす「民主主義型 democratic」、場と公共生活との有機的な連関を模索する「意味づけ型 meaningful」の三つがある。また、管理者がこのうちのどのタイプを採用するのかを決めるにあたっては、「働く権利」「通行・運送権」「準委譲・賃貸権」「管理権」などの、諸アクター間の権利の拮抗点や妥協点を考慮しなければならないという［Brown 2006：23, 32］。

ここでの議論は、日常的抵抗論が孕んでいた、国家対路上商人（被抑圧者）という二項対立的な枠組みを修正し、路上商人の問題を複数のアクターを巻き込んで考察する視座を切り拓いた。しかし、この議論は権利の承認へと議論をスライドさせたために、路上商人自身による能動的な異議申し立てを評価する視点からは後退した。二〇一〇年に、フロリダ大学で特集号が組まれた「インフォーマル性」をめぐる一連の論考［Lindell 2010 ほか］は、抵抗論と市民社会論とを横断し、それらを包括的に論じようとする試みである。ここでは、インフォーマルセクターの組織化の萌芽に着目するなど、したたかな抵抗よりも、路上商人による、よりフォーマルなかたちでの権利の主張に焦点があてられている。この研究潮流から生まれるであろうマチンガ像は、権利を主張する「周縁化された」人びとである。

二　賭けとウジャンジャ

零細企業家としてのマチンガ

ここまで、先行研究が描いてきた経済活動および路上空間と、そこから導き出されるだろうマチンガ像について概観してきた。経済活動に着目した研究で描かれる「零細企業家としてのマチンガ」を整理すると、つぎのようになる。第一に、アフリカ諸都市の経済活動は利益の再分配や相互扶助に特徴づけられており、マチンガは「縁者との関係」に縛られた「道徳的」な人びとである。第二に、経済活動は日常的な裏切りや背信による相互不信が蔓延しており、マチンガは「信頼関係」を構築できない「孤独」な人びとである。これに対して第三は、第一の再分配や支援は状況に応じて使い分けられており、第二の背信は制度的に規制されている。マチンガはこうした経済活動における「戦略的」なプレイヤーである。

近年の人類学的研究では、第一、第二から、場面や状況に応じ関係や論理を使い分けたり、さまざまな創意工夫をつうじて両者を接合する人びとのエージェンシーに着目する第三の議論が主流になってきた。

こうした流れに至るまでには、大きく三つの背景があったといえる。第一に、ジレンマを指摘する研究の多くが単線的な発展論として批判されるようになったことである［上田　1996：16–17；Swantz and Tripp 1996］。効率的な資本蓄積や経営の拡大といった近代的な経営に価値をおき、そこから彼らの経済活動を評価する研究では、濃密な人間関係や規範は脱却すべきものとされる。そのような西欧中心主義的な見方が批判されるようになったのである。第二に、一九六〇年代からつづいたモラル・エコノミー論者と形式主義者や経済学者たちとの論争、および本質主義から構築主義へとシフトした人類学の大きなパラダイム転換のなかで、モラル・エコノミー論者が論拠としてきた規範や慣習、共同体概念に再考が迫られるようになったこと。これらと並行して、第三に、農村と都市、伝統と近代、サブシステンス・エコノミーとマーケット・エコノミー、資本主義的関係と互酬的関係などといった二分法に対する批判が盛んになったことである。

たとえば、アフリカ版「モラル・エコノミー論」のパイオニアであるハイデンも、アフリカにおける実体主義／形式主義論争［cf. Cliffe 1987；Kasfir 1986］、および市民社会論への傾倒により、近年、みずからの議論をエージェンシーに焦点をあてた枠組みへと修正した。近著においてハイデンは、「情の経済」を経済合理的な判断と矛盾するような利他的「規範」にもとづく経済ではなく、「個人では達成できない物質的・象徴的な目的を達成する手段として、個人が実践的かつ戦略的に互酬的な関係へと投資することで成り立っている経済」［Hydén 2006：73–75；cf. ハイデン　2007］であると定義し直している。そのうえで、ハイデンは、「情の経済」における人びとの実践は、「自由な個人が共通の目的を達成しようとする集合的行為というよりも、互いに他者の公正さの感情や期待に配慮しながら相互依存的にふるまう共同体的な行為である」［Hydén 2006：93］とし、「情の経済」の概念規定を、状況に応じてつくり変えられる身体的で感情的で操作的なインフォーマルな制度に拡大している。

路上商人としてのマチンガ

路上空間での活動に注目する研究で描かれる「路上商人としてのマチンガ」を整理するとつぎのようになる。第一に、アフリカ諸都市の路上空間は、国家経済の破綻や不適切な社会経済制度に起因して生み出された経済的弱者の生存の場であり、マチンガは路上商売以外に選択肢をもたない「脆弱」な人びとである。第二に、路上空間は、抑圧的な社会経済秩序に対する闘争のアリーナであり、マチンガは国家権力に対して異議申し立てをおこなう「抵抗する」人びとである。第三に、路上空間は異なる市民がそれぞれの権利を折衝する公共空間であり、マチンガは権利を主張する「周縁化された」人びとである。ここでもまた、近年の理論的視座は、第一から、場面や状況に応じて能動的な働きかけをおこなう人びとのエージェンシーに着目する議論、人びとの実践をより開かれた共同性や公共空間に位置づける議論へといたるのが主流となっている。この背景にも、路上商人をたんに政治経済構造に拘束された存在とみなす視点に対する批判や、権力と民衆、市民社会と共同体といった二元論の解体が盛んになったことが挙げられる。

「賭け＝逃げ」の姿勢

このように、近年の人類学的研究では、個人の微細な日常実践や人びとのエージェンシーを重視する傾向にあるが、ここまでに整理した議論には問題もみられる。まず、零細企業家、とりわけ商人を扱った研究の場合、彼らのエージェンシーは、きわめて整合的な戦略性・合理性へと収斂されてしまう――あるいは、戦略的で合理的な実践が選択的に取り上げられる――傾向にあることである。その結果として、零細企業家や商人の創意工夫を析出しようとする研究が提示する人間像は、一九六〇年代にバルト［Barth 1963, 1967］が、方法論的個人主義にもとづいて提示した西欧近代の経済人に限りなく近いものになりがちである。日常世界における人びとの実践はときに矛盾し、特定の人間像を結べないようなものである。じっさいに、本書でこれから提示するマチンガには、ここまでに示した相互扶助や富の再分配と市場競争、背信や裏切りと友情、不合理な言動と計算高い戦略といった、相反する実践が同時に観察される。そして、そのような矛盾する実践があり、これまで多様な人間像が提示されてきたことにこそ、不確実な都市世界でさまざまな葛藤を抱えて生きている、マチンガのエージェンシーを読み解く鍵があるように思われる。つまり、なぜ彼らはそれほど異なってみえるのか。これまで提示されてきた人間像がすべてマチンガの一面を示しているとしたら、なぜ彼らはそれほど矛盾した像として立ち現れるのか。あるいは、つぎのように問うこともできるかもしれない。従来の研究で描かれてきたマチンガには、状況や場に応じて戦略的に実践をおこなうエージェントというよりも、じつは「目の前の窮地をとりあえず切り抜けよう」「目の前の相手に何としても対応しよう」と、突発的で脱文脈的、即興的、「非意図的」な行為を日常的に頻繁におこない、その行為の「失敗例」の積み重なった結果としてジレンマや葛藤にはまっているようにみえたり、「成功例」の観察が積み重なった結果として状況や場面を戦略的に使い分けたり、抵抗しているようにみえた姿も含まれていたのではないだろうか。

たとえば、先に「あいだ」の人びとを描いた近藤は、呪術と偶然化の関係を説いた別の論考において、(一) 未知なる他者との「遭遇性」、(二) そこでの「交渉性」、(三) 複数の他者のあいだを渡り歩く「あいだ性」によって特徴づけられる都市の文化社会状況を「フラックス flux」と名づけ、失敗を繰り返す零細企業家が「日常を偶然化」して理解することで、あらゆる機会に対して果敢に賭けると同時に、「従来の手段や関係性を深く反省することなく、新たな手段や人に逃げることで対処する」[近藤　2009：160] という、「賭け＝逃げ」の姿勢を内在化させていることを指摘している。また、ガーナ女性の再生産活動を調査したジョンソン＝ハンクスは、「常識的に起こる必然性のないことが今起きていると自覚することは、未来もまた何が起きるかわからないが、同時に何でも起こりうるものとして立ち現れる」、ゆえに「偶然性に未来の可能性を重ねることができ、かくして……現実とはありえる未来につなぎとめられた、ありえない現実として問題化されている」[近藤　2009：161] という近藤とほぼ同じ認識を共有している。彼女は、ガーナ女性が結婚や出産についての計画を「それは未来が決定する」という表現を用いて語ることに注目し、不確実性が常態化したアフリカ諸都市においては、人びとは筋道だった未来を企図することに慎重になりながら、いま可能な行為には何にでも大胆に賭ける、「思慮深き機会主義」の姿勢をもつことを強調している [Johnson-Hanks 2005]。

同じく不確実性や不確定性が卓越した都市社会を生き、きわめて多様な人びとと日々交渉し、複数の人びとのあいだを仲介するマチンガの世界を理解するためには、これら「賭け＝逃げ」の姿勢におけるような行為、実践を詳細に描き切り、それがどのようなものであるかを考え抜いていくことが重要であろう。

都市を生きぬくためのウジャンジャ

不確実性、不確定性が突出した都市、瀬戸際が日常であるような日々を、マチンガはどのように生きぬいているのであろうか。そこでの、実践と呼ぶにはあまりにも場当たり的にみえる行為を、彼ら自身はどのようなものとして説明しているのであろうか。それを考えるうえで重要なのが「ウジャンジャ」である。ウジャンジャは、「狡猾さ」や「賢さ」を意味する言葉であり、狡知、策略的な実践知である。

狡知は、アフリカ諸都市における零細企業家の研究においては注目されてこなかったが、都市住民の生存戦術や抵抗実践、若者文化、ポピュラー文化を扱った民族誌において、多くの研究が注目してきたものである。

たとえば、セネガルの都市インフォーマルセクターとムリッド教団の研究を通じて草の根の国家誌の試みを提唱している小川と、カメルーンの都市ドゥアラのバミレケ商人に関する民族誌を書いた野元は、ともに「デブルイヤージュ débrouillage／デブルイエ se débrouiller」という概念に注目している。デブルイヤージュとは、「これ以上、悪い状態に陥らないために、自分がよって立つ立場さえ臨機応変に変えつつ、その場を切り抜ける」戦術であり、「その後にどういう困難が待ち受けているかまではかまっていられない。切り抜けに切り抜けを重ねて生きるほかはないことを本義とする」という［小川　1998：270–271；野元　2005：139］。トレフォン編の論集は、このデブルイヤージュ／デブルイエの中核に狡知をみるものである。度重なる政治動乱により極度の混迷状態にあるコンゴ民主共和国の首都キンシャサの都市住民は、自分たちを、デブルイエにおいて発揮される「ストリートのずる賢い機知＝狡知 street wise cunning」を身につけた人びとであると表現する［Trefon 2004］。この「ストリートのずる賢い機知＝狡知」は、マチンガがウジャンジャを説明するときの定訳である。

またウジャンジャ（狡知）は、都市に限らず、農村においても使用される一般名詞であるが、都市下層民からは「ストリートの教育 *elimu ya mitaani* において培われる機知」として、路上という空間の価値と強力に結びつけられて語られる。ここでウジャンジャは、路上を生活／生計活動の場とする者にとっては、自己とそれ以外の他者とを区別する指標にもなっている。

たとえば、キンシャサの都市住民は、ずる賢い機知＝狡知をもつ「*Kinouis*（＝キンシャサっ子）」の対比語として、「*mkokatier/mowuta*（＝田舎者、新参者）」を挙げる［Trefon 2004: 17］。鈴木が調査したコートジボアールのストリートボーイは、「ガワ（＝頭の悪い人、田舎者）」と比較して、自分たちを「イェレ（＝頭の良い人、都市民）」と表現する。ここでの「イェレ」は、生き馬の目を抜くストリートの世界において「賢く立ち回って自分に有利な状況をつくりだすこと」を意味する「マニエラージュ *manierage*」に精通し、頭脳プレーを展開できる人びとを意味する［鈴木　2000: 114-117］。タンザニアの都市住民が、ウジャンジャを備えた人間「ムジャンジャ *mjanja*」を説明するときにも、同様に「ムシャンバ *mshamba*（＝田舎者、新参者）」と対比させることが多い。この場合、田舎者とは、地方に居住する人びとや農民を指すのではなく、別の論文で鈴木が述べているように、都市で生み出された身体コードやスラングなどをふくめた「ストリート・リテラシー」を十分に理解しておらず、適切な立ち居ふるまいができない人びとを指す［鈴木　2009］。

メティス

これらの研究にみられる狡知と類似したものとして、メティスを挙げることができるだろう。メティスに着目した研究として、古代ギリシア思想の研究者であるディティエンヌとヴェルナンの『知恵の策略』を参照した、今村やド・セルトーの研究がある［今村　1985, 1988；ド・セルトー　1987（1980）］。今村によれば、古代ギリシアではその「代表的な職種である商業」だけでなく、政治家や医者、戦略家、ソフィスト、漁師、狩人などあらゆる職業がメティス的な観点から眺められてきた。メティスとは、次のようなものである。

知性と思考のひとつの形態、ひとつの認識様式である。それは複雑ではあるが、きわめて首尾一貫した、心的態度と知的行為の総体である——勘、分別、予見、柔軟さ、みせかけ、抜け目なさ、注意深い態度、機会を捉えるセンス、さまざまな技倆、長い間に蓄えられた経験等を結合する。メティスは、正確な測定、精密な計算、厳密な推論ではとうてい歯が立たない、移ろいやすく、可動的で、ひとを面食らわせるような、あいまいな現実に応用されるものである。

［今村 1985：66–67］

メティスは、合理性を備えた知である。しかしそれは、数学的合理性やプラトンのいう〈厳密な学としての哲学〉に従うものではない［田辺 2003：34］。メティスは、航海術であり、舵取り術である。すなわち、風や荒波など人間の力ではいかんともしがたい諸力を操る知であり、正確な測定や精密な計算、厳密な推論ではとうてい歯が立たない変転する状況において、おおよその正確さをもって即興的に発動される近似的な知である［今村 1985］。また、ド・セルトーは、メティスがさまざまにかかわりあう力関係のなかでも「絶対の武器」になるのは、それがより少ない力で大きな効果を生み出す「節約の原理」となるためであると指摘する［ド・セルトー 1987（1980）：183］。ただし、節約の原理となるためには、みずからのおかれた状況において「策」を弄し、ものごとの急所をつかなければならない。メティスは「学問知や観想的な知を脅かし、人心をまどわす危険なものとして」追放されることになった［田辺 2003：35］。ウジャンジャも魅力的であると同時に危険な知でもある。ウジャンジャはしばしば、他者の心にひそむ驕りや甘え、弱さを刺激し、それによって生まれる隙や錯覚を利用する。

トリックスターの機知

マチンガが商人としての実践や抵抗実践を説明するときに用いる、トリックスターの機知についても触れておきたい。マチンガにウジャンジャとは何かを尋ね、物わかりの悪いわたしが質問を繰り返すと、きまって紹介されるのは、東アフリカに広く浸透しているさまざまなトリックスターの民話であった。トリックスターとは、世界各地の民話や神話、文学、宗教などに登場する文化的英雄であり、いたずら者である〔cf. 小川 1985；ハイド 2005（1998）；山口 1975, 1980, 2007；ラディンほか 1974（1956）；Fedelman 1963；Wescott 1962〕。東アフリカでは、野兎がトリックスターの代表的な動物である。タンザニアでは小学校の教科書に野兎の物語が広く採用されている〔cf. Tsuruta 2006〕[16]。また調査期間中、タンザニアでは「ムジャンジャなウサギ *Sungura Mjanja*」というテレビ番組がゴールデンタイムに放送され、子どもから大人に至るまで広い層に人気を博していた。

このような教育・文化的背景を反映してか、マチンガも、ウジャンジャを備えた自分たちをウサギや、ウサギと同様にずる賢い動物とされるネズミになぞらえて語る。たとえば、マチンガは、警官との攻防を「ハイエナ（警官）をやり込めるウサギ」の民話に、消費者に商品を高値で売りつけることを「お人好しのゾウや愚鈍な羊（田舎者）からうまくまきあげるウサギ」の民話になぞらえて説明する。また彼らの商売戦術には、ネズミを冠した名前がつけられている。たとえば、密輸交易や税・営業許可料の支払い回避をはじめとする法の網の目をくぐるさまざまな戦術は「ネズミの道 *njia ya panya*」、ボスや客をおだてながら利益や支援をかすめ取る戦術は「〔ネズミが人の足に〕噛みつきながら、〔痛くないように〕息を吹きかける *kuuma na kupuliza*」戦術である。また、マチンガがウジャンジャを説明するときに使うトリックスターの民話には、「価値の転倒」や「両義性／仲介性」といった一般的な特徴のほかに、トリックスターのもつ「滑稽さ」や「可笑しさ」があらすじになっているものが多い[17]。

三　本書の目的

ここまで先行研究においてマチンガと彼らの経済活動、彼らが織りなす路上空間がどのように描かれてきたのかを概観し、本書がウジャンジャに注目するに至るまでの理論的背景を述べた。ここでは、それを踏まえて、本書の目的と各部の課題について述べる。

本書の最終的な目的は、不可逆的に浸透するグローバル資本主義システムの末端において、零細企業家のマチンガが織りなしている独自の商世界を明らかにすることであり、その世界を維持・再生産している人間・社会関係と商慣行を、マチンガのミクロな商実践と狡知に注目して明らかにすることである。この目的のために、本書は、おもに以下の三つの課題を明らかにする。

第一に、マチンガの商実践をグローバルな古着流通システムのなかに位置づけながら、微視的に分析することをつうじて、彼らの商慣行のしくみと論理、そこで生まれている共同性について明らかにすること（第Ⅰ部）。第二に、マクロな社会、経済、政治状況の歴史的変化のなかにマチンガの商慣行の成り立ちを位置づけ、商売をめぐるマチンガの連携構築のあり方を明らかにすること（第Ⅱ部）。第三に、マチンガの商実践を路上の社会空間に位置づけ、ともに路上を構成する人びととの相互関係から彼らの商実践を再検討するとともに、彼らの商実践をつうじて顕在化する路上の社会経済秩序について明らかにすること（第Ⅲ部）。

これら一連の作業は、アフリカ都市において広くみられる零細企業家たちの商実践と、そこで生成している商売をめぐる関係性を、フィールドワークを通じて、微視的、空間的かつ歴史的に明らかにするものである。このようにアフリカ都市の零細商売を、丁寧かつ詳細に記述し分析することは、じつは従来のインフォーマルセクター研究、零細企業家研究、アフリカ都市人類学のいずれにおいても、ほとんどなされてこなかった。

零細商売は、参入障壁が著しく低いためにメンバーシップが安定せず、属性や背景を異にする多様な人びとが参入している。また零細企業家の移動性の高さは、都市雑業のなかでも飛び抜けている。当然、零細商売の全体像の把握は非常に困難であり、調査の足場が定めにくいという問題が発生する。こうした困難さから、従来のインフォーマルセクター研究や零細企業家研究は、質問票を用いた聞き取り調査にもとづく定量分析が中心を占めてきた。また人類学的研究は、それが都市居住者にとって重要であるというだけでなく、調査の足場が定めやすいという理由からも、混沌とした零細商売の世界のなかに存在している親族や同郷者、エスニック・グループ、宗教などのまとまりに焦点をあててきたと思われる。この結果、先に整理したように、親族や同郷者との関係がつねに議論の焦点となり、零細商売の世界の卓越した特色である流動性や移動性、多様性、匿名性の高い人間関係が、分析の背景に押しやられる傾向にあった。

さらにインフォーマルセクターの振興が謳われるようになった現在においても、アフリカ諸国の政府による零細商売に対する公式見解は、特別な知識や技能を必要としない単純労働であり、近代的な経済世界において「場所をもたない活動」[Brown 2006: 5] というものである。このことは、たんに小規模製造業などに比して零細商売に関する研究が著しく立ち後れたという帰結を招いただけでなく[18]、この部門に対する研究者の視座をかなりの部分で決定づけてきたように思われる。従来の研究のほとんどは、行商や路上商売のような零細商売を、時代や時期、地域や場所によって異なりうる独自のしくみと論理を有する商慣行として捉えようとはせず、零細商売が、彼らが生きるための生計の基盤として独自のあり方で存在しているにもかかわらず看過してきた。そのかわりに、彼らをめぐる実践を、貧困問題や社会不安を象徴する人びとの「生き残り戦略 survival strategies」や「抵抗実践」として位置づけてきた傾向にある。この前提に立つことで、従来の研究は、経済実践それ自体の分析よりも、零細企業家の生活史や商売において経験する困難や苦悩、それらに深くかかわる相互扶助、都市権力による取り締まりや路上商人が引き起こす抵抗や暴動に分析を集中させてきた。つまり、彼らの生命の根源にかかわる経済実践をみずに、貧困層、被抑圧者としての彼らにまつわるアクシデンタルな出来事ばかりが注目されてきたのである。

実際に、商売において値段はいかにして決まるのか、商人どうしは市場《しじょう》において、いかにして利益を争っているのか、他者の支援に充てられた儲けは、誰からいかにして稼いだものなのか、という彼らの日々の生計にかかわるもっとも重要な事項について十分に——とくに、対面交渉のレベルをふくめて——明らかにした研究はほとんどない。これがその日その日を生きぬく彼らにとって、もっとも身近でラディカルな問題であり、かつそこにおいてこそ、彼らの豊かなエージェンシーがもっとも発揮され、豊かな商文化が日々生成しているにもかかわらず……。

四　本書の構成

本書は、序論（序章・第一章・第二章）につづく第三章から第九章を三部構成とし、結論として終章をおいている。第Ⅰ部と第Ⅱ部では、古着を扱うマチンガに焦点をあて、マチンガの商慣行や商売をめぐる関係性を共時的・通時的に明らかにする。第Ⅲ部では、古着に限らず、あらゆる商品を扱うマチンガと、都市のその他の諸アクターとの関係に焦点をあて、マチンガの実践をより大きな社会経済的な空間のなかで理解することを試みる。

序論の第一章では、調査地であるタンザニアの地方都市ムワンザ市の概要と、第Ⅰ部・第Ⅱ部の主人公である古着商人の基本的な情報を提示し、第二章では、マチンガの商世界が、多様な人びとが日々参入退出を繰り返す、多様性、流動性の高さを特色としていることを説明する。また、マチンガの職歴から、そのような多様性や流動性の高さが彼らのライフスタイルや生活実践とどのように関係しながら再生産されているのかを明らかにする。さらに流動性や多様性の高さを織り込んだ、マチンガの匿名的な人間関係について、都市の友人ネットワークや渾名の活用を事例に考察する。この第一章・第二章を通じて、本書が対象とするマチンガの具体的なイメージが浮かびあがるであろう。

第Ⅰ部　第Ⅰ部では、マチンガの商慣行のしくみと論理、そこにみられる社会関係の分析をおこなう。本書が分析の中心に据えるマチンガの商慣行とは、マリ・カウリ取引と呼ばれる信用取引である。この商慣行は、資本をもつマチンガである中間卸売商が、資本をもたないマチンガである小売商に口約束のみで商品を前渡しし、後に売り上げのなかから仕入れ代金を支払ってもらうことを根幹として成立している。この商慣行は、中間卸売商と小売商の双方にとって経済的な利点があるが、いくつか不可解な点もある。

その不可解な点とは、第一に、口約束のみのこの信用取引が、互いの出自はおろか、本名も住所も正確に把握していない流動的で匿名的な関係のうえに成立していることである。この商慣行をおこなう両者のあいだでは、生活支援や値下げなどをめぐって、日々、嘘や騙しをふくむ熾烈な駆け引きが展開し、小売商は取引に不満をもつと、代金未払いの商品を持って逃げる。そうなると、本名も住所もわからないので、中間卸売商がその小売商を探し出すことは困難である。その結果、中間卸売商のなかには資本を失って小売商に転落する者もたびたび出現する。第二の点は、持ち逃げした小売商の大半がしばらくすると戻ってきて、中間卸売商は持ち逃げした小売商を許し取引を再開することである。それどころか、中間卸売商はそのような「裏切り行為」を引き起こす小売商こそ、取引相手にふさわしい人物だと評価することもある。第Ⅰ部の主たる問いとは、なぜこのような商慣行が展開しているのか／できているのか。なぜ中間卸売商はもっとよく知っている人間と取引しないのか。なぜパトロンである中間卸売商は小売商に信用を履行させることができないのか。なぜ中間卸売商は裏切り行為を引き起こす小売商を望ましい取引相手として評価するのか、などである。

第三章では、マリ・カウリ取引の方法と利点について整理したのち、なぜこの取引において信用の不履行が頻発するのかを、中間卸売商と小売商の利害関係の対立から説明する。つぎに騙しや背信行為を織り込んだ彼らの社会関係を考察し、両者の仲間意識においてウジャンジャ（狡知）が重視されていることを説明する。第四章では、ウジャンジャとはいかなる狡知であるのかを具体的な事例に即して考察する。第五章では、具体的な商交渉や商実践の場面においてウジャンジャがどのように発揮されているのかを考察することで、この取引のしくみと論理を明らかにする。

第Ⅱ部　第Ⅱ部では、マチンガの商慣行と商売をめぐる取引、雇用、契約関係などの歴史的な変容過程を明らかにする。第Ⅱ部の課題は、商慣行と商売をめぐるそれらの関係を通時的に明らかにすることにより、いかなるときにどのような商取引のルールが創られるのか／可能なのか、いかなるときにどのような人びととの連携が模索されるのか／可能なのかを示すことにある。つまり、通時的かつ微視的な視点でみれば、親族や同郷者との連携とビジネスライクな関係は、排他的な選択肢になっていないかもしれない、一方から他方への単線的な移行を示していないかもしれない、彼らが商慣行を生み出し、維持し、変容していく過程に作用する実践的な論理とはどのようなものか、これを明らかにするのが第Ⅱ部である。

第六章では、タンザニアの独立前後から調査開始時に至るまでのマクロな政治経済状況の変化を追いながら、第Ⅰ部で焦点をあてたマリ・カウリ取引が創出されるまでの商慣行の歴史的な変容を、時代状況に応じた商売戦略や社会関係の変化に着目しながら明らかにする。この第六章が、聞き取り調査による歴史の再構成というマクロな視点から分析するのに対して、第七章では、二〇〇三年以降の政治経済状況を受けて、マチンガのあいだで新たな商慣行が生成していく過程を、ウジャンジャを駆使した交渉に着目して微視的に明らかにする。ここでは、新たな商慣行が、通常どおりの商売上の駆け引きをつうじて生じていく過程を明らかにし、その駆け引きにおいて何が争点となっているのかを考察する。第六章と第七章の考察をつうじて、商売上の連携において親しい関係はつねに重視されるわけでも、つねに回避されるわけでもないこと、またそこでは従来の研究が議論してきたこととは違い、自己利益の追求と相互扶助ではなく、自律性と対等性が駆け引きの焦点となることが明らかになる。

第Ⅲ部　第Ⅲ部では、路上空間をめぐるマチンガの実践を扱う。ここでは、二〇〇六年三月に起きた暴動に焦点をあてる。ただし、第Ⅲ部の目的は、マチンガの既存の政治経済秩序に対する抵抗の可能性について論じることではない。ここでの目的は、マチンガの抵抗実践が路上空間の政治経済秩序の生成・維持・変容といかに関係しているのかを明らかにすることである。

前述したように、先行研究において路上空間とマチンガ像をめぐって、つぎの三つの視点が提示されてきた。(一) 路上を経済的弱者の生存の場として捉え、路上商人を資本や技能、教育の欠如により路上商売以外に選択肢をもたない貧困層と位置づける視点。(二) 路上空間を抑圧的な社会経済制度に対する闘争のアリーナとして捉え、路上商人を国家権力に対する異議申し立てをおこなう抵抗する人びとと捉える視点。（三）路上空間を、異なる利害関心をもつ市民が多様な権利を折衝する公共空間として描き、路上商人を周縁化された市民と捉える視点。これらの研究はそれぞれ強調点のおき方による違いはあるものの、相互排他的なものではないし、むしろ相補的に検討されるべきものである。これらの先行研究が相互に連関していないのは、路上商売を都市部の広範な社会ネットワークに埋め込まれた「流通システム」の不可欠な一部として捉える視点が欠けており、路上商人とその他の都市アクターとの日常的で実際的な相互交渉の場面を捉え損ねているためであると考えられる。つまり、第一の視点については、路上商人がそれぞれ抱えている問題を他のアクターとのあいだでどのように補っているか／争っているのかを考慮する必要がある。第二の視点については、路上商人による抵抗実践が路上商人の動機や働きかけだけで成り立っていないことを考慮する必要がある。第三の視点については、「権利」の問題から、他のアクターとの実際的なかかわりの諸相に目を転じる必要がある。

たとえば、代金未払いの商品の没収、売り上げの損失という代償をともなう抵抗実践は、マチンガ内部の関係や商慣行の変容にいかなる影響を与えるのか。彼らが引き起こす暴動は、都市空間を構成するその他の諸アクターとの関係に軋轢を生み出さないのか。もしその他の社会経済アクターがマチンガを排除しないとしたら、それはなぜなのか。そしてマチンガのような「はみ出し者」をふくみ込んで生成・維持・変容する路上空間とは、いかなるしくみと論理で動き、そこにはいかなる共同性が生じているのであろうか。こうした問いへの答えが第Ⅲ部で明らかになる。

第八章ではまず、これまでの零細商売に対する政府による弾圧の歴史と、二〇〇六年三月に起きた暴動とその後の経緯を明らかにし、マチンガがなぜ政府により指定された市場へと移動しないのかを考察する。第九章では、マチンガと都市のその他の諸アクターとの関係を考察する。とくにマチンガと商店主、マチンガと消費者、マチンガとその他の都市雑業層、マチンガと警官らの関係について説明し、マチンガがそれらの異なる関係性をどのように結びそして断つのか、どのようにカネや商品、支援の循環を生み出しているのかを明らかにする。

終章では、序章で述べた本書の問題意識に立ち戻り、本書で明らかになった点を総合的に考察し、マチンガの商世界をウジャンジャに着目して描く。

第一章

ムワンザ市の古着商人と調査方法

本章では調査地としたムワンザ市の概要と、本書の主人公である古着商人について説明しておきたい。

一　ビクトリア湖岸の中心都市ムワンザ

ムワンザ市は、アフリカ最大の湖、ビクトリア湖の南東岸に位置する地方都市である[1]（図1-1）。タンザニアの若者から「ロック・シティ」という愛称で呼ばれるムワンザ市は、大きな花崗岩がいたるところに転がる独特の起伏に富んだ景観をもつ。ビクトリア湖と丘の斜面にごつごつした岩が微妙なバランスを保ちながら転がる光景は、観光ガイドブックに載っているムワンザ市のふたつの目玉商品である。しかしその他の点では、ムワンザ市は、アフリカ諸都市の一般的な特徴を備えている。つまり、市中心部に行政機関や主な商業施設のビルが林立するシティ・センター（City Center）があり、市内のもっとも整備された区域にヨーロッパ系住民やアジア系住民、少数のアフリカ系エリート層が住む高級住宅街がある。市中心部から離れたインフラ整備があまり進んでいない地区にアフリカ系住民の住む居住区が広がり、郊外に都市計画によって集められた倉庫街や工業地帯が点在している[2]。本書では、シティ・センターを市内商業地区と呼ぶ。

図1－1　ムワンザ市の位置

高台から眺めるムワンザ市の風景。
右手奥にビクトリア湖がみえる。

居住区の風景。
山の斜面に小さな家が立ち並ぶ。

街中のホテルのスカイレストランから撮影。
市内中心部には，ビルが立ち並ぶ。

現在のムワンザ市の原型にあたるムワンザ・タウンシップは、ドイツ植民地期の一八九二年にビクトリア湖岸（レイク・ゾーン）の行政機能を担う中心地として、また同時に重要な輸出品である綿の集積と輸出を統括する交易拠点として設立された［MLHU 1994］。現在でも、ムワンザ市の後背地には、タンザニアの綿生産量の九〇％以上を生産する綿作地帯が広がっている。また、綿だけでなく、同市は、さまざまな農産物や漁獲物、工業製品、工芸品を、内陸部やダルエスサラーム市に向けて輸送するための交易拠点として機能している。さらに、タンザニア、ケニア、ウガンダの三国にまたがるビクトリア湖に面していることから、ムワンザ市はケニアやウガンダとの輸出入の窓口にもなっている。タンザニア北西部では一級幹線道路すら雨季には通行困難になるので、周辺地域からの農産物はムワンザ市に水路で運ばれ、同市が起点となっている鉄道でダルエスサラーム市に運ばれることも多い〔3〕。

またムワンザ市は、タンザニア北西部の鉱工業の中心地でもある。同市は、タンザニアの全紡績工場の六割が集積する西部綿作地帯において、繊維企業ムワテックスを中心にタンザニア繊維産業の振興の一翼を担ってきた。実綿から綿実油に加工する工場もムワンザ市に立地している。近年話題となったドキュメンタリー映画『ダーウィンの悪夢』でもとりあげられたように、ビクトリア湖の豊かな漁業資源であるナイルパーチ、ティラピアなどを利用した水産加工業も同市の重要な産業である。経済自由化以降、冷凍加工されたナイルパーチの輸出量は格段に伸び、二〇〇二年の調査時には八つの水産加工工場が操業していた。また一九九五年頃から急成長を遂げているダイアモンド、金などの鉱山がムワンザ州ゲイタ県・ミスングウィ県・マグ県やシニャンガ州カハマ県に点在し、二〇〇〇年には少なくとも一五社の外資系鉱山企業がムワンザ市に事務所を開設していた［Murphy 2002: 596］。そのほかにもムワンザ市には、プラスチック製品工場、食品・飲料品加工工場、石鹸・化粧品工場、鉄・スチール加工工場、革製品工場などのさまざまな産業が集中している。

ムワンザ市はダルエスサラーム市に次ぐタンザニア第二の人口規模をもつ都市である。二〇〇二年の国勢調査によると、ムワンザ州の都市部人口の合計は六〇万一二五七人となっているが、このなかにはムワンザ市以外の都市もふくまれているため、本書では『ムワンザ州社会経済プロフィール』［NBS and Mwanza 2003］の区分に従って、イレメラ県とニャマガナ県の人口を合わせた数をムワンザ市の人口として扱う。[4] この区分によるとムワンザ市は、四七万六六四六人の居住者がいることになる。

タンザニア北西部の商工業の拠点都市であるムワンザ市は、独立以降、地方からの出稼ぎ民の流入により急激な人口増加を経験してきた[5](図1－2)。また近年の出稼ぎ労働人口の増加は、ムワンザ市の年齢構成にも反映されている。二〇〇二年の国勢調査によれば、三〇歳未満の若者がムワンザ市の人口の約七割を占め、四〇歳未満に引き上げるとムワンザ州都市部人口の約九割を占める。この年齢構成は部分的には、近年の乳幼児死亡率の減少によるものであるが、二〇代の人口が肥大している点にかんしては、若年層の労働移入がみられる都市型の現象である。このような都市化の進展の結果、ムワンザ市は二〇〇一年には、ダルエスサラーム市と同格の政令指定市に認定された[Kironde 2001: iv, 3]。

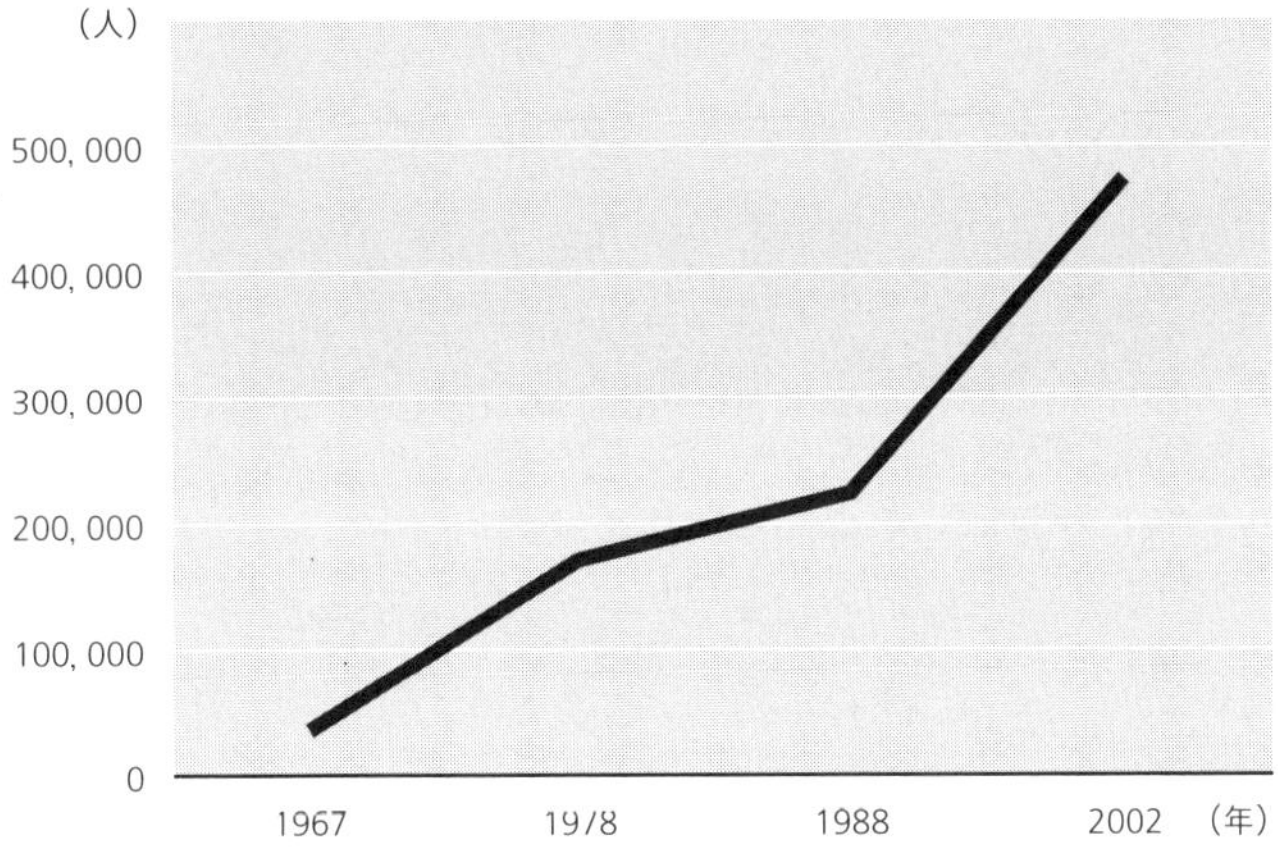

図1－2　ムワンザ市の人口増加

NBS and Mwanza［2003］のデータを加工。

次にエスニック・グループ構成をみてみたい。ムワンザ市は、タンザニア最大のエスニック・グループ、スクマ(*Sukuma*)の居住域であるムワンザ州の州都であるため、同市の人口にはスクマが多数を占めているが、ムワンザ市はビクトリア湖沿岸の三州(ムワンザ州・マラ州・カゲラ州)および内陸の隣州シニャンガ州を合わせたタンザニア北西部四州の中心都市なので、独立以前からこれらの州を故地とする多様なエスニック・グループが居住していた。一九六七年の「社会主義宣言(アルーシャ宣言)」以降、エスニック・グループにかんする国勢調査はなされなくなったが、最後におこなわれた一九五七年の調査では、ムワンザ市の人口の二〇%がスクマ、九・三%がニャムウェジ（*Nyamwezi*）、九・一%がハヤ（*Haya*）、五・六%がルオ（*Luo*）、四・六%がジータ（*Jita*）、その他で構成されていた［MLHU 1994: 20］。現在でもこれらのエスニック・グループが、ムワンザ市のマジョリティであるものの、経済自由化以降タンザニア全土の広い地域から移入してきた多様なエスニック・グループが観察されるようになった。

ムワンザ市の人口構成で注目すべきは、インド・パキスタン系、アラブ系の住民がムワンザ市の商業部門の上層部に多数参入していることである。それは一九世紀末にはじまる植民地期以前に、現在のタボラ州から北回りで移動するキャラバン交易の中継地となったムワンザ市にアラブ人が入植したことと、一九二〇年代の植民地期にダルエスサラーム市とムワンザ市をつなぐ鉄道建設のために入植したインド人が、植民地経済の流通部門を担う商人層として活躍し、独立後も居残ったことによる。独立以前の一九五七年のムワンザ市の全人口に占めるアフリカ系人口は七六・六八%であり、インド・パキスタン系人口が一七・五三%、アラブ系人口が一一・六%、ヨーロッパ系とその他人口が二・七八%であった［MLHU 1994: 19-20］。独立以降は、アフリカ系人口が増加しているとされるが、現在においてもインド・パキスタン系住民とアラブ系住民はムワンザ市の商業部門の上層部を寡占している。もうひとつムワンザ市の人口構成で注目すべき点は、ビクトリア湖を通じて国境を接するケニアとウガンダからの移民、カゲラ州を経由して移入してくるルワンダ系移民、キゴマ州を経由して流入してくるブルンジ系移民が数多く居住する、国際色ゆたかな都市であることである。ムワンザ市のアフリカ系住民の宗教は、タンザニア本土部の傾向とほぼ同様にキリスト教とイスラームが半々くらいである。

二　ムワンザ市の古着商人

現在ムワンザ市の古着流通に参入している商人は、活動内容別に卸売商、中間卸売商、小売商の三種類の商人層に分類できる。古着はこれらの商人層を通じて、図1－3のように流れている。これらの商人層のうち、マチンガとは中間卸売商と小売商を指しているが、彼らの活動内容や特色を明らかにするために、卸売商についても触れておきたい。

卸売商、中間卸売商、小売商

卸売商とは、海外の業者または国内の別の卸売商から古着[6]を梱《こり》単位で仕入れ、ムワンザ市までの古着の輸送と、中間卸売商への卸売りを担う商人層である。先進諸国において、古着は「環境破壊の抑止」や「貧者への支援」をスローガンに、チャリティー団体や市民団体などの活動を通じて一般家庭から「寄付」として集められている。これらの団体によって集められた古着の一部は、先進諸国内のリサイクル店へ卸されたり、工場用のウエス（機械類の掃除に使う布切れ）として加工され、残りの古着は海外へと輸出される [cf. Hansen 2000]。輸出用の古着は、紳士シャツや婦人ブラウスといった衣類の種類によって分類され、ひとつ四五～五〇キログラムになるようにビニールと鉄製のストラップバンドで梱包される。この梱包された古着の塊が「梱 bale」であり、コンテナに詰められてタンザニアへと輸出されている。

ムワンザ市の卸売商が輸入している古着の梱には、表1－1のような種類がある。卸売商はこの梱を海外のリサイクル業者に注文し、輸送業者にダルエスサラーム港またはケニアのモンバサ港に向けての輸送を委託している。港で陸揚げされた梱は、卸売商が手配した民間輸送業者によってムワンザ市へと運ばれる。[7] 卸売商は運び込んだ古着の梱を倉庫に保管し、その一部を市内商業地区にある店舗にて、中間卸売商に販売している。

中間卸売商とは、卸売商から梱を一個から数個仕入れて、古着を小売商に卸す商人層を指す。ムワンザ市の典型的な低所得者層の居住区のひとつウングジャ地区には、三五〇店舗の古着の露店が連なる公設のムランゴ・ムモジャ常設古着市場がある。中間卸売商の多くは、この常設古着市場もしくは商業地区のショッピング・ストリートの路肩で梱を開封し、古着を一枚単位にばらして小売商に卸している。なお、中間卸売商には常設市場で露店を構え

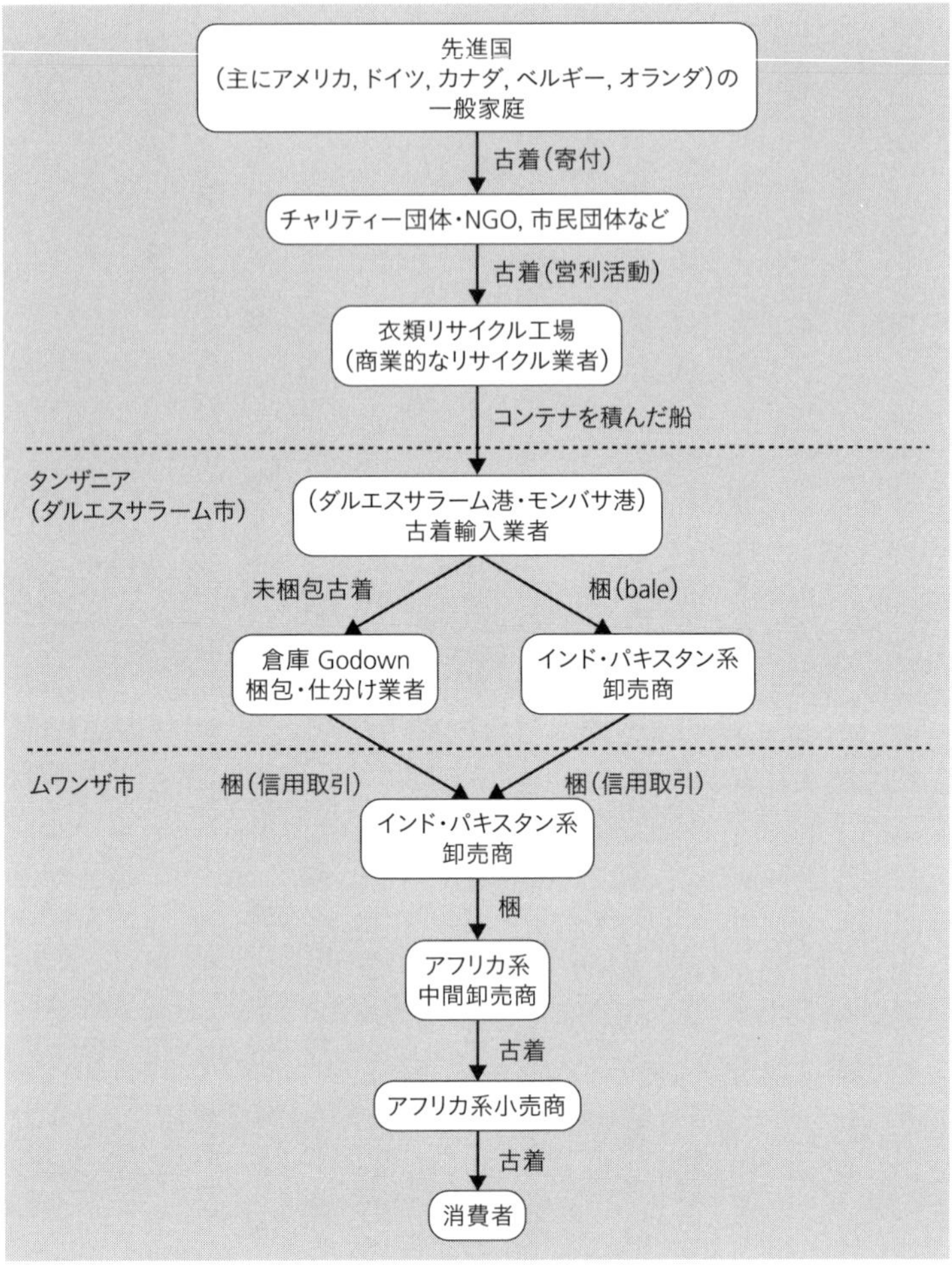
先進国
（主にアメリカ, ドイツ, カナダ, ベルギー, オランダ）の
一般家庭
古着（寄付）
チャリティー団体・NGO, 市民団体など
古着（営利活動）
衣類リサイクル工場
（商業的なリサイクル業者）
コンテナを積んだ船
タンザニア
（ダルエスサラーム市）
（ダルエスサラーム港・モンバサ港）
古着輸入業者
未梱包古着
梱（bale）
倉庫 Godown
梱包・仕分け業者
インド・パキスタン系
卸売商
ムワンザ市
梱（信用取引）
梱（信用取引）
インド・パキスタン系
卸売商
梱
アフリカ系
中間卸売商
古着
アフリカ系小売商
古着
消費者

図１－３　古着の流通ルート

表 1－1　梱の種類

	衣服の種類	枚数	梱の価格(Tsh.)
紳士服	シャツ	200～	100, 000～120, 000
	ポロシャツ	200～	90, 000～110, 000
	Ｔシャツ	200～	70, 000～
	ジッパージャケット	100～	65, 000～
	コットン・パンツ	100～	80, 000～
	ウール・パンツ	100～	85, 000～
	ジーンズ	100～	80, 000～105, 000
	コーデュロイ・パンツ	100～	80, 000～
	スラックス	150～200	55, 000～60, 000
	トランクス	250～	50, 000～
	スパッツ	250～300	50, 000～
	ショートパンツ	180～	55, 000～
	コート，スーツ	60～	45, 000～
婦人服	コットン・ブラウス	250～300	45, 000～55, 000
	シルク・ブラウス	300～350	45, 000～55, 000
	ブラウス(ミックス)	300～350	45, 000～55, 000
	コットン・スカート	120～200	40, 000～
	シルク・スカート	150～200	150, 000～
	コットン・ワンピース	150～180	65, 000～
	婦人服(ミックス)	130～330	55, 000～
	ナイト・ドレス，キャミソール	800～	65, 000～
	ブラジャー	1, 000～	180, 000～
子ども服	ジャケット	300～	65, 000～
	ジーンズ	80～100	55, 000～
	ショートパンツ	350～400	85, 000～
	子ども服(ミックス)	350～400	75, 000～
その他	水着	350～	55, 000～
	靴下	1, 000～	毎回違う
	鞄類	150～	毎回違う
	ハンドバッグ	200～	毎回違う
	カーテン・暖簾	500～	毎回違う
	ベッドシーツ・ベッドカバー	300～	毎回違う

2001～02 年調べ。US$1 ＝ Tsh.974。価格は米ドルの変動によってつねに変化する。
卸売商への聞き取り調査により作成。

街中の狭い小道
練り歩く。

卸売商。店舗のなかには，梱が山積みになっている。

中間卸売商。卸売商から仕入れたばかりの梱の前で。

露店商。ムランゴ・ムモジャ古着市場で仲間たちと。

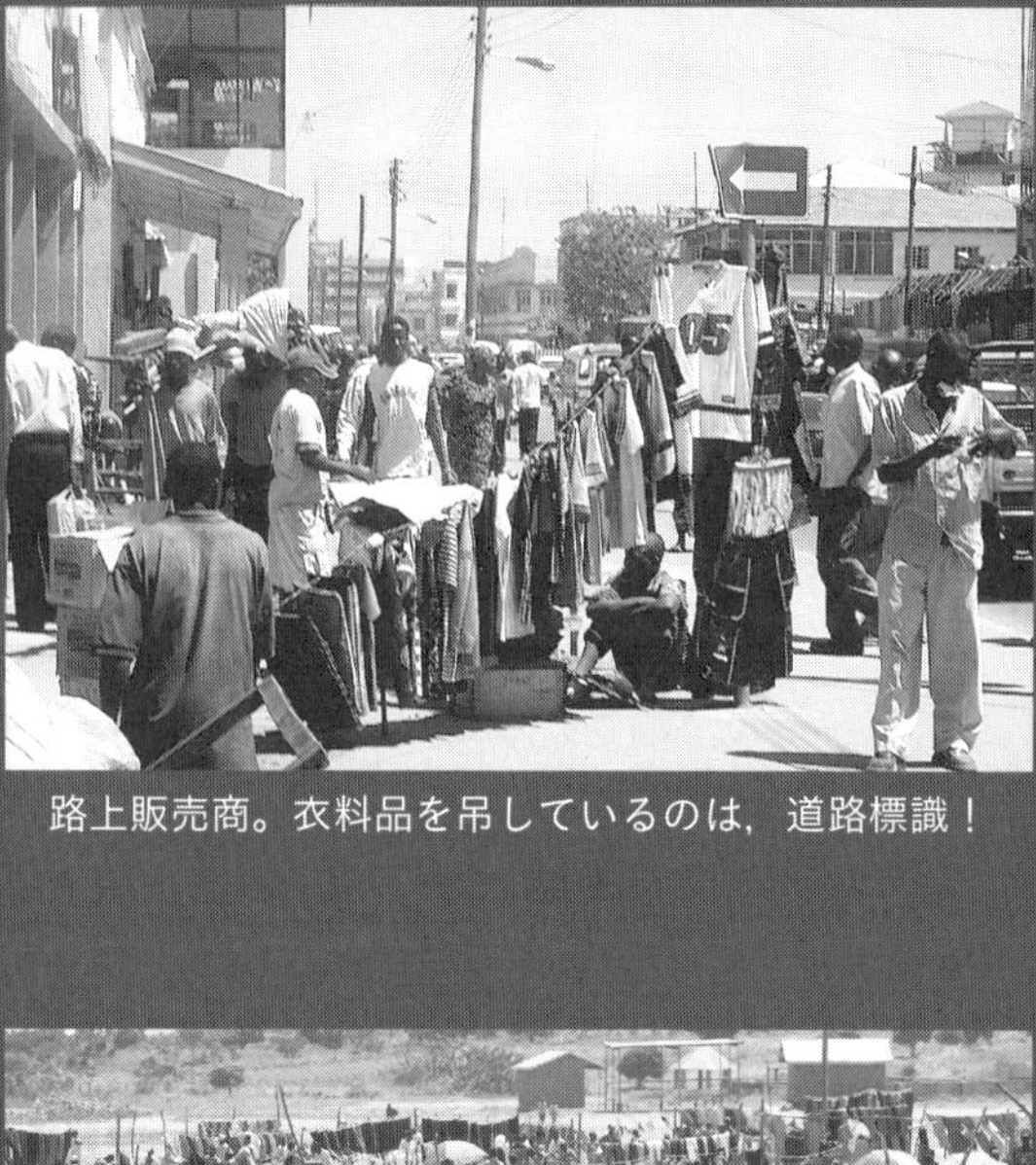

路上販売商。衣料品を吊しているのは，道路標識！

地方定期市巡回商。週に 1 度の定期市にはたくさんの人びとが集まる。

行商人。このス
から，郊外の居

て小売業を兼業する者と、中間卸売業のみを専業とする者がいる。

小売商とは、中間卸売商から古着を仕入れ、消費者への販売を担う商人層である。小売商は販売形態によって、さらに露店商、路上販売商、行商人、地方定期市巡回商に下位区分できる。露店商は、ムランゴ・ムモジャ公設市場の露店区画を賃借りするか、市内外の路上に木材とトタン板で手作りした簡易の露店を設置して販売活動をおこなう商人である。路上販売商は、駅やバス停、ショッピング・ストリートなど通行人の多い路上にビニールシートを敷いて商品を陳列したり、塀や道路標識などにビニール紐で商品を吊したりして、販売する商人である。行商人は、数枚の古着を携えて移動しながら販売する商人である。行商人にはオフィスや住宅に注文の品を宅配する訪問販売と、仕入れた品物の販売先を求めて通行人の多い路上を歩きまわる営業形態の二種類があるが、一カ所に留まって販売することがないという点は共通しているので、本書では行商人として一括する。地方定期市巡回商は、曜日を違えて開催される定期市を巡回しながら販売する商人である。[8] このうち露店商、路上販売商、行商人の三種類の小売商は、古着を主にムワンザ市内および都市郊外の消費者へと販売している。地方定期市巡回商は、古着を定期市[9]を訪れる消費者や農村商人に販売している。

二〇〇一年から二〇〇二年の調査時点では、ムワンザ市には一八軒の卸売商が存在し、経営者および家業に携わっている家族および従業員数は四〇人前後であった。中間卸売商に従事する者の数は二〇〇人前後であった。小売商は参入退出が激しく、活動範囲も広範囲に及ぶために推計が困難であるが、一人の中間卸売商から平均して二〇人の小売商が買いつけていたこと、小売商のなかにはダルエスサラーム市などのそのほかの都市で買いつける商人が少数ながらいることを勘案すると、ムワンザ市全体では四〇〇〇人以上いるものと推定された。

各商人層の属性および資本規模

つぎにそれぞれの商人層のエスニシティや年齢、資本規模について説明したい。卸売商は二軒を除き、インド・パキスタン系の商人で占められていた。この背景には、植民地期よりタンザニアの商業部門、とりわけ輸入業と卸

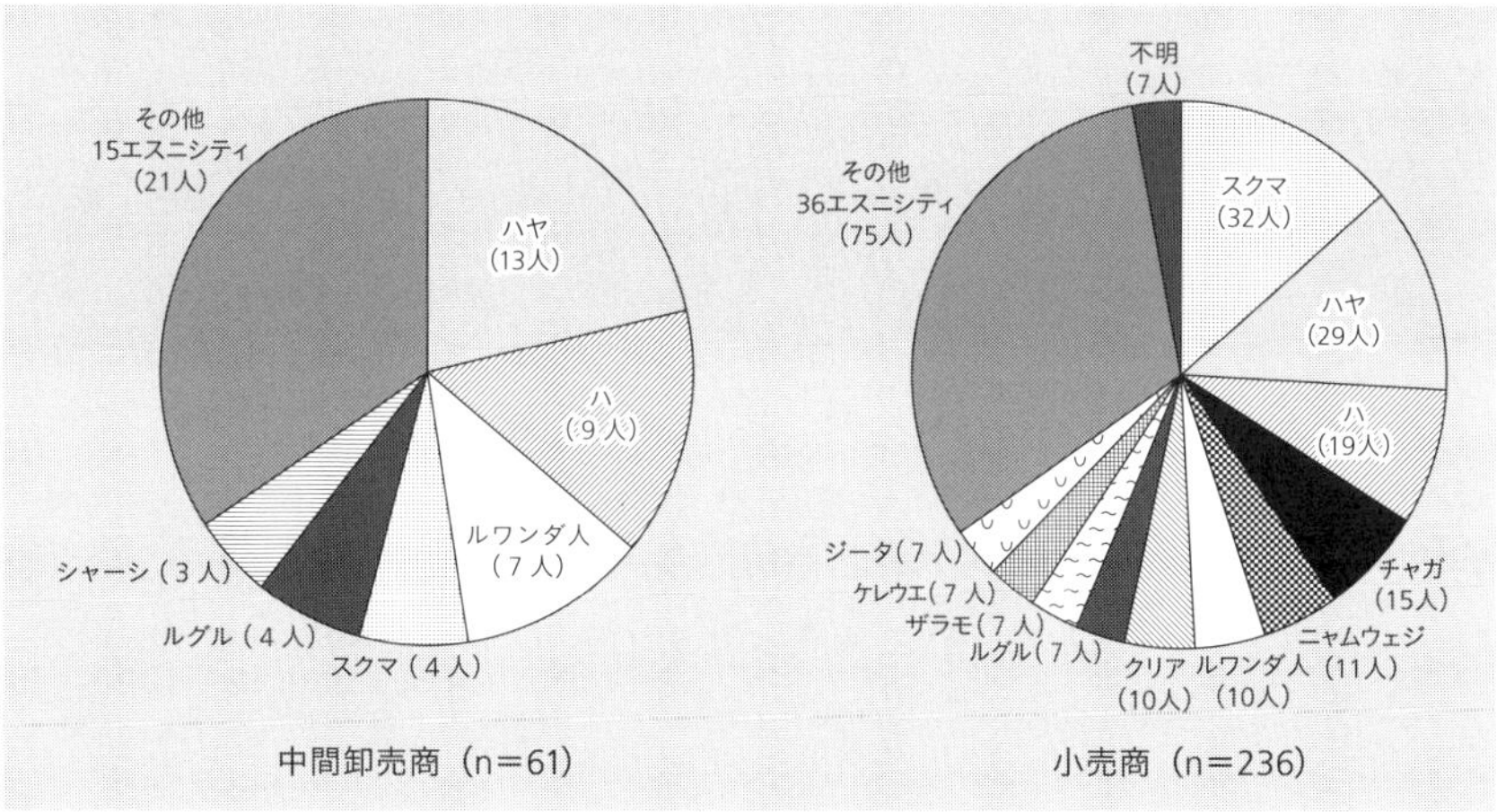

図１－４　エスニック・グループ別の割合（2003～04年調査時）

売業はアジア系商人で寡占されてきたことがある。また、古着に限っては西欧のリサイクル業者にアジア系移民が多数参入していることから［Hansen 2000: 110］、インド・パキスタン系商人はエスニック・ネットワークを通じた商品の注文が容易であるためと推測される。残り二軒のアフリカ系の卸売商は、ダルエスサラーム市にある本店のインド・パキスタン系商人に雇用されている、いわば従業員であった。

それに対して中間卸売商と小売商はすべてアフリカ系の商人で構成されている。二〇〇三年から二〇〇四年に調査した中間卸売商六一人と小売商二三六人の詳しいエスニック・グループ別の割合を示すと、図１－４のようになった。中間卸売商は、ルワンダと国境を接するカゲラ州を主たる居住域とするハヤ、ブルンジと接するタンガニーカ湖湖畔を居住域とするハ、ルワンダからの移民が半数近くを占めていた。中間卸売商にこれらのエスニシティが多い理由は、第Ⅱ部で詳述するように社会主義体制期にルワンダやブルンジとの古着の密輸交易に従事した者たちが、経済自由化以降に中間卸売業に参入したことに起因する。一方の小売商は、ムワンザ州の地元民であるスクマをはじめ、タンザニア北西部四州に居住するエスニック・グループを中心に四七もの多様なエスニシティが観察された。

卸売商の年齢は多様で、特徴を析出しえなかった。一方、中間卸売商と小売商は一〇代後半から三〇代後半までの少年・青年層が中心であった。中間卸売商の年齢層は小売商よりも若干高く、三〇代前半から三〇代後半の年齢層が過半数を占めるのに対して、小売商は、一〇代後半から二〇代後半の年齢層が中心を占めていた。このような年齢層の違いは、中間卸売商と小売商の古着販売への参入時期の差にも対応している。中間卸売商は一九九〇年までに参入した者が約五割を占めていたが、小売商では一九九五年以降に参入した者が約七割を占めていた。

最後に資本規模について述べたい。梱の単価は、三万〜一六万シリング（約三一〇〇円から一万七〇〇〇円）であり、数百個の梱を仕入れる卸売商は最低でも一度の仕入れに二万ドル（約二百数十万円）の資本が必要であり、さらに店舗や倉庫を維持し、国から営業許可を取得するための経費がかかる。中間卸売商は、二〇〇二年から二〇〇三年の調査時においては平均すると毎週二回七個ずつ梱を仕入れていたため、平均的な中間卸売商の必要とする運転資金は、毎週一〇〇〇ドル（約一一万円）くらいである。ただしもっとも小規模な中間卸売商は、不定期に梱ひとつを仕入れる三万シリング（約三一〇〇円）を必要とするのみである。小売商は、移動するための運賃、宿泊費などのためにもっとも必要経費が高い地方定期市巡回商についての聞き取り調査により試算したところ、毎週一万二三〇〇シリング（約一三〇〇円）必要であった。しかし、じっさいには、小売商は担保なしでの後払いによる仕入れが大半を占めるので、ほとんど資本を必要としない。

このようにムワンザ市の古着流通にかかわる商人を分類し、その属性や資本規模を検討してみると、卸売商とそれ以外の商人層のあいだに大きな隔たりがあることがわかる。小売商が中間卸売商に参入する例は多々あるが、中間卸売商と卸売商とのあいだにはアジア系とアフリカ系の違いだけでなく、桁違いの資本規模の差があり、そのため中間卸売商が卸売商に参入することは非常にまれである。

また卸売商とそれ以外の商人とのあいだにあるこのような隔たりは、現地の消費者の認識とも合致している。卸売商は「ドゥカ・ラ・ジュムラ *duka la jumla*」と呼ばれるのに対して、中間卸売商と小売商はまとめて「マチンガ」と呼ばれている。じっさい市場で梱を開封する中間卸売商も一般消費者を対象とした露店商（小売販売）を兼ねている場合が多いので、消費者には両者の区別は困難であろう。中間卸売商と小売商のあいだでは、小売商は中間卸売商を「カネ持ち」「雇用主」という意味の「タジリ *tajiri*」と呼び、中間卸売商は小売商を「マチンガ」と呼んでいる。しかし、中間卸売商は、小売商に対してはタジリとしてふるまうが、自分たちも一般消費者からマチンガと認識されていることを自覚している。そしてそのような自己認識が、小売商のマチンガとしての仲間意識を醸成している。

三　調査方法

本書の基礎となったデータは、二〇〇一年一月から二〇一〇年三月までの計三〇カ月間にわたって、ムワンザ市およびムワンザ市周辺の定期市、ダルエスサラーム市において実施したフィールド調査から得たものである。アフリカ系商人や消費者に対する調査の使用言語はスワヒリ語であり、インド・パキスタン系卸売商や行政官、港湾関係者などに対する調査の使用言語はスワヒリ語と英語であった。

調査期間と調査内容

二〇〇一年一月から三月におこなった予備調査の後、第一回調査（二〇〇一年九月～二〇〇二年六月）と第二回調査（二〇〇三年一二月～二〇〇四年七月）においては、ムワンザ市郊外の一般的な低所得層の居住区のひとつキリマヘワ地区において、マチンガたちが暮らす賃貸住宅の一部屋を借りて、彼らの生活状況を観察しながら生活した。第三回調査（二〇〇五年一～三月）からは、友人であり調査助手を務めてくれたブクワの家に居候して、彼の妻や子どもとともに生活していた。

はじめに、人類学の議論においてかなり問題ぶくみの調査方法について告白しなければならない。わたしはすべての調査期間において「参与観察」と言い訳しながら、みずから商売をおこなっていた。この調査方法の問題点は後述するとして、まずわたしがおこなった調査内容について説明したい。

第一回調査では、わたしは四人の中間卸売商から古着を担保なしでの後払いで仕入れ、毎日、三〇枚から五〇枚の古着を手に携えて行商していた。この調査では、(一) 古着の流通経路の把握、(二) 古着の販売方法の把握、(三) 中間卸売商と小売商の商交渉の記録、(四) 小売商九〇人と中間卸売商三三人の属性調査などをおこなった。

第二回調査では、わたしは古着市場の露店を賃貸して中間卸売商に参入した。わたしは、インド・パキスタン系卸売商から古着の梱を仕入れ、一七人の小売商に掛け売りで古着を卸していた。第一回調査では小売商の視点に立って調査していたので、第二回調査では中間卸売商の視点から商慣行を捉えることを試みた。また同調査では、過去の商慣行のしくみを調査し、二九七人の商人の非体系的な生活史の情報を集めた。ただし、古着商売は参入退出が非常に激しいうえに、経営上の浮き沈みも大きいので、「中間卸売商」「小売商」「消費者」などのカテゴリーには、同一人物が調査時期によって異なるカテゴリーにふくまれている。また消費者の購買行動や消費者によるマチンガの評価、行政官への聞き取りもおこなった。

第三回調査では、古着輸入の規制や中国・東南アジア製の新品衣料品の流入にともなって生じた古着流通システムの変化を調査した。引きつづき中間卸売商として商売をしながら、周囲の商人たちが急激な状況の変化にどのように対応しているのかを調査した。

第四回(二〇〇六年八～九月)と第五回の短期調査(二〇〇七年九月)では、二〇〇六年三月に起きた路上商人による暴動の背景、路上商人の暴動前後の対応について調査した。この調査では、あらかじめ質問項目を用意して、商店主五〇人、路上商人一〇〇人、その他の都市雑業層五〇人、消費者二〇〇人、警官や市当局雇用の警備隊員七人に対面式の聞き取り調査をおこなった。また、聞き取り対象者が録音を承諾した場合には、ＩＣレコーダーに録音した。博士論文執筆後におこなった第六回調査(二〇一〇年二～三月)では、本書執筆のための補足データの収集をおこなった。

調査の概要は以上のとおりである。より具体的な調査方法は、それぞれの章において詳述することにし、ここではわたしの調査方法の問題と限界について述べておかなければならない。

方法の限界と必要性

タンザニア社会において、大金持ちである日本人（タンザニア人には「白人 *mzungu*」か「中国人 *mchina*」とみなされる）の少女（わたしは一五歳くらいに見られた）が、古着を手に携え、客引きのために「シーシー」と歯の隙間から音を出しながら行商しているという様子は、非常に奇異な光景である。しかも興味をもって声をかけてみると、その金持ちの少女はスラングを使ってしつこく古着を買わせようとし、わずか五〇シリング（約五円）の値引き交渉にも「絶対に負けない」と怒り狂う。これはタンザニア人の常識からするとあきらかに異常である。わたしは、テレビ番組やタブロイド紙のゴシップ記事に登場するほど、ムワンザ市全域で「外国人のマチンガール（行商少女）」として超有名人だった。つまり、わたしは「調査地に空気のように溶け込む透明人間」という古典的な人類学の鉄則は守らなかったし、女性の古着行商人の一群を生み出すなど、分析対象にみずからが大きな影響を与えてしまった。わたしという商人がひとり増えたことで、他の商人の売り上げや商人どうしの関係性にどの程度の影響を与えたのかを、客観的に把握することもそれを修正することもできない。

また、わたしは、行政官など調査許可を提示した人以外では、友人と身近な商人三〇〇人程度にしか調査者であることを打ち明けなかった。わたしは毎日、三〇人以上の客と商交渉し、何百人もの商人と知りあったが、商交渉の邪魔になるため、いちいちわたしが何者かについて説明することはなかった。論文を書くうえで、このようなわたしの態度が調査対象者に対して不誠実であったことも否定できない。

以上のような調査方法をとったために、質問票を用いた調査は、行政官に対する聞き取り調査を除いて一度もできなかった。ライフヒストリー調査は、聞きたい項目をいくつか考えておいて、商人たちに好きなように生い立ちや職歴を話してもらい、知りたい項目について聞けるタイミングで質問をはさむという自由回答方式をとっていた。[10]可能な限り、家族や友人にも話を聞き、商人たちの語った内容と突き合わせてチェックしたが、商人たちがわたしに語った内容やわたしに示した態度には、調査者や日本人女性に対するものだけでなく、商売仲間や商売敵、取引相手に対するものがふくまれている。

このような問題ぶくみの調査方法をとった理由はふたつある。ふたつといっても、第一のものは、理由にならない。わたしはある日、行商人のロバートとリッチに道ばたで出会い、「マチンガの商売が知りたい」と話した。ロバートは即座に「やればわかる」と言い、携えていた古着の半分をわたしに持たせ、そのままわたしを行商に連れだした。翌日もその翌日も、ロバートはわたしを行商に連れだした。そして抜けだせなくなった。つまり、第一の理由とは、仲間と一緒に商売をすることが楽しかった、わたしから買ってくれる得意客ができて嬉しかった、売り上げを伸ばすことに夢中になった、そんな理由である。第二の理由は、本書の主題に大きくかかわっている。それは、ウジャンジャを理解したかったというものである。商売をはじめたわたしは、一日に何十回も客や仲間の商人から「お前はムジャンジャだ」「ムジャンジャではない」と指摘されることになった。またわたしは一日に何度も商人どうしの対話についてウジャンジャか否かに関する評価を聞いた。わたしは毎日、あらゆる商人に「ウジャンジャとは何か」「なぜいまの行為がウジャンジャなのか」と問い詰めた。しかしウジャンジャを聞き取り調査において理解することは難しかった。ひとつエピソードを紹介したい。

事例1-1　正しいマチンガの商売とは何か

二〇〇五年のある晩、ふとした会話中にわたしは、調査助手のブクワとロバート、露店商で友人のニャワヤから「サヤカ、君はいつになったら本〔博士論文〕を出すんだ」と尋ねられた。彼らは、わたしが何年もさまざまな人びとにさまざまなことを聞きまわり、商売もひとりでできるようになったのに、なぜ早く博士論文を書かないのかについて常々不思議がっていた。彼らは、わたしが書いた論文やエッセイを見ると、わたしの解説をほとんど無視して、自分の名前（彼らはわたしからカタカナを学んだ）やイニシャル、写真を探して「なんで、〇〇の写真なんだ」などと言いながら、「早く本を書きなよ」とわたしに対する気遣いを込めてせかした。いつもは「まだまだデータも勉強も足りないの」と受け流すのだが、この日、わたしは少々落ち込み気味だったので「博士論文を書くのがいかにたいへんか」について切々と語った。そのなかでわたしは「書くときにはいつも不安だ。あなたたちが書いてほしくないことを書いてしまうかもしれないし、結局は、わたしの解釈でしかない」と話した。すると、ニャワヤは「もし間違ったことを書いて、怒った日本のセンセイが二度とタンザニアに行ってはだめだと言っても、ネズミの道をつかって〔不法入国して〕タンザニアに来い。そしたら露店を貸してあげる」と語り、ブクワは「大丈夫だよ、日本でセンセイになれなかったら、タンザニアでオレたちと一緒に働けばいい」という、ちぐはぐな返答をした。わたしは「そうじゃなくて、たとえば新聞記者がインタビューに答えたあなたの意図とはまったく逆のことを書いたら嫌でしょう。観察したことを断りなしに書かれたら嫌でしょう。……マチンガにも考えの異なる人がいるから、いろんなことを話すけれど、みんなが話したことをそのまま書くことはできないから、翻訳したり、整理したり……」と事例を挙げながら、躍起になって説明した。しかしロバートは、「でも新聞記者はよく間違った記事を書いているけれど、彼らは別に馘首にならずに仕事をつづけているから、サヤカも大丈夫だよ」とさらにちぐはぐな返答をした。わたしは粘って、植民地期の白人とわたしの類似点や、論文と小説の違い、主観主義と客観主義のこころもとない説明をしたり、マチンガに関する文献を見せて「ほら、こんなこと書いてある」と解説したりしたが、その日はちぐはぐなやり取りのまま終わった。

翌日、古着市場に行くと、マチンガ数人から突然「大事なことだから、二万シリングをくれ」と大金を要求された。何に使うのかを聞いても誰も答えてくれず、「いいから、サヤカのためなんだ」と言うので、しぶしぶお金を渡した。

その翌日、わたしは突然、重要な会議があると呼び出された。馴染みのバーに着くと、一七人のマチンガが集まっていた。そしてニャワヤから「いまから〈マチンガの商売とは何か〉をひとつに決めるための話しあいをする」と告げられた。ブクワとロバートは、他の露店商や行商人に「サヤカが何やらナーバスになって、マチンガの商売がわからないと言いはじめた」と相談し、他のメンバーは、「ただで飲めるなら、行く」と集まったという。ニャワヤが議長になって、まずマチンガの定義から決めようということになった。そして「マチンガは路上商人だけを指すのか、市場の露店商もふくむのか」「小売販売をしない中間卸売商もマチンガか」「女性の行商人はマチンガか。それともマチンガは男だけか」「農村にいるのはマチンガか、それともマチンガは都市にいる人たちだけか」などの意見交換がされたが、二万シリング（さらにその場で万札を数枚追加した）の酒に酔っぱらったマチンガは、けんかをはじめた。結局、マチンガの定義もよくわからないまま、会議はたんなる飲み会になって終わった。

閉会後、酔って調子に乗ったわたしはブクワに「みんな言っていることがばらばらだし、誰かが話しているときにもあちこちで勝手に話しはじめるし、すぐにけんかするし、もう、余計にわからなくなったじゃない」と不平を言った。するとブクワは、「そうなんだ。やっと気づいたか。じつはオレたちもよくわからないんだ。だから心配するな」と言ってわたしの肩を叩いた。わたしは突然何か大がかりなペテンに引っかかったような、何かとても大事なことがわかったような気がしたが、すぐにわからなくなった。つぎの日、会に参加したアブドゥルとピマは、「わからなくなったら、またマチンガ［の商売］をすればいい。そうしたらまたわかるようになる」と言った。

この出来事で、わたしが唯一はっきり理解したことは、商人たちはマチンガの定義を共有していなかったこと、しかし彼らは自身が考えるマチンガの定義に合致していない者とも仲間意識を共有することができることであった。そして当たり前のことであるが、言葉にしたり、思考することと実践することは異なることだった。商人たちの感覚的な実践につよい関心をもったことが、わたし自身に彼らとともに商売をおこなう方向に向かわせた。

わたしには、わたしと彼らの不均衡な力関係やわたしの調査方法の問題点を正当化することはできない。わたしはあまりにも不勉強だった。ただ、わたしはいまでもマチンガの商売を実践しなければ、わからなかったこともあるのではないかと思っている。わたしがこれから展開する議論は、騙しや嘘、裏切りに満ちている。露悪的にみえる記述が多分にふくまれていると思う。しかし、わたしは悲喜交々の騙しあいを演じる彼らの深い機知と一筋縄ではいかない思いやりに気づくたび、個々のマチンガが好きになり、タンザニア人が好きになり、そしてより人間が好きになった。もし記述においてマチンガたちに対して否定的・批判的な感情を呼び起こす個所があれば、それは彼らの説明や機知を理解したり、議論することができないわたし自身の問題に起因することを明記しておきたい。

なお本書では、本に名前が載ることを楽しみにしているマチンガたちにかんしてはニックネームや本名で、了解が取れていないマチンガたちに関しては仮名で記述した。

第二章　マチンガの商世界——流動性・多様性・匿名性

「マチンガの商売なんて、一〇歳の子どもでもできる仕事だよ」。マチンガたちは、自分たちの仕事に多大な関心を寄せて質問攻めにするわたしに、「この商売のいったいどこに、それほど調べることがあるのか」といぶかしがりながら、いつもそう語っていた。彼らからすれば、マチンガの商売は誰にでもできる仕事であり、マチンガであふれかえる都市の路上は、何ひとつ不思議なことなどない日常風景であるに違いない。しかし、わたしには彼らの商売は難しかったし、彼らの流動的で無定型な世界にも不思議なことがたくさんあった。この章ではマチンガの一般的な特徴について説明する。第一節では、零細商売という職種が圧倒的な流動性・多様性を有していることを示す。第二節では、マチンガの職歴や移動歴、市内の住居移転に焦点をあて、個々のマチンガの生計実践や日常生活においても流動性・移動性が高いことを示し、これらの流動性・移動性が彼らのライフスタイルといかに関係しているのかを検討する。第三節では、そのような流動性・多様性・移動性の高さを織り込んだ彼らの日常的な交流について明らかにする。

一　めまぐるしい零細商売の世界

マチンガとは流行語や俗語の一種であり、公的には「インフォーマルセクター」に分類されている。公設市場で営業する古着の中間卸売商と小売商の一部は、営業許可取得のための経費や税金を支払っているが、タンザニアのインフォーマルセクターを対象とした初の本格的調査である『インフォーマルセクター調査』[PC and MLYD 1991]では、これらの商人もインフォーマルセクター（以下「IS」と記す）に区分されている。多くの研究で指摘されるように、ISとフォーマルセクター（以下「FS」と記す）の区分はそもそも曖昧なものであるが、本書ではマチンガの経済活動に実質的な影響を及ぼしているタンザニア政府の政策的定義を採用し、マチンガをISに分類する。〈1〉

マチンガは序章で述べたように、ISの代表的存在として位置づけられてきた。その理由は、マチンガがIS従事者の九割がそうであるように零細な自営業者であること、数においてその他の職種を圧倒していることによる。『インフォーマルセクター調査』（以下『IS調査』）では、零細商売は、「商業／レストラン業／ホテル業」に区分されている。一九九一年のIS産業別割合をみると、「商業／レストラン業／ホテル業」はもっとも多く、約半数の五一％を占めていた。〈2〉以下では、『IS調査』の結果を参照しつつ、そのような見方がなされてきた背景をマチンガ／古着商人の流動性の高さに着目して明らかにしていきたい。

参入退出の激しい零細商売

他の都市雑業と比較した場合の零細商売の特色は、何よりその参入退出の激しさにある。一般的にISは、ひとつの職種を長く継続しないことが指摘されるが、なかでも零細商売の参入退出の激しさはとび抜けている。たとえば、『IS調査』における産業別の就業期間をみると、「商業／レストラン業／ホテル業」では、現在の事業をは

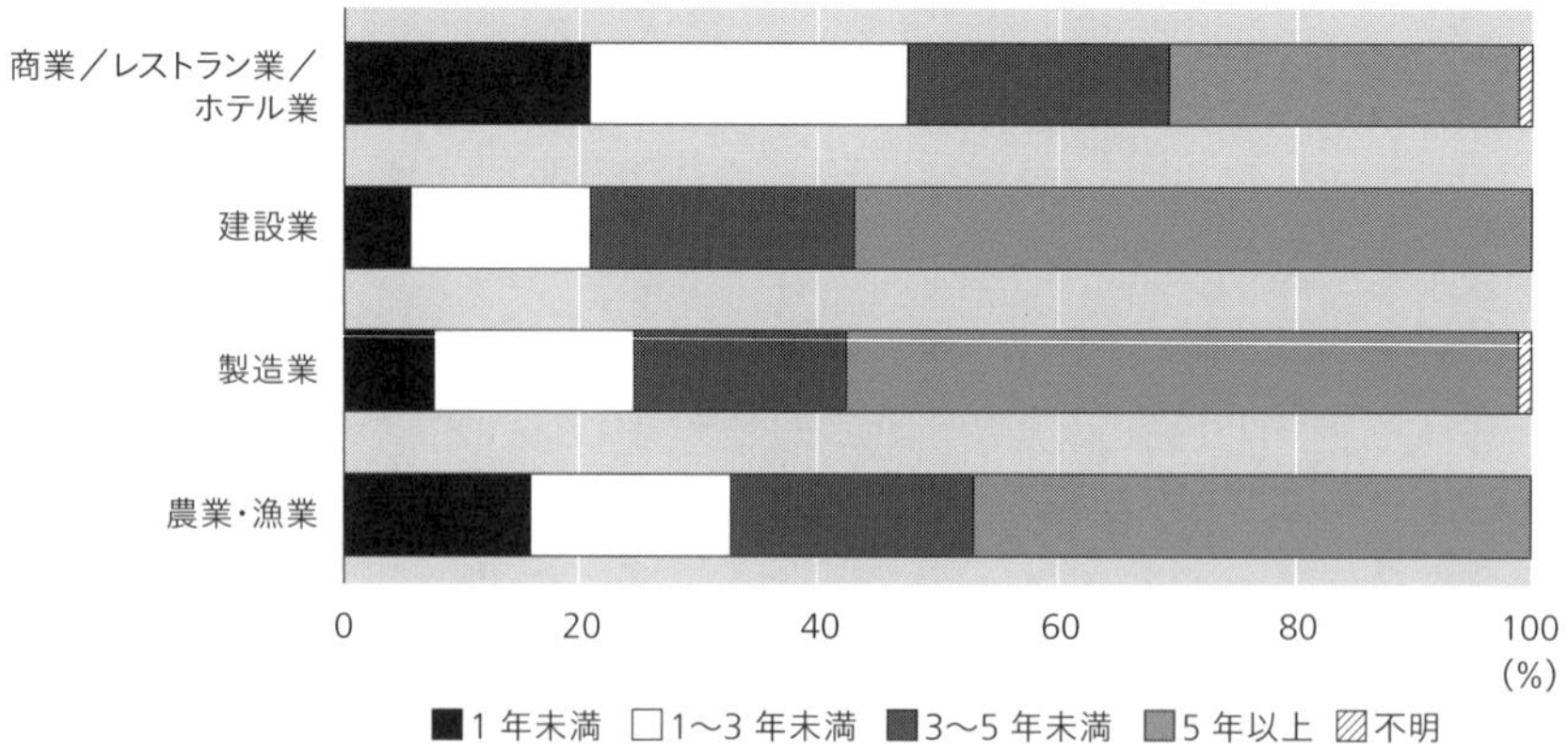

図２－１　インフォーマルセクターの産業別の就業期間
［PC and MLYD 1991: 1-9］をもとに作成。

じめてから一年未満の者、一年以上三年未満の者の割合がその他の産業と比べてかなり多い（図２－１）。また、マチンガの約半数はせいぜい三年以内に商売をはじめたばかりであり、五年以内に商売をはじめた者で七割を占める。その主たる理由は、マチンガ自身が指摘するように、零細商売が「誰でもいつでも参入できる職種」であるためである。

商業部門の参入障壁の低さは、以下の三つにまとめられる。第一に、ジェンダー障壁が低いことである。『ＩＳ調査』によると、補捉したＩＳ従事者全体の男女比は男性のほうが上回っているが、商業／レストラン業／ホテル業に関しては女性の割合のほうが高い［PC and MLYD 1991］。輸入品販売業に関しては男性のほうが多いものの、ムワンザ市の古着商人も約三割が女性である[3]。

第二に、学歴だけでなく特別な技能も必要としないことである。タンザニアの教育制度は、初等教育（primary education: standard 1-7）、四年間の前期中等教育（junior secondary education: form 1-4）、二年間の後期中等教育（senior secondary education: form 5-6）、大学ほか高等教育（higher education）に区分されている。ＩＳ従事者の最終学歴は、小学校、すなわち初等教育課程卒業が約半数（五一％）を占め、まったく学校に通ったことがないという無学（二二％）と小学校中退（二三％）をふくめると全体の九六％を構成する。ＩＳ従事者は全体的に教育レベルが低い[4]が、零細商売の場合は、製造業や輸送業とは異なり、技術訓練学校や徒弟制をとおした技術習得の期間と費用も不要であることが参入をより容易にしている。

第三に、参入に際して大きな資本だけでなく、人的つながりも必要ではないことが挙げられる。アフリカの都市ＩＳ研究では、港湾労働者、建設現場での日雇い労働者、職人などの職種では、現場監督や経営者と同じエスニシティや宗派のメンバーが選択的に雇われることが比較的多い［cf. Macharia 1997; 児玉　1998: 225; 松田　1996］と指摘されている。商業部門でも産地が決まっている野菜や果物の卸売業は特定のエスニック・グループが中心的に担っていることもある［cf. 武内　1998］が、古着のような輸入品販売業やマチンガのような零細商売には、人的つながりはあまり関係がない。なぜなら仕入れ先の商人は代金さえ払えば、誰にでも商品を販売するからである。たとえば、古着の行商人ジュマは、最初に零細商売をはじめた経緯を次のように語った。

最初に商売したときのことはよく覚えている。オレはいつもの〔鉄工場での〕日雇い労働にあぶれて、ずっと仕事をしていなかった。あの日、オレは、猛烈に腹が減っていた。いますぐにでも昼飯を食べたかった。でもポケットには〔一度の食費に相当する〕五〇〇シリング〔約四〇円〕しかなかった。何度数えても五〇〇シリングしかないんだよ。それで昼飯を食べるのを躊躇していたんだ。だって、いま昼飯を食べたら、夕飯はない。それどころか明日からずっと一文無しという状態だったからだ。オレは、誰か〔食事を奢ってくれる〕知りあいに会わないだろうか、そんなことを思いながらぶらぶらしていた。ふと見ると、市場でオレンジはひとつ五〇シリングで売られていた。オレは思い出した。今朝、居住区（*uswahilini*）でひとつ一〇〇シリングのオレンジを買って食べたと。それで、考えたんだ。いま昼飯を食べるのを我慢して一〇個のオレンジを仕入れ、それを持って歩いてみようか。もし全部売れたら一〇〇〇シリングになる。そのあとで五〇〇シリングで昼飯を食べて、もう一度オレンジを仕入れて歩く。うまくいったら夕飯も食べられるじゃないか。そうひらめいた瞬間に、オレはマチンガになった。いまでもやっていることには、何ら変わりがない。ただオレンジが古着になって、ちょっとばかりビジネスの規模が大きくなっただけだ。

（ジュマ、二七歳男性、二〇〇二年五月二日）

しかし、参入障壁の低さは競争の激しさに直結する。そのため退出も非常に激しい。古着商売に参入してから、退出した者がどれくらい存在するのかは、現在古着商売をしている商人を対象にするという調査方法では、捕捉することはできなかった。ただ多くの中間卸売商たちの共通した見解では、古着商売から退出する小売商がもっとも多いのは参入した最初の一、二年のあいだであり、この期間にじつに半分以上の小売商は古着商売から退出していくのだという。その理由として中間卸売商たちは、以下の四点を挙げた。

第一に、マチンガは学歴も技能も要らないが、口の巧さや客に取り入る術、流行に対する敏感さ、逃げ足の早さなどは必要である。こうした「センス」は継続することで磨かれるが、いくらかは人生経験や本人の性格にもよる。とくに値引き交渉の三原則「はったり」「へつらい」「挑発」ができない人間は、一年も経つと自分でも向いていないと自覚するようになるという。

第二に、最初から得意客を数多くもつ商人はいないので、商売をはじめたばかりの頃は先に参入した商人との競争において、誰でも苦しい経営を強いられることになる。そしてこの時期を乗り越えられない商人が大半だからである。

第三に、商売には年間をとおして売れる時期と売れない時期（第三章で後述）があり、一、二年目は一時的な需要の変動を理解できないので、好景気がずっとつづくと勘違いし売り上げを使い切ったり、経営を無理に拡大したりすることで失敗することが多いからである。

そして第四に、たとえ個人操業をしていても、商売には売れ筋商品やよい販売場所、取り締まりにかかわる情報交換をし、一時的な不調や取り締まりにあったときなどに助けあうためのネットワークが不可欠である。広く顔が知られ、特定の商人仲間ができるようになるまでには、ある程度の時間が必要であり、やはり関係構築に至る前に退出する人びとは多いからである。

逆に三年目を過ぎると、小売商たちは一時的に売れ行きの悪い状態がつづいても、何人かの得意客に頼みこんで買ってもらうことでもちこたえることができるようになり、季節変動に合わせて収支のバランスをとる術も覚える。

さらに万が一資本を失っても、次章以降で詳述するように仕入れ先の商人との信用取引や仲間の商人との協力関係によって商売を継続していけるようになるという。

以上の説明は、古着商売の「成功者」である中間卸売商の側から提示された説明であるため、退出理由は商売の「失敗」に偏重しているが、もちろん個別の小売商の退出理由は、家族構成の変化（結婚・離婚・出産）にともなう心境・経済状況の変化、引っ越し、ともに活動していた商人仲間とのトラブルなどさまざまである。

ただし全体的にみて「病気」や「家族の死去」などの特別な理由を除いて、帰郷する者は少ない。古着の小売商は、一〇代後半から三〇代前半の夢と希望にあふれた若者が中心を占めているため、商売に失敗しても都市で別の職種を探す傾向にある。また零細商売は参入障壁がほとんどないに等しいのだから、特定の商品の販売にこだわる必要はなく、特定の商品の競争が高まれば、資本を完全に失う前に機転を利かせて別の商品の販売に乗り換えるほうが得策である。そのため、商業部門の末端に位置する小売業では、一年おいてふたたび調査に行くと、市場や特定の路上で活動する商人のメンバー構成ががらりと変わっていることがまったく珍しいことではないという激しい流動状態にある。

では、ある程度の期間を乗り越えて成功すると、退出しなくなるのだろうか。じつは中間卸売商の退出もけっして少なくない。小売商だけでなく数十個の梱を仕入れて毎月大きな収益を得ている中間卸売商も「古着商売は不安定な商売である」という意識と「子どもでも参入できるマチンガは社会的ステイタスが低い」という評価を共有している。小売商にとっては「成功者」である中間卸売商たちは、「自分たちはほどほどにうまくやっているだけ」で、古着商売で「本当に成功した人間」はすでに古着商売から退出し、商店を構えたり、他の事業をはじめたりしているのだと語る。

生計多様化と自由な労働力配分

前項では、零細商売には失敗しても成功しても退出することが多いことを述べた。両者の退出の意味は違うが、

この退出を見越した対応策は共通している。これもＩＳ研究において定説となっている、いわゆる生計多様化戦略である。〈5〉

古着商売に参入したがうまく稼げないことに気づいた小売商は、ただ資本を失うのを待っているわけではないし、何の計画もなしに退出するわけでもない。参与観察の結果によると、多くの小売商は、別の商品を一日（あるいは数日間）だけ試してみたり、古着と一緒に販売してみるという行動をしばしばとっていた。行商人は古着を売り歩きながら臨時の日雇い労働の情報を集め、よい日雇い労働が見つかれば、しばらく商売を休んでその仕事に従事していた。市場で活動する露店商は、露店において古着と一緒にタバコや飴、ビニール袋、携帯電話のプリペイドカードなどを販売したり、洗濯屋や両替屋を兼業していた。〈6〉地方定期市巡回商は、地方の定期市において古着を農産物や鶏と交換し、市内の市場に卸したり、自宅の軒先で販売していた。また女性の小売商の多くは、家庭菜園や郊外の畑での農作業にも従事していた。

これらの試みは、収入の増加やリスク分散のために、古着商売で十分な稼ぎが得られているときから、すでに実践されている。機材や場所を共有していたり、共同作業がある製造業部門と比較すれば、休日や労働時間を自由に決められる零細商売は副業がしやすい。彼らは特定の商品の商売に参入した直後から、つねに異なる商品の販売や賃労働を模索し、しばしば兼業しながら、より実入りのよい仕事に乗り換えるのである。

一方の中間卸売商たちは少し資金が貯まると、不動産に投資していた。図２－２は、二〇〇三～〇四年の調査時に古着商人二九七人の居住状況を調べたものである。図から明らかなように、中間卸売商の約五割（六一人中三五人）は、ムワンザ市内外に家を持っており、このうちさらに都市部にゲストハウスや貸し部屋業を営む二軒目の家を持っている者が一二人いた。自営業である零細商売は退職金があるわけでも社会保障が得られるわけでもないので、年をとったり病気になったりして商売ができなくなったときに、家賃の支払いは悩みの種となる。逆にもし自身が貸す側なら、決まった額の収入が見込める。また、これらの不動産は居住や商売のためだけでなく、古着商売の停滞時や新規のビジネスをはじめるための信用供与を引き出すための担保ともなりうる。中間卸売商たちは、そ

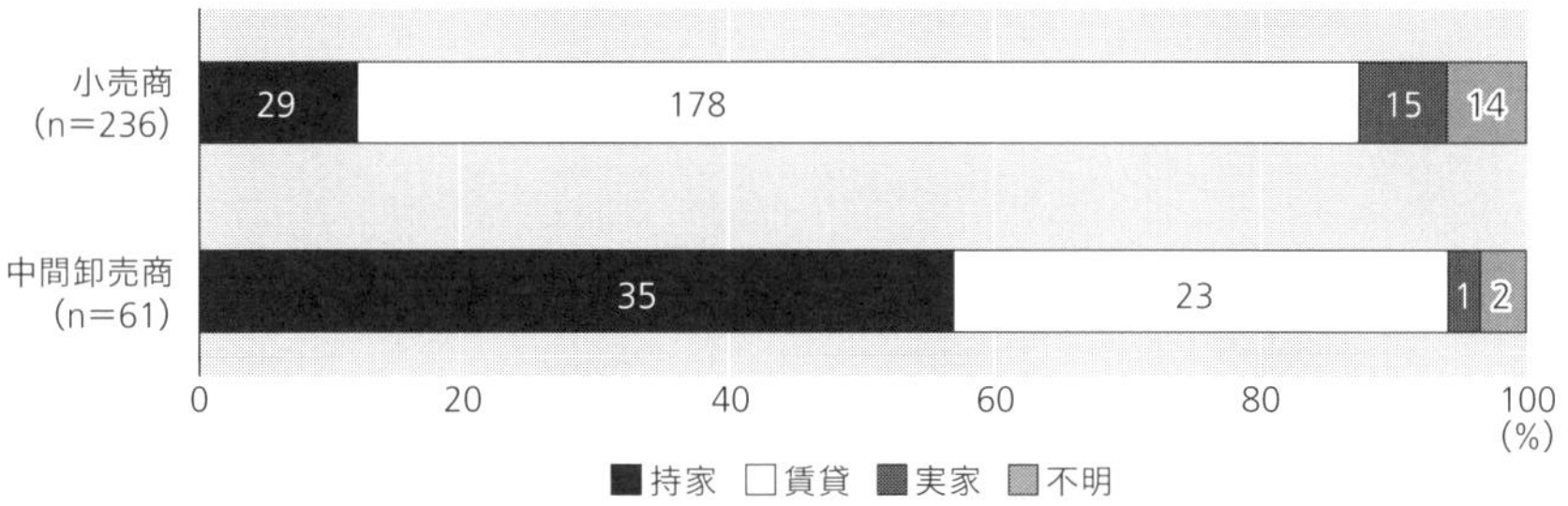

図２－２　中間卸売商と小売商の居住状況（2003～04年調査時）

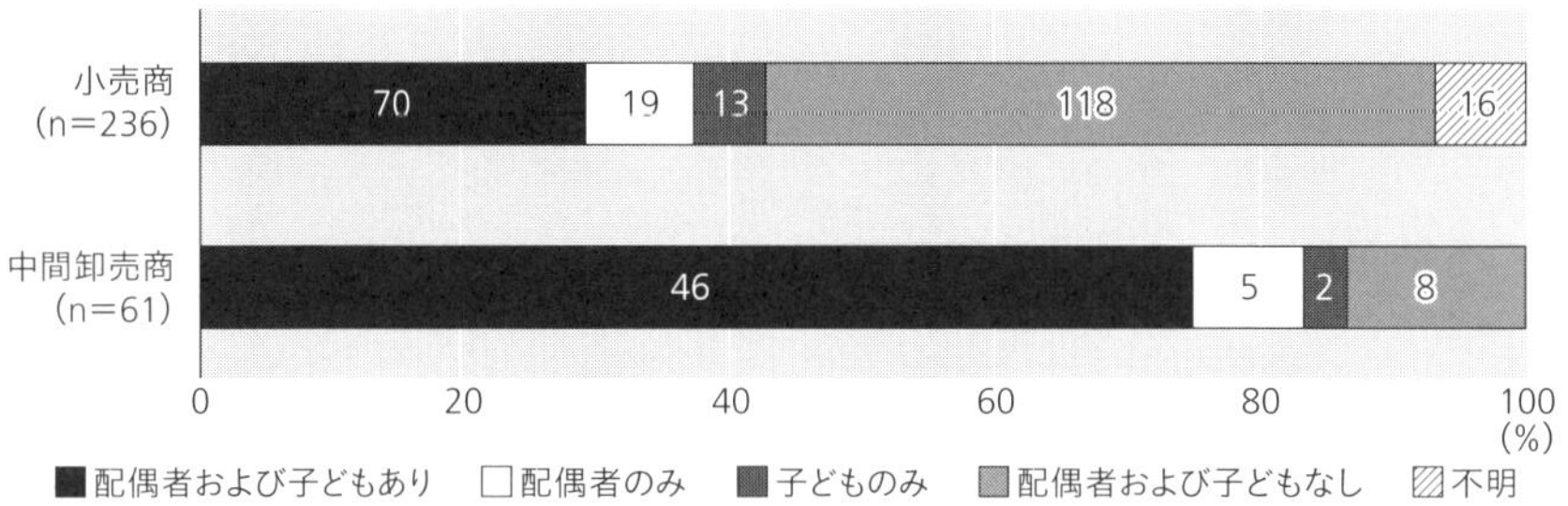

図２－３　中間卸売商と小売商の婚姻状況（2003～04年調査時）

の他の現金稼得源としてキオスク経営や雑貨店経営、食堂やバーの経営、バス・タクシー・小型トラック業(7)などをおこなっていた。

　この生計多様化は個人レベルだけでなく、世帯レベルでもおこなわれている。じつは、古着商人の約半数が既婚者である。小売商には一〇代の少年もふくまれるので、中間卸売商の既婚率のほうが小売商よりも高いが、小売商も二〇代半ばになれば、結婚を考えはじめる傾向にある（図２－３）。一般的に現在のタンザニアでは、学歴が高いＦＳ従事者よりも早くに社会人になったＩＳ従事者のほうが、婚期は早い。ただし古着商人の場合、既婚者といってもかなりの程度「事実婚」が含まれている(8)。

　ここで興味深いことは、個人単位でみた場合に、マチンガの既婚者が必ずしも未婚者より収入が多いというわけではないことである。小売商のなかでは経営規模がもっとも小さな行商人の約七割（八八人中六五人）は配偶者をもっていたが、比較的資本をもつ露店商で配偶者をもつ者は、四割（四〇人中一六人）にとどまった。同じような結果は、『ＩＳ調査』でも示されている。同調査では、ＩＳ従事者の年間所得の平均は既婚者が一〇万五二〇〇シリングで、未婚者が一一万三二〇〇シリングであり、未婚者のほうがむしろ多くを稼いでいることが示唆されている［PC and MLYD 1991］。その理由は、トリップ［Tripp 1997：51］が論じるように、現在において都市雑業層の男性たちのなかには、「世帯レベルでの生計多様化戦略（＝共稼ぎ）によって、ひとりでは困難な生計維持を可能にする」という理解のもとで結婚する者もいるからだと思われる。

さてここで重要なことは、配偶者による稼ぎは、一方では古着商売が困難なときに経営を維持するための助けとなるが、他方で古着商売から別の商売に転職するときの資本や新規商売への転職に失敗したときの保険にもなることである。つまり、配偶者がいれば、より簡単に古着商売に参入したり、退出することが可能になるのである。

以上、古着商人たちが異なる現金稼得源をもっていることを説明した。このことは、実際にはつぎのことを意味する。零細商売は一定期間の参入退出も激しいが、日々の活動レベルでも他の商売の模索や複数の副業に労働力や資本を配分するので、日ごと、あるいは一日の活動時間における参入退出もあるということである。

二　思慮深き機会主義

以下では、本書で対象とする人びとの具体的な像を提示したい。二九七人の商人たちのライフヒストリーにおける個別のエピソードや商売にかかわる出来事については、次章以降もさまざまな事例において取りあげるため、ここでは同年代でありつつも、生まれた環境から体型や性格まで驚くほど正反対な二人の調査助手の事例をとりあげ、古着商人たちの生活史の多様性の一端と、にもかかわらず浮かびあがる共通性について検討したい。

事例２－１　ブクワの半生

ブクワは、一九七七年にイリンガ州マフィンガ県マフィンガ市近郊の農村で生まれた。ブクワの父親は、当時、マフィンガ県に在駐していたゴゴ人の警察官であったそうだが、ブクワ曰く「彼は種をまき散らしていっただけ」であり、ブクワが物心つく前に故郷のドドマ州に帰ってしまった。ブクワの母親は、ブクワが初等教育を終える前に病気で他界した。そのためブクワは、弟のキペペとともに母方のヘヘ人の祖母に引き取られて育てられた。世帯主が祖母という暮らしは、たいへん貧しく厳しいものだった。生活用品のほとんどが不足しており、高地であるために雹が降ることもあるマフィンガ県で、ブクワとキペペは、毎晩のように毛布一枚を取りあいしながら寝ていたという。ブクワは小学校に通っている頃から、祖母に命じられて農作業の手伝いや商売をおこなっていた。ブクワは当時を回顧して、この子ども時代の商売の経験を苦い思い出として語った。

「故郷にいる頃、学校から帰ると、祖母にお盆に載せたバナナや茹でたトウモロコシを売って来なさいと渡された。でもオレはちっとも売れなかった。道を歩いていると学校の友だちに会う。友だちは腹が減ったとバナナやトウモロコシを欲しがる。だからついついバナナやトウモロコシを配ってしまう。そのうち自分も腹が減ってきて一本だけ、もう一本だけと思ってつまみ食いをしているうちにお盆のバナナやトウモロコシはなくなってしまった。はじめの頃は、まったく売らずに戻るたびに祖母にどやされた。でもそのうち祖母も諦めて、バナナやトウモロコシはキペペに渡すようになり、オレにはジャガイモの皮むきや農具の片づけなどを命じるようになった。オレはジャガイモの皮むきをしたり、祖母のゴザ編みを手伝っているほうが好きだった」

ブクワの祖母や弟によると、ブクワは勉強が得意であり、毎晩、学校の先生から贈られた本や拾ってきた辞書をぼろぼろになるまで読み返していたという。ブクワは中等教育学校への進学を希望していたが、貧しかったため進学はかなわなかった。

一九九二年に初等教育を修了した一五歳のブクワは、マフィンガ県の紅茶工場の職員にハウス・ボーイ（家事労働者）として雇用された。しかし雇い主はブクワに冷たくあたり、食事以外に給与を支払わなかった。ブクワは「これでは、祖母にお金を渡すことはできない」という理由から、半年ほどでハウス・ボーイの職を辞した。つぎにイリンガ州の州都イリンガ市に出稼ぎに行き、トラックの荷下ろしの日雇い労働をはじめたが、不定期にしか仕事を得ることができず、食べるものにも困窮して故郷の村に戻った。一カ月ほど村で過ごしたが村では働き口がなかった。そこで今度はイリンガ州に隣接するムベヤ州の州都ムベヤ市に出稼ぎに行き、同郷の年長の友人を手伝って肉屋に牛や羊を卸す仕事をした。しかしこの仕事も小遣い程度のお金しか渡されなかったために、しばらくしてふたたび故郷の村に戻ってきた。その後、イリンガ市とムベヤ市を行き来しながらさまざまな日雇い労働をしたが、どれも長続きせず、すぐに祖母のもとに戻ってくるということを繰り返した。

四年が過ぎたある日、ブクワの祖母は「わたしひとりなら畑仕事で食べていける。お前はわたしを理由に仕事をやめてばかりいる。わたしはもうお前の面倒を見たくない」とブクワを突き放した。祖母の言葉に大きなショックを受けたブクワは、「村の近くの都市で働くと、すぐに戻りたくなってしまう。これではいけない」と反省し、長距離トラックの運転手をしていたオジのアダムに自分も乗せていってほしいと頼みこんだ。そしてブクワは、一九九六年にたまたまオジのトラックの荷物の配送先であったムワンザ市にやってきた。

ムワンザ市にきたブクワは最初、オジのつてを頼り、建設会社で測量補助の職を得た。気の合う仲間もでき、仕事は楽しかったが、一日にわずか三～四時間の仕事しか与えられず、その時間では給与も少なかったためにしばらくしてやめた。

一九九七年にブクワは、ムワンザ市で仲良くなった友人に誘われてシティ・バスの客引き（*wapiga debe*）をはじめた。経済自由化以降、シティ・バスは急増し、バスの各路線は飽和状態になった。ブクワがしていたことは、バス停で客を捕まえて特定のバスに乗せることで、そのバスのコンダクター（車掌）から客引き料として一回につき五〇シリングをもらうというものである。バスが一日に路線を一五往復すると、一日一五〇〇シリングの収入が得られる。ブクワはこの仕事は悪くないと思ったという。

一九九九年、ブクワはバスの所有者であるインド人に引き抜かれ、客引きたちの憧れであるコンダクターとして雇われた。毎日、ガソリン代や税金などを引いた売り上げのなかから二万シリングをインド人の雇用主に届け、それ以上の

穏やかでしっかり者のブクワは，誰からも慕われる人気者！

儲けを運転手と折半していた。この仕事では、一日に平均して五〇〇〇〜七〇〇〇シリングもの大きな手取りが得られたが、コンダクターは当番制で一週間に三日しか勤務日がなかった。またブクワが乗務していたバスは、とくに状態の悪い中古バスでしばしば故障し、そのたびにブクワと運転手は、雇用主にバスの走らせ方が悪いと怒られた。

二〇〇〇年のある日、ブクワはインド人の雇用主とバスの修理費をめぐって口論になり、一方的に馘首を言い渡された。馘首になったブクワは、ムワンザ州ゲイタ県の鉱山に職探しに行った。しかしゲイタ県では職を見つけることができなかった。二週間ほどでムワンザ市に引き返し、ふたたびバスの客引きに戻った。

二〇〇一年、ムワンザ市当局は、ブクワが働いていたバス停（ケモンドー公園前）を別の場所（サハラ）に移した。このとき、市当局は混雑や事故を誘発するという理由で、ブクワたち客引きを一掃するという行政措置をおこなった。この行政措置によって仕事を失ったブクワは、わたしを介して知りあった商人たちに誘われて、ムランゴ・ムモジャ古着市場で露店業をはじめた。ブクワは当初、あまり古着を販売することができなかったが、つぎの事例で紹介するロバートをはじめ、たくさんの古着商人たちから商売のコツを学び、しだいに古着商売に慣れていった。二〇〇四年には、わたしの援助もあり、古着の中間卸売商になった。

二〇〇五年になると古着の輸入規制などの理由により、古着商売は非常に困難になっていった（第七章で後述）。ブクワは、露店番を雇って古着商売を維持しつつ、建築技師になるべく職業訓練学校に通いはじめた。ブクワは学費を援助してほしいとわたしに頼む際に、「オレは、口がうまくはないから、本当は黙々とモノをつくる職人のほうが向いていると思っていた。ただ、技術がないと日雇い労働しか得られないし、それでは妻と子どもを養うことはできない。それなら、毎日少しでもカネを稼げる商売のほうがましだと思っていた。でも最近、古着商売は行き詰まっている。だから、いましかないと決意した」と語った。しかし故郷で暮らす弟が病気になったり、この年に生まれた長男クーリの養育費がかさんだりして、通学は途中で断念してしまった。

二〇〇六年、ブクワは、建築技師になる夢を捨てきれず、建設現場での日雇い労働をはじめた。徒弟制をとおして技術を身につけようと考えたのである。ブクワはしばらくムワンザ市内の建設現場を渡り歩いて日雇い労働をしていたが、競争が激しく、なかなか仕事が得られなかった。しかもやっと仕事を獲得しても雑用係にしかなれなかった。そこでブクワは、労働条件が過酷なために仕事の獲得をめぐる競争率が低かったムワンザ州やシニャンガ州の僻地の道路敷設事業で、住み込みの契約労働をはじめた。しかしブクワはマラリアや腸チフスなどの病気につぎつぎと罹ってしまった。その後、ブクワはふたたびムワンザ市に戻ってきて、古着の露店販売をしたり、建設現場の日雇い労働をしたりして生計を維持している。

事例2-2　ロバートの半生

ロバートは一九七六年にムワンザ市で四人兄弟の次男として生まれた。父親はシニャンガ州出身のスクマ人、母親はタンザニア南西部のルクワ州スンバワンガ県出身のフィパ人である。ロバートの父親はウガンダの名門マケレレ大学を中退し、ムワンザ市の繊維工場ムワテックスで技師長（管理職）を務め、ムワンザ市に二軒の家を建てたエリートだったが、ロバートが一八歳のときに亡くなった。母親は中等学校（Form 4）を卒業し、ムワンザ市の繊維工場ムワテックスで機械工として雇用されているときに、ロバートの父親と恋に落ちて結婚した。豊かな家庭に生まれたロバートは、両親に「真面目に学業に励み、大学にも行き、将来は管理職に」と期待されて育った。しかしロバートは、マラ州の後期中等学校の神学コース（Form 6）を首席で卒業した兄デオや、ムワンザ市内の看護学校を優秀な成績で卒業した姉マリアとは異なり、勉強は嫌いだったという。

ロバートは、初等学校を抜け出していろいろな商売をしていた。最初に販売したのは腕輪で、つぎにタバコ、家庭用品と徐々にビジネスの規模を拡大しながら、さまざまなものを行商した。ロバートは当時、商売で稼いだ金で友だちに奢っていたので、悪友たちの親分だったという。一九八八年頃には、一二歳のロバート少年は市内の商人のあいだで有名になり、当時、市内の路上で古着のオークションを開いていた中間卸売商たちに気に入られて、客引きとして雇われた。

一九八九年、ロバートは両親に学校を時々サボっていたことがばれ、激怒した父親によって、ムワンザ州からもっとも遠いムトゥワラ州の田舎の初等学校に行くように命じられた。ムトゥワラ州にはカシューナッツ工場で働くオジがいた。ところがムワンザ市を旅立ったロバートは、列車に揺られながら「やっぱり田舎になんか行きたくない」という思いを確認し、モロゴロ市で途中下車してしまう。そして交通費として渡されていたお金で市場で農民からバナナを買って、駅のホームで頭にバナナを乗せて乗客に売り歩くようになった。そのうち駅で知りあった友人と一緒にモロゴロ市で家具職人の見習いをはじめた。数カ月後、ムトゥワラ州に住むオジから「ロバートが来ない」という連絡を受けてロバートを必死に捜索していた両親に居所がばれ、ロバートはモロゴロ市に住んでいた親戚に無理やり列車に乗せられた。ところがダルエスサラーム市に着くと、首座都市の華やかさにすっかり魅了されてしまう。ムトゥワラ州行きのバス停まではなんとか行ったものの、そのままバス停があったテメケ地区でタバコや飴を販売しはじめた。そこで知りあった友人の部屋に転がりこんだロバートは、このままダルエスサラーム市で暮らしたいと思ったそうである。しかし今度こそ痺れを切らしたオジは、ロバート探索のためにダルエスサラーム市に従兄を派遣した。ロバートは、仕事場にしていたバス停で従兄にばったり遭遇し、そのままムトゥワラ州の農村まで連れて行かれた。

一九九一年、ロバートはムトゥワラ州の農村で初等学校を修了し、ムトゥワラ市の中等学校に進学した。しかしムトゥワラ市の学校に通学することになったものの、学校にはほとんど行かず、さっそく商売をはじめた。ロバートは、ムトゥワラ市の港で塩漬けの魚を買いつけて農村に運び、それを農民相手にカシューナッツと交換し、ムトゥワラ市の市場に卸すというサイクルで儲けることを思いついた。つぎに、食器類を商店から仕入れて、行商をはじめた。ロバート

すばしっこく口達者で，なぜか憎めないロバートは，マチンガのなかのマチンガ！

はこの当時を懐古して、「周囲の大人よりも多くのカネを稼いでいた」と嬉しそうに語った。そして父親が病気で亡くなる少し前の一九九四年末、ロバートは正式に中等学校を退学させられた。

一九九五年初頭、ロバートは「父危篤」の置手紙を残して真夜中にムトゥワラ州のオジの家から逃走し、ムワンザ市に戻ってきた。しかし父親の葬儀をすませると実家には寄りつかず、友人の家を泊まり歩くようになった。当時、市内の路上で活動していた中間卸売商たちは、新しく建設された古着市場に徐々に移動していくところであった（第六章で後述）。ロバートは中間卸売商が路上に捨てていった台を露店に加工して、床屋を馘首にされたという幼馴染のユースフと共同出資してTシャツを販売しはじめた。しかし、市当局による露店の取り壊しにあって、ロバートたちはしばらくして行商に切り替えた。この頃、ロバートは一日で一〇万シリングもの大金を儲けることさえあり、毎日、飲み歩いていたという。ユースフはこの儲けで自分自身の床屋を開き、古着商売をやめたので、ロバートは別の友人カロスと露店販売をはじめた。ところが二カ月後、ロバートはカロスにすべての古着を持ち逃げされて資本を失った。そこで少年時代に客引きとして雇ってくれていた中間卸売商たちから掛け売りで古着を販売してもらうようになった。以来、ロバートは、基本的には現在にいたるまで古着商売（行商）をつづけている。

事例に挙げた二人の調査助手の半生の略歴は、さまざまな点で好対照を示している。ブクワは地方の農村部の最貧困世帯で育ち、ロバートはタンザニア第二の都市ムワンザ市の豊かな家庭で育った。ブクワは進学がかなわなかったが、ロバートはみずから中退した。ブクワは職歴をとおしてみると賃労働の経験が多く、ロバートは自営業の経験が多い。ブクワは小さな頃の商売経験を苦い思い出として語り、つねづね「自分は商売に向いていないがほかに選択肢がないために仕方なくつづけている」と愚痴をこぼしているが、ロバートは小さな頃の商売経験をつねに楽しい思い出として語り、つねづね「自分は生まれつきの商人であり、資本さえくれれば、何年か後には何倍にもして返してやる」と豪語している。

序章で述べたように、マチンガを若年貧困層の象徴的存在として捉えてきた先行研究では、零細商売に参入する背景として移出地域のプッシュ要因や移入先の都市での就業困難を強調してきた［Liviga and Mekacha 1998；Lugalla 1995b］[9]。たしかにマチンガは、都市部エリートだけでなく、彼ら自身の自己認識においても、所得が安定している公務員や大きな企業に勤める人びとよりも社会的ステイタスの低い職業だと考えられている。

そのため、ブクワのように「進学したかったけれど、家庭の事情で働きに出るしかなかった」と語る者や、両親が健在でも「父親が第二夫人をもらい、義母にいじめられて家出した」などの不幸な家庭環境を語る者は多い。しかしロバートほどではないにしろ、比較的豊かな家庭（「牛を一〇〇頭も飼っていた」「村でいちばん大きな畑をもっていた」など）に生まれ、両親に進学を希望されたが、「これ以上学校で勉強していったい何の役に立つのかわからなかった」「はやく都会に行きたかった」などの理由で積極的にマチンガになったケースもけっして珍しいものではない。

生活史とはその人物の意図に沿って選択的に語られた物語であり、同じような暮らしや経験をしても、それをどのように評価するかは本人のそのときの状況や価値観、聞き手との関係性に大きく左右される。成功者の中間卸売商は、立身出世の生活史を語りがちであり、古着商人になったことをみずからの積極的な選択によるものだと説明する傾向にある。一方で小売商のなかでもステイタスが低い行商人は、不運の生活史を語りがちであり、技能・学歴・就業機会などの不足から古着商人になったことを説明する傾向にある。

タンザニアの都市の現状において公務員は一割に満たない。神学コース（Form 6）を首席で卒業したロバートの兄デオも父の死後、進学を諦めてダルエスサラーム市に出稼ぎに行った。一九九五年にデオが最初に参入した職業は、初等学校卒業のブクワが経験したのと同じシティ・バスのコンダクターだった。デオはその後、運転免許を取得し、生真面目な性格が評価されてタンザニア銀行に運転手として雇用されたが、毎日銀行の重役の車を運転するデオの月給はわずか七万三〇〇〇シリングである。一方で、行商人から中間卸売商に成りあがった者のなかには、このデオの月給を一週間で稼ぐ者たちがいるのである。つまり、すべてのマチンガがそれ以外の選択肢がないために嫌々ながら零細商売に従事しているという見方は一面的なものである。

自分の運を試してみる

ライフヒストリー調査においてわたしは、「なぜムワンザ市に出稼ぎに来たのか」という質問を繰り返したが、最初に返される言葉はたいてい「自分の人生を探しにきた *kutafuta maisha yangu*」あるいは「自分の運を試しにきた *kujaribu bahati yangu*」というものである。この言葉の後には個別具体的な説明がつづくのだが、興味深い点は、この言葉は、移出地域のプッシュ要因についての説明の前にも、移入先の都市のプル要因の説明の前にもどちらにも使うことができるという点である。同じように「なぜ古着商売をはじめたのか」と聞けば、「うまくいくかどうか試してみた」という答えが最初に返ってくることが一番多い。そしてこの言葉も「本当は〇〇〔他の職業〕がしたかったが、〇〇〔学歴／技能／コネ／機会／資本〕がなくてなれなかった」という制約や拘束要因の前にも、「儲かりそうだと思ったから」「欧米の音楽雑誌やビデオを見るのが好きで衣料品販売がしたかったから」という積極的な誘因の前にも使われるのである。

わたしは、この「試してみる」「まずはやってみる」という志向性が、年齢や生い立ち、性格や特技によって異なる移動歴や職歴をもつマチンガにおいて共通してみられるものだと考える。このことは彼らが楽観的な機会主義的な態度をとっていることを意味しない。前述したようにいかなる方法が儲かるかに関する情報を集めたり、どうしたらリスクを減らし安定的な生活をすることができるかを熟慮して細かな戦略を立てるといったかたちでの生活向上のための算段は誰でもしている。しかしその一方で、彼らは頻繁に職を替え、都市—農村間、都市—都市間を移動する。わたしはこの志向をジョンソン＝ハンクス［Johnson-Hanks 2005］にならって「思慮深き機会主義」と呼びたい。序章で紹介したようにジョンソン＝ハンクスは、ガーナ女性の将来の（再生産）計画に関する調査を事例に、アフリカの都市生活における慢性的な不確実性は、一方で人びとに筋道だった未来を企図することを慎重にさせるが、他方で人びとにいま行為することが可能なことなら何でも挑戦させると論じる。

ブクワとロバートの生活史はさまざまな点で対照的であるが、本人のコントロールの及ばない範囲で、突然に仕事や資金を失うという不確実な状況を生きてきたという点は共通している。ブクワにとって、複数あるバス停のうちどのバス停で客引きしたらもっとも多くの客を捕まえられるかに関する情報を集めることや、バスのコンダクターや運転手と良好な関係を築くこと、威勢のよいかけ声を掛けてバスの所有者の目を引くことは、日々努力を惜しまずつづけてきたことである。しかし努力が実りコンダクターに昇格した後に、もともと壊れかけていた中古バスの故障をめぐって馘首されたことや、バス停の移転にともなう客引きの一掃という行政措置による失業は、彼自身の努力の問題だけにはとうてい還元できないものである。政府による古着の輸入規制、突然の弟の病気、僻地での重労働で罹った病気などの事態をブクワがあらかじめ予測することは困難だろう。比較的恵まれた環境に生まれたロバートも、父の急死や市当局による露店の取り壊し、共同経営者の友人による持ち逃げといった「不運」に遭遇している。聞き取りをおこなった古着商人の職歴は、このような「不運」や「災難」がいかに多いかを如実に示していた。

しかし古着商人たちが降りかかった不運や災難を悲観し、自暴自棄になったという話をわたしは一度も聞いたことはない。失業中に彼らを支援してくれる家族や友人の多くも、健康な働き盛りの若者を長きにわたって扶養する余裕はない。それゆえ「いま行為することならば何であっても実現しなければならない」というのは、「何があっても生きぬかねばならない」という差し迫った必要性から生まれている。しかし同時に、頻繁に不条理な窮地に陥りながらも、切り抜けてきたという経験は、機会に対する目敏さや機会をつかむことへの貪欲さ、失敗を怖れない大胆さを生み出す。たとえば、「たまたま仲良くなった外国人が、鉱山都市ゲイタで会社を経営しているらしい」

などの「幸運」につながるかもしれない機会は、彼らにとって現在の状況から抜け出す一筋の希望となる。しばしば熟考し、このチャンスをみすみす逃す理由など何もないと判断したら、その職種や就業場所がいかに現在の職種や居住地からかけ離れていても、とりあえず挑戦してみるのだ。

つまり、「つねに現実的なステップアップを試みること」と「つねにそのほかの機会に対して身をひらき、突然、新天地やまったく異なる職種に踏み出すこと」は、けっして矛盾しないのである。マチンガたちの語る将来の計画やこれまでの職歴には、売れ筋の古着の仕入れ枚数を一枚ずつ増やしていくといった現実的なものと、将来は海外で商店を構えるといった夢想的ともいえるものとが同時並行的に矛盾することなく存在している。

ただし、このことはともに暮らす隣人やともに経済活動をする人びとの行為を予測不可能にする。零細商売に従事する人びとは、現在取引している商人や顧客、ともに露店を構える仲間の商人がいつ何時、異なる職業や場所に移動するかわからないという意味で、都市の流動性をつよく認識している。

市内における住居移転

都市に出稼ぎにきた若いマチンガの大半は、「ウスワヒリーニ *Uswahilini*」と呼ばれる居住区に住んでいる。ウスワヒリーニは直訳すると「スワヒリ人の場所」であるが、その意味は多様である。一般的には、白人やアジア系富裕層が居住する高級住宅街「ウズングーニ *Uzunguni*（＝白人の場所）」あるいは市内商業地区「シティ・センター City Center（市内に住む人はこのシティ・センターを「街 *Mji*」と呼ぶ）」と対比して、アフリカ系の中・低所得者層が居住する区域を指して使われる。またウスワヒリーニは、スワヒリ人の特定の様式に沿った生活が営まれている場所としても使われる。ムワンザ市において聞かれるスワヒリ人の典型的なイメージは、「嫉妬深く、うわさ好きで、せっかちに動き回る人びと」「軒先で長々とおしゃべりしている怠惰な人びと」という、いっけん相反するものである。しかしウスワヒリーニで暮らしていると、この相反するイメージに納得させられる。ウスワヒリーニとは、土壁またはコンクリートの家が細い路地をはさんで密集する迷路のような空間であり、人びとは細い路地を縦横無尽に行きかいながら、ゴシップや情報を交換したり、忙しく動いている。その一方でその日仕事にあぶれた人びとが日がな一日何することなく過ごしている空間でもあるためである。

マチンガたちのウスワヒリーニでの一般的な生活スタイルは、六畳から八畳ほどの広さの一部屋を一人または友人や家族で借りて暮らすというものである。前述したように中間卸売商には自分の家を建てている者も約半数いるが、大多数を占める小売商は貸し部屋暮らしである。〈11〉マチンガたちの借りている部屋の平均的な賃貸料は、一カ月あたり五〇〇〇シリング（二〇〇二年の換算レートで約四ドル）程度の安価なタイプで、たいてい電気や水道がなく、トイレと水浴び場を数部屋または数軒で共同のものを使用するタイプである。

さて、このウスワヒリーニでの暮らしにおいてもっとも特徴的なのは、引っ越しの多さである。引っ越しの理由には、職場や収入、家族構成の変化などもあるが、最大の理由は隣人トラブルである。隣人どうしは、共同トイレの掃除当番や、箒や小銭の貸し借り、子どもの世話や病人の看病の手伝い、貯蓄講への参加などをとおして日々助けあって暮らしている。しかしこの助けあいは頼りになる反面、もめごとの種でもある。「貸したはずのモノが返ってこない」「隣の若者は病気になったときに見舞いに来なかった」などの不満から、長屋を二分するいがみあいに発展することは珍しくない。そもそも人びとは多くの家具を所有していないため、市内の移動ならば、マチンガの平均的な一日の手取り一五〇〇〜二〇〇〇シリング程度の経費で荷車一台を借り、引っ越すことができる。〈12〉そのためごく些細な隣人トラブルでも、賃貸契約の期日にあってさえいれば、簡単に引っ越してしまう。

たとえば、ブクワは一九九六年にムワンザ市に出稼ぎにきたのち、二〇〇七年九月までの約一二年間に計一二回も貸し部屋を移動した。一年で何回も引っ越した場合と三年間同じ貸し部屋を借りていた場合があるのだが、単純に割れば、ほぼ毎年引っ越している計算になる。それでもブクワは比較的若くして結婚したので、落ち着いているほうである。多くのマチンガは、アフリカ都市研究の定説どおりに最初は親族や同郷の友人の部屋に居候することから都市生活をはじめる。しかし、いつまでも親族や同郷の友人の世話になりつづけることは実質的にも心理的にも難しく、仕事を見つけたらなるべく早く独立しようと試みる。そして一人で家賃を支払うだけの手取りを得られる仕事を見つけるまでのあいだ、都市で見つけた友人たちの貸し部屋を泊まり歩いたり、友人たちと家賃を折半して暮らしはじめるようになる。「ゲットー暮らし *maisha ya getto*」と呼ばれているこの時期、若者たちはほとんど住所不定である。

ここまでの記述で、マチンガたちの都市の日常世界が非常に流動的であることは示唆されたと思われる。最後に、このような流動性のただ中においてマチンガたちがどのように交流しているのかをみてみたい。

三　都市の仲間関係

ひと探しにおける友人ネットワーク

頻繁に職場や住居を移動する人びとについての第一の問題は、用事があって誰かに会いたいときに生じる。事例2‐2でみたようにロバートはムワンザ市に実家がある。一家の大黒柱だった父親の死後、ロバートの家族は貧窮していった。ロバートを除く兄弟姉妹はすでに各地に離散し、現在、残された母親と祖母は一軒の家に住んで、もう一軒の家で貸し部屋業を営むことで生計を立てている。ロバートは「母と祖母の収入源を一部屋でも多くする」という（表向きの）理由と「実家にいると羽目を外せない」という理由（本音）から、一〇軒以上の友人宅を転々としている。よってロバートの現住所を把握するのは非常に困難であるが、彼に会うこと自体は難しくない。ロバートの友人たちの「たまり場 *kijiweni*」や仕事場を回って言づけておけば、その日のうちに友人ネットワークを伝って「サヤカが探していた」という情報はロバートに伝わるため、翌日にはロバートのほうから姿を見せるからである。

都市におけるひと探しは、このような友人ネットワークが命である。路肩で営業する友人たちに挨拶がてら伝言を残しておくことで待ち合わせをしたり、友人たちからの「一〇分くらい前にあっちのほうに歩いていった」という情報を頼りに目当ての人物を探し出すことは、都市住民のあいだで日々おこなわれているものである。

しかしこの友人ネットワークは、状況によってまったく役に立たないこともある。二〇〇七年九月には、数日経ってもロバートがいっこうに姿を見せないということがあった。このときロバートの友人たちは、「ロバートは、ネットワークの外だ」と語った。「ネットワークの外 *nje ya mtandao*」とは、何らかの不都合な事態が起きて隠れているので、友人の情報網に引っかからないという意味である。不都合な事態のなかには警察沙汰もふくまれるが、つけや借金が払えなかったり、浮気がばれたり、といった些細な（しかし頻繁に起きる）事態もふくまれる。じつはこのとき、ロバートはスリを働いた友人の部屋に遊びに行ったところで警官に出くわし、その共犯にされてしまったのだが、警官の誤解がとけてやっと姿を現したロバートは「色褪せた帽子を目深にかぶり、よれよれのカッターシャツと煤けた赤茶色のズボンを着用し、ゴム草履を穿き、農産物を入れる袋を肩から引っかけた」という、ふだん流行にうるさいロバートからは想像できない格好だった。ロバートの不格好な着こなしを見て噴き出した友人たちに対して、ロバートは、「警官は都会の若者のロバートを探しているから、田舎の爺さんのスタイルがいちばん安全だと思ったんだ」と照れくさそうに胸を張った。

このように相手が意図的に姿を隠している場合は、ふだんは有効な「友人ネットワーク」にも引っかからないので、相手を探し出すことはかなり困難である。近年、タンザニアでは爆発的に携帯電話が普及したが、相手が電話に出なければ意味がない[13]。友人たちは見知らぬ人や警官などには、正しい情報の提供を拒む。要するに頻繁に仕事を替え、かつ頻繁に引っ越しをする都市社会とは、双方が会いたいと思っているときは容易に実現し、そうでない場合（借金やつけの取り立てなど）には容易に姿を隠せる世界なのである。

エスニック・イメージを渾名で操作する都市の仲間関係

アフリカ都市の民族誌には、エスニシティに関する記述がかならず出てくる。アフリカ都市研究者からしばしば報告されるのが、都市民がステレオタイプ化されたエスニック・イメージに沿って、互いをエスニック・グループ名で呼びあっているという習慣である［ex. 小川　1998：261-262；松田　1996：210-215；ミッチェル　1983（1969）］。タンザニアの都市部においても、「おい、スクマ人」などと呼びあう光景はよく見られるし、エスニック・イメージも氾濫している(14)。

松田は、こうしたアフリカ都市において一般的に流布しているエスニック・イメージは、実際には植民地政府が「未開なアフリカ人」のイメージに沿って「部族」ごとに職業適性を決めつけて捏造したトライブ神話であるのだが、都市移入民たち自身は「未知の異人」である異なる民族に直面したときに相互の理解と寛容を引き出すための「民族インデックス」として活用しているのだと論じる［松田　1996：121-122, 210-215］。つまり、さまざまなエスニック・グループが混住する都市にやってきた人びとは、異民族に出会ったときに緊張を強いられるが、特定のエスニック・イメージを使って他者の性向を「強制的に了解しあうこと」でうまくつきあうことができる。さらにエスニック・イメージを互いに言いあうことで冗談関係のような親密さをつくりだし、相互の寛容を引き出すことができるというのである。

では、都市民はタンザニア全土で一二〇以上あるとされる互いのエスニック・グループを本当に識別しているのだろうか。たしかに牧畜民マサイのように視覚的にわかりやすいエスニック・グループや、スワヒリ語を話していても特徴的な方言によって簡単に見分けられるエスニック・グループもいる。同じエスニック・グループのメンバーどうしでは、最初の一言で互いを判別できるという話を聞いたこともある。しかし互いをエスニック・グループ名で呼びあう実践とは、同一のエスニック・グループ間の関係ではなく、本書で取り上げるような多様なエスニック・グループが混在している仕事場の仲間関係や居住区における隣人関係においてもっともよく見られるものではないかと思われる。

第一章で示したように、わたしは古着商人たちにエスニック・グループに関する聞き取り調査をおこなったが、この調査は想像していたよりもずっと難しかった。なぜなら、本人が語るエスニック・グループと周囲の人間が彼／彼女を呼ぶときのエスニック・グループがずれていたり、ひとりの人間が複数のエスニック・グループ名で呼ばれることがあり、それについてふたたび聞き直すとさらに異なるエスニック・グループを語る、といった問題に頻繁に直面することになったからである。

その背景のひとつには、通婚によって両親のエスニック・グループが異なる場合や、移住によって本人のエスニック・グループと故郷の主要エスニック・グループとが一致していない場合が挙げられる。たとえば、前述したようにブクワの父親はゴゴ人だが、ブクワは母と自分を捨て自分たちを貧困に追いやった父を深く恨んでいるので、自分のエスニック・グループをゴゴと語ることはない。エスニック・グループを聞かれれば、自分を育ててくれた母方の祖母のエスニック・グループであるへへを名乗っている。ブクワのように系譜上複数のエスニック・グループをもっている場合、都市でどのエスニック・グループを名乗るかは母系・父系にかかわらず、比較的自由に選択しているようである。しかし都市に居住する人びとが自称するエスニック・グループや周りの人間がその人間を呼ぶときのエスニック・グループはより複雑である。

事例２－３　学校教育を受けた地域のエスニック・グループを名乗る

ロバートは、事例２－２でみたようにスクマ人の父親とフィパ人の母親のあいだに生まれた。ロバート自身は自分のエスニック・グループをスクマだと語る。生粋のシティ・ボーイであるロバートはスワヒリ語で育てられたので、みずからのエスニック言語をまったく話すことができない。しかしロバートは、初等教育と中等教育の計五年間をオジが住んでいたムトゥワラ州のマコンデ人が暮らす農村で受けたので、マコンデ語は流暢に話すことができる。ロバートはふだんからマコンデなまりで冗談を言ったり、挨拶したりしているので、多くの商人と顧客は、ロバートのエスニック・グループをマコンデだと誤解している。またかつて首座都市でマチンガが増加したとき、マチンガにはムトゥワラ州出身者が多かったという説がある。小さな頃から商売一筋、小柄で口達者なロバートは、すばしっこく狡猾なマチンガのイメージによく合致している。そのため、商人仲間たちは、ロバートを「お前はまさにマチンガの典型だ」という意図を込めて「おい、マコンデ」と呼ぶし、ロバートも躊躇することなく返事をする。さらにロバートは、警官に捕まったり、借金が払えないといった不都合な事態が起きたときには、積極的にマコンデを名乗り、ムワンザ市に暮らす母親に問題が飛び火しないように出自をごまかしている。

このほかにも特定のエスニック・イメージをもとに出自とは関係のないエスニック・グループを名乗っていたり、他者から一方的に決めつけられて呼ばれている場合はよくある。[15] また人口が少なく知名度の低いエスニック・グループの人間が、出身地域の他の主要なエスニック・グループ名を語ること、ふだん一緒に過ごしている友人グループのエスニック・グループ名で呼ばれていること、ルワンダやブルンジ、ケニア、ウガンダからの移民が不法滞在を隠すなどの理由でタンザニアのエスニック・グループを名乗ることは広く観察される。

このようにムワンザ市において人びとが自称したり、他者を呼ぶエスニック・グループ名は、「操作的」なものである。ただし彼らが自身のエスニシティを操作的に用いるからといって、彼らが強固なエスニック・アイデンティティをもたない、あるいはエスニシティの生得的な側面がとるに足らないものだと主張したいわけではない。[16] ここで強調したいことは、頻繁に参入退出を繰り返す流動的な職場や居住区においては、緊張を緩和して即時的な強制了解をするために「民族インデックス」が活用されている。そのような場では、「エスニック・イメージ」の操作的な使用が重要になるので、本人が語るエスニシティを彼らの仲間たちが受け入れ、また他者からの決めつけに対してむきになって否定したりしないという寛容な態度が築かれている。しかしまさにそれゆえに互いの出自にかかわるエスニシティが正確に把握されないという状況が生じうるということである。

渾名で呼びあう都市の仲間関係

同じことは、エスニシティだけでなく彼らが互いに呼びあう名前についても当てはまる。系譜上、複数のエスニック・グループ名をもつように、一人ひとりがもっている名前もひとつではない。

たとえば、先ほどから何度も登場している調査助手をわたしはブクワと呼んでいる。このブクワという名前は、いわゆる「慣習的な名前 *jina ya kienyeji*」である。[17] 彼にとって正式な名前は、クリスチャン（キリスト教の洗礼名）・サムソン（父親の名前）・マドゥマ（クラン名）であるという。しかしこのクリスチャンという洗礼名は、ムワンザ市ではほとんど知られていない。ブクワがふだん娯楽をともにしている親しい友人たちは、ブクワという名前をつうじて彼と交際しているので、彼らに「ねぇ、クリスチャン見かけなかった」と尋ねても誰のことを指しているのかはほとんど通じない。

では「ブクワ」という名前がムワンザ市における彼の交際範囲に広く通じているかといえば、そうでもない。居住区の隣人たちのあいだでは、ブクワは「ババ・マリアム *Baba maliam*（＝マリアムのお父さん）」または「ババ・クーリ *Baba kuli*（＝クーリのお父さん）」と呼ばれている。スワヒリ社会には、子どもをもつと敬意を込めて「○○のお父さん」「○○のお母さん」と呼ぶ習慣がある。再生産活動の舞台である居住区の隣人たちは、二人の子どもをもつ父親としてブクワと交際しているので、居住区で知りあった人びとにはクリスチャンだけでなく、「ブクワ」という名前も知られていないのである。

さらにブクワはローマ・カトリック教徒であるが、妻ハディジャと正式に結婚するときに、敬虔なムスリムの義父に結婚を認めてもらうための〈方便〉[18]としてイスラームに改宗した。そのため、彼にはクリスチャンというキリスト教の洗礼名のほかに、「カシム」というムスリムの名もある。ブクワは妻方の親族や妻の友人には「カシム」と自己紹介したので、彼らはブクワをカシムとしてのみ認識している。

このように特定の個人の名前は交友関係ごとに分断されており、異なる交友関係に属する者たちが同じ一人の人間を識別できないことも多いのだが、以上に挙げたブクワ、クリスチャン、ババ・マリアム／クーリ、カシムはいちおう、「本名」である。ブクワは日常生活の大部分の時間をともに過ごしている仕事仲間には、渾名で呼ばれている。古着商人たちはブクワを彼の体格に即して「バウンサー（筋肉隆々な人を意味するスラング）」と呼ぶか、彼のヘア・スタイルがラス・タファリアンの象徴であるドレッド・ロックス（房状の髪型）であることから、シンプルに「ラス」と呼んでいる。[19]

この仲間関係における渾名は、名前を短縮したもの（「ダニエル」→「ダニー」）やイニシャル（「ジュマ」→「ニガ・J」）、逸話をともなうユニークな渾名もあるのだが、それははたして特定の個人を指す名前なのか、それともエスニシティと同じようにたんに属性で呼んでいるだけなのかさえ、曖昧な呼ばれ方も多い。たとえば、これらの属性や身体的・性格的特徴を渾名のように使ってなされる対話とは、つぎのようなものである。

A「おい、ムグム〔頑固者〕、ムチャガ〔チャガ人〕見なかったか？　ムチャガがまたオレの露店から勝手にTシャツを持っていったらしいんだ」

B「ムチャガ？　ムチャガ・トール〔ノッポのチャガ人〕？　ムチャガ・スモール〔チビのチャガ人〕？」

A「トール〔ノッポ〕だよ」

B「トール〔ノッポ〕なら、さっきホワイティ〔色白〕と街のほうに出かけたよ」

A「じゃあ、オレはちょっと出かけるので、トールが市場に戻ってきたら、ムサバト〔セブンスデイ・アドベンチスト教会信徒〕[20]が、代金はコフィア〔帽子の露店商〕に預けておいてくれと言っていたと伝えてくれ」

このように仲間関係で通じる呼び名には、（一）親族名称（「ブラザー *Buraza*（＝兄／弟）」「ムジョンバ／シャンガジ *Mjomba/Shangazi*（＝母方のオジ／父方のオバ）」など）、（二）以前の職業／副業（「ティーチャ *Ticha*（＝先生）」など）、（三）宗派（「ムサバト *Msabato*（＝セブンスデイ・アドベンチスト教会信徒）」など）、（四）体格や肌の色（「トール *Toll*（＝ノッポ）」「ホワイティ *Whiti*（＝色白）」など）、（五）服装・販売している商品（「コフィア *Kofia*（＝帽子）」など）、（六）態度や癖、性格（「ムグム *Mgumu*（＝頑固者）」「マチャチャリ *Machachari*（＝お調子者）」など）がある。

日本人の感覚からすると戸惑う呼び方ではあるが、本人たちが気にとめている様子はない。しかしここで驚くべきことは、わたしが「ところで、トールの本名は何ていうの」と彼といつも行動をともにしている商人たちに聞いても、「さあ、みんなトールと呼んでいるし、それ以外の名前なんて知らないよ」と返答されることである。「トール」と呼ばれている背の高い人物は古着市場に何人もいるが、混乱が生じても個人名が出てくるよりも、「トール・スルワリ（＝ズボンを売っているノッポ）」「トール・ムコロフィ（＝ひねくれ者のノッポ）」とさらに属性や性格的な特徴を加えて言い直されることのほうが一般的である。

日本人も同僚のあいだでは渾名で呼びあうこともあるが、その場合、同僚は渾名と同時に本名も知っているのがふつうである。ところが、タンザニアの仕事場の仲間どうしでは、このような「属性・身体的性格的特徴による呼び方」しか知らないということも多いのである。本人に名前を聞けば、正式な名前を教えてくれるが、たいていの場合、「なぜそんなことを知りたがるのか」といぶかしく思われることのほうが多い〈21〉。

本書で扱う貧しいマチンガにとって、銀行口座を開いたり、正式な雇用契約書にサインしたりするなどの本名を名乗る必要が生じる機会はほとんどない。じっさい都市でともに生活したり、ともに商売をしたりするうえで本名を知らないことがとりたてて問題になるわけでもない。むしろ、本人の特徴をよく示している渾名のほうが、民族インデックスの活用と同じように新しい職場や仲間関係に参入したばかりでもすばやく他者の特徴をつかむことができるので、住み処や職場を頻繁に移動する彼らの生活には適しているのである。さらに渾名には、交際範囲ごとに名前が分断されていても、人物を特定しやすいというメリットもある。

たとえば、ブクワを「ババ・マリアム」と認識している居住区の隣人に「ブクワの部屋はどこか」と聞いた場合、「このあたりにそんな名前の人物はいない。別の場所を探してみてはどうか」と返答されることになる。しかし「ラスタ（ラス・タファリアン）のバウンサーの部屋はどこか」と聞けば、たいてい思い当たる風貌の人物の部屋を教えてくれる。はじめから名前に頼らずに、いわば「イメージ」や「インデックス」で交際することを前提にしていれば、こうした状況にうまく対処できるのである。

しかしこれらの渾名の活用は、都市の交友関係において一定の匿名性を保持しつづけることになる。たとえば、つぎのような事態を想像してもらうとわかりやすい。

二〇〇六年八月に空港で再会したブクワは、長く伸ばしていたドレッド・ロックスを剃って、スキン・ヘッドにしていた。口髭も剃り、若々しい雰囲気に変身したブクワにヘア・スタイルの変更について尋ねると、ブクワはひどい労働条件を強いられた僻地での道路敷設作業によって毛虱にたかられたことを説明した後に、次のように語った。

ラスタは「平和と愛」を信条としているから、めったなことでは怒らない親切な人間だと思われている。オレは四年もラスタをしてきたけれど、最近では街の路上少年（*chokora*）までもが「なあ、ラス、カネくれよ」「なあ、ラス、助けてくれよ」と、ラス、ラス、ラスって馴れ馴れしくまとわりついてくるようになって、正直、ちょっと疲れていたんだ。ドレッドを切ったら、オレはいきなり透明人間になった。髪を剃ったつぎの日、久しぶりに古着市場に行ったら、仲間たちはみんな、誰だろうという顔でちらっとオレを見て、すぐに斜め下を向くんだ。それでオレがとっくに通り過ぎてから「あっ、ラス、ラスじゃないか。どうしたんだ、警官に捕まったのか」ってあわてて声をかけるんだ。もうオレはラスタじゃないのにおかしいだろう。以前は古着を持たずに道を歩いていても、「ラス、今度、青色のシャツを届けてくれよ」「ラス、オレはいまコットンのシャツが欲しいんだ」と呼びとめられたのに、いまじゃ道をノン・ストップで歩けるんだぜ。[22]

つまり、イメージやインデックスが変われば、その人物が特定できなくなる場合もあるということである。先に説明したロバートの「田舎の爺さんのスタイル」が友人ネットワークに引っかからず功を奏したのも、同じ理由である。

以上、マチンガの生活世界が流動的で多様で匿名的な世界であることを示した。これから中心的に検討していくマチンガの商慣行は、序章で述べたように口約束のみでおこなわれている信用取引である。その際に、信用取引をおこなっているマチンガどうしの関係とは、本章で明らかにしてきたような流動的に職を転々とする人びと、好機があればいつ何時別の職・場所へと移動するかわからない人びとが、現住所も本名も出自も正確に知りえないまま取り結んでいる関係である。

第Ⅰ部

騙しあい助けあう狡知

マチンガの商慣行を支える実践論理と共同性

第Ⅰ部では、古着を扱うマチンガの「騙し騙されながら助けあう」商売のしくみ、親友でもビジネスライクな取引相手でもない「仲間」という関係性、「狡知」への信頼について明らかにする。第一章で述べたように、タンザニアにおいて古着は、インド・パキスタン系の卸売商からアフリカ系の中間卸売商、小売商へと流れている。第Ⅰ部で焦点をあてるのは、このうち、アフリカ系の中間卸売商と小売商のあいだで展開されているマリ・カウリ取引である。序章では、先行研究において描かれてきた零細企業家の経済活動の特色と、そこから浮かびあがるマチンガ像をいくつか提示した。ここでは、このマリ・カウリ取引を支える論理と社会関係について、ウジャンジャに着目しながら検討することをつうじて、先行研究が描いてきた零細企業家像とは異なるマチンガ像を提示したい。

まず第三章では、マリ・カウリ取引の概要について説明する。ここでは、なぜ中間卸売商と小売商はマリ・カウリ取引をおこなっているのか、なぜ小売商による信用の不履行が生じるのか、どのような経緯で取引関係が結ばれるのか、なぜ中間卸売商はよく知らない小売商に信用で古着を販売するのか、そしてなぜこの取引をおこなう中間卸売商と小売商双方にとってウジャンジャが重視されるのかといった問いを明らかにしていく。第四章と第五章では、ウジャンジャをストリートの教育、商売戦術、商交渉などの具体的な事例において掘り下げる。

第三章

都市を航海する——商慣行を支える実践論理と共同性

ロバートと行商をはじめて数日後の早朝、ロバートはわたしをルムンバ・ストリートの路地裏にある狭い空き地に連れて行った。空き地の中央で恰幅のよい青年が、めまぐるしい早さで古着を、地面に敷いた三枚のビニールシートの上に放り投げていた。彼の周りには、たくさんの若者が輪になって並び、古着が三つの山に分けられていく様子を食い入るように見守っていた。ロバートは青年に近づき、わたしを指さしながら何やら話しこんでいた。そのうち輪になっていた若者のひとりがひとつの山から古着を選びはじめた。ひとりまたひとりと、若者たちが古着を選んでいく。突然、先ほどまで古着を投げていた青年が、わたしに向かって「お前の番だ」とひとつの山を指さした。わたしが恐る恐る一枚の古着を手に取ると、青年は、わたしに「一枚、一〇〇〇シリングでどうだ？」と尋ねた。これが、わたしが中間卸売商ンガイザーとマリ・カウリ取引をはじめた最初の日であった。それは、驚きの連続の日々のはじまりでもあった……。

　本章では、まず第一節でこのマリ・カウリ取引の概要を述べ、この取引における中間卸売商・小売商の経済的利点について説明する。第二節では逆に、両者のあいだで経済的利害が対立する場面に注目する。第三節では、この商慣行を成り立たせている関係性を明らかにする。第四節と第五節では、その関係性におけるウジャンジャの働きを明らかにし、またそこにみられるマチンガの仲間関係、共同性について考察する。

一　マリ・カウリ取引の概要

マリ・カウリとは、「商品・財 *mali*」と「口約束 *kauli*」の複合語である。マリ・カウリ取引とは、即金ではなく、一定期間後に代金を受け取る約束で品物を販売する「掛け売り」を、文書を交わす正式な契約関係を結ばずにおこなう信用取引である。ただしマリ・カウリ取引をおこなう両者は「信用による売買」と表現することが多いが、業態としては「掛け売り」よりも、担保をもたない相手に対して正式な契約を結ばずにおこなう「委託販売」に類似している。タンザニアでは古着流通に限らず、マリ・カウリ取引はさまざまな零細商売において広くみられる商慣行である［cf. Gibbon 1997a, 1997b: 63-66; Lerise et al. 2001: 11］。ムワンザ市の古着流通におけるマリ・カウリ取引では、中間卸売商が口約束のみで小売商に古着を前渡しする。小売商からの要求があれば、古着の返品や仕入れ価格の再設定も可能である。また、中間卸売商は、取引している小売商に、場合に応じて生活補助や報奨金を与えることもある。二〇〇一年、わたしが最初にムワンザ市を訪れたときには、調査した中間卸売商三三人のうち約八割が、平均して二〇人程度の小売商とマリ・カウリ取引をおこなっていた。

マリ・カウリ取引の方法

図3－1に示すように、インド・パキスタン系卸売商から梱を仕入れた中間卸売商はまず、市場の露店や路肩において梱を開き、古着をグレードA、B、Cにランク分けする。中間卸売商にとって古着の梱は、仕入れた後に開封するまで中身の良し悪しがわからない「福袋」である。ひとつの梱には、ほとんど袖をとおしていない高級ブランド品から、破れや色落ちがある傷物、何十年も箪笥の肥やしになっていた流行遅れの品まで多様な古着が混入している。そのため、中間卸売商は開封後にそれらの古着をより分ける必要がある。中間卸売商が古着をグレードA、B、Cに選別するときには、ふたつの基準を用いている。ひとつは破れや色落ち、汗染みの有無など品質にかんす

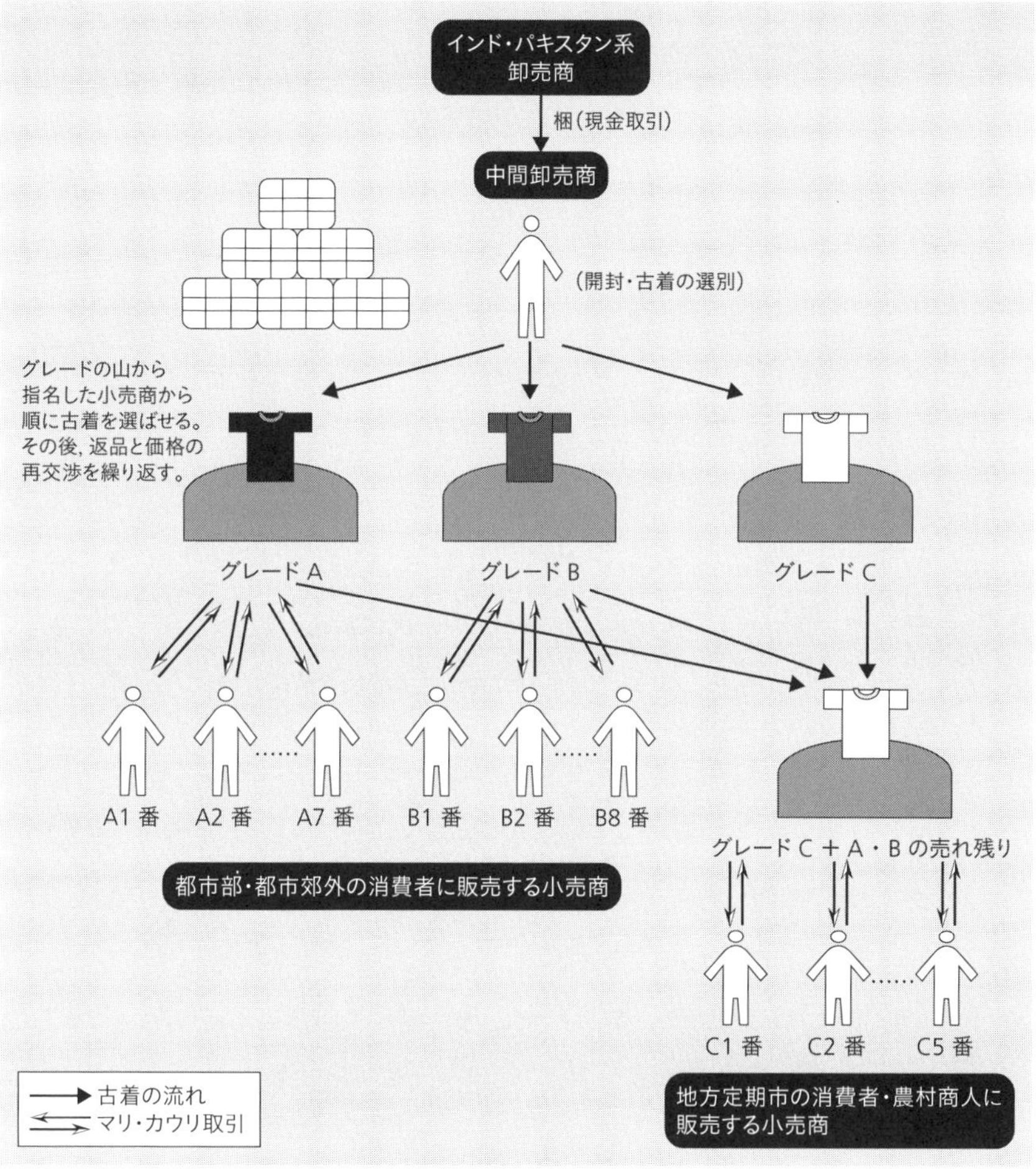

図3－1　マリ・カウリ取引の方法（概念図）
小売商はこの図で示したよりも人数が多い場合もある。

表3－1　古着の選別の基準の一例

	品質	流行（付加的な基準）
紳士シャツ	・ボタンが揃っていること ・破れの有無 ・汚れ・色落ちの程度 ・襟や脇の汗染みの有無 ・サイズの極端な大小	・ブランドの商標 ・プリントの柄，色，模様 ・胸ポケットの数 ・素材（綿，シルク，ポリエステルなど） ・襟の形，襟止めのボタンの有無 ・袖や丈の長さ
紳士ジーンズ	・破れの有無 ・汚れや色落ちの程度 ・サイズの極端な大小	・ブランドの商標 ・色 ・素材 ・形状（ストレート・タイト・ベルボトムなど） ・伸縮性

る基準であり、もうひとつはブランドやデザインなど流行にかんする基準である（表3－1）。後者は市場の動向に左右されるため、正しい判断ができるようになるためには熟練が必要である。

中間卸売商が古着を三つのランクに分類する背景には、都市中心部、都市郊外、農漁村の三つの地域の経済格差や慣習・価値観の違いを活かすという商売戦略もある。販売価格のもっとも高いグレードAは、農漁村の一般的な人びとの収入に比して高価であり、彼らには購入が困難な場合が多い。またグレードAは最先端の流行を反映しているため、露出の激しい服や体の線がはっきりわかる服などをふくむ場合があり、農漁村では敬遠されがちである。逆にグレードCの古着は、破損や汚れの度合いが激しく、オフィスや企業で働く人びとにとってはドレス・コードとしてふさわしくなく、また流行に敏感な都市中心部の若者にとって魅力的ではないものが多い。しかし農漁村では、多少の破れがあっても農作業や漁の仕事に耐える丈夫なもの、吸汗性が高く涼しい素材のものであれば好まれる。そのため主として高価で流行を押さえたグレードAは都市中心部の消費者、中間的なグレードBは都市郊外の住宅街の消費者、安価なグレードCは地方の農漁村の消費者を顧客にもつ小売商に販売される。

このように古着をグレード分けし、まずグレードAとBについて、中間卸売商は指名した小売商から順に商品を選ばせる。このときグレードCとして選別した古着は取り置かれ、つぎの仕入れ日まで販売されない。古着の販売価格は、中間卸売商とそれぞれの小売商の相対《あいたい》交渉によって個別に決められる。すなわち、基本的にはグレードA、B、Cの順で価格は安くなるが、同じグレードでも交渉により販売価格は異なってくる。そのため、次節と第五章で詳述するように、どのグレードを誰に何番目に選ばせ、いくらで取引するかをめぐって中間卸売商と小売商のあいだでは駆け引きが展開する。

古着を仕入れた小売商は、中間卸売商との交渉の結果決められた仕入れ価格にみずからのマージンを上乗せして販売活動に出かける。小売商は、その日の夕方に中間卸売商を訪れ、販売した枚数分だけ代金を支払う。このとき売れ残った古着は返品することができる。売れ残った古着のうち翌日も販売したい古着については、改めて価格交渉をおこない、一枚あたりの古着の仕入れ価格を下げることも可能である。ひとたび市場に出て売れなかった古着を翌日も同じ価格で販売できる可能性は低いため、中間卸売商は小売商による値下げの要求に応じる場合が多い。また小売商から消費者にクレジットで古着を販売した中告があった場合、中間卸売商はその古着の仕入れ代金の支払いを猶予する。さらに小売商がほとんど販売することができず、その日の生計維持費を得ることができなかった場合、小売商からの要請に応じて中間卸売商は、小売商に一食分に相当する五〇〇シリング程度の生活補助を提供することもある。

一例を挙げて説明すると、たとえば中間卸売商から一枚一五〇〇シリングで五〇枚のグレードAのシャツを仕入れた場合、小売商は一枚一八〇〇シリングから二〇〇〇シリングを目標に販売し、一枚あたり三〇〇～五〇〇シリングの利益を得るように努力する。ここで小売商が一〇枚のシャツを販売することができた場合、小売商は中間卸売商に一五〇〇シリング×一〇枚分の代金（一万五〇〇〇シリング）を支払う必要がある。仮に一枚あたり平均二〇〇シリングの利益を上乗せして販売できたとしたら、小売商の手取りは二〇〇〇シリングになる。売れ残った四〇枚の古着については、たとえば五枚を返品し、残り三五枚については翌日の仕入れ価格を一枚一三〇〇シリングに下げるといった交渉が展開する。

	月	火	水	木	金	土	日
グレードA	1,500 →	1,300 →	1,000				
	1,300 →	1,200 →	800 ↘				
グレードB	1,000 →	800 →	600 ↘				
	800	600 ↘					
グレードC	500	500 ↘	500 ↘	500 → ↘	400 ↘		
	250 ↘	250 ↘	250 ↘	250	250	250 →	100

図3－2　1週間における価格の変化の例（Tsh.）

販売サイクル

このような駆け引きを繰り返しながら、古着はつぎのようなサイクルで販売されている。多くの中間卸売商は月曜日と木曜日に梱を仕入れる。その理由は、月曜日は「仕事（カネ）を探しはじめる日」と呼ばれ、月曜日は休日の娯楽にお金を遣った消費者への販売が困難であることを反映している。木曜日は月曜日を軸とした週の中間の日である。図3－2は、月曜日に仕入れた梱を事例に販売サイクルを図式化したものである。

月曜日午後から水曜日午後までは、グレードAとBを販売する小売商を総動員して、徐々に価格を下げながら、なるべく多くの古着を販売する。通常は、水曜日の時点で中間卸売商は小売商から回収した代金で梱を仕入れる際にかかった経費を取り戻すことができる[1]。そして売れ残ったグレードAとBの古着は、月曜日に仕入れた時点で最低ランクのグレードCに選別された古着と混ぜられ、ひとつにまとめられる。中間卸売商はグレードAとBの売り上げですでに梱の仕入れ代金分を取り戻している（この売り上げで木曜日に新しい梱を仕入れる）ため、このグレードCは中間卸売商の利益を得るための古着となる。グレードCは、地方定期市巡回商に販売され、とにかく売り尽くすことが目標とされる。そしてグレードCの古着は、最終的には地方定期市巡回商によって、遠方の農村から幹線道路沿いの定期市に買いつけにくる安売り業者に投げ売りされ、梱の古着は完売する[2]。

古着は、このようなマリ・カウリ取引をつうじて都市中心部から地方の農漁村までを「システマティック」に流通しているのである。次項では、なぜこのような商慣行が展開しているのかを、中間卸売商と小売商の経済的利点に着目して検討していきたい。

マリ・カウリ取引をおこなう中間卸売商の利点

中間卸売商にとってマリ・カウリ取引をおこなう利点のうち、とくに重要なものにはつぎの三点がある。

第一に、資本をもたない多数の小売商を取り込み、彼らを総動員することで商品を迅速に売りさばくことができる点である。この背景には、多くの古着を購入する資金をもつ小売商が少なく、現金取引だけでは常連客の確保が難しいという現状がある。この実績は、二〇〇一～二〇〇二年の調査で、即金しか認めない中間卸売商七人が平均して二個の梱しか開かないのに対し、マリ・カウリ取引をおこなう中間卸売商二六人は、平均して八個の梱を開いていたことからも裏づけることができる。

第二に、小売商に自由に古着を選択させると売れ残りが生じるが、マリ・カウリ取引では古着を余すことなく売り切ることができる点である。たとえば農漁村地域では、綿や米などの農産物の収穫期、漁獲期に古着への需要が高まるため、そのような時期に小売商は農漁村地域での販売活動を希望するようになる。すなわち、この時期にはグレードCに需要が偏重し、グレードAやBが売れ残る危険性が高くなる。しかし、マリ・カウリ取引では、掛け売りで卸すのと引き換えに、グレードAやBをいずれかの小売商に押しつけることができる。

第三に、小売商との交渉を繰り返すことをつうじて、古着の販売価格を調整することができる点である。現金で販売する場合、一度きりの交渉で小売商に古着を販売するため、流行が変わりやすい古着市場の動向を見誤り、本来、高値で販売できた古着を安値で販売してしまうことがある。マリ・カウリ取引の場合は、最初の卸売価格を最大限に高く設定し交渉を繰り返しながら、徐々に価格を下げていくことができる。そのため、安価な価格で投げ売りしてしまう古着の量を最小限に抑えることができるのである。

以上のようなマリ・カウリ取引の利点により、中間卸売商は一週間に二度の仕入れ日を軸にした販売サイクルを維持し、大きな利益を得ることが可能となっているのである。

マリ・カウリ取引をおこなう小売商の利点

一方、マリ・カウリ取引をおこなう小売商の利点として重要なものには、つぎの五点が挙げられる。

第一に、小売商の元手が非常に少なくても（あるいはまったくなくても）、小売商は中間卸売商から掛け売りで古着を仕入れ、経済活動をおこなうことができる点である。小売商のなかにはビジネスをはじめた当初は、数枚の古着を購入する資金をもっている者もいるが、都市ではわずかな資金はすぐに底をつき、また親族や同郷者にいつまでも依存した生活を送ることも困難である。こうした状況においてマリ・カウリ取引は、現金が不足していても就業機会を提供してくれるのである。

第二に、売れ残った古着を中間卸売商に返品できる点である。現金取引をおこなう小売商には、消費者の好みに合わない古着を選ぶなどした結果、売れない古着の販売に手間取り利益を食いつぶしてしまうリスクがある。しかし、マリ・カウリ取引では、中間卸売商に売れ残った古着を返品することができるため、古着販売のリスクを中間卸売商に転嫁できるのである。

第三に、小売商は、売れ残った古着について、ふたたび中間卸売商と価格交渉をおこなうことができる点である。古着の判断を誤り、高額の仕入れ価格を設定されても、市場の動向に合わせて価格を下げてもらえるのである。

第四に、小売商が消費者に提供したクレジットを一時的に中間卸売商に負担させ、万が一、クレジットが焦げついた場合には、焦げつきを中間卸売商に負担させることができる点である。中間卸売商にとって小売商を確保することが難しいのと同じように、小売商も即金での販売では顧客を確保できない。多くの貧しい消費者も古着を購入する資金をつねに有しているわけではないためである。そのため、小売商も常連客を確保するために、できる限りクレジットの要請に応じるようになる。たとえば、二〇〇一～二〇〇二年の調査時、行商人ロバートの八五日分の売り上げから平均を出した結果、一日の平均売り上げ一二枚のうち、二・九枚をクレジットで販売していた。営業形態の異なるロバート以外の一二人の二三日分の売り上げ平均も類似の結果であった。クレジットを提供する必要性は高いが、小売商の平均的な一日の手どりは古着一枚の仕入れ代金をわずかに超えるのみである。そのため、小売商がクレジットの代金を肩代わりした場合、利益を得ることは難しい。また、小売商にとって消費者に提供したクレジットの焦げつきは、最低限の生計維持費の確保にかかわる問題となりうる。

以上の利点から、小売商はリスクを最低限に抑え、安定的な経済活動をおこなうことが可能になっている。しかしそれでも小売商が十分な利益を得ることができなかった場合には、第五の利点として中間卸売商から与えられる生活補助によって最低限の生活を維持できるのである。

このようにマリ・カウリ取引は双方の立場にとって、経済的に多大な利点があることが明らかである。しかしマリ・カウリ取引が両者に経済的な利点をもたらすためには、両者の利害関係が一致していることが前提である。じっさいには、両者のあいだには緊張関係が内包されており、緊張が高まると、信用の不履行・裏切りといった局面に発展する。次節では、信用の不履行が生じた場面から、マリ・カウリ取引の内実を明らかにし、両者の関係性を考察していきたい。

二　マリ・カウリ取引における信用の不履行

この節ではまず、小売商による信用の不履行が生じる背景として、中間卸売商と小売商の利害が対立する点から説明していきたい。

小売商の商売戦略と中間卸売商の商売戦略

マリ・カウリ取引で古着を仕入れる小売商は、中間卸売商と三段階の交渉をおこなっている。第一段階は、小売商の仕入れにおける希望グレード（A～C）の選択。第二段階は、同じグレードを希望する小売商のあいだでの仕入れ順位の決定。第三段階は、小売商の仕入れ価格の決定である。

まず、第一段階「小売商のグレード選択」について説明したい。小売商は、販売場所を都市部にした場合にはグレードAまたはBを、農漁村にした場合にはグレードCの仕入れを希望する。すでに述べたように、農漁村の住民の嗜好に合うグレードCに対する希望は、農漁村の住民の収入が増える収穫期や漁獲期に集中する。グレードAに対する希望は、祝日用の晴れ着としてクリスマスや新年の前に高まり、グレードBに対する希望は、それらの行事の後に高まる。祝日で散財した消費者が高価な古着の購入を控えるようになるためである。

このような季節的な古着の需要の変化のほかに、グレードAとBの選択には、ギャンブル性の高さ／低さも考慮されている。基本的にグレードAの販売は、グレードBの販売に比べてギャンブル性が高いのが特徴である。グレードAの販売は、運がよければ一枚の販売で破格の利益が得られるが、流行の最先端を反映したグレードAの購買層はかなり限定されており、ブランドの商標やデザインを理解できる客層を見つけ出すのは困難である。たとえば、ラス・タファリアンを自称する都市の若者たちに絶大な人気を誇るレゲエ歌手（たとえば、ラッキー・ドゥーベなど）の顔がプリントされたシャツなどは、熱狂的なファンには新品のシャツよりも高額な値段で販売できることもある。しかしレゲエ歌手の知識がある客を見つけられなければ、高値で販売することはおろか、販売すること自体が難しいシャツとなる。このグレードAに対してグレードBは一枚で破格の利益を得ることはできないが、流行に過度に左右されることもないために、安定的に販売数を確保できる。

さらに、一般的に露店商と路上販売商は顧客を探して回らない分、一目で客を惹きつけやすいグレードAを販売することを好み、郊外の住宅を宅配して回る行商人は、消費者にとって「節約」の対象となりがちなグレードBを販売することを好む。

つまり、小売商は販売場所や時期、客層を考慮してグレード選択をおこなっているのである。しかしこのグレード選択は小売りの経験を積むと、どの小売商も似通ってくるため、つねに特定のグレードに希望が集中することになる。また、多くの小売商は頻繁に販売形態（路上販売商、露店商、行商）を変更するが、その主たる契機となる、警官による路上販売の取り締まりの強化（都市中心部での路上販売から郊外での行商への転換）やビジネス状況の悪化（露店経営から路上販売や行商への転換）は、すべての小売商に共通の問題であることが多いため、やはり特定のグレードへの集中が引き起こされる。

ここにおいて、第二段階の「同じグレードを希望する小売商の仕入れ順位の決定」が重要となる。この商慣行が複雑なのは、グレードだけでなく、仕入れ順位も存在することである。仕入れ順位が存在する理由は第五章で述べるようにいくつかあるが、そのひとつには、小売商がいっせいに古着を選びはじめると、日本のバーゲンにおけるラック内の取りあいと同様にケンカが生じたり、古着の紛失（盗難）が起きるためである。

小売商にとって仕入れ順位はきわめて重要である。中間卸売商は小売商とは異なり、多数の消費者と対話するわけではないため、彼らの古着のランク分けは恣意的ではないものの、市場の実情とは必ずしも合致していない。また中間卸売商は、梱の仕入れ日の午前中に何千枚もの古着を仕分けなければならないため、小さな破れや汚れを見落とすこともよくある。そのため、中間卸売商がグレードAとして仕分けた古着の山から最後に欲しい古着を選び出すよりも、グレードBの山から最初に古着を選択するほうが品質・流行の両面で優れた古着を手に入れられることが恒常的に起きる。小売商たちにとっては、どのグレードから古着を選択できるかよりも、むしろ同じグレードから仕入れることが認められた小売商たちのうちで古着選択の優先権を勝ち取ることのほうが重要である。

第三段階「仕入れ価格の決定」については、中間卸売商と小売商の相対交渉によって個別に価格が決定されるので、最初にグレードAを選んだ小売商が、二番目にグレードAを選んだ小売商よりも安い価格で仕入れることができる場合も多々ある。このような事態が想定されるので、小売商と中間卸売商の古着選択と仕入れ価格をめぐる交渉はつねに緊迫している。

さて、複数の小売商の希望がひとつに集中した場合、中間卸売商は当然ながらすべての小売商の希望に添うことはできない。中間卸売商も小売商と同様に、誰にどのグレードを優先的に配分すれば利益が上がるかを熟考している。概して中間卸売商は、販売能力の高い小売商の古着選択の順番を後回しにしたうえ、高値で売りつけようとする傾向にある。この背景には、梱の特質および中間卸売商と卸売商との取引関係にかかわる問題がある。すでに述べたように、古着の梱の中身は一定しておらず、新品に近い古着ばかりが梱包されている場合もあれば、破れや色落ちの激しい古着ばかりが梱包されている場合もある。梱は仕入れた後に開封場所まで運び、ビニールを剝ぎ取るまで内容を確認することはできず、たとえ傷物ばかりでも卸売商との取引では返品も値下げも認められない。そのため、中間卸売商のビジネスは投機的にならざるをえない。

中間卸売商は、良質な古着がたくさん入っている梱を引き当てた場合には、販売能力の高い小売商を優遇することもある。しかし仕入れた梱の中身が傷物ばかりであった場合には、中間卸売商は通常であればグレードBに分類する古着をグレードAに、グレードCに分類する古着をグレードBに繰り上げたうえで、販売能力の高い小売商を使って誰も仕入れたがらない古着をできるだけ高く販売し、グレードAとBで少しでも多くの梱の購入費用を回収しなければならない。具体的には第Ⅱ部で詳述するが、付加価値税VATの導入などによる梱の卸売価格の引き上げを受け、現在では一梱あたり二万シリング以上の利益を得られると確信できる「良い梱」を引き当てることは難しく、悪い梱を引き当てたとみなされる回数のほうが圧倒的に多い。つまり、販売能力の高い小売商は、頻繁に悪い古着を高い価格で押しつけられる結果になっているのである。

販売能力の高い小売商の側でもこうした中間卸売商のやり方を認識している。そのため、中間卸売商に対してつよい恨みをもつことがある。そして小売商のこうした不満が高じた結果として、頻繁に信用の不履行が生じるのである。

小売商による信用の不履行

小売商は不満が高じると、つぎの五つの信用の不履行を引き起こす。第一に、サボタージュをふくめて、意図的に販売枚数を少なくする。第二に、生活補助の過剰な要求をおこなう。第三に、別の中間卸売商との二重取引をおこなう。第四に、売り上げをごまかす。そして第五に、古着を持ち逃げする。

マリ・カウリ取引においては、小売商が毎日かならず特定の中間卸売商から古着を受け取り、販売活動に出なければならないという決まりはない。両者のあいだには、法的かつ形式的な契約関係は存在していない。中間卸売商は小売商がそのほかの現金稼得活動に従事して仕入れに来なくても、その小売商に割り当てる予定の古着を別の小売商に配分することで対処できるため、仕入れに来なかった小売商をとがめることはない。しかし、小売商がいったん古着を受け取り、販売を約束したにもかかわらず、一日中、別の活動に従事して一枚二枚しか売らずに戻ってくるという行為を繰り返せば、その小売商が仕入れた古着の代金はいつまで経っても回収できず、結果としてつぎの梱の仕入れ日までに資金を用意できないという事態に陥る。中間卸売商は広い範囲を移動する複数の小売商の行動を監視することはできないため、小売商がサボタージュしたのか、あるいは努力したにもかかわらず顧客を見つけられなかったのかを的確に判断することはできない。このような問題は他の信用取引においても起こりうることであるが、ムワンザ市の古着の中間卸売商にとってはとくに深刻である。その理由は、通常であれば、中間卸売商は販売数の少ない小売商との取引を拒否すればよいと考えられるが、拒否できないという背景があるためである。この背景については、次節と第五章で考察する。

第二の生活補助の過剰な要求は、第一のサボタージュと合わせて起きる場合が多い。小売商はじっさいにはサボタージュをしたにもかかわらず、「売り上げ枚数が少ないこと」を理由に生活補助を要求する。その結果、中間卸売商は仕入れ代金を回収できないうえに、生活補助に要する支出も生じて二重の損失を被ることになる。小売商がこのような「ただ乗り」をしていたとしても、小売商には販売で得られた利益を申告する義務がないため、中間卸売商には小売商の手取りを確かめる方法はない。

第三の二重取引は、小売商が、複数の中間卸売商から古着を仕入れ、仕入れた古着のなかから販売しやすい古着を販売するというものである。中間卸売商と小売商は契約関係にはないため、小売商が別の中間卸売商と取引すること自体は問題ではない。その場合、中間卸売商も別の小売商と新たに取引を開始すればよい。ただし、小売商が別の中間卸売商からも古着を仕入れたことを秘密にし、同時に複数の取引関係をもつことは、中間卸売商にとっては、自身の渡した古着の販売枚数が減少する可能性が高まることを意味する。ただし、これについても次節と第五章で説明するが、その場合でも、中間卸売商の側から小売商との取引を解消することは難しい。

第四の売り上げのごまかしはさまざまな方法があるが、もっとも一般的な形態は、別の中間卸売商から安い古着を仕入れ、高い古着に混ぜて返品することである。たとえば、小売商が一枚一〇〇〇シリングで仕入れた古着を一〇枚販売したとする。小売商がその売り上げで別の中間卸売商から一枚八〇〇シリングの古着二枚を仕入れて売れ残った古着に混ぜて返品すると、売り上げ枚数は一〇枚－二枚で八枚になる。小売商は本来の一〇枚分の支払い額一万シリングから、八枚分の支払い額八〇〇〇シリングと八〇〇シリング×二枚の仕入れ費一六〇〇シリングの合計九六〇〇シリングを引いた、四〇〇シリングを取得することができる。その結果、中間卸売商は一〇〇〇シリングの価値のある古着の代わりに八〇〇シリングの価値の古着が返品されることになるため、損失につながる。中間卸売商は数千枚の古着のなかから、どの小売商にどのような古着を配分したのかを逐一記録することは不可能なため、小売商が別の中間卸売商から仕入れた古着を混ぜて返品したことに気づくことは困難である。たとえ気づいていても、記録がないため、中間卸売商がそれを追及することは難しい。

しかしながら、これら四種類の信用の不履行は、中間卸売商と小売商との関係においては常態化しており、中間卸売商にとっても織り込みずみのものである。中間卸売商が深刻な事態だと考えているのは、第五の持ち逃げである。

事例３－１　小売商による持ち逃げ

小売商ピーター（仮名、二三歳）は、中間卸売商ンガイザーから定期市で販売する古着を三年以上もマリ・カウリ取引で仕入れていたが、二〇〇一年一一月に突然一〇〇〇枚近い古着とともにゆくえをくらませた。そのため中間卸売商ンガイザーは、多大な損失を被った。ンガイザーは後にピーターのゆくえを突き止めて、警察に突き出した。しかしンガイザーは、他の小売商たちの説得によって一度は警察に突き出したピーターを許し、警察に釈放金を支払い、ふたたび古着を販売することを未払い金の支払いの約束とともに承諾した。しばらくしてピーターはふたたび逃亡し、その後調査期間中に捕まることはなかった。ンガイザーに捕まったときにピーターは、わたしと居合わせた仲間の小売商たちにつぎのように語った。

「なぜ持ち逃げしたかって？　いいかい、オレはいつもンガイザーの言うとおりの値段で古着を売ってきたし、オレはいつだってたくさん売ってきた。でもあいつはオレがたくさん売る能力があることを知っているから、わざと売れない古着をオレに押しつけるようになったんだ。カイタレなんかはぜんぜん売れないから上等の古着が渡される。それでもオレはがんばって売ってやる。その結果はどうだ。あいつはオレに感謝するどころか、図に乗っていつまで経っても利益の上がる古着をくれない。オレはほとんど利益を得られないまま、こき使われてきた。だからオレは逃げたけれど、ンガイザーは当然の報いを受けたまでで、オレが持ち逃げした金額はオレのこれまでの労働の報酬だ。ンガイザーだってそれを知っているからオレを許しただろう？」

（二〇〇一年一一月二四日）

この事例で注目すべきは、他の小売商たちがピーターを警察に突き出したンガイザーを非難し、ピーターに対して同情的な態度をとったことである。このことはピーターのような不満を小売商たちが共有していることを窺わせる。小売商たちはピーターの行為を裏切りとはみなさず、むしろピーターの行為について妬みと羨望の入り交じった表現で評価した。この一連の出来事から中間卸売商は、持ち逃げという行為ですら糾弾できないことが示された。小売商による持ち逃げ頻度はかなり高く、二〇〇一年から二〇〇二年の調査期間中に中間卸売商ンガイザーがかかえる小売商一九人のうち、じつに半数以上の一一人までもが持ち逃げしたことが観察された。また同時期の他の中間卸売商二五人に対する聞き取り調査でも、すべての中間卸売商が小売商による頻繁な持ち逃げを経験しており、すべての事例において結局は許した（諦めた）ことを語った。ンガイザーは二〇〇二年に持ち逃げにより一五〇万シリング（約一六万円）の損失を被ったことを語っているが、これは彼が梱の一度の仕入れにかける資金をはるかに超える損失である。

これまでの事例からマリ・カウリ取引においては、サボタージュ、生活補助の過剰な要求、別の中間卸売商との二重取引、売り上げのごまかし、持ち逃げといった小売商の強い交渉力が指摘できる。小売商は、中間卸売商との取引を拒むことができるのに対して、中間卸売商が信用の不履行を引き起こした小売商に販売を拒むことは難しい。また事後に小売商を罰することも困難である。中間卸売商が信用の不履行を働いた小売商に制裁を加えることはまれであり、そのような場合、他の小売商からの「お前は、なんて冷酷な人間だ」という非難や嘲笑と、さらなる不履行を招くのが通常である。中間卸売商のなかには小売商との関係を断ち切り、現金取引のみに切り替える者も存在する。しかし中間卸売商が取引をしている小売商に対して、突然、マリ・カウリ取引での販売をやめることを宣言した場合には、小売商から反感を買う場合が多い。

以上のように、マリ・カウリ取引においては小売商が信用の不履行を起こした場合、中間卸売商がそれに対抗することはきわめて困難である。では、なぜ経済的な優位性が認められ、実質的にパトロン的役割を担っている中間卸売商は、このような信用の不履行を働く小売商に対抗する手段をもたないのだろうか。

三　マリ・カウリ取引をめぐる社会ネットワーク

この節ではまず、特定の中間卸売商と小売商とのあいだでマリ・カウリ取引がはじめられる契機について検討したい。

「支援の要請」によって開始される信用取引

二〇〇一年と二〇〇二年に中間卸売商二六人にマリ・カウリ取引をおこなうに至った経緯を質問したところ、以下のような事情が明らかになった。はじめに中間卸売商の語りをふたつ紹介したい。

長いあいだ一緒に古着販売をしていると、一方〔小売商〕がお金を失ったからといって、じゃあこれっきりにしようとは言えないものよ。だって〔現金での販売しか認めず〕マリ・カウリ取引をしないと何て言われるかわからないわ。彼ら〔小売商〕はすぐに嫉妬する。あなた〔わたしを指している〕は、「呪術 *uchawi*」って知っているかしら。

（ママ・シファ、四〇歳女性、二〇〇一年五月一二日）

梱を開くようになってから、いろいろな人が露店を訪ねてくるようになったんだ。たとえば、二〇〇シリングを乞いにきた仲間に、二〇〇シリングは渡せないけれど、ここに五枚のシャツがある。オレは一枚あたり一〇〇〇シリング欲しい。残りは食費にしなさいと言って渡すんだ。彼が本当に売り上げを持って帰ってきたら、つぎはもっと多くの古着を渡す。たいていの若者は戻ってこないけれど、むげに断ったりしたら噂が立ってやっかいだから。

（チンゴ、二七歳男性、二〇〇一年五月二日）

前者の言葉に表れるように、多くの中間卸売商たちは、マリ・カウリ取引をはじめる以前に現金で取引をつづけてきた得意客の小売商が資本を失ったために、小売商からの要請を受けてマリ・カウリ取引をはじめた経緯を語った。また後者のように、中間卸売商たちは一般的に「カネ持ち」であるとみなされており、親族や同郷者かどうかにかかわらず、多くの人びとから日常的に小銭をせびられる立場にあるようである。中間卸売商は、そのような要求をむげに拒否すれば、「ケチだ」「友だち思いでない人物だ」として非難されたり、ときには嫉妬や呪術の対象となり、精神的に圧迫されてしまうという。多くの中間卸売商は、そのように小銭を乞われた場合に、ただ小銭を与えるよりは古着を提供して商売をさせたほうがみずからの利益にもなると考え、マリ・カウリ取引をはじめるようになったと語った。

一方、小売商たちにマリ・カウリ取引をおこなうようになった経緯を質問したところ、以下のような回答が得られた。詳しい聞き取り調査をおこなうことのできた小売商九五人のうち、二〇〇二年にマリ・カウリ取引をおこなっていた小売商は七二人いた〈3〉。そのうち小売商が語った五三件の回答は、以前は資金があり、現金で中間卸売商と取引をしていたか、あるいは中間卸売商として活動する十分な資金をもつ商人であったが、資金を失ったために、得意先の商人やかつての仕事仲間であった現在の中間卸売商にマリ・カウリ取引での販売を頼むようになったというものである。またつぎに多かった一二件の回答は、そもそも職も資金ももたず、すでにマリ・カウリ取引をおこなっている小売商の知りあいや友人に中間卸売商を紹介してもらったというものである。三番目に多かった八件の回答は、以前は中間卸売商の露店や家の近くで、古着のアイロンがけ職人や仕立て業などの別の仕事に従事していたが十分な収入を得るのに失敗し、中間卸売商に少額の食費の援助を求めたところ、古着を渡されるようになり、結果的にマリ・カウリ取引をおこなうようになったというものである。

これらの小売商が語った経緯は、中間卸売商の回答と一致する。ここで注目すべきことは、マリ・カウリ取引とは基本的に人びとによる支援の要請、シンプルにいえば、「たかり」によって開始されていることである。

すでに述べたように中間卸売商は小売商に生活補助を提供しているが、この生活補助は小売商の生計維持の必要性を充たすような結果となっている。図3‐3は、小売商ロバートが毎日、最終的に手にした金額を二〇〇一年一〇月末から、二〇〇二年二月はじめまでの八五日間追いかけて記録した棒グラフである。行商人ロバートが一日に最低限必要な食費や交通費、家賃の日割りを合計すると、一五八〇シリングになる。[4] これを最低必要生計費とみなすと、ロバートが古着販売から得られる利益が最低必要生計費に満たなかった日は、八五日中二六日あり、そのうち中間卸売商ンガイザーから生活補助が得られた日は一九日あった。また借金[5]を申し込んだ日数を足すと、最低必要生計費に満たなかったほとんどの日に中間卸売商から金銭を受け取っていることがわかる。さらに売り上げ枚数が多かった日には報奨金が与えられた。

返済不要の生活補助と報奨金のふたつについては、スワヒリ語で「ポッショ *posho*」と呼ばれ、マリ・カウリ取引をおこなう中間卸売商二六人すべてが採用していた。同様にほかの中間卸売商と取引をする小売商一一人についてそれぞれ一〇日分の手取りを調査したところ、一回あたり平均五〇〇シリングのポッショを四日に一度の割合で手にしていたことがわかった。つまり、小売商たちにとって、マリ・カウリ取引とは都市での最低限の生計維持を

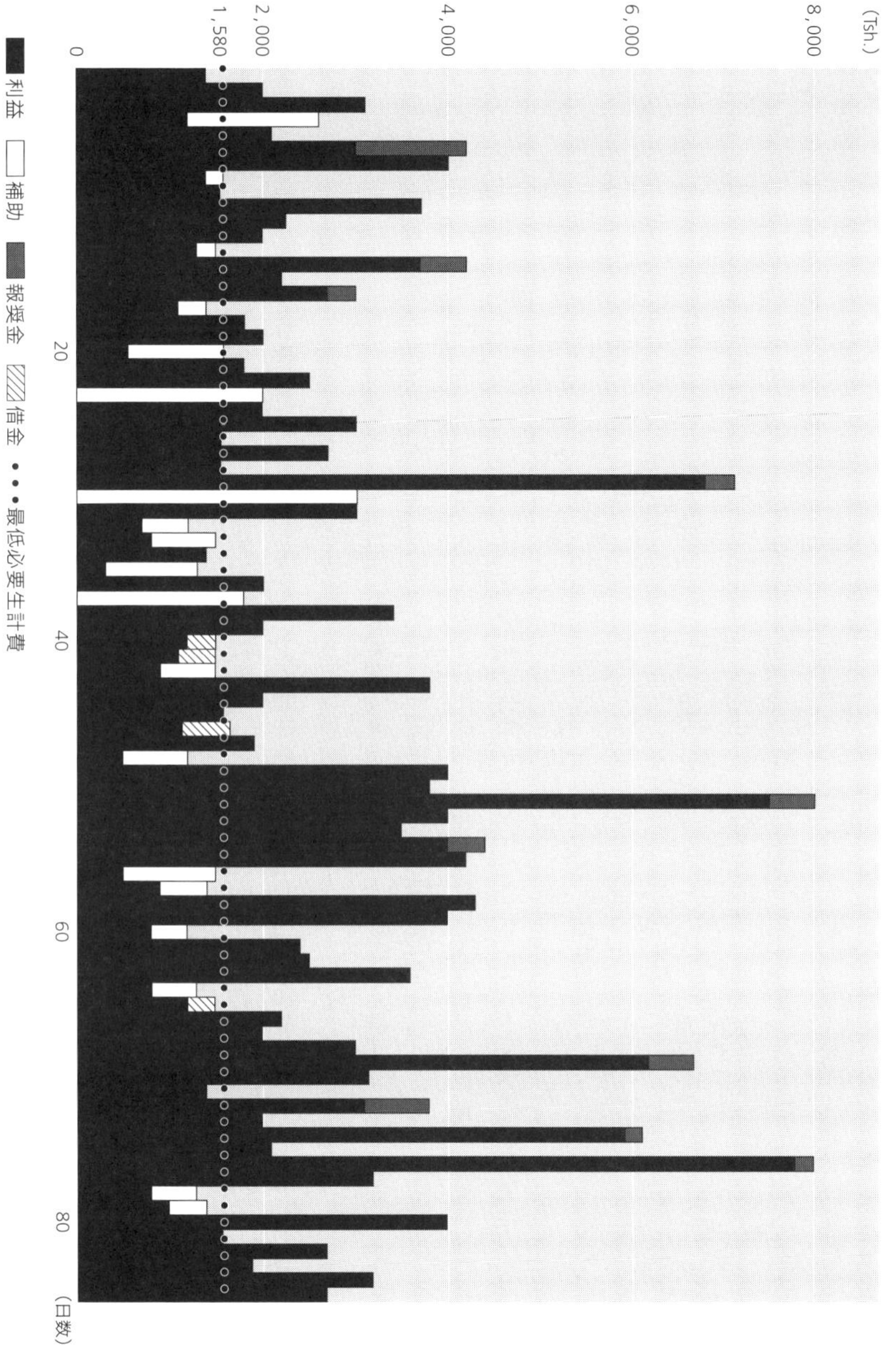

図3-3　小売商ロバートの手取り（85日間）

つねに可能にするための支援を享受する機会となっているのである。

「再分配」をめぐる論理の再考

以上のようにマリ・カウリ取引は支援の要請を契機にはじめられ、また実際にマリ・カウリ取引は小売商の最低限の生計を保障するような生活補助の提供を内包していた。さらに、小売商が中間卸売商に支援を求める際の論理は、アフリカ研究においてしばしば指摘されてきた「富の再分配」をめぐる論理と酷似している。

小売商たちは、中間卸売商とはたんに運のよい人間であり、中間卸売商が富を蓄積できたのは自分たちより若干早く古着流通に参入していたからであるという。そして中間卸売商の蓄積した財や地位は、本来自分たちが獲得できたはずの利得を一番乗りして独占した結果なのだから、後続の小売商を支援することで富を分け与えるのは当然であると主張する。このような見解は、じつは第Ⅱ部で詳述する古着商売をとりまく歴史状況を検討すると、たしかに筋が通っている。古着商人の数が少なかった一九九〇年代初頭までに古着商売に参入した者の多くは、中間卸売商として成功し、それ以降に古着商売に参入した者たちには、中間卸売商に成りあがった者が少ない。しかしこのこと自体は、自由主義経済の論理からすれば、手探りで商売を開拓したという努力や未開拓の領域にいちはやく参入したという先見の明として評価されうるものであるように思われる。

こうした個人の富裕化が個人の努力や目利きのよさではなく、その他大勢の犠牲のうえに成り立つという見方は、ハートがガーナのフラフラ企業家に対する事例研究をもとにアフリカの企業家をみる一方の支配的な見方として指摘したことと共通する［Hart 1975］。また小売商は、都市における富者として中間卸売商が貧者である小売商を支援することは当然であるという態度でマリ・カウリ取引を要求し、中間卸売商も小売商の要求を嫉妬や呪術の怖れとともに承諾しているかのように語る。小売商が中間卸売商にマリ・カウリ取引を要求する場合には、中間卸売商を「ブラザー *buraza*」と呼び〈6〉、「カネ持ち（*tajiri*）なのだから、自分たち同胞（*ndugu*）を助けるべきだ」という決まった言い回しが用いられる。こうした言葉からは、マリ・カウリ取引とは、いわゆる「疑似親族関係」を結んだ都市グループにおいて、農村の共同体でみられるような相互扶助を再現するかたちでおこなわれているもののようにみえる〈7〉。

じっさい、中間卸売商は経済的に優位であり、パトロン的役割をもつにもかかわらず、中間卸売商と小売商の関係は階層的なものではない。中間卸売商は小売商に不利な古着を押しつけることもあるが、高圧的な態度で強制することはなく、頼み込むというかたちをとる。商取引や日常会話において中間卸売商は、猥談や身体的な特徴を指摘しあう冗談をとおして小売商との友人関係を強調する（第五章詳述）。中間卸売商のなかには、きらびやかな格好やタクシーの利用など富者としての行動を慎み、あえて小売商とともに劣悪な長屋での生活を共有する者さえいる。このような中間卸売商の態度と小売商との関係は、ある意味で嫉妬や呪術の対象となることを回避するという社会規範に則った行為であると解釈することもできる。もしそうであるならば、小売商の生存保障に義務感をもつ中間卸売商が、「抵抗」を働いた小売商に制裁を加えることができず、信用を履行させる厳しい制度を発達させてこなかったという説明も成り立つ。そしてそのように解釈した場合、マリ・カウリ取引とは、経済的な利益追求と都市で再編した社会規範とのあいだで揺れうごく、きわめて不安定な商慣行であるといえよう。

しかし、このような解釈をマリ・カウリ取引に当てはめた場合、疑問も生じる。それはとくに中間卸売商が本来そのような支援を優先的に提供すべき関係、すなわち従来の研究が問題としてきたような、同じエスニシティや宗教、同郷者や親族など、何らかの紐帯をもつ小売商とマリ・カウリ取引をおこなっているわけでは必ずしもないという点である。二〇〇一〜二〇〇二年調査時の、マリ・カウリ取引をおこなう中間卸売商二六人と小売商二〇二人の関係を件数でみると、計二〇七件〈8〉のうち、一六三件が都市への移住後にビジネスをつうじて知りあった関係で構成されていた。このうち、エスニシティを共有している件数は三八件、宗教（宗派）を共有している件数は二〇件であった。

都市成功者や都市インフォーマルセクターに関する従来研究ではしばしば、経済活動にみられる協力関係は同じエスニック・グループを中心に形成されることが指摘されてきた［Macharia 1997: 17-148; Marris and Somerset 1971;

Shack 1973]。都市の経済活動におけるエスニック・アイデンティティの重要性は、アフリカ諸国においても国や地域によって異なることが予想されるが(9)、少なくともムワンザ市のマリ・カウリ取引においては、エスニック・アイデンティティはほとんど重視されていない。松田[1996]は、ケニアのナイロビ市を事例に、同じ民族内部の一体的な相互扶助という言説は多分にユートピア的な言説であり、じっさいの職探しのネットワークや友人関係はエスニシティではなく、親きょうだい、近しい親族・姻族や、出自・生活史を把握している同郷者といった「身内」に閉じられていることを明らかにしている。タンザニアの都市部においても日常的な支援のネットワークはこのような「身内」を単位として機能していると捉えるほうが適切であると思うが、マリ・カウリ取引はこうした「身内」を基礎として成立しているともいえない。エスニシティより狭いカテゴリーである親族・姻族、同郷者は、さらに割合が少ないという結果になるためである。

もちろん中間卸売商が数多くの小売商をうまく動員できるという理由で、小売商に信用と生活補助を提供することと自体は不思議ではない。しかし、都市成功者が親族や同郷者などの「身内」に信用を供与する傾向にあるもうひとつの重要な理由は、都市で知りあった人間よりも出自や生活史を把握している親族や同郷者のほうが、信用の不履行を引き起こしにくいためだと考えられる。また都市成功者は、既存のコミュニティのメンバーから支援を要請されるが、それらのメンバーも信頼に足る成員として裏切り行為を起こさないという理解も成立する。

ところが、ムワンザ市の中間卸売商たちはこのような既存の紐帯の維持にかかわりのない人びとに支援を提供しているうえに、信用の不履行も引き起こされているのである。これはいったいどのように説明できるだろうか。中間卸売商が既存の社会関係を利用しないことに対するわたしの疑問の前提として、ふたつの点を確認しておきたい。

まず、中間卸売商がフォーマルな手続きを採用して小売商の持ち逃げを抑止することがきわめて困難である点である。小売商はもともと資本を持たないことを理由に、マリ・カウリ取引を要請したのだから、中間卸売商が彼らに担保となる不動産や動産を提示するように求めるのは難しい。第二章で述べたように、小売商の大半は貸し部屋を転々とする暮らしをしており、彼らの財はせいぜい使い古したベッドマットや携帯電話しかない。また中間卸売商が警察に掛けあっても、たいていの場合、警察は持ち逃げした小売商を真剣に捜索してくれるわけではない。警官たちからみれば、小売商の大半は税金や営業許可料を支払わず、法令に違反して路上商売をしたり、ときに取り締まりに抵抗して暴動を引き起こす「ならず者 *mhuni*」である。中間卸売商は「ならず者」に商売をさせているのだから、たとえ持ち逃げされてもそれは中間卸売商の自己責任であり、あまりにしつこく捜索を依頼すれば、そのような「泥棒」の親玉として逆に取り締まられる危険性さえある。中間卸売商みずからが小売商を探し出して警察に突き出せば、警官は「都市の治安を悪化させる浮浪者や泥棒の予備軍を減らす」という理由で喜んで小売商を刑務所に放り込む。しかしその後、中間卸売商が裁判において持ち逃げを立証し、損失額に相当する賠償金を獲得することは限りなく不可能に近い。

このような状況において、取引に一定の信頼を与えるのは、やはり既存の社会的紐帯であるように思われる。もちろん友人ネットワークを使えば、その小売商の出自や住所、人となりを調べ上げることはある程度、可能である。しかしこうした友人ネットワークを使った人探しに限界があることは第二章で述べたとおりである。とりわけ持ち逃げで獲得した費用で小売商が故郷や別の都市に移出してしまった場合、小売商を探すための時間と交通費を失っただけで、彼らを見つけ出すことができなかったという悲劇的な結末につながることも多い。

第二に、聞き取りをおこなった中間卸売商はムワンザ市に数多くの親族や同郷の友人をもっていることである。経済自由化以降、広い地域から労働者がムワンザ市へと出稼ぎに来るようになったが、彼らが取引相手として親族や同郷の友人を見つけ出すことが難しいとは考えにくい。また興味深いことに、特定の中間卸売商の親族や同郷者が、別の中間卸売商とマリ・カウリ取引をしていることもしばしば観察された。たしかにひとつのポケットで商売をするよりも、世帯内でなるべく収入源を多様化するという意味では理にかなっていることだともいえるが、そのために中間卸売商は自身の取引の不安定化を選択するのだろうか。

親密さと信頼のジレンマ

この疑問に対する回答として序章では、商売上の連携において親族や同郷者を避ける理由としてふたつの解釈を提示した。第一に、親族や同郷者とビジネスをするとより頻繁な／大きな支援を期待されることになり、成功者にとって自己利益の追求が困難になる［van Donge 1992, 1995］。第二に、一般的な互酬性の論理で動く親密な関係と、自己の損失なしに利益を得ようとする商取引の論理とは矛盾するために、商売上の駆け引きをともなう連携は親族や同郷者、親しい友人関係ではない人びととのあいだで築かれる傾向にある［Sørensen 2000, 2001］。では、ムワンザ市の中間卸売商たちもこのような点を理由としているのだろうか。

わたしは中間卸売商が頻繁に持ち逃げを経験し、持ち逃げの問題をよく口にしているにもかかわらず、渾名しか知らない人間ともマリ・カウリ取引をはじめることが不思議でならなかった。しかし「持ち逃げされるのが心配ならば、なぜもっとよく知っている人間と取引しないのか」というわたしの疑問に対して多くの中間卸売商が指摘したことは、信用の不履行が起きる原因は第一にビジネスをとりまく状況の変化によるものであり、「信頼できる人間」と「信頼できない人間」がいるわけではないというものだった。少し長いが、二〇〇三年と二〇〇四年に聞き取りをおこなった中間卸売商三八人の意見から代表的な意見を以下に提示したい。

昔は誰でも信頼できたが、いまは誰も信頼できない。その理由は状況が変化したからだ。かつてはビジネスが好調でマチンガたちは、問題なく仕入れ代金を支払うことができた。誰でも毎日少しずつでも「発展 *maendeleo*」——たとえば家に新しい家具がひとつ増える——を見つけることができたら、何も自分からいまの状況や関係を変化させようという気にはならない。でもいまでは、マチンガたちは行商に出たら警官やムガンボ〔市当局に雇用された警備員〕に捕まったり、まったく利益を得られなかったりして代金を支払うことができない。彼らだって、最初からズルしようとか逃げようと考えているわけではないと思う。ビジネスはギャンブルだ。ビジネスには信念（*imani*）がいる。なぜなら、それぞれの日は似通っていないのだから。でもどんなにがんばっても運が向いてこないときもある。誰だって腹が減りはじめると苛々し、稼ぎが少ない日が何日もつづくといろいろな考えが頭をよぎる。ああ、仕入れ代金を食べてしまった。ああ、友人に借りたカネを返さないといけない。ああ、路上惣菜売り（*mama ntilie*）がツケを払えとうるさい。ああ、なぜ自分はこんな儲からない商売をしているのか。ああ、なんであいつは儲かっているのか。ああ、なぜオレはボスの利益のためだけに働いているのか。ああもう、逃げてしまおうか。そんな考えを抱くことなどワボンゴ〔タンザニア人、とくに都市民の愛称〕なら誰にでもありうることだよ。たとえ同じ村から出てきた人間でも、兄弟姉妹でも。

（アラン、四九歳男性、二〇〇三年一一月二六日）

昔〔一九九〇年代半ばまで〕と現在では、状況がぜんぜん違うんだ。昔は商品がたくさんあり、商人は少なかった。そして昔は、大金持ちのボスがたくさんいた。しかし彼らは儲けが徐々に減ってきた頃にすぐに機転を利かせて別の商売に乗り換えてしまった。いまでも古着商売に居残っているオレたち〔中間卸売商〕は、経験にもとづく慣れを駆使してなんとか経営を維持しているにすぎない。本当に気前がよかったボスたちは、すでにムワンザ市の古着商売にはいない……マチンガが持ち逃げする大きな要因は、オレたちが商品をいくらで販売するかによる。がんばって販売しても儲けが得られなかったら、ただボスのために仕事をしているだけに思えるので、誰でも嫌になる。たとえば、定期市での商売は競争が激しい。もしボスから一枚七〇〇シリングでシャツを渡されて、すぐ隣で五〇〇シリングで同じシャツを販売している商人がいたら、まったく売れない。売れなかったら、同じ民族だろうが家族だろうが友人だろうが、誰だって不満がたまる。マリ・カウリ取引を円滑にしたいならば、マチンガが十分な利益を得られる価格で販売するしか方法はない。でも現在は、梱の値段が高いうえに質も悪いから、オレたちだっていつもよい値段で販売するなんてことはできない。なかには儲けられないマチンガが出てくる。だから持ち逃げは起きる。だけど〔持ち逃げによって〕損失が出たからといって、すでに〔儲けを〕ぜんぶ食べてしまったマチンガから、何を奪えるというのか。だから結局は許すしかない。マリ・カウリ取引の意味は、信頼（*uaminifu*）による商売だ。もしオレたちの信頼関係がうまくいかないとしたら、それはすでに経営が破綻しているということだ。その場合は、オレたちは自分からこの商売から抜け出す方法を探すしかないのだ……たしかに同じ民族の人間ばかりに〔商品を〕渡している仲間〔中間卸売商〕もいる。それはありうることだ。なぜなら民族は知りあうことを助長するからだ。たとえば、サヤカはタンザニアで日本人に出逢ったら、懐かしく思って話しかけるだろう。同じようにオレたちも同じ民族の人間に逢ったら、話しかける。でもそれはきっかけが多いだけで、オレたちが同じ民族や同郷の人間とばかり取引しようと考えているわけではない。オレの経験では、自分と同じ民族とマリ・カウリ取引をする中間卸売商はハヤやチャガ、ルワンダ人に多い。でも彼らだって取引する人びとが全員、ハヤならハヤ、チャガならチャガというわけじゃない。なぜなら、人びとと仲良くなる機会は、同じ民族だからという理由以外にもたくさんあるからだ。オレはじつにいろんな民族の人びとと取引をしている。

（チャーレー、三七歳男性、二〇〇三年一二月三日）

以上に挙げた商人以外の中間卸売商たちも「現状では小売商が誰であっても信用の不履行を引き起こす可能性はある」という認識を示した。中間卸売商三八人が語った現状認識をまとめると、次のようなものであった。彼らは、「流通しているカネの量が少ない（二〇件）」「古着商売に携わる人口が増えた（八件）」「商売上のフロンティアがなくなった（四件）」「政府による路上商人に対する取り締まりが厳しくなった（一一件）」などの小売商が儲けられない事情を理解していた。また「梱の仕入れ価格が高くなった（一一件）」「梱の質が落ちた（七件）」「競争が激しくなった（六件）」などの事情によって、小売商が期待する価格での商品販売や十分な生活補助を提供できないことも理解していた。つまり、中間卸売商はこのような現在の社会経済状況では、親族・姻族か都市で知り合った友人かという選択には意味がなく、マリ・カウリ取引を通じた経営が理にかなわないものになれば、別の商売をはじめるしかないと捉えていた。

興味深い点は、このような「状況によっては誰でも信用できるし、状況によっては誰も信用できない」という見解のうえに、中間卸売商のなかには「状況が悪化すると、親族や同郷者などの親しい関係にある者たちとの取引は難しくなる」と指摘する者たちが数多く存在したことである。典型的な語り口はつぎのとおりである。

取引相手に親族や同郷者の割合が減ったのは、第一に商売が難しくなったからだ。かつて〔商売が好調であった頃〕は、古着をくれと言われれば「ほらよ、明日までに〔代金を〕返してくれよな」といった調子で気楽に渡していた。はっきり言って、誰でもよかったんだ。家族でも昨日ムワンザ市に出てきたばかりの見ず知らずの少年でも。だって、彼らはかならず成功したから、誰と取引しようとオレたちはお互いにハッピーだった。でもいまは、誰とでも取引できるわけではない。なぜなら彼らはたぶん成功しないからだ。小売商の商売がうまくいったら、彼らはオレに対して不満を抱くことはないし、むしろ彼らはオレに感謝するだろう。だが小売商の商売がいつまで経ってもうまくいかなければ、やがて彼らはオレに対して不満をもつだろう。するとオレたちの関係はうまくいかなくなる。家族や友人との商売〔駆け引き〕は難しくなる。いま家族と一緒に商売をするならば、マリ・カウリ取引というかたちにはならない。その場合は、〔売り上げを折半する〕共同経営者になるか、あるいは雇用するというかたちになるだろう。

（ジェラド、三五歳男性、二〇〇四年五月二八日）

一九九六年にムランゴ・ムモジャ市場に移動する〔第II部で詳述〕以前は、実の弟たちともマリ・カウリ取引をしていた。しかしオレは弟たちが支払いを滞納しても文句が言えなかった。彼らはオレが彼らの兄であるという理由でズルをしはじめた。その結果、オレはだんだん損失を出すようになった。当時、弟たちは、定期市においてほかの商人が投げ売りした古着を仕入れ、オレが渡した古着に混ぜて返品することで〔差額を〕儲けることを思いついた。オレはかなり我慢したが、ついに怒りを抑えられなくなった。そうしたら彼らは「オレらは兄貴のために働いているのにいつまでも儲からないのは、兄貴がオレたちの成功を望んでいないからだ」とか「どうして兄貴はオレたちの幸せを望んでくれないのか」と不平を言った。オレは悩んだ。でも最終的には弟たちに資本を与えることで、彼らとの取引をやめた。オレは弟たちと取引をつづけるよりは、仕事をする心をもった人間（*mwenye moyo ya kufanya kazi*）と取引するほうが賢明だと気づいた……〔その後、弟たちの商売は失敗したが、自分にはもう関係がないという主旨の話〕……でもオレはだからといって、昔は家族が信頼できて、いまは信頼できなくなったと思っているわけではない……しかし商売はギャンブルだ。誰にでも商売がうまくいかないときがやってくる。すると人びとは自立心をもつ（*ana moyo ya kujitegemea*）仲間と取引するようになる。自立した人びとは値段を下げろなどと文句を言うが、全面的に生活を支援してほしいとは要求しないからだ。

オレたちは親しい人間ほど、嫉妬深いと考えている。それはこういうことだ。誰でも最初は遠慮深い態度でやってくる。誰でも最初は片手を出すことからはじめる。しかし片手を出して与えられることに慣れると、つぎは両手を出すようになる。両手を出して与えられることに慣れると、つぎには帽子をひっくり返して差し出す。そしてついに「そんなに与えるものはない」というときになって、約束が違うと怒り出したり、裏切られたとショックを受けたりして、二度と現れなくなるのが親しい人間というものだ。ここで平然とふたたび片手を出すことからやり直すことができるのが、商売仲間だ。要するに、期待の違いだよ。〔不満を抱えても〕つづけたいと思う者と取引することになるので、オレたちは現在、街の友だちと商売をすることになっているんだ。

（ジョセフ、三八歳男性、二〇〇四年五月一七日）

以上の語りからは、つぎのことが明らかである。

第一に、中間卸売商たちは、親族や同郷者と彼ら以外の人間の行動原理は同じで、状況によっては信頼できる場合もあるし、信頼できない場合もあると考えている。第二に、中間卸売商たちは、親族や同郷者などの親しい人間は、彼らに対する期待が大きいために要求がエスカレートする場合や、成功者である自身に嫉妬を抱く場合がある。また親族や同郷者は関係を切ることができないために、ひとたび関係が悪化すると面倒な事態を引き起こすと捉えている。第三に、中間卸売商たちは、親族以外の人間も期待を抱くけれども、関係悪化による面倒な事態を懸念する必要はないと考えている。

第二と第三をみると、中間卸売商は、親族や同郷者とは社会領域で協力しあうかもしれないが、経済領域においては「よそ者」と市場交換の論理で行動することを選択しているようにみえる。しかし、第一を考慮した場合、このような状況選択モデル［cf. Epstein 1969; Mitchell 1956, 1969］では、中間卸売商の商実践を説明することは困難であるように考えられる。なぜなら、中間卸売商は家族と共同経営をしたり、家族を雇用することは可能だとみなしている。また中間卸売商は、商売上の駆け引きをともなう連携についても、自己の経営状況が良好で、ビジネスをとりまく状況がそれほど不確実なものでなければ、親族と取引をすることも可能だと捉えているのである。つまり、中間卸売商たちの商実践の最大のポイントは、第一に「場合による」であり、基本的には誰とでも取引をおこなうが、経営に失敗したり、ビジネス状況が悪化したりした結果として、親族など濃密な関係との取引関係が悪化し、残っていったのが都市部の友人だったというものである。

これらの見解からは、中間卸売商と小売商の取引関係を考察するためには、歴史的な検討が不可欠であることが示唆される。じっさいに中間卸売商と小売商の取引関係の形成原理は状況に応じて変化してきたのだが、マクロな社会、経済、政治状況の変化と合わせた具体的な取引関係の変遷は、第Ⅱ部に譲りたい。ここでは、中間卸売商が「特定の状況下」にある現在では、取引相手の属性にさしたる意味を見出していないことだけを指摘しておきたい。

それでは、中間卸売商は「信用の不履行」に対して何の手立ても講じていないのだろうか。ここからは、彼らが信用の不履行をどのように捉えているのかという点にもう少しこだわりながら、議論を前にすすめたい。それは、中間卸売商が支援を要請されているからといって、誰とでも取引をはじめるわけではないことを明らかにしていく手続きとなる。

四　ウジャンジャと共同性

序章で述べたように、ショレンセンは、「信頼の鎖」という評判のネットワークを利用して、ウガンダのメイズ商人たちが「よそ者」とのあいだで信頼できる関係を築こうとすると論じた。「信頼の鎖」とは、特定の商人との取引において信用の不履行を起こした者は、商人間の評判のネットワークを通じて他の商人の知るところとなるために、そのような信用の不履行を引き起こす商人は、ウガンダ都市部の商業世界から淘汰されていくというものである［Sørensen 2000：176–179；2001］。

前述したように中間卸売商どうしが結託して信用の不履行を起こした小売商を排除することは観察できなかったし、じっさいに中間卸売商たちは古着を繰り返し持ち逃げされているため、ムワンザ市の古着流通ではこのような評判のネットワークは機能していないようにみえる。しかし中間卸売商たちは、たしかに評判のネットワークを利用している。ただその判断基準が異なっているのである。この点を考察するために、ここでもう少し具体的に中間卸売商と小売商の取引関係の形成について検討したい。

友人ネットワークの重層化

表3－2は、先述した中間卸売商ンガイザーが、二〇〇二年にマリ・カウリ取引をした小売商との取引開始の経緯を示したものである。ンガイザーのエスニシティはハヤであるが、表から明らかなように、マリ・カウリ取引をおこなう小売商のうちンガイザーと同じハヤは、小売商一八人中三人にとどまっている。また表から、ンガイザーが、大半の小売商とは、古着商売を通じてはじめて知りあい、取引をはじめていることがわかる。しかし、この古着商売を通じた知りあいというのは「取引開始の直接的な契機」を示しているものの、取引をおこなう以前の彼らの関係性を表しているわけではない。

図3－4は、中間卸売商ンガイザーと各小売商が、過去に取引関係を結んだことのある人びとのうち、ンガイザーと各小売商とのかかわりを示すのに最低限必要な人物だけを抜き出したものである。この図において、▮で示した小売商が、現在ンガイザーと取引している小売商であるが、彼らとンガイザーは、そのことを示す線で結んでいない。しかしンガイザーと各小売商は少数の商人を介せば結ばれている。つまり、中間卸売商ンガイザーと各小売商、そして現在の同僚にあたる小売商どうしは、現行の取引開始以前から「かつて同じ中間卸売商から古着を仕入れていた小売商どうし」「かつては中間卸売商として顔見知りだった者どうし」などの関係にある。中間卸売商は個々の商人の出自や本名を正確に把握していなくとも、その小売商が過去に取り結んだ取引関係、およびその小売商とその他の商人との取引関係の内実はよく把握しているということである。

表3－2　中間卸売商ンガイザーとのマリ・カウリ取引開始の経緯（2002年聞き取り時）

番号	名前	年齢	性別	知りあった時期	ンガイザーからみた関係性	エスニックグループ	取引開始の経緯
1	ルタ	19	男性		実の弟（次男）	ハヤ	弟だから。
2	ドミニク	26	男性	1998	同郷者（幼馴染）	ハヤ	もともとは別の中間卸売商と現金取引をしていたが，同郷の友人だったので知りあい，ある日マリ・カウリ取引を頼まれた。
3	ラザキ	34	男性	1994	ビジネスをとおした顔見知り（もと他の中間卸売商と取引する小売商）	ハヤ	ンガイザーのかつてのボスである中間卸売商アブドゥルと，彼がかつて取引していたルムンバ・ストリートの別の中間卸売商ジュマが兄弟だったので，知りあい，ある日，マリ・カウリ取引を要求された。
4	ムニャロ	23	男性	2001	ビジネスをとおした顔見知りだった5番の友人	ルワンダ系移民	先に知りあった5番のカイタレに友人だと紹介された。
5	カイタレ	28	男性	1998	ビジネスをとおした顔見知り（もと中間卸売商）	ルワンダ系移民	昔，近くの路上で梱を開く中間卸売商だった。資本を失ったので，路上の隣人としてマリ・カウリ取引を頼まれた。6番の弟。
6	ムタバジ	30	男性	1998	ビジネスをとおした顔見知り（もと中間卸売商）	ルワンダ系移民	昔，近くの路上で梱を開く中間卸売商だった。資本を失ったので，路上の隣人としてマリ・カウリ取引を頼まれた。5番の兄。
7	エマ	35	男性	1995	ビジネスをとおした顔見知り（もと中間卸売商）	ルワンダ系移民	昔，近くの路上で梱を開く中間卸売商だった。資本を失ったので，路上の隣人としてマリ・カウリ取引を頼まれた。
8	カソンゴ	25	男性	1998	ビジネスをとおした顔見知り（もと他の中間卸売商と取引する小売商）	ハ	もともとは中間卸売商アブドゥルとマリ・カウリ取引をしていた。ある日，マリ・カウリ取引を頼まれた。
9	オネ	32	男性	1992	ビジネスをとおした顔見知り（もと他の中間卸売商と取引する小売商）	ハ	もともとは別の中間卸売商トール，ムランギラ，エマとマリ・カウリ取引をしていた。ある日，マリ・カウリ取引を頼まれた。
10	ロバート	26	男性	1995	ビジネスをとおした顔見知り（もと他の中間卸売商と取引をする小売商）	スクマ	昔，ンガイザーの父親の友人のアブドゥルからマリ・カウリ取引をしてもらっていた。アブドゥルが資本を失ったので困っていると，マリ・カウリ取引を要求された。
11	バゲシ	26	男性	1999	仕事場にしている路上の裏手の家を借りていた	スクマ	仕事場にしていたルムンバ・ストリートの裏手に住んでいた。水やトイレを借りているうちに仲良くなり，ある日，古着商売がしたいと頼まれた。
12	イブラ	26	男性	1993	ビジネスをとおした顔見知り（もと現金で買う常連客）	ルグル	もともとは現金でンガイザーから買いつける常連客だったが，資本を失ったという理由でマリ・カウリ取引を頼まれた。
13	ドゥーラ	25	男性	2002	ビジネスをとおした顔見知りだった10番の友人	ルーリ	10番のロバートに彼の従弟の学校の同級生だと紹介された。
14	ママ・エディ	36	女性	2002	ビジネスをとおした顔見知り（もと現金で買う定期市商人）	ハンガーザ	定期市販売をしているときに隣りあって商売をしていたことがきっかけで仲良くなり，ある日，マリ・カウリ取引を頼まれた。
15	アイシャ	35	女性	1998	ビジネスをとおした顔見知り（もと現金で買う定期市商人）	パレ	定期市に向かうバスのなかで仲良くなり，ある日，マリ・カウリ取引を頼みにやってきた。
16	ジャコボ	51	男性	1985	父の商売仲間	ジンザ	かつてンガイザーの父が密輸交易をしているときに，同じく密輸交易をしていたことで，子どものときから知っていた。ある日，マリ・カウリ取引を頼まれた。
17	カジュマ	26	男性	1999	ビジネスをとおした顔見知りだった10番の友人	シャーシ	10番のロバートにダルエスサラーム市にいた頃の友だちだと紹介された。
18	フラハ	32	男性	1998	ビジネスをとおした顔見知り（もと現金で買う常連客）	ジータ	現金でンガイザーから買いつける常連客だったが，資本を失ったので，マリ・カウリ取引を頼まれた。

名前は，渾名や仮名もふくまれる。しかし中間卸売商ンガイザーも小売商の本名をほとんど把握していなかった。

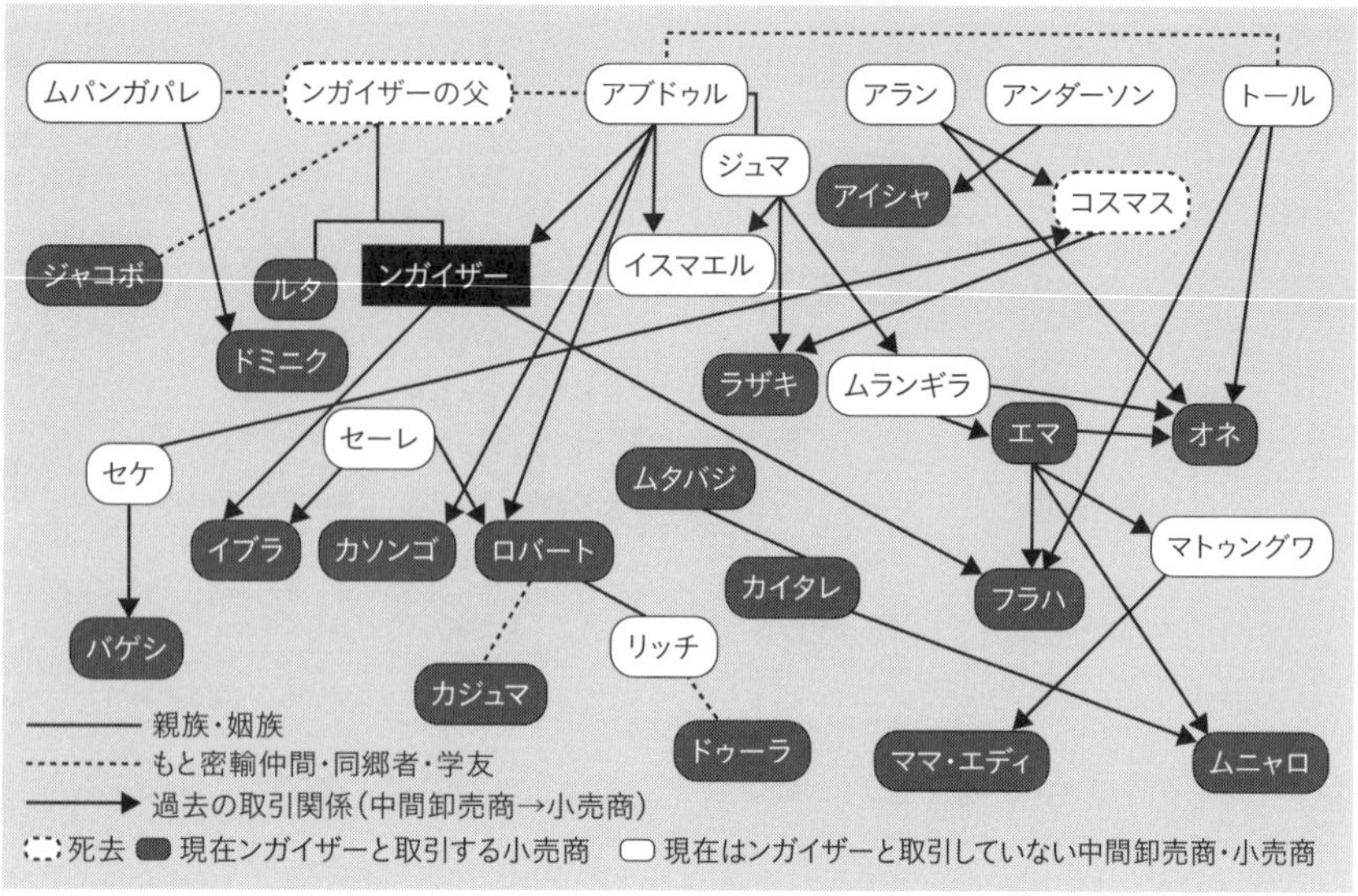

図３－４　中間卸売商ンガイザーと取引する小売商のネットワーク（2002年現在）

以下では、中間卸売商ンガイザーと二人の小売商の取引歴を事例に、この取引ネットワークがいかにして形成されているのかを説明したい。事例中の人名につづく（　）内は、その人物のエスニシティを示している。

事例３－２　中間卸売商ンガイザーの取引歴

中間卸売商ンガイザーは、一九七七年にカゲラ州の農村で生まれた。ンガイザーの父親は、一九七〇年代後半から八〇年代半ばまでルワンダからの密輸交易（第Ⅱ部後述）に従事した古着商売の先駆者のひとりである。父は一九九六年にビクトリア湖を横断する船舶の事故で亡くなった。

ンガイザーは、ムワンザ市の初等学校に通っている頃から父の商売を手伝い、古着商売のノウハウを身につけた。父亡き後には、父が残した資本をもとに他の中間卸売商たちから古着を仕入れ、農村定期市に運ぶ仕事をはじめた。しかし一九九七年に資本を失い、父とともに密輸交易に従事した中間卸売商アブドゥルにマリ・カウリ取引を要請した。

当時、ムランゴ・ムモジャ古着市場で一、二を争う大規模中間卸売商であったアブドゥルは、盟友の息子ンガイザーの要請を快く引き受け、ンガイザーとのマリ・カウり取引をはじめた。このとき、ンガイザーとともに中間卸売商アブドゥルから古着を仕入れていた小売商には、表3－2の八番カソンゴ（八）や一〇番のロバート（スクマ）もふくまれていた。

中間卸売商アブドゥルは、二〇〇一年一月にムワンザ市を襲った洪水により突然、全財産を失った。「ムランゴ（＝ドア）」「ムモジャ（＝ひとつ）」という名のとおり、ムランゴ・ムモジャ古着市場には当時、門がひとつしかなく、その門は市場を横断して流れるミロンゴ川の上手に設置されていた。鉄のフェンスで囲まれた「巨大な箱」であった市場は、ミロンゴ川からあふれ出した水によって数時間で浸水した。命からがら市場から脱出した多くの中間卸売商たちは、重い梱を担ぎ出すことはできず、多大な損失を被った。中間卸売商アブドゥルは市場の裏手に家を建設していたために、市場を決壊してあふれ出した水により、梱だけでなく、現金をふくめた家財道具一切合切も流された。

ンガイザーはこの洪水の数週間前にアブドゥルと仲違いしていた。当時、ンガイザーとともに古着を仕入れていたロバートらによると、ンガイザーとアブドゥルはあまり馬があわなかったという。ンガイザーは売り上げが多く優秀であったが、負けん気の強い少々生意気な小売商でもあったようだ。他方のアブドゥルは、面倒見がよく、ときには小売商たちを引き連れて飲みに出かける気前のよいボスであったが、「道を歩いているときに、挨拶をしなかっただけで機嫌を損ねる」などの気むずかしい一面もみられたという。ンガイザーは資本を貯めると、アブドゥルが圧倒的な影響力をもっていた古着市場から離れて、ルムンバ・ストリートで梱を開くようになっていた。

ルムンバ・ストリートで営業していたために洪水の被害を受けなかったンガイザーは、その他の

古着の選別をおこなう中間卸売商ンガイザー。

中間卸売商がビジネスの立て直しに手間取っているあいだに、梱の仕入れ数を伸ばしていった。そして、かつてのボスであるアブドゥルが文字どおり一文無しになったために窮地に陥っていたロバートやカソンゴほか、現在は取引していない同僚の小売商数人からマリ・カウリ取引を要請され、彼らをかつての自身のボスから引き抜くことで、ルムンバ・ストリート最大の中間卸売商にのしあがったのである。

つぎに、ンガイザーと取引をしている小売商の取引歴について検討したい。

事例3-3　ラザキの取引歴

ラザキは、ンガイザーと同じハヤであるが、ムワンザ市に出稼ぎにくる以前にンガイザーと面識はなかった。ラザキは、一九七〇年にカゲラ州のケモンドー港の近くの農村で生まれた。初等学校卒業後は、しばらく家業の農業を手伝いながら過ごした後に、一九九〇年にムワンザ市に出稼ぎにきた。出稼ぎにきてすぐは、先にムワンザ市に出てきていた同郷の友人と、道ばたでムシカキ（串に刺した焼き肉）とポテトフライを販売していた。しかし同郷の友人と売り上げの折半をめぐり仲違いしたために、仕事を失った。

一九九四年、ラザキはルムンバ・ストリートで営業していた中間卸売商ジュマ（ハヤ）が、「オジのかつての仕事先の友人」であったことを知り、ジュマを頼ることにした。ジュマは、先に登場したアブドゥルの実弟である。ジュマは、ラザキのオジのことを覚えていなかったそうだが、ラザキに定期市用の古着を渡し、定期市から帰ってくるたびに一〇〇〇シリングの報酬を与えるという約束をした。またラザキは、一九九六年にはジュマの紹介で、ジュマの従妹と結婚した。

ところが、ラザキはいくつかの定期市において農村商人の常連客を獲得して名が知られるようになると、「ジュマにいつまでも小遣い程度のカネでつかわれること」に不満をもつようになった。ラザキによると、一律の報酬で商売をする方法は、「商売をはじめたばかりで、失敗することがあるような少年に対してなされるもの」であり、「熟練者（*mzoefu*）になれば、マリ・カウリ取引に移行すべきである」と考えていたという。また、ジュマの従妹であった妻は、ラザキが定期市巡回のために家を空けているあいだに浮気を繰り返したために離婚することになった。

一九九八年にラザキは、同じルムンバ・ストリートで梱を開いていたコスマス（ルワンダ人）にジュマへの不満を語ったところ、「それならマリ・カウリ取引をしてあげよう」と言われた。そこでラザキはジュマとの取引を解消し、コスマスに乗り換えた。しばらくしてコスマスは、取引していた小売商に持ち逃げされ、経営難に陥った。コスマスは、古着の仲卸価格を引き上げた。ラザキは「コスマスの販売価格ではいくらがんばっても儲からなかった」という理由で、一九九九年にコスマスとの取引をやめて、ふたたびジュマに取引を要請した。ジュマは、今度はラザキとマリ・カウリ取引をおこなうことを認めた。

定期市販売のスペシャリスト，ラザキ。ムランゴ・ムモジャ古着市場の露店にて。

ところが、二〇〇一年に洪水の間接的な影響によりジュマの経営も悪化しはじめた。この頃に、ルムンバ・ストリートではンガイザーが大規模な中間卸売商として頭角を現してきた。ラザキは、ジュマとンガイザーのかつてのボスであるアブドゥルが兄弟であったことや、同僚のジャコボがンガイザーの父を知っていたことから、ンガイザーとは挨拶や定期市の情報を交わす仲だった。そこでンガイザーにマリ・カウリ取引を要請した。

事例３－４　オネの取引歴

オネ（仮名）は、一九七一年にキゴマ州キゴマ市近くの漁村で生まれた。両親ともにハである。オネは一九八八年にムワンザ市に出稼ぎにきた。最初は、古着商人をしていた同郷の友人のすすめでアイロンがけ職人をしていた。一九九〇年にオネは、アイロンがけをよく注文してくれた中間卸売商トール（ルワンダ人）からのすすめで古着商人になり、競売取引（第II部詳述）に参加して古着を競り落とし、定期市に運ぶようになった。

トールは当時、三〇個以上の梱を開いていた大規模中間卸売商だった。彼は、数人の小売商に定期市販売用の古着を大量に卸し、その小売商に彼の裁量で別の小売商たちに古着を販売させるという方法を採用していた。トールは、「開いている梱の数に見合う小売商を確保したら、すごい数になってしまう。それでは交渉だけで一日が終わってしまう。だから特定の小売商に古着を卸し、彼に知りあいの小売商に古着を卸させ、代金を回収したほうが都合がよいと考えた。自分が古着を卸した小売商が誰に古着を配分しようと関知していなかった。なぜなら彼から取り立てるだけだから」と語った。

オネは一九九三年当時、トールから多いときには三〇〇〇枚近い古着を掛け売りで渡され、それらの古着を同郷の友人とその友人、定期市で知りあった友人と分け、四人で売りさばいていた。一九九四年、オネは同郷の友人の友人に古着を持ち逃げされ、トールにすべての仕入れ代金を支払うことができなかった。オネ自身も持ち逃げをしたが、困窮してトールのところに戻ってきた。トールはオネに支払い能力がないことを判断すると、知りあいの中間卸売商ムランギラ（不明）にオネを紹介した。オネはムランギラとマリ・カウリ取引を開始したが、しばらくしてムランギラから持ち逃げし、その売り上げの一部でトールに未払い金を支払った。その後、オネはムランギラに捕まったが、持ち逃げした代金の支払いは許された。

しかしムランギラの経営難により古着の販売価格が高くなったため、オネは一九九六年に中間卸売商エマ（ルワンダ人）とマリ・カウリ取引をはじめた。エマは、一九九四年頃にムランギラから古着を仕入れていた「かつての同僚」であり、当時、羽振りのよい中間卸売商になっていた。エマが、二〇〇〇年に他の小売商による持ち逃げを遠因とする経営難から小売商に転落し、ンガイザーとマリ・カウリ取引をはじめると、オネもエマにつづいてンガイザーにマリ・カウリ取引を要請した。

この二人の小売商は、比較的取引関係がシンプルであり、不明瞭な点がないため事例として取りあげた。現在、ンガイザーと取引するその他の小売商のなかには、持ち逃げなどの信用の不履行を一度も引き起こしたことがない者もいるが、さらに多くの中間卸売商を渡り歩いている小売商もいる。たとえば、ロバートは一九九五年から二〇〇三年のあいだに一一人もの中間卸売商と取引をおこなっている。

これらの事例から商人たちの社会的世界が、しばしば背信をともなう下克上の世界であり、しかし同時に背信や裏切りに拘泥しないある種の寛容さを備えた世界であることが明らかである。事例３－２の中間卸売商ンガイザーは、かつてのボスである中間卸売商アブドゥルから小売商を引き抜くかたちで現在の地位を築いた。ンガイザーからすれば、災害によりボスの経営が突如破綻したせいで困窮したロバートらから支援を要請されたにすぎないのであるが、この出来事は周囲からはボスの交代として認識されていた。事例３－３のラザキは、取引形態に対する不満によりジュマからコスマスに乗り換え、その後にコスマスの経営が悪化すると、ふたたびジュマに取引を要請した。さらにジュマが経営難に陥るとンガイザーに乗り換えている。事例３－４のオネが最初の持ち逃げを働いた理由は、彼にとっても不運な出来事が原因だが、その結果として彼はその後に別の中間卸売商からも持ち逃げを働くことになった。小売商たちがこうした行為を繰り返しながらも古着商売を継続することが可能なのは、そのときに成功している中間卸売商たちが、評判のネットワークを通じて小売商の過去を熟知している、あるいは過去を知ることが可能であるが詮索せず、彼らからのマリ・カウリ取引の要請を受け入れるためである。

中間卸売商アブドゥルから小売商を引き抜いたンガイザー自身も、持ち逃げ経験のある小売商を受け入れた。さらに興味深いことに、二〇〇一年から二〇〇二年の調査時にンガイザーから持ち逃げした小売商一一人のうち、先の事例で取りあげたピーターを除く、すべての小売商がふたたびンガイザーのもとに戻ってきたとき、ンガイザーはすべての小売商を受け入れ、彼らとの取引を再開した。事例３－３に登場した中間卸売商ジュマは、同じストリートで同じ商品を販売していた「商売敵」に相当するコスマスに乗り換えたラザキと、ふたたび取引をすることを認めた。事例３－４のトールは、持ち逃げを働いたオネを知りあいの中間卸売商に紹介し、紹介されたムランギラはオネの持ち逃げを許した。エマはかつての同僚であるオネがムランギラから持ち逃げしたことを当然ながら知っていたが、彼とのマリ・カウリ取引を開始した。これらの中間卸売商の対応から、彼らが取引を開始する場合に小売商の過去の行為を問題にしていないことが明らかである。

ただしここで重要なことは、中間卸売商が、どの小売商とでもいつでも取引を開始するわけではないことである。たしかに中間卸売商が、小売商からマリ・カウリ取引を要請されたときに、「お前とは取引したくない」とはっきり拒絶することはまれである。そのような断り方は、前述した中間卸売商たちが説明したように、小売商が「あいつはケチだ」「あいつは冷酷だ」などの悪態をついたり、悪評を流したりすることにつながる。そのため、中間卸売商は取引をしたくない小売商に対して、「オレは最近、商売がうまくいっておらず、一枚五〇〇〇シリングの価格でしか販売できないがそれでもいいか」と非常に高い販売価格を提示したり、「悪いけれど、いまちょっと忙しいので、また明日話しあおう」とその場しのぎの返答でずるずると引き延ばしたりすることで、相手に諦めさせるという手段をしばしばとる。

その一方で中間卸売商は、正式に取引を要請されなくても、ある小売商には、「試しにもう一〇枚くらい持って行かないか。代金は後で払ってくれればいいから」などと取引を持ちかけることや、「オレなら一枚〇〇〔より安い価格〕で販売できる」と他の中間卸売商との取引に不満をもつ小売商をリクルートすることもある。このような場合に、なぜ「〇〇はよくて△△はだめなのか」と尋ねると、「あいつはムジャンジャだから／ムジャンジャじゃないから」と返されることが多い。ムジャンジャは、ウジャンジャを備えた人間という意味である。ウジャンジャは序章で述べたように、賢さやずる賢さを意味するスワヒリ語であり、後者のニュアンスにちかい意味合いのものである。

つまり、中間卸売商には、取引したい小売商とそうではない小売商が存在するのである。ここに最大の疑問が生じる。すなわち、なぜ信用供与をする側である中間卸売商は、これほど信用の不履行が頻発する状況において、「狡猾な／ずる賢い人間」と取引することを望むのかという疑問である。それを考察するために、商人たちが生きてきた／生きている社会状況を考察したい。

「われわれマチンガ」とウジャンジャ

具体的な商実践については第Ⅱ部で詳述するが、マチンガは独立後、ウジャマー（家族的連帯）にもとづく社会主義体制を敷いたタンザニアが深刻な経済危機に直面するなかで、隣国から古着などを密輸する商人やそれらの商品を闇市で取引する商人として台頭した。当然、中央政府および各都市の当局は、民間商人であるマチンガに対して敵対的な態度をとった。政府は、マチンガを「自助努力とウジャマー社会主義の敵」とみなし、彼らに「パラサイト」「浮浪者」「怠け者」であるとの烙印を押した。実質賃金の低下に苦しんだ準国営企業の労働者が多少のやっかみを抱いていた側面もあるが、古着の密輸交易を担った商人や闇市で活動した小売商に対しては、巷でも、「泥棒」や「詐欺師」であるという噂が流布していた。たとえば、一般消費者に対する聞き取り調査において、わたしは次のような意見をしばしば聞いた。

あの連中は本当に儲けていたよ。だってあの頃〔一九八〇年代前半〕、彼らは盗品を販売していたのだから。マコロボーイ・ストリートというのは泥棒市だったんだよ。当時、あそこはカンパラ・ストリートとかソウェトと呼ばれていたんだ。なぜかというと、当時、マコロボーイ・ストリートの終点には〔ウガンダの首都カンパラ市と連絡する船が行き交う〕カマンガ港があった。もうひとつの終点はルワンダとブルンジからの幹線道路が交差するカハマ県につながっていた。〔マコロボーイ・ストリートは〕ルワンダ人、ブルンジ人、ウガンダ人、密輸品、盗品、何もかもが流れてきては集められ、売りさばかれていくところだったんだ。　（カマンガ港の船のチケット販売員、五五歳男性、二〇〇四年七月一〇日）

マチンガはいまでこそ、貧しい人びとだと言われているけれど、当時〔一九八〇年代前半から後半〕は、政府の役人よりもよっぽど儲けていた。わたしは当時、準国営企業の繊維工場ムワテックスで働いていたけれど、安月給のすべてがマチンガたちにもっていかれると感じていた。それでも悲しいことに、タンザニア人は外国人が捨てたモノでも欲しかったんだ。ウジャマー社会主義政策期に、あれほど資本主義は悪だとラジオで流されていたのに、いざ自由化されて目の前に古着があるようになると、欲しくてたまらない。マチンガたちは、そういうわたしたちの鼻先に商品を突き出す、資本主義の手先のようなものだったんだ。もちろんマチンガがいなければ商品が手に入らないので仕方がない。でも当時はどこかで人びとの反感を買っていたんだ。

（定年退職者、五〇代男性、二〇〇四年七月一二日）

一九八六年に、タンザニア政府はＩＭＦと世界銀行主導の構造調整政策を受容し、経済自由化に踏み切った。かつてインフォーマルセクターに敵対的な態度をとってきた政府は、一九九〇年代になると、製造業部門を中心にインフォーマルセクターの振興を謳うようになった。しかし経済発展に直接的に寄与しないとみなされた零細商売に対しては具体的な振興策が実施されることはなかった。むしろ税や営業許可料を支払わずに路上で商売をしていたマチンガへの取り締まりは強化された。市当局の取り締まりに対する、マチンガの暴動は、他の都市住民にマチンガに対する否定的なイメージを植えつけた。

このような社会状況を生きぬいてきた中間卸売商たちは一様に、マチンガの商売とはつねに危機と批判に晒されたものであったと語る。自由化以前の密輸交易はもちろんのこと、比較的自由に活動していた自由化直後の時期ですら、マチンガは警察による逮捕や商品の没収、賄賂の要求に頻繁に晒されてきた。中間卸売商たちは「商売を継続させていくためには、うまく危機を回避し、警官や他の都市住民と渡りあっていくためのウジャンジャが必要である」と語る。

一九九〇年代後半からは徐々に経済状況が逼迫してきたうえに、商人人口の急増により市場競争が高まり、古着商売は以前のようには儲からないものになってきた。現在では、マチンガは特別な技能や教育がなくても参入できる職業であり、社会的に低い身分の者たちとみなされている。たとえば、現在、マチンガはしばしば「ワララ・ホイ *walala hoi*」という蔑称で形容される。「ワララ（＝眠る人）」「ホイ（＝ため息）」とは、過酷な労働のわりに見返りが少なく、疲労困憊してまるで魂が抜けたような状態で眠りに就く人びとという意味である［Rames 1998：xix］。ムランゴ・ムモジャ古着市場から農村定期市に向かうトラック「チンガ号」が猛スピードで道路を走り去るとき、子どもたちや女性たちはトラックを指さして「や〜い、ワララ・ホイ」と囃したてる。このようなやり取りは、エスニック・ジョークと同じような冗談関係のひとつであり、商人たちも笑いながら「や〜い、未来のワララ・ホイ」「や〜い、そのワララ・ホイを生んだ母親たち／と結婚する恋人たち」などとやり返すものの、次のような声を聞くと彼らがしばしば差別的な評価を受けていることは明らかである。

マチンガというのは、学校が終わっても仕事が見つからなかった人たちが最後にいきつく仕事よ。わたしは子どもたちをマチンガだけにはさせないように、たとえ中等学校に行けなくても職業訓練学校ＶＥＴＡに行かせようと思っているの。（隣人の主婦、四八歳女性、二〇〇四年六月二日）

「おい、マチンガ」と呼ぶと、あいつら（行商人）はたった五〇シリングのために犬のように走ってくるんだ。でも大半の客は、ただマチンガを呼びつけてからかうことで暇つぶしをしたいだけなんだ。だからいろいろと文句をつけて、結局は買わないのさ。カネがないオレたちワボンゴは、もっともカネに困っている人間をからかって憂さ晴らしをしたいだけなんだ。（バーで飲んでいた男性、二〇代後半、二〇〇四年七月一一日）

現在、新たに参入してくる小売商たちは「サバイバル」という意識を共有している。技能も学歴もない若い小売商たちは、都市をサバイブするために必要な知恵がウジャンジャであると語る。つまり一般的に否定的な意味で用いられるウジャンジャは、マチンガたちには生きぬくのに困難な都市で生計をたて、社会関係の網の目をうまく泳いでいくために不可欠な資質として肯定的に評価されているのである。この小売商の意識は、ブラックマーケットの商人から這いあがり、困難な商売を継続している中間卸売商にとっても実感的に理解できるものである。

すでに述べたように、かなりの資本をもつ中間卸売商も社会的には小売商と同じ「マチンガ」としてひとくくりにされている。都市空間における社会集団のひとつとして、古着商人たちは内部では比較的富者である中間卸売商と貧者である小売商とに分かれているものの、対外的には「われわれは同じマチンガである」「オレたちは都市の荒波をサバイブしている船員（*wasela* / *baharia*）である」という言葉に表されるような一種の仲間意識をもっている。

このような仲間のあいだの共感を基盤に、彼らのあいだでは、たとえ見ず知らずの者どうしでもタバコやコーヒーを奢りあい、少額の金銭を貸し借りし、さまざまな情報を提供しあい、ときには貸し部屋を共有することができると信じられている。このような共感は、トリップが論じるように、マチンガに限らず、似通った生活状況を強いられている都市住民が共有するものであり、日々の活動においては他の社会関係に埋もれて目に見えないものである［Tripp 1997］。しかしマチンガたちにはこうした共感を具現化し、ゆるやかな連携感を醸成する機会が数多く存在していた。

そのひとつは、度重なる一斉検挙にマチンガが示す抵抗である。松田は、都市出稼ぎ民たちの怠惰や逃散、無知を装うなどといった行為を、抑圧的権力に対するソフトな抵抗として描いた［松田 1996, 1999］。マチンガが外部に対してウジャンジャを発揮して対抗する場合には、内部の差異や対立は捨象されて連携感は目に見えるかたちとなって具現化する。マチンガが、インド・パキスタン系卸売商を、商業部門における「本当の富者」とカテゴライズして反感をもつときもそのひとつである。また政府により優遇されてきた小規模製造業者を他者として分類するときも同様である。

中間卸売商と小売商は、ほかの都市住民から「マチンガはムジャンジャであるから、すぐに騙されてしまう」といった批判を浴びているが、彼らはそのような批判を逆手にとり、「ムジャンジャでなければ、マチンガじゃない」として、むしろウジャンジャとはマチンガに不可欠な資質であるという認識を共有することで、仲間意識を醸成しているのである。(10) このことから、中間卸売商による小売商の選択基準であるウジャンジャは、マチンガにとって都市における仲間意識を共有するための生活信条であるとも思われる。このマチンガの仲間意識を踏まえると、なぜ中間卸売商がウジャンジャを小売商の望ましい資質とするかの一端は明らかである。

序章で述べたように、ムジャンジャは、「ムシャンバ（＝田舎者）」と対比される。ただ、この田舎者という訳は誤解を招きやすい。彼らは田舎から出てきたばかりの人物を敬遠しているわけではない。マチンガが取引を望まない人物とは、働きかけても手応えがない人物、言い換えれば、厳しい都市世界を何としても生きぬくという覇気が感じられない「腑抜け」「甘ったれ」「ぼんくら」である。これらの人物が「間抜け」や「頭の悪い人」であるのは、都市で生きぬいていこうとする必死さや気概がないためにウジャンジャを働かせられないためである。「あいつはムジャンジャじゃない」と漏らす中間卸売商の不満は、具体的には、「反応がないので不安だ／つまらない」「弱すぎて、こっちが悪いことをしているような気になる」「甘ったれをあやすのは、負担だ」というものである。これらの人物は、自力で都市を「サバイバル」することに誇りをもっているマチンガにとって、仲間意識を感じられない、共感できない相手なのだと思われる。

また中間卸売商がムジャンジャであることを望ましい取引相手の条件と語るのは、彼らが、巧みな話術で消費者に古着を販売する交渉術や販売能力といった意味を、ウジャンジャに込めているためでもある。交渉術としてのウジャンジャが重要になった背景には、前述の中間卸売商たちの語りにも表れているように、一九九〇年代中頃までの「乞われれば誰とでもした」信用取引とは異なり、現在では販売能力のない小売商をたくさん抱えて商売をつづけることが非常に困難になりつつあることが関係している。

中間卸売商にとって、警官による取り締まりをかわし、巧みな話術で消費者に多数の商品を販売できる小売商は、売り上げを伸ばすうえで不可欠な存在である。ウジャンジャな小売商は、中間卸売商が悪い梱を引き当てたときでも、言葉巧みに傷物の古着でも高値で売りさばくことができるため、彼らの経営の安定化にも貢献する。ここにおいて、中間卸売商は評判のネットワークを活用しているのである。中間卸売商は、小売商が複数の中間卸売商からマリ・カウリ取引での販売を認められ、不安定な古着商売を継続してきたことそれ自体を、その小売商の交渉術や販売能力の高さ、すなわちウジャンジャであると評価するのである。

しかしそれゆえ中間卸売商にとって、小売商の信用の不履行は避けがたい。ウジャンジャは、中間卸売商にとって両刃の剣である。なぜなら、小売商が中間卸売商自身との取引においてウジャンジャを発揮すれば、中間卸売商が大きな損をすることもあるためである。小売商がムジャンジャであれば、サボタージュや生活補助の過剰な要求、売り上げのごまかしも巧みである。またウジャンジャな小売商の販売能力は、評判のネットワークにおいて、そのほかの中間卸売商の知るところとなるので、彼が別の中間卸売商へと乗り換える可能性も高まる。

中間卸売商たちは、ウジャンジャな小売商との取引を望んでいる限り、小売商のウジャンジャが販売能力として発揮されることも、自分を相手とした取引能力として機能しうることも理解している。しかし、中間卸売商もまた商人（マチンガ）である限り、小売商とウジャンジャで渡りあえる才覚をもっていると自負しているのである。

五　マリ・カウリ取引を支えるウジャンジャ

ここでは、マチンガの関係性について、仲間と共同性という観点から、まとめておきたい。

ここまで述べてきたように、マチンガの商世界は、裏切りや背信を常とする世界である。小売商は、中間卸売商に不満をもつと、持ち逃げしたり、他の中間卸売商に乗り換えるが、同じ中間卸売商と取引をしている小売商のあいだでも軋轢がある。基本的に、同じ中間卸売商から古着を仕入れる小売商どうしは、仲間であると同時に競争相手でもある。希望するグレードの古着を優先的に獲得するために、小売商たちはさまざまな戦術をとる。もっとも有効な手段のひとつは、不当な待遇を受けていると感じる小売商たちが共謀して、中間卸売商を飲酒に誘い、優遇されている小売商のサボタージュや売り上げの過小申告を匂わせることである[11]。ただし特定の誰かを貶めるために結託する小売商の顔ぶれはつねに入れ替わり、小売商たちは誰と誰が仲間かをその時どきに応じて再編成する。そのため、ここでの再編成により固定的、持続的なグループが形成されることはない。しかし、小売商が信用の不履行を繰り返すことによって、中間卸売商と小売商とのあいだに生まれる頻繁な交代劇や乗り換えは、複雑な人間関係をつくりながらも、結果として一種のセーフティネットを構築していく。ひとたび古着商人のネットワークに参入した小売商は、みずから退出しない限り、基本的に、売り上げが少なくても、信用の不履行を引き起こしても、最低限の生活費を保障されたマリ・カウリ取引から排除されることはない。また、特定の中間卸売商に不満をもった場合でも、そのほかの中間卸売商に取引を要請することで、古着商売をつづけていくことができる。

たとえば、中間卸売商ンガイザーの亡くなった父親のかつての盟友ジャコボは、さまざまな経緯で資本を失い、いまではンガイザーの小売商になった。彼は毎日、ンガイザーから数枚のシャツを受け取り、一日の大半をたまり場でコーヒーを飲んで過ごしながらも、運よくシャツが売れたときにはンガイザーに代金を支払う。このような調子なので、彼は、時どきンガイザーに生活補助を要求する。ンガイザーは彼を「ビンボーオヤジ *a lost mzee*」「ヤンキーオヤジ *mzee kijana*」と呼びつつ、半ば諦め気味に要求を飲む。周囲の小売商は、そのようなジャコボを、「それが、おじいさんになった彼のウジャンジャな生き方」として評価している。また、小売商ドゥーラは、田舎から出てきたばかりの当時、それほど販売できず、周囲から「羊 *kondo*（ふだんは愚鈍で大人しいが怒ると周りを見ずに暴走する、という意味）」と呼ばれ馬鹿にされていたが、「怒らせたら、手がつけられない」というキャラクターにおいて仲間から受け入れられるようになり、うまく生活補助を獲得するようになった。

このように、ウジャンジャは販売時に発揮されるだけではなく多様であり、マチンガの世界で生きぬくための狡知全般を指している（詳細は、次章と第五章で説明する）。つまり、ウジャンジャにより、仲間に何がしかのかたちで共感を呼び起こすことができれば、このマチンガの世界で生きつづけることができるのである。中間卸売商も、小売商に持ち逃げされ、小売商に転落しても、他の中間卸売商にマリ・カウリ取引を要請し、商売をつづけていくことができる。彼らの「資本」であるウジャンジャは、自身がドロップしないかぎり賭けつづけることができる「なくならない持ち金」であり、最低限の生活保障が担保されている「賭場」という商世界を形成・維持しているのである。

ただし、「仲間に何がしかのかたちで共感を呼び起こすことができれば」と述べたが、マチンガはマチンガに共感はするけれども、基本的には深い同情はしないし、深く立ち入らない。状況に応じて目的が一致した場合、そのときだけ目的的に行動をともにする。この行動をともにするという行為は、外側から観察した場合、「群れている」「連携している」「つるんでいる」などと見えるかもしれないが、それが持続的な連携になることはない。マチンガの世界を生きぬくうえでは、こうしたことを理解して「連携」できる仲間は多いほどよく、また仲間であるためにはこうした「連携」のあり方を理解していることが前提となる。この仲間関係をよく象徴しているのが、つぎの言葉である。

都市で生きていくために大事なことは関係をつくることだ。二〇〇〇シリング貸してくれるひとりの友人ではなくて、ちょっと説得したら、二〇〇シリングをカンパしてくれるたくさんの仲間を。だからマリ・カウリ取引というのは、どこにでもあるのだ。

（ラザキ、三五歳男性、二〇〇二年五月二六日）

困ったときに助けてくれる友人関係と、ある種の軽さ・便宜的な要素をもつ仲間関係とは異なるものである。友人と仲間の違いは、彼らの言葉でも区別されており、異なる意味あいをもつ。マチンガがスワヒリ語で友人を意味して使う言葉は、通常「ラフィキ *rafiki*」である。またスラングでは、元来は恋人や愛人を指す言葉である「ムシカジ *mshikaji*」や、英語のベスト・フレンドを短縮した「ベスティ *besti*」などの言葉が挙げられる。それに対して、マチンガが仲間を指す言葉には、スワヒリ語で同志を指す「ジャマー *jamaa*」という言葉のほかに、多様なスラングが当てられる。マチンガのあいだでもっとも頻繁に使われる仲間を指すスラングは、英語の sailor（＝船乗り）に由来する「マセーラ／ワセーラ *masela/wasela*」である。このマセーラ／ワセーラは「都市の荒波をみずからの裁量で漕ぎ渡るオレたち」というニュアンスで説明される。また、マセーラ／ワセーラは、活動内容を指すときには、「ミセーレ *misele*（＝仕事を探すこと／カネを探すこと）」という意味になる。ほかに英語の commander に由来する「カマンダ *kamanda*」も頻繁に使われる。これは「都市で生きることは戦いだ。われわれは、その時どきの難局をみずからの裁量で切り抜けている、それぞれが司令官である」というニュアンスをもつ。マチンガがこれらの言葉で互いの関係を規定するときには、都市社会において似通った環境・状況を生きる者に対する共感や敬意とともに、それぞれが独立独歩で生きぬいている個人として、精神的な自律性、過度な期待の回避、個々の選択に対する不干渉の態度が期待されている。

社会学者のアランは、イギリスの労働者階級を事例に、仲間と友人との相違点を「社会的文脈」の重要性を基準に整理し、友人と比較した場合の仲間の特徴として、次の三点を挙げている。それは、(一) 脆弱性、(二) 代替可能性、(三) 仲間を規定する文脈外の不釣りあいに対する許容度の高さ、である［アラン 1993(1989)］。この区別は、マチンガにおける友人と仲間の区別と非常によく似ている。マチンガは基本的に「他人は他人」として互いの生き方を尊重し互いの生き方への干渉を避ける――たとえば、「そういや、最近、○○は見かけないな」「ああ、あいつ、ダルエスサラームに行ったらしいよ」「へぇ、そう」で終わるような光景をよく見かける――。そのため、マチンガは、みずからが必要に応じて他人に働きかけられなければ、何も得られなくても仕方がないし、働きかけが失敗に終わっても基本的に仕方がない――相手の利益と合致しなかったか、相手あるいは自分のウジャンジャが足りなかった――と語る。

しかし、彼らの関係を観察していると、一種の連携や共同性に類似したものが生成するのを感じるときがある。それは、マチンガが集団的に生存維持への不安を強く抱くような著しい危機的状況、瀬戸際に陥ったときである。ただし、この「生存維持への不安」というものは、次の言葉に表れているように、日々の収入が非常に不安定な貧困層であるマチンガにとって、その日暮らしの常態化された不安として日常的に潜在している。

都市の生活は、何ももたない仲間（*washkaji*）のあいだを、ウジャンジャを駆使する子ウサギたちが小銭を回しあっているだけだ。本当は、物乞いしたり、〔借金などを〕ごまかされたりしながら先へ引き伸ばしているだけの生活はやるせないけれど、いまは〈仲間のあいだ〉でウジャンジャにやっていくしか方法がないんだ。

（ブクワ、二五歳男性、二〇〇二年六月三日）

この常態化した不安がときおり集団的に発露するために（第七章・第八章で論じる国家権力に対する連携行動のように）、観察者は彼らの仲間関係のなかに一種の連携や共同性を感じてしまうことがあるのである。〈12〉

以上、マチンガの商慣行とそれを支える論理と共同性について検討してきた。しかしこれまでの説明は未完である。なぜなら、次章で検討していく狡知を駆使した実践をみないと、彼らがなぜウジャンジャに価値をおいているのかを本当に理解するには至らないし、そこにはまた違った世界が拡がっているからである。

第四章

ウジャンジャ——都市を生きぬくための狡知

前章では、マチンガの商慣行の核であるマリ・カウリ取引について説明し、そこにみられるマチンガの仲間意識と共同性について考察した。その取引形態、仲間意識と共同性を理解するうえでもっとも重要であったのがウジャンジャであった。この章では、このウジャンジャについてさらに掘り下げる。

一　ストリートの教育とウジャンジャ

序章で述べたように、ウジャンジャは、古代ギリシア人の策略的智性メティスやトリックスターの機知、近年、盛んに議論されるようになった「実践知」［cf. 田辺　2010］と連続性や類似性をもつものである。そのため、ウジャンジャという用語自体は、スワヒリ語圏で用いられるものだが、ウジャンジャにきわめて類似した機知は、タンザニアに限らず、日本や西欧をふくむ、あらゆる地域においてみられるものである。またウジャンジャは、都市部においてのみ評価されている知恵でもないし、商人や下層民といった特定の人びとだけが有するものでもない。しかしマチンガのあいだでは、ウジャンジャは、都市やストリート、あるいは「持たざる者」や商人と結びつけて語られる傾向があり、都市やストリートに結びつけられる際には、「ストリートの教育 *elimu ya mitaani*」が説明として用いられることが多い。以下では、このストリートの教育に焦点をあてて、マチンガにとって、ウジャンジャとはいかなる機知なのかを説明する。

事例4-1　ウジャンジャを培う——「生き方のスタイル」を見つける

マラ州の農村で暮らしていたジュリアス（二〇〇四年当時一四歳）は、経済的な困難を理由に母方のオバを頼ってムワンザ市へと出稼ぎにきた。ジュリアスのオバの息子は、居住区の隣人である古着露店商ニャワヤ（三〇歳男性）[1]に、ジュリアスを店番や使い走りとして預かってほしいと頼んだ。ニャワヤはその頼みを快く引き受けた。ところが、ニャワヤはしばらくしてジュリアスが役に立たないことに気づいた。ジュリアスは小さな頃に両親を失い、牧童として働きながら祖母の分をふくめて生計を支えていたために、まったく学校に通うことができなかった。ジュリアスは数字を書くことができず、簡単な足し算もできなかった。またジュリアスの暮らしていた村は過疎化が進行しており、村でのジュリアスをとりまく関係は祖母と数人の大人に限られていた。学校に行かなかったジュリアスは、同年代の子どもと遊んだ思い出をほとんどもっていなかった。ジュリアスは客とのコミュニケーションが苦手だった。ジュリアスは、客に「えっ、聞こえないわ。いくらなの？」とやや強い調子で服の値段を聞き直されるだけでパニックになり、店番をほうって逃げ出した。結局、ニャワヤはジュリアスにつき添って販売しなければならなくなり、ジュリアスが算数と商売を覚えるまで（仕方なく昼食は奢っていたが）報酬は支払わないことにした。

当時、ジュリアスは、（ニャワヤの隣で商売をしていた）わたしの露店に遊びにきては、「オバの家では、ほかの子どもたち「オバの実子」はみんな学校に通っているのに、僕だけ通わせてもらえない。それどころかお金をもって帰らないと、遊んでないで家事を手伝えと怒られる。ご飯を食べさせてくれないことだってある。でもニャワヤは僕にぜんぜんお金をくれないんだ」などと愚痴をこぼしながら泣いた。わたしは、彼の雇い主であるニャワヤに頼まれて、時々ジュリアスにビスケットを古着に、ボタンをお金に見立てて算数を教えていた。しかし算数を教えようとしても、ジュリアスは、ミルクビスケットの包み紙に描かれた乳牛の絵を見ては牧童時代を思い出して泣き、きれいなボタンを見つけると欲しいと駄々をこねて泣き、その様子を見ていた周りの露店商から「真面目に勉強しろ」と小突かれてまた泣くということを繰り返すので、ちっとも計算を覚えられなかった。わたしには、ジュリアスは、その他の同年代の少年に比べて幼く、極端に泣き虫であるように思われた。わたしは彼の不運な境遇を聞かされていたので、しばしば、「男の子なのだから、泣いてばかりじゃだめじゃない」などとお節介を焼いた。しかしそのたびに、わたしは、ほかの露店商から「①ほっとけ、ジュリアスはまだポーズ（*pozi*）を模索している最中だ。お前が彼のポーズを修正してしまったら、ジュリアスのためにならない」「都市はすでに満員だ。自力で生きていく術を見つけられないようなやつは、さっさと田舎に帰ればいいんだ」などと諫められた。

ある日、露店商のアブドゥル（三一歳男性）[2]は、ボスであるニャワヤの不在中にジュリアスがなんとか自力で販売した服の代金をニャワヤに手渡すのを目撃した。アブドゥルは、ニャワヤが代金を受け取って立ち去ると、ジュリアスを呼び出して次のように言った。「お前って本当にバカだな。いいか、一〇〇〇シリング以上で販売しろと言われて一五〇〇シリングで売れたのなら、ニャワヤには一三〇〇シリングでしか売れなかったと言え。それで二〇〇シリングは黙ってポケットに入れるんだ。カネが欲しかったら、頭を使え」

ジュリアスはアブドゥルに言われたとおり実践しようと、ニャワヤにブラウスの値段を実際に販売できた額よりも安く報告した。しかしジュリアスの嘘はあっさりとニャワヤに見破られてしまった。こっぴどく叱られたジュリアスは、「ドゥーラ［アブドゥル］が嘘をつけって言うから、僕はそのとおりにしたんだ。そしたらニャワヤに小突かれた。ひどいや。ドゥーラなんて大嫌いだ、大嫌いだ」と泣き叫びながら、わた

泣き虫だった頃のジュリアスとわたし。いまではジュリアスも，すっかり都会のウジャンジャな青年に変貌している。

しの露店に駆け込んできた。
ところがその日の夕方、ジュリアスに嘘をつかれたニャワヤは上機嫌でわたしを飲みに誘い、「なあ、聞いてくれよ、サヤカ。ジュリがやっとムジャンジャになってきたんだぜ」と本当に嬉しそうにジュリアスが売り上げをごまかそうとしたことについて話した。わたしが「ああ、そのことなら、アブドゥルが教えたのよ」と話すと、ニャワヤは「じつはアブドゥルから〔ジュリアスが嘘をつくことを事前に〕知らされていた」と語り、にやにや笑った。わたしは翌日、アブドゥルに「なぜ告げ口などしたのか」と尋ねた。するとアブドゥルもにやにや笑いながら、「②ジュリには何にもない。あいつはうまくかすめ取ることを学べなかったら、泥棒になるしかない」、だから「告げ口は、ストリートの教育だったのさ」と語った。

この事例は、ウジャンジャを培うことを他者が手助けした比較的わかりやすい事例である。ウジャンジャは、アブドゥルの最後の言葉のようにストリートの教育で培われるものと語られる。あるいは、ストリートの教育で身につける機知がウジャンジャであると言われる。ただしここでの「ストリート」とは、路上という物理的な場を指すわけではなく、都市空間における社会経験一般を意図している。また教育といっても、ウジャンジャは教師と生徒の関係のように誰かから誰かに体系だって教えられるものではなく、日常的な言語的・非言語的なコミュニケーションを通じて個々人がみずから体得していくものだと言われる。「ストリートの教育」とウジャンジャとの関係についての典型的な説明は、「都市では、価値観や考え方、信条の異なるさまざまな人びとと出会い、故郷での生活では一度も体験したことのないさまざまな経験をする。そのような都市の多様な経験（ストリートの教育）をとおして、人びとはしだいにムジャンジャ（ウジャンジャを身につけた人間）になってゆく」というものである。またアブドゥルの傍線部②の言葉にあるように、学歴や技能、資本、地位などを「何も持たない」人間はウジャンジャにより依存しながら生きていくことになるので、よりムジャンジャになっていくと語られる。さらにマチンガは、第Ⅱ部と第Ⅲ部で詳述するように、困難な場面や窮地に立たされる経験が多く、また巧みな交渉術が重要であるため、よりムジャンジャになるのだと言われる。では、ストリートの教育で培われるウジャンジャとはどのようなものだろうか。

この事例において、アブドゥルがジュリアスに教えようとしたことは、うまくカネをかすめ取るために発揮される「ウジャンジャ」であり、盗みではない。傍線部②のアブドゥルの言葉にあるように、「盗み（泥棒）」はマチンガたちに「悪いこと」であると認識されている。雑然とした古着市場には、スリや泥棒も多く、露店に携帯電話や時計などを置いたまま、ほんの少し店を空けただけでそれらのものが盗まれてしまうことはよくある。市場内の商人たちは、仲間が泥棒稼業をしていると知っていても市場から追い出したりはしないが、泥棒稼業は、警察に捕まるだけでなく、市民からリンチを受けることもあり、彼らにとってあまりにリスクの高いものである。

ここで鍵となるのは、ほかの露店商たちがわたしに語った傍線部①の「ジュリアスはまだポーズを模索している最中だ」という言葉である。「ポーズ」とは現地語では「ポージ *pozi*」と言われる。英語の pose 由来のスラングであり、タンザニアでも一般的な意味内容は英語と同じである。ただし古着商人たちのあいだでは「ポーズ」は、何らかの目的をもつ意図的な自己呈示を指す場合と、非意図的な自己呈示を表す場合の両方がある。

意図的な自己呈示としては、たとえば、「オレは、あの日雇いの口を狙っているけれど、ああいうボスに対しては「腹が減って死にそうだ。助けてくれよ」という情けないポーズで懇願するのと、「有能なオレを雇わなかったら後悔するぜ」という強気なポーズで押すのと、どっちがいいと思うか」と友人に聞くなどの場合によく示されている。またポーズには「服装・格好」を使ったものもある。たとえば、第二章で説明したロバートの「田舎の爺さんのスタイル」もポーズである。これらの使用法では、「ポーズ」は当面の目的を達成するための意図的な自己呈示であり、その裏側に「本当の彼／彼女の姿」が存在するかのようにみえる。しかし、「ポーズ」には、意図的な自己呈示なのか、非意図的な自己呈示なのかが曖昧な場合が多々あり、この曖昧さこそがウジャンジャの真骨頂、境地ともいえる。[3]

ふつうに考えれば、意図的・戦略的な自己呈示にもとづいて発揮されるものがウジャンジャで、非意図的な自己呈示はウジャンジャとは無関係に思われる。しかし、実際には意図的な自己呈示が「ウジャンジャではない」と評価され、逆に本人はそれほど意図をもたずにしていた——とみせかけた——自己呈示が「ウジャンジャである」と評価されることがある。この「みせかけた」において「なりきっている」、自分自身をも「騙せている」のがウジャンジャのひとつの真骨頂であるといえ、もし「本当に」本人が「それほど意図をもたずに」やっていたとすれば、それはウジャンジャのひとつの境地である——あるいは他者からの評価はジョーク、からかいである場合である。

生き方のスタイルとウジャンジャ

ポーズとウジャンジャとの関係は、斎藤が指摘する「生き方のスタイル」のようなものだと思われる。斎藤は、「制度的なハビトゥスをずらした」生き方のスタイルとは、「癖が技化」されたものであると述べ、(一)癖は積極的な効果をともなわないのに対して、技と呼べる段階になると、その癖によって自分や周囲の者たちから積極的な感情を引き出す効果が得られること、(二)癖は出そうとは思いもしないときに出てしまうものであるのに対して、技はそれを出すべき状況においてタイミングよく出せるものだという［斎藤　2004：27-28］。

ここで、わたし自身の経験を事例にして、ポーズとウジャンジャについてより具体的に説明したい。調査をはじめてしばらくした頃、ウジャンジャに多大な関心をもったわたしは、毎日のように「ウジャンジャとは何か」とさまざまな人びとを問いつめていた。ある日、わたしは調査助手のロバートから、わたし自身がすでに身につけていたウジャンジャについてつぎのような指摘を受けた。

わたしは調査のために過去の商慣行や出来事を正確に理解しようと、マチンガのあいだで語られている内容を、なるべく多くの人間に確かめた。わたしは自分の理解を最初に話すと、相手もわたしの理解に引きずられるのではないかと考え、すでに別の商人たちから聞いてよく知っていたことでも、知らないふりをして同じ質問を最初から繰り返すようにしていた。わたしは聞き取り調査のたびに「へぇ、なるほどねぇ。わぁ、わかってきたわ」とはじめて知ったかのように喜んだり、「うっそぉ、本当に？　それは、すごい事件だねぇ」と大げさに驚いたりしてみせていた。聞き取り調査に毎回つきあっていた調査助手のロバートは、ある日、このわたしの口調と態度を面白おかしく真似しながら、「これがサヤカのウジャンジャだ」と言ったのだ。

ロバートによると、喜んだり、驚いたりという行為は、わたしが「外国人の女性であり、体格や顔つきから実年齢よりも幼く見える」という特性を自覚していて、戦略的にやっているものだからだという。たしかにそのように指摘されれば、わたしは特定の身ぶりや口調、表情で嬉しそうにしたり、驚いてみせたりすると、若い男性商人たちが話に乗ってくることを経験的に知っていたので、計算が働いていなかったとは言えない。しかし一〇〇％計算づくの戦略だと言われれば、反論したくなる。わたしは「日本の若い女性はたいてい「うっそぉ」を口癖にしている。それにわたしは、小さな頃から緊張すると愛想笑いをしてしまう。時々自分でも嫌になるけれど、これはもう癖のようなものだ。だから、それほど意識してやっているわけじゃない。それに何より、わたしを驚かせようとしている相手の楽しげな顔を見ていると、ついそれに反応したくなるだけなのだ」という主旨の反論をした。しかしロバートは、わたしの反論を聞くと深くうなずいて、「そうさ。ウジャンジャはそういうものだ」と断言した。

わたしは、ふだんの非意図的な口調や態度（わたしの癖）を、若い男性商人という相手に合わせて技として（自分でも技であることを意識することなく自然に）発揮し、必要な情報をかすめ取っていた。わたしは自身でも気がつかないうちに癖を技化し、ポーズをとっていたのである。

二　即興的な演技

ウジャンジャは、このように必ずしも意図的な実践においてのみ発揮されているものではないが、ウジャンジャには意図的／半ば意図的な演技力が含意されている場合が多い。以下では、演技力／演戯力としてのウジャンジャの発揮について検討したい。

事例4-2 ウジャンジャなカチャーチャ——役割を演じる

事例3-3に登場した地方定期市巡回商のラザキ（当時三五歳）は一時期、「カチャーチャ」という愛称の一〇歳前後の子どもの面倒を見ていた。カチャーチャは、かつては市場近くの路上で寝起きするストリート・チルドレンであった。カチャーチャは、流暢なスラングの使い手であり、マイケル・ジャクソンのダンスの物まねなどで人びとを笑わせるのが得意であった。また年長者に対しては礼儀正しいので、都市部の若者たちは路上でカチャーチャを見かけると、「タバコを買ってこい」などと使い走りをさせ、小遣いを与えてかわいがっていた。

ある日、わたしはラザキと散歩しているときにカチャーチャを見かけ、いつものように「何か面白いことしてよ」と声をかけたところ、カチャーチャは情けない声で「いまはお腹が減りすぎて動けない」と訴えた。わたしが昼食を奢ると、カチャー!チャは突然かしこまって、お礼に何か仕事を手伝わせてほしいと申し出た。わたしには何も与える仕事がなかったので、ラザキがカチャーチャに定期市販売用の古着のシャツ五〇〇枚程度のボタンを留める仕事を与えた。翌朝、ラザキがカチャーチャを訪ねると、すべてのシャツのボタンが留められていたという。この出来事でラザキはカチャーチャを気に入り、古着の荷運びやボタン留め、梱包などを手伝わせながら一緒に定期市を回るようになった。

以下の出来事は、わたしがラザキを手伝ってムワンザ州ミスングィ県の定期市に古着を販売しに行ったときのことである（二〇〇二年五月）。農村の定期市では、ラザキのような定期市商人は古着をビニールシートの上に山状に積み上げ、「買った、買った、五〇〇シリング、五〇〇、たったの五〇〇シリングだよ」と一律価格を叫びながら販売する。この「たたき売り」がはじまる前に、農村の商人たちがなるべく状態の良い古着を買いつけにくることがある。農村商人は一般消費者に先駆けて良い古着をまとめ買いして、村で露店を経営したり、行商したりしている。この日は四人の農村商人が古着を買いつけにきた。ラザキは四人の農村商人に対して合計で七〇枚の古着を一枚あたり四五〇シリングで販売した。農村商人たちは「ほかにも古着を買う予定なので、代金は自分の村に持ち帰る際に払いにくる。それまで自分が選んだ古着をとっておいてくれ」と言い残して立ち去った。その後、かなり遅れて別の農村商人が来た。彼は、四人が選び終えた残りの古着の山から良い古着を探し出そうと試みたが見つからず、ふと横に畳んで置いてあった古着を手に取った。ラザキは、それはすでに販売済みだと説明したが、彼は四人がいくらで購入したかを聞き、即金で、一枚あたり五〇〇シリングで購入すると提案した。ラザキはそれを聞くと、四人との約束を反故にしてこの農村商人にその古着をすべて売ってしまった。

わたしは「四人はわざわざ朝早くから定期市にやってきたのに、約束を破るなんてひどいじゃない。後で彼らが来たら何て言うつもりなの」とラザキをなじったが、逆に「サヤカは何しに定期市に来たんだ。オレたちは商売をしに来たんだろう。五〇〇シリングでも高く売れるなら、売るに決まっているじゃないか」と怒られてしまった。[4]

午後になって早朝に古着を買いつけた四人の農村商人のうちのひとりが、予約した古着を購入しにやってくるのが見えた。わたしが「いったいどうするつもりか」とラザキを見ると、ついさっきまで横にいたはずのラザキの姿が見あたらない。わたしは、うろたえた。すると、それまでラザキとわたしが販売した古着を「畳んで消費者に渡す」という仕事を黙々とこなしていたカチャーチャが突然、古着の一律価格を叫びながら得意のダンスを踊りはじめた。そして、客の「さあ、わたしの古着を渡してもらおう。代金を払いにきた」という問いかけに対して、「おじさん、僕、そんなのわからないよ。僕はここでダンスをするように言われただけだもの」ととぼけた。そこでわたしもカチャーチャになってスワヒリ語があまりわからない外国人のふりをしてごまかした。

じつはカチャーチャはこのとき、現地の日雇い少年になりすましたのである。地方の定期市には、たたき売りの掛け声をかける日雇い労働をする少年たち（一〇歳前後）がいる。定期市巡回商人たちはこれらの少年を、（一）一日中、たたき売りの掛け声を張り上げると声がかれる、（二）派手なパフォーマンスでほかの商人より目立つことで集客する、という理由で一日五〇〇シリングか、あるいは売れ残りの服一、二枚で雇う。たとえば、ある少年は「さあ、買った、買った、限りなくタダに近い値段だよ。ボスは酔っぱらって、破格の値段だよ、似合っているよ、輝いているよ」という、たたき売りの文句を流行のポピュラーソングにのせて、スクマ語で面白おかしく歌う。別の少年はリズムをつけて手拍子をしたり、笛を吹いたりして場を盛り上げる。カチャーチャは得意のダンスを踊ることで、これらの少年にうまく溶け込むことに成功していたのである。

さて、農村商人は「子どもとおかしな白人に説明しても仕方がない」などと文句を言いながら、ラザキを待っていたが、しばらくして諦めて立ち去った。すると、どこかで見ていたのか、ラザキは客が立ち去るとすぐに平然とした顔で売り場に戻ってきた。

夕方になって別のひとりの農村商人が現れた。今度は、ラザキは姿をくらまさなかった。その代わりに、「おい、カチャーチャ、横にとっておいた古着はどうした」とカチャーチャを問い詰めた。カチャーチャは、「僕、間違えて売っちゃったみたい」とすまなそうに答えた。ラザキは「このバカ、一度畳んだ古着はほかの古着と混ぜるなと言っただろう。この女性に渡す古着がなくなってしまったじゃないか。ああっ、くそ、大事なお客だぞ。彼女がもう買いつけてくれなくなったらどうしてくれるんだ。このばかやろう」と激昂してカチャーチャに殴りかかろうとした。カチャーチャは顔をくしゃくしゃにして、「ごめんなさい。お兄ちゃん、ぶたないで、ああー、お兄ちゃん、あああー」と悲痛な声で叫びながら逃げ回った。

しかしこれが演技だとはわからなかった年配の女性商人は、この二人の様子を見て「やめて、やめて、彼はまだ小さな子どもじゃないの。許してあげなさいよ」と慌てて止めに入った。ラザキは「このガキが古着をごちゃ混ぜにしたんだ」となおも演技をつづけた。女性客は「つぎの定期市の日にまた買ってあげるから、それでいいでしょう」と、ラザキをなだめ、「坊や、今度からはおばさんの顔を覚えていてね。つぎは、一度畳んだ古着を混ぜてはだめよ」と、カチャーチャに優しく話しかけた。そして、女性客は帰り際に、「叱っちゃだめよ」と、ラザキに何度も念を押して立ち去った。ラザキとカチャーチャは、彼女が立ち去ると同時に、やれやれといった顔でそれぞれの仕事に戻った。

ラザキによると、この事例においてカチャーチャはラザキと示しあわせてこのような演技をしたわけではなかった。この演技はカチャーチャがラザキの意図を察して機転を利かしておこなったものだったという。ラザキはすでに「ボタン留めの出来事」においてカチャーチャがムジャンジャであることを見抜き、一人前の商人に育てているのだと語った。では、ラザキが見抜いたカチャーチャのウジャンジャとは何だろうか。

じつは、この事例においてラザキから午前中に古着を買いつけた四人の農村商人のうち、予約した古着を引き取りにきた農村商人はこの二人だけであった。後にラザキが説明してくれたことによると、農村商人のなかには古着の購入を約束しても他の商人からより良い古着を安く購入することができれば、引き取りに来ない者も多いのだという。しかしながらラザキは引き取りに来なかった二人の農村商人の行為を、「彼らも商売をしているのだから、仕方がない。生活のためのカネを稼ぐのに嘘も騙しもあるものか」と語った。わたしは四人の農村商人とラザキのやり取りを「約束」だと考えたが、実際には約束が履行されることに対する信頼は成立しておらず、両者のあいだでは多分に「賭け」の領域が存在していたというのである。四人との「約束」を反故にしてひとりの農村商人に一枚につき五〇シリングがプラスされた高値で販売することでラザキが手にした分の利益は、五〇シリング×七〇枚で三五〇〇シリングである。これは第三章で述べた行商人ロバートの八五日間の手取りから算出した平均手取り日額二一九〇シリングと比較すると非常に大きな額であった。他方、農村商人たちにしても、農村に戻って行商をしたり露店商をしたりして一枚あたり五〇シリングから二〇〇シリングの利益を上乗せして販売するのだと思われる。ラザキはこのような意味で互いの経済的な立場は対等であり、「生きるための駆け引き」が成立していたと主張した。カチャーチャのウジャンジャの第一は、約束が遂行されるかどうかは不確実な「賭け」であること、その賭けにおける利益は生計維持において重要なものであることを、正確な計算をしなくても理解していることである。この点は、次章の第一節「「リジキ」を判断する」において、ふたたび説明したい。

カチャーチャのウジャンジャの第二は、即興的にラザキの期待する役割を演じた点にある。図4－1は、事例4－2とは別の日の、ブラウスの販売相手とそれぞれに対する販売額の全体に占める割合を示したものである[5]。図から明らかなように、定期市商人の売り上げの大半は農村商人に対するものであった。すなわち、ムワンザ市の定期市商人にとって農村商人は売り上げを左右する重要な販売相手であり、できれば常連客として確保したい相手であった。

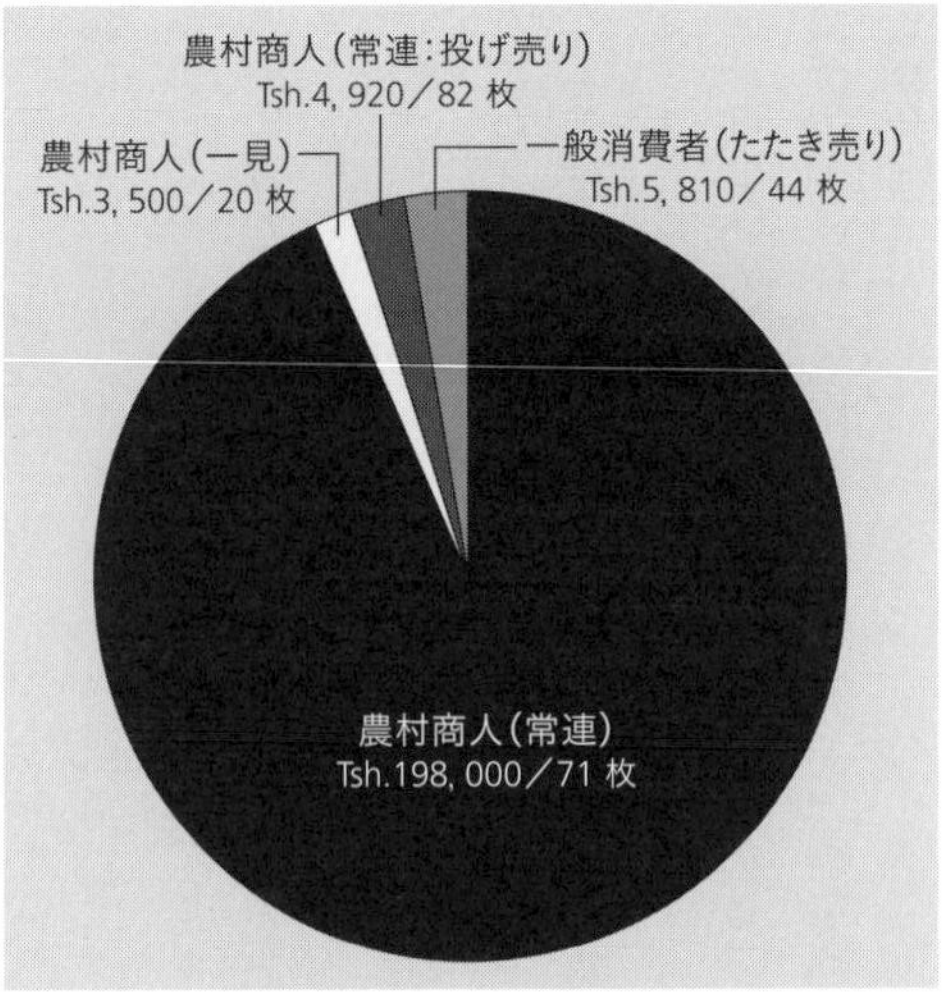

図４－１　ブラウス定期市商人の販売実績（2002年５月４日）

「投げ売り」とは，夕方に，別の定期市へ向かうための交通費を出すと赤字になってしまうと踏んだ売れ残りの古着を，農村商人に安価な価格で引き取ってもらうことを指す。

最初の農村商人に対してラザキは、「わたしは販売するつもりだったが、たまたま客が自分の不在中に訪れた」という不可抗力状況を捏造して対応しようと試みた。ここでカチャーチャは、この状況設定に即した機転を利かせて「ラザキのゆくえや考えがわからない」人物（たんなる日雇い労働者）の役割を演じた。二人目の農村商人に対してラザキは「教えたことを守らない子どものせいで、約束を守ることができなかった」という状況を捏造した。ここでカチャーチャは、ラザキの意図を正確に理解して過失を引き受け、ラザキの体面を守ったのである。

カチャーチャのウジャンジャの第三は、カチャーチャの迫真の演技が、すでに説明した「癖の技化」によるものであることである。カチャーチャはストリート・チルドレン時代からダンス・パフォーマンスなどの道化的演技力と、年長の若者に可愛がられるための礼儀正しさのふたつを、ある種の子ども特有の可愛らしさとして培ってきた。このうち前者を応用して「偽装」を試みたのが最初の農村商人に対して発揮されたウジャンジャであり、後者を応用して他者からの許しを引き出したのが二人目の農村商人に対して発揮されたウジャンジャである。

これらの点をまとめると、マチンガたちが評価するウジャンジャには、社会経験を積み重ねることで、特定の状況設定と対面する相手に対し、そのつどの役割や期待に応じた印象管理［cf. ゴッフマン　1974（1959），2002（1967）など］をしながら、うまく難局を切り抜ける演技力が含意されていると指摘できる。[6] 次節では、このポーズや即興性、役割、演技性といったウジャンジャを理解するための切り口を、具体的な商売戦術に即して説明していきたい。

三　ウジャンジャな商売戦術

古着商人は、商売において少しでも安定的に多くの利益を得るようにさまざまな工夫をしている。この節では、日々の各商人の商売活動において、戦略――ウジャンジャであるとは語られない――と、戦術――ウジャンジャであると語られる――とを対比することで、ウジャンジャな商売戦術の特徴を引き出したい。ここでの「戦略」と「戦術」の用い方は、ド・セルトーによる区分を参考にしている［ド・セルトー 1987（1980）］〈7〉。

以下では、「時間」と「技術」に着目して、それぞれふたつずつ事例をセットにして説明する。各事例のセットにおいて、ⓐの事例は、古着商売のスペシャリスト（*mtaalam*）や熟練者（*mzoefu*）としての特定の知識や技術にもとづいてなされているもので、マチンガたちから「ウジャンジャの発揮」として語られることの比較的少ない商売戦略である。それに対して、ⓑの事例は、当人の性格やポーズと結びつけられて語られ、「ウジャンジャなやり方」とされる場合が比較的多いものである〈8〉。具体的に各商人の商売戦略と戦術についてみてみよう。

商売戦略と戦術における時間

ⓐ事例４－３－１　古着の需要に関する季節変動を見極める

ママ・スワリは四〇歳の女性で、ムランゴ・ムモジャ古着市場内にコンクリート建ての店と露店を構える中間卸売商である。子ども服の中間卸売商として有名で、多数の小売商とマリ・カウリ取引をしている。彼女に商売の秘訣について尋ねたところ、つぎのような説明をした。彼女は、いつも開いた梱のなかから「もっとも良い古着」数枚と、「白いシャツ」を販売しないで取っておくようにしている。そしてクリスマス前（一二月半ば頃）に、約一年かけて取り置いた「もっとも良い古着」を一気に放出する。第三章で述べたように、クリスマス・シーズンには、祝日用の晴れ着としてグレードＡの売れ行きが格段によくなり、逆にグレードＢやＣの古着の売れ行きが悪くなる。そのため、この時期にはグレードBやCも混入している梱を開くよりも、グレードAだけを販売したほうが効率よく稼ぐことができるのである。一二月が過ぎると、祝日で散財した消費者が節約をはじめるために、子ども服の売れ行きは、悪くなる。そこで彼女は、その期間、制服として利用される白シャツを販売するようにしている。制服は必需品であるため、節約の対象にはなりにくいからである。白シャツは、「学生服」というラベルの梱として輸入されるが、この時期には多くの中間卸売商が学生服の梱に殺到し、卸売価格が高騰する。彼女もこの時期に、学生服の梱を開くが、万が一、学生服の梱を仕入れられなかったり、卸売価格が高騰したりしてもふだんから取り置いておいた白シャツで補うことで、商売の安定化を図っている。

（二〇〇四年六月一〇日）

ⓑ事例４-３-２　悪い古着を販売する時間帯を見極める

ナッソロは二四歳の男性で、Ｔシャツの行商をおこなっている。彼は、一度に約五〇枚のＴシャツを仕入れる。片方の手で、ハンガーに吊した一〇枚のＴシャツを掲げ、もう片方の腕に、畳んだＴシャツを一〇枚ほど乗せて販売している。残りのＴシャツは、ビニール袋に入れて肩に担いでいる。彼の商売戦術は、つぎのようなものである。彼は、行商中に客から、ほつれやシミ、ボタンの不備、袖丈の短さ、流行遅れなどの何らかの問題を指摘されると、そのＴシャツをすぐに袋にしまい、代わりに別のＴシャツを一枚出す。これを繰り返すことで、ナッソロは、両手に持っている商品を良い古着、袋の中身を悪い古着と仕分けしていく。この作業自体は、お勧め商品を見せながら歩くことで客の目を引くためのものであり、多くの行商人が実践していることである。彼の販売方法で他の商人から「ウジャンジャだ」と指摘されたのは、これとは別の実践である。彼は、（一）急に雨が降りはじめたときや、（二）喧嘩や泥棒騒ぎなどが起きたときには、それまで手に持っていた「良い古着」を袋にしまい、代わりに袋から「悪い古着」を取り出して販売をはじめる。彼によると、雨が降りはじめたときに悪い古着を販売する理由は、(1)薄暗くなるので、消費者が小さなほつれやシミに気づかず購入する可能性が高いこと、(2)早く雨宿りをしたい客が、あまり吟味せずに古着を購入しがちであることの二点である。また喧嘩や泥棒騒ぎに集まってくる野次馬は興奮しているので、注意力散漫になり、あまり吟味せずに古着を購入しがちであるからである。

これらの事例はどちらも、消費者の購買行動と古着の種類や品質に応じて、特定の古着を販売する好機を待つという商売上の類似性をもつ。ⓐは、もっとも良い古着と白シャツを取り置き、それぞれの需要が高まる時期に放出するというものである。ⓑは、悪い商品をより分けておき、それらの商品を販売することが可能なときに放出するというものである。しかしこの事例のⓐとⓑとは、以下のふたつの点において異なっている。

第一に、時間感覚の違いともいうべき点である。これを説明するために、今村やド・セルトーによる策略的智性メティスの説明を参考にしたい。今村によれば、古代ギリシア人には、近代的な均質的時間とは異なる独自の時間観念があった。それは、時期が熟するのを辛抱強く待ち、そうして熟したチャンスを的確に捉えるという感覚であった［今村　1988：79-80］。この点においては、ⓐとⓑの差異はそれほど明確ではない。どちらも、機が熟すのを待つという姿勢は共通している。しかし「好機（カイロス）」のとらえ方は、より即興性が高く、反復可能性が低い場合においてメティスであるという認識が強まる。すなわち、メティスは、「少ない力で、大きな記憶にもとづき、短時間で発揮される」という「節約原理」になっているときに、「最大の武器」として認識される［ド・セルトー　1987（1980）：182-184］。

ⓐのママ・スワリの商売戦略は、古着の需要にかんする季節変動を見越したものである。これは、周期的に反復可能であり、準備が可能である。多くの商人は、一年ものあいだ地道に古着を貯めつづけるような長期的な計画性をもつ商売戦略をウジャンジャだとは語らない。それに対して、ⓑのナッソロの商売戦術は、ほとんど準備や計画を必要とせず、労力をかけず、近似的な推測をもとに成立しているものである。

また第二に、反復可能性は、消費者の購買行動にかんする知識の応用の仕方の違いを踏まえるとより明確である。ウジャンジャとされる戦術は好機に加えて、概して相手の「愚かさ」あるいは「隙」や「余裕」を活用してなされるものである。ママ・スワリの商売戦略は、古着の需要の変化、つまり消費者の欲求に沿ったものであり、消費者と彼女のあいだには利害の一致がみられる。それに対してナッソロの戦術は、消費者が衣類の破れや汚れの見落としをすることをあてにし、またそのような消費者の見落としを助長するように働きかけることで成立している戦術である。ナッソロは、見落としをしそうな人物（急ぎ足で歩いている人物など）に狙いを定め、問題のある箇所に注意が向かないように衣類の良さを説明したり、せっかちな態度で値段交渉をすすめたりといった、機転や交渉術を駆使してこの機会を捉える。それゆえ、ナッソロの戦術は消費者にとっては、「騙し」になるという意味で「戦略」ではなく「詐術」として表現されることになる。消費者はひとたび見落としをして痛い目にあうと、次回からは慎重になるため、これは同じ消費者を対象には繰り返せない戦術である。この点において、ナッソロの戦術は同じ消費者に対しては反復可能ではないし、消費者にあわせた交渉文句などの機会のとらえ方にしても一度限りの即興的なものである。

つぎに、「その場で手に入るようなありあわせの材料」を用いた古着加工、すなわちブリコラージュを引きあいにして、ウジャンジャな戦術の特徴を、技術の専門性の観点から説明したい。

技術の専門性、あるいは技術観

ⓐ事例4-3-3　デザインの悪い古着を最先端の流行品に加工する

ピマは二六歳の男性で、婦人服を販売する露店商である。彼は、海外の音楽雑誌やミュージックビデオを参考にして、中間卸売商から仕入れた古着を最先端の流行に即して加工している。彼は、透ける素材のブラウス（通称「スケルトン」）や、伸びる素材でできた身体のラインを強調するカットソー（通称「ボディタイト」）など、素材にこだわって古着を仕入れるように気をつけている。ブラウスやカットソーであれば、彼は、「肩袖を切り取ってアシンメトリーにする」「腰にゴールドのチェーンをつける」といった加工を施し、セクシーでゴージャスな雰囲気の服に変化させる。ジーンズやスラックスであれば、丈夫な生地のものを仕入れ、「裾を割いてフリンジをつくる」「ロゴをアップリケする」「金粉を振りかける」「ジーンズの脇や尻ポケットに革紐で縫い物をして、ウェスタン風にする」などの加工を施している。この戦略は、（一）集客すること、（二）グレード選択や仕入れ順位をめぐる競合に左右されずに、利益を獲得することの二点に関係している。彼は、「素材もデザインもよいグレードAは完璧であり、安く手に入れば、それに越したことはない。でもグレードＡの残り物やグレードＢでも素材さえよければ、金の卵である」と語った。

ⓑ事例４－３－４　小さな破れ、汚れ、色落ちをごまかす

ロバート（調査助手）は、当時シャツを販売する行商人であった。彼は、ものはいいが、前衣のボタンに不備があるシャツを発見したときには、襟止めのボタンを外し前衣につけるなどして販売する。また、仕入れたシャツに小さな破れやほつれ、汚れを発見すると、古着に張られたままになっていたリサイクルショップの値札のシールをそのうえに貼りつけるなどして販売する。色落ちが激しいシャツには、唾をつけたり、霧吹きで水を吹きかけたりして、色を濃く見せて販売する。万が一、後から客にクレームをつけられても、ロバートは「輸入されたときから値札シールが貼られていたので、気づかなかった」「アイロン職人がアイロンをかける際に水をつけすぎた」と答えるようにしている。

これらはどちらも、そのままでは販売しにくい商品、低価格でしか販売できない商品に手を加えることで、販売しやすくしたり、高値で販売できるようにしたりした事例である。しかし、両者はつぎのふたつの点で異なっている。第一に、ⓑの事例は、ⓐと違い「節約」効果が大きく、消費者の見落としや錯覚に依拠した「詐術」的側面がつよい。第二に、ⓑは、ⓐに比べて加工や修繕の技術が低く、その場しのぎ的なものである。ただし、第一に関しては、ⓐもウジャンジャであると指摘される場合がある。消費者やマチンガのなかには、「海外から輸入されたままのオリジナル商品／海外ブランド」に価値をおいている者がおり、彼らはピマを「ムジャンジャ」だとみなす傾向がある。それは、彼が消費者に「加工した商品をオリジナル商品だ」と騙して、あるいは錯覚させて販売することがあることに起因している。それでもⓐとⓑには、歴然とした違いがある。それはマチンガたち自身によってつぎのように説明される。すなわち、たいていの客は、ⓐのピマの商品が加工されたものであると知っても、そのデザインが気に入れば購入する。しかしⓑのロバートの商品がじつは破れていることを知ったら、まず購入しない。

また、マチンガがⓐを「ウジャンジャなやり方ではない」とみなす主たる根拠は、ⓑが古着商売をはじめたばかりでも簡単に真似できるのに対して、ⓐは「他の商人が容易に真似できない」ためである。海外のヒップホップ音

加工前　大きすぎるズボンが……

加工後　スカートに！

楽やファッション雑誌に親しんだ一〇代後半から二〇代半ばの小売商のなかには、ⓐのような古着の加工を試みる者が多い。しかし何度か試みたのちに諦める者も多く、諦めた者は、ⓐを「スペシャリスト」だと評価するようになる。ピマの加工は、(一) 衣類の素材や形状を見極めて、その潜在力を引き出すこと、(二) 少ないコストで加工するために、間に合わせの材料でデザインを考えること、において熟練した技術、あるいは高度なセンスが必要である。

グレードAとBのブラウスの仕入れ代金の差額は、平均してわずか五〇〇~七〇〇シリングしかない。この額よりも安い加工費にとどめないと、ⓐに利益は生まれない。そのため、ⓐは「近所の女性から譲ってもらった金具が壊れたネックレス」「切れて短くなった靴紐」など、タダで手に入るような材料を使用する。ⓐのブリコラージュは、たんにファッション雑誌やミュージック・ビデオを見ることが好きというだけでは実践できないものなのである。

戦略と戦術の違いとウジャンジャ

ここまで述べてきたように、より即興性が高く、より状況や消費者への依存度が高く、より専門性が低い戦術ほど、ウジャンジャであると、マチンガには認識されている。ではなぜ、マチンガが、このような一見「しょうもない」ウジャンジャな戦術にそれほど価値をおいているのであろうか。ここでは、それについて説明したい。

その理由は、つぎのとおりである。ⓐ事例４－３－１のママ・スワリの商売戦略は、需要の変化にかんする知識だけでなく、もっとも良い古着と白シャツを取り置いた残りの古着で十分に生計を維持し、ビジネスを回転させていくことのできる資本がなければ実践できないものである。しかし、多くの資本をもたないマチンガにとっては、この戦略は真似できない。ⓐ事例４－３－３のピマは技術がある。しかし、第二章で述べたようにより実入りのよい職への乗り換えを模索しながら商売をしている多くのマチンガにとって、衣類の専門的な加工技術を、時間をかけてわざわざ身につけることは重要ではない。それよりも、ⓑ事例４－３－４のように、「その場しのぎの詐術」（セルトーの言葉でいえば「瞬時の業」［ド・セルトー　1987（1980）：188］）で、利益を得るほうが効率的であると、彼らは考えている。

小川は、デブルイヤージュ（序章一六頁参照）を「ブリコラージュのような建設性や創造性には欠けるかもしれないが、その場を切り抜けることにかけては、断然の強みを発揮する」［小川　1998：273］と指摘している。また小川は、「建設性」という言葉に注を入れて、「さらにいえば、ブリコラージュには生きるためにする仕事ではない、余暇活動としての工夫というおもむきが感じられる。それはブリコラージュが「日曜大工」と訳されることもあるという事実によるだけではなく、レヴィ＝ストロースが最初にこの言葉を使ったのも神話的思考や呪術的思考との類似性を指摘するためである。デブルイヤージュは余暇活動ではない。まさに生きるために今そうしなければならない活動のことである」［小川　1998：273］と述べている。ウジャンジャな戦術に対するマチンガの考え方も、これとまったく同じものである。

また、中間卸売商の視点に立てば、ⓑ事例４－３－２の小売商ナッソロの「好機を捉えて悪い古着を販売する方法」、ⓑ事例4‐3‐4のロバートの「問題の箇所にシールを貼って販売する方法」は、売りにくい古着を、機転を利かせてうまくさばいてくれるありがたいものである。当然ではあるが、中間卸売商にとっては仕入れた商品を高く売るために、ⓐ事例4‐3‐3のピマのように時間と労力を使われるよりも、その場しのぎ的な戦術で、次々とどんな古着でも早く売りさばいてくれるほうが望ましい。

しかしここで注意すべきは、「その場を切り抜ける」ウジャンジャな戦術は、「何でもあり」なわけではないことである。それについて、彼らにとってのウジャンジャな戦術と、「盗み」「詐欺」との違いについて触れておきたい。

事例4‐4　販売過程で盗みを働く

行商人ミガベ（仮名）は二八歳の男性である。ミガベは一九九四年に古着商売をはじめ、九六年に市場の露店を獲得した。しかし彼はしばらくして露店を別の商人に貸し出し、自身は行商人になった。彼はその理由を、「露店業はいったん店を開いたらずっと露店の近くにいなければならないが、行商は好きなときに休め、荷物を持ってどこにでも行けるからだ」と説明した。また彼は、マリ・カウリ取引で古着を仕入れるのも好まないと語った。彼はその理由を「マリ・カウリ取引は、古着の選択権がないため、売れるかどうかわからない重い荷物を抱えて歩く必要がある。しかし自分のようなウジャンジャな商人は、何が売れるのかがわかっているので、そのときの持ち金で買える二、三枚の古着を現金で仕入れて、気が向いたときに商売するだけで、簡単に儲けられるからだ」と説明した。

しかし後に、わたしは多くの商人から、ミガベが「数枚の古着を気が向いたときに販売するだけ」で稼いでいるのは、「ムジャンジャだからではなく、ミッション・タウン〔古着販売を隠れ蓑にスリをしている人〕だからだ」という話を聞いた。またミガベも親しくなった後にスリの手口を教えてくれた。それは客が試着のために上着やズボンを脱いだり、商品を選ぶのに夢中になっているときに、こっそり小銭や数枚のお札を抜くという、かなり高度な技だった。

ミガベのように目的が明らかに「盗み *uwizi*」である場合、それはウジャンジャな戦術とは語られない。たとえば、「客から問題を指摘されて返品された商品を、別の客にうまく販売したこと」や「盗品だと知らずに買ってしまった危険な商品をすばやく売りさばいたこと」については、実践した本人が仲間内の会話などで自慢気に語るのをよく耳にする。それに対する仲間からの評価も、「うまくやったな」とウジャンジャを認めるものである。しかし、「強盗をし、盗品を販売したこと」については、「あいつは危険だ」と否定的な評価が陰口としてされている。

またマチンガは、ウジャンジャな戦術を、「詐欺 *utapeli*」とも区別している。たとえば、バレンタインデーの前には「愛の色」として赤色の衣類の需要が高まり、希少になる。こうした状況を考慮して、「以前から赤色の衣類をこつこつ貯めて放出した」商人はスペシャリストと評価され、「白シャツを赤く染めて販売した」「問題のある赤いブラウスを安く仕入れてシールを貼って販売した」商人はムジャンジャと評価される。しかし、「ブラウスを届けると嘘をつき、計画的に客から前金を集めて逃げた」商人は「詐欺師」だとされる。

このようにウジャンジャな戦術は、少なくともそれを実践する商人にとっては「詐欺」や「盗み」とは異なると認識されている。このような区別は第三者的にみれば曖昧に思え、精緻に区別するのは困難である。この点については、次章第二節で説明したい。ひとまず、ここで指摘しておきたいことは、マチンガにとってのウジャンジャの発揮には「制限」があり、当然、相手の感じ方による違いはあるが、マチンガのウジャンジャな戦術は、それが「盗み」や「詐欺」に思える場合でも、基本的に、事後的になんとかごまかせたり、許されたり、取り返しがついたりする範囲内の「かすめてとる」ではないか、言い換えれば、マイナスの意味だけでなくプラスの意味でもあくまで非計画的、非建設的なものではないかということである。

四　棲み分けと協力関係におけるウジャンジャの個人性

さて、各商人は、ここまでみてきたようにさまざまな工夫を凝らして商売をしている。これらの商売戦略と戦術は、個々人がそれぞれの商売経験で培った知識やその場の機転から生み出したものである。しかしその戦術がどのようなものであれ、ウジャンジャは、相手との関係性のなかで培われるものである。

この節では、まず、ムランゴ・ムモジャ市場の露店商どうしの関係性について説明し、つぎに各商人によるウジャンジャな商売戦術が、彼らの販売上の棲み分け的な協力関係と結びついていることを明らかにしたい。第三章では、中間卸売商と小売商の仲間関係を説明したが、ここでは小売商どうしの関係に焦点をあてたい。

ムランゴ・ムモジャ古着市場には、二〇〇三年当時、三五〇軒の公設露店と商人たちが増設した一七二軒の露店が立ち並んでいた。図4－2は、ムランゴ・ムモジャ市場の一角を切り取ったものである。[9] コンクリート建ての店は、食堂や倉庫として活用される以外は、経営規模の大きな中間卸売商が利用している。木枠とトタン屋根で造られた露店の経営者は、経営規模の小さな中間卸売商と小売商であり、八割以上は小売商である。市場には、東西南北に数本の小道が走り、各小道にはユニークな通り名がつけられている。同じ小道には、ゆるやかに同じ種類の衣類を扱う露店が集まっている。たとえば、図で示した通称ジャマイカ・ストリートとデンジャ・ボーイズ・ストリートに面した露店には、婦人服を扱う商人が数多く参入している。

さて、同じストリートで営業する露店商どうしは、仲間関係にある。露店商たちは、雨天で客の入りが悪い時などには、誰かの露店にたむろして何時間も音楽やスポーツの話で盛り上がったり、トランプ遊びをしたりしながら過ごしている。彼らは、大皿に二人分の食事を盛って三、四人で分けあって昼食代を節約する。「〇〇が客を探しに行商に出かけて警官に捕まった」などの仲間の窮地を伝える知らせがあれば、すぐさま、彼／彼女を釈放してもらうために警官に渡す賄賂を集めるためのカンパが市場中ではじまる。

しかし各露店商は、独立経営をしているので、隣りあって同じ種類の衣類を販売する露店商どうしは、紛れもないライバル関係にある。同じストリートには、いつも多くの客でごった返している露店といつも閑古鳥が鳴いている露店が混在している。各露店商の売り上げの差は、露店の立地条件[10]や初期資本にも左右されるが、最初は同じくらいの経営規模であっても、商売戦術や交渉術により、しだいに差が歴然としていく傾向にある。

そのため、他の露店商との競争に負けて市場を去っていく商人も存在する。第二章で述べたように、零細商業部

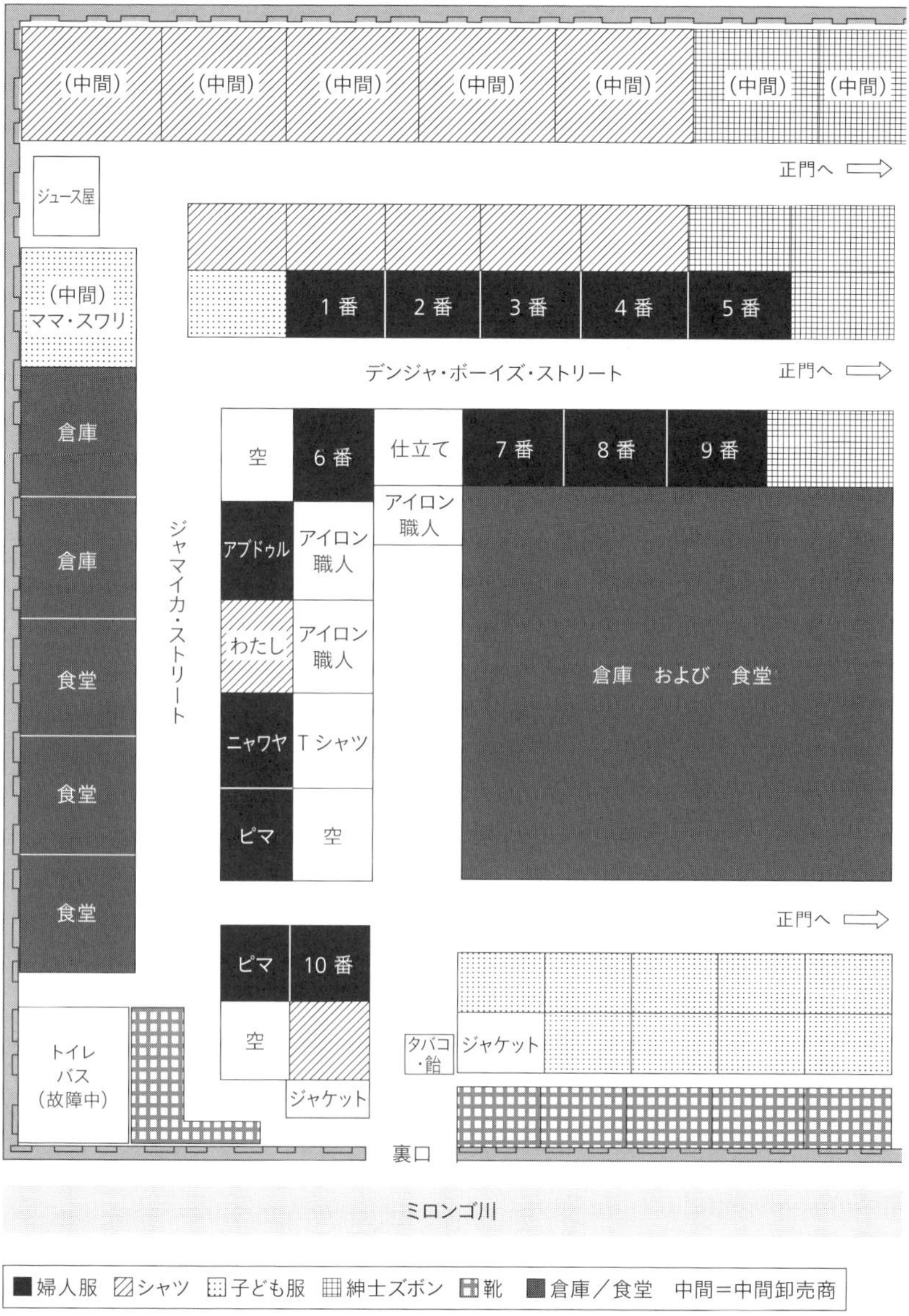

図4－2　ムランゴ・ムモジャ古着市場の一角

古着市場全体はこの図の約4倍の広さがある。

500 軒以上の露店が立ち並ぶムランゴ・ムモジャ古着市場は，まるで迷路のようだ。

門は参入退出が激しい。退出していく商人に対する他の商人の対応は概してあっさりしたものである。退出する側の商人も、ある日突然、市場に来なくなるというかたちでいなくなることが多いため、他の露店商たちが特定の商人の退出に気づくのは、いなくなってしばらくしてからであることもよくある。たとえば、親しくしていた露店商ブッガ（仮名）を見かけなくなったときに「彼はどうしているのか」と尋ねたわたしに対して、他の露店商たちが語った言葉はつぎのようなものであった。

たぶん、やめたんだろう。人間には向き不向きがある。儲からないのにいつまでも古着商売をしているのは、限られた人生を無駄にするだけだ。何にしても見極めが大事だ。
（ピマ、二六歳男性、二〇〇四年六月三日）

サヤカは誰かが突然いなくなるといつも心配するけれども、別に心配するようなことではない。サヤカはいつも大騒ぎしてやってきて、大騒ぎして帰っていくけれど、もうみんなサヤカのことを知っているのだから、これからはふらっとやってきて、ふらっと消えていけばいいのだ。いつだって戻ってこられるのだから。ブッガだってまた古着商売をする気になったら戻ってくるだろうし、戻ってこないということはほかでうまくやっているということだ。
（ブクワ、二七歳男性、二〇〇四年八月一〇日）

これらの言葉に示されているように、市場の商人のあいだでは、「去る者追わず」の態度が広く観察される。同時に彼らのあいだには、「来る者拒まず」の態度も広く観察される。誰かが退出した後の露店には新たに別の誰かが参入してくる。特定の露店への参入は、まず（一）市場の組合長か副組合長に区画税を払い、空いている露店の持ち主を紹介してもらう、つぎに（二）露店の持ち主と賃貸契約を結ぶ、というプロセスで成立するため、その区画で商売をしていた人間とつながりのなかった人間がその区画に参入してくる場合が多い。新規参入者も市場に参入して数日も経てば、同じストリートで営業する露店商と軽口をたたきあう関係を築く。ただし、冗談を言いあうことと協力しあうことは異なる。露店商のあいだには、参入退出だけでなく、互いの経営方針にかんして、お互いに過度な干渉を避けるという態度が広く観察される。

露店商たちは、他の露店商が経営悪化に陥っていても、懇願されてしぶしぶ少額を援助することはあるが、基本的に事例４－１のジュリアスへの態度と同じく「放っておく」。露店商たちのあいだでは、商売戦術や交渉術は「盗みあうもの」とされており、相談されれば応じるが、積極的に他の露店商の経営に助言をおこなうことは稀である。じっさいに彼らのあいだでなされる商売上の協力は、それほど多くはない。

たとえば、露店商のあいだでは、仲間の露店商が不在中に客が来たときに代わりに販売するという行為が広く観察される。この行為は助けあいには違いないが無償ではない。多くの露店商は、仲間の露店商の希望販売価格よりも高い価格で販売することでマージンを得ようとし、仲間の露店商の希望販売価格でしか販売できない場合はいつも代わりをするわけではない。つまり、彼らの関係は、「困ったときにはお互い様」というシンプルなものではない。

また露店の周りには、露店商が不在のときに、その露店商の希望販売価格以上の価格で販売することで利益を得たり、客引きをしてマージンをもらったりすることを専門にする「ダラーリ *dalali*」と呼ばれる商人が数多くいる。ダラーリと露店商との関係は、協力関係と競争関係のどちらでもある。ダラーリは、露店商が何らかの事情で販売できない状況にあるときには、営業を助けてくれる便利な存在である。一方でダラーリは露店商がちょっと目を離した隙に勝手に古着を販売しマージンを要求したり、露店に来た客を自分が呼び込んだふりをしてマージンを請求

表4－1　婦人服の露店商の目玉商品

露店商	年齢	エスニシティ	ターゲット	目玉商品
ピマ	26	ハヤ	売春婦・進歩的	最新ヒップホップカジュアル
アブドゥル	31	ルーリ	主婦・学生	やや古風なファッション
ニャワヤ	30	ジータ	大柄な人	大きなサイズ
1*	32	チャガ	富裕層	ドレス，フォーマルウェア
2	27	ケレウエ	オフィスレディ	スーツ
3	25	ハヤ	デニム好き	デニム・ウェア，ウエスタン
4	23	シャーシ	10代の少女	小さめサイズ
5	34	クリア	レゲエファン	レゲエ，エスニック
6	24	ハヤ	売春婦・進歩的	最新のヒップホップカジュアル
7	28	スクマ	花柄好き	花柄ワンピース
8	27	ハ	カジュアル	スポーツ
9	18	スクマ	売春婦・進歩的	最新ヒップホップカジュアル
10	26	ルグル	(大)学生	ジーンズ，Tシャツ，ニット

＊以下の番号は図4－2内の番号に対応している。

したりすることで、露店商が本来得られたはずの利益から数パーセントをかすめ取っていく存在でもある。

しかし、露店商どうしがひとりの客を取りあい、諍いを起こしたり、足を引っ張りあったりすることもめったにない。むしろ同じ空間を共有している者として、同じ種類の衣類を扱う露店商のあいだでは、ゆるやかな棲み分けが形成される。ジャマイカ・ストリートとデンジャ・ボーイズ・ストリートの商人について、各商人がターゲットとする客層とそれに応じた取扱商品について、聞き取りと参与観察をおこなった結果、表4－1のように棲み分けがあることが明らかになった。そしてこの客層による棲み分けは、各商人のウジャンジャな戦術と密接に関連している。

事例4－5　仲間との連携によりグレードCをグレードAに変える

事例4－1に登場したニャワヤは、婦人服を販売する露店商でもある。ニャワヤは中間卸売商ガブリエルからグレードAをマリ・カウリ取引で仕入れる。また同時に、品質や流行の点では良いものだが、サイズが大きすぎるので、グレードC（定期市用）に分類されたブラウスやスラックスを、他の中間卸売商たちから「二束三文の値段」で買い集める。彼は、露店の前面にはグレードAの婦人服を飾るが、じつは売り上げの大半は、露店の奥で隠すように売っているグレードCのサイズの大きい服から得ている。

ニャワヤの商売戦術はつぎのとおりである。(一)ニャワヤは顧客になりそうな大柄な女性を見かけても一見客である場合、勧誘しない。そのかわりに、(二)仲間の露店商が「彼女のサイズがないことを承知しつつ」、自分の露店にその女性客を勧誘し、最新の流行の服を試着させる。彼女が自分のサイズが見つからず、すっかり意気消沈したときに、(三)仲間の露店商はおもむろに「もしかしたら、ニャワヤがもっているかも」と、彼女に言う。

意地悪なやり方にみえるかもしれないが、こうした手続きを踏まねばならない理由がある。大柄な女性たちは、規格の大きすぎる衣料品は、定期市で安く販売されていることを知っている。そのため、彼女たちが自分のサイズの服をムランゴ・ムモジャ古着市場ですぐに見つけた場合には、定期市で購入するのと同じような安い値段でしか購入したがらない。しかし、まず仲間の露店で最新の流行の衣類を試着し、それらが非常に高値であることを知ると、その後ニャワヤが販売している衣類が、彼女たちの目に、その他の一般的サイズの衣類と同じように高値でしか購入できない古着に映るのである。

このニャワヤの商売戦術は、彼が隣りあう露店商との差別化を図るなかで編み出したものであり、それを理解した仲間の露店商が自主的に連携することで成立している。以下では、彼の商売戦術が生まれた経緯について説明したい。

図４－２にあるように、ニャワヤの左隣の露店商は、ピマである。前述したように、ピマは仕入れた古着を、アメリカの音楽雑誌やビデオを参考にして加工し販売している。しかしピマが創り出す衣類(「へそだしルック」など)は、地方に行けば現在でも売春婦の目印にされる類のものであり、都市部でも両親と一緒に暮らしているような少女には少々気後れするものである。そのため、彼のターゲットは、売春婦やクラブ・ディスコに頻繁に出かける女性、流行に敏感な「進歩的」女性たちである。

紳士シャツを販売していたわたしの露店をとばした、ニャワヤの右隣は、事例４－１でジュリアスに入れ知恵したアブドゥルの露店である。アブドゥルは女性の歓心を呼び起こす話術に長けており、女性客にとても人気がある。アブドゥルが扱っている衣類は、ピマとは異なり、上品なやや古風な服である。たとえば、レースや刺繡のついたシルクのブラウス、品のよい花柄のロングスカート、キテンゲやカンガ（巻き布）と合わせやすい長めの丈のニット、ボーダーカットソーなど、トラッドな服である。彼のターゲットは、主婦や学生など、いわば「保守的」な女性たちである。

ニャワヤは、わたしが二〇〇二年に彼と出会った頃には、平均的なサイズのグレードAを販売していた。しかし二人の露店商に「進歩的」「保守的」両方の女性客を奪われ、ニャワヤは二〇〇三年一〇月頃には、しばしば古着商売をやめる計画を口にするほど経営の悪化に苦しんでいた。三〇歳という実年齢よりも老成した雰囲気をもつニャワヤは、市場内で喧嘩が起きるたびに「チェアマン *mnyekiti*」と慕われて担ぎ出される、人格者である。ただ、彼はピマのように流行の最先端にあわせて衣類を加工することも、アブドゥルのように女性の歓心を得るための話術を駆使することも得意ではなく、なかなか固定客を捕まえられなかった。

二〇〇五年にふたたび調査に戻ると、ニャワヤは前述した戦術を生み出し、売り上げを伸ばしていた。ニャワヤによると、大きなサイズを販売しはじめたきっかけは、市場内で食堂を経営している女性どうしの喧嘩の仲裁に入り、ファッションを馬鹿にされたという大柄の女性から「他の女性と同じような流行の衣類を探し出してほしい」と頼まれたからであるという。ニャワヤが探し出してきた衣類を彼女はとても気に入り、高値で購入してくれた。以来、ニャワヤは流行の古着であるがサイズが大きいのでグレードC扱いになっている衣類を発掘してきては、少しずつ露店に吊すようになった。また他の露店商のあいだでは「太った女性の服はニャワヤがもっている」という了解ができていった。サイズが過度に大きい服は需要が少ないため[11]グレードCに分類されており、そもそも数が少ない。そのため、それだけを売るとなると、なるべく高い値段で販売しないと経営が成り立たないが、ニャワヤのウジャンジャな戦術に気づいた仲間の露店商たちは自主的に彼に協力しはじめた。

この事例は、わたしが市場で観察していた露店商どうしの商売をめぐる協力関係をうまく説明している。それは、仲間の商人が明確な「ポーズ／スタイル」を打ち出すまでは何もしない／できないが、ひとたびポーズ／スタイルを打ち出したときには尊重し邪魔をせず、むしろ仲間の商人がうまくやれるように協力するというものである。

ピマは、アブドゥルの現行の／潜在的な得意客を見かけても勧誘しないし、それどころか客にアブドゥルを紹介することもある。アブドゥルも、客の外見やふるまいから、ピマの扱っている服装を好みそうな客が通りかかっても無視し、ピマに「お前の客だ」と目配せしたり、口笛を吹いたりして合図する。露店商のあいだでとくに頻繁にみられることは、取扱商品の交換である。取扱商品のファッション系統において、他の露店商仲間の露店に飾ったほうが早く、または高く売れそうな衣類を仕入れたときには、その商人にその商品の買い取りや自身の露店に似つかわしい商品との交換を提案する。その結果、各露店の取扱商品の差異化とそれにもとづく客層による棲み分けがゆるやかに生まれてくる。ニャワヤに対する他の露店商による協力は、この延長線上でなされるようになったものである。ここで重要なことは、この棲み分けが、「○○という特定の商品を扱っている商人がいない」というニッチにもとづく判断だけでなく、特定の商人の商売戦術や取扱商品の違いが商人間のポーズやスタイルの違いと結びついていることを承認しあう過程で成り立っているということである。

表４－１に挙げた露店商たちが古着商売をはじめる以前から、露店の「カラー」を打ち出す計画をもっていたかどうかは定かではないが、ひとたび自己と周囲の商人との違いがわずかでも顕在化すると、互いの違いを活かしていくような働きかけがなされていく環境が市場にはある。このような働きかけが、経済合理的な判断によるものか、感情的なかかわりあいのなかで生じているのかは、区別しても意味がない。おそらく両方である。重要なことは、多くのウジャンジャな戦術とそれが織りなすマチンガの商世界・文化は、このような環境において、個々のマチンガの自発的な創意工夫と相互承認にもとづき、関係的に生み出されているということである。

第五章

仲間のあいだで稼ぐ——狡知に対する信頼と親密性の操作

第四章では、マチンガのウジャンジャが発揮される際の特徴として、(一)商人間で各々の役割を瞬時に判断すること、(二)客の期待することを演じること、(三)癖を技化すること(スタイルを応用すること)、の三つについて考察した。本章では、まず第一節で、四つ目の特徴として、(四)「リジキを判断すること」について考察する。第二節では、消費者に対する行商人の交渉術を事例に、これら四つをウジャンジャの条件として考察することを通じて、マチンガの交渉術におけるウジャンジャの論理を「騙し」との相違に注目しながら明らかにする。第三節では、中間卸売商と小売商のあいだでの生活補助、値下げ、報奨金、古着の仕入れ順位をめぐる駆け引きが、どのようにおこなわれているのかをウジャンジャに注目して考察する。第四節では、中間卸売商と小売商がいだくウジャンジャへの信頼を、彼らのあいだでの親密性の操作に注目しながら考察する。

一　「リジキ」を判断する

表5－1は、当時行商をしていたロバートの二〇〇一年一二月二二日の販売実績を示したものである。消費者への古着の販売価格は、中間卸売商との相対交渉によって決まった一律の仕入れ価格に、小売商が自身のマージンを

表5－1　行商人ロバートの販売実績

2001年12月22日の販売実績（Tsh.）

番号*	客	仕入れ価格	販売価格	利益	クレジット
1	作業場にいた板金職人（男）	1, 500	1, 800	300	
2	店にいたインド人商人（男）	1, 500	2, 500	1, 000	
3	職場にいた銀行員（男）	1, 500	2, 500	1, 000	500
4	雑貨の卸売商（男）	1, 500	1, 800	300	
5	バスの呼び込み（男）	1, 500	1, 800	300	
6	飴売り（男）	1, 500	1, 500	0	
7	通りすがりのアラブ人の青年（男）	1, 500	2, 000	500	500
8	店にいた薬局店主（男）	1, 500	2, 000	500	
9	道端の惣菜売り（女）	1, 500	1, 300	−200	
10	通りすがりの中年客（男）	1, 500	1, 800	300	
11	バスの乗客（男）	1, 500	1, 300	−200	

＊この日の販売順に並べてある。
US$1 ＝ Tsh. 974（2001年12月時点）

上乗せした価格として設定されるが、じっさいには表のように客に応じて販売価格はかなり変動する。裕福そうな客には高値で、貧しそうな客には安値で販売するのが、マチンガの基本姿勢である。

ここで注目すべきは、表の9番、11番のように仕入れ価格を割って販売している場合があることである。小売商は仕入れ価格を割っても、決められた仕入れ代金を中間卸売商に支払わなければならない。そのため、小売商は、ときにはみずからの利潤を削っても中間卸売商のために販売枚数を稼いでいるといえる。また3番の客に対して小売商は、二五〇〇シリングで合意したが、そのうちの五〇〇シリングを給料日まで待つというクレジットを提供して販売している。第三章で述べたように、このようなクレジットに相当する代金は、小売商が客から支払われるまで、中間卸売商は小売商から取り立てない。またクレジットが焦げついた場合には、中間卸売商が焦げつき分を負担することが多い。だからこそ、その客がクレジットを支払うかどうかを見極めて、多くの古着を販売できる小売商はムジャンジャであるとみなされ、中間卸売商に好まれるのである。

このように中間卸売商にとって、ウジャンジャな小売商とは、原則的には、販売過程で（一）仕入れた古着の価値を判断し、（二）客の購買力や支払い能力を見極め、売り上げ枚数を伸ばすることができる小売商である。しかし小売商はこのような中間卸売商の期待を理解しているものの、いつも中間卸売商の期待に添うように行動するわけではない。以下で、小売商たちがどのように販売価格を決めているのかについて詳しくみていく。

事例5－1　中央野菜市場で荷卸しをする日雇い労働者

客　「いくら？」

行商人　「①一八〇〇シリング（*buku na mia nane*）、オレのお客さん（*mteja wangu*）」

客　「ちっ。なんでそんなに高いんだよ。②一〇〇〇シリングでどうだ（*kula buku ?*）」

行商人　「一〇〇〇シリングじゃ儲からない。③オレの親友よ（*mshikaji wangu*）、あんただって、服（*pamba*）の値段くらい知っているくせに」

客　「頼む、一〇〇〇シリングで同意してくれよ。④オレたち同じデイ・ワーカー（*dei waka*）だろう。最近、オレ、本当に運がないんだよ」

行商人　「⑤友だちよ（*mshikaji*）、死にそうなんだよ（*nimeuawa*）、あんたの値段じゃ、オレが死んじまう。⑥一五〇〇シリングにしようぜ」

客　「⑦わかった。そんじゃまたな」

行商人　「おい、ちょっとだけ足してくれよ」

客　「⑧もういいよ。オレ、ホントにカネねえもん」

行商人　「わかったよ。出せよ、そのカネ」

この対話は、行商人ロバートが赤字価格での販売を決めたときの客との交渉事例である。〈1〉この事例でロバートは、一枚一五〇〇シリングで仕入れたグレードAを販売していた。この客はロバートにとって、中央野菜市場でジャガイモの荷卸し（日雇い労働）をしているのをよく見かける顔見知りであり、この日以前にも何度か古着を販売したことがある潜在的な得意客であった。ただし「日雇い労働」をしていること自体が、自動的に貧者という理解や赤字価格での販売につながるわけではない。日雇い労働をしていても他に本業があるなど豊かな若者はいるし、行商人が販売する大半の客は貧しいため、客の困窮状況はその時どきの駆け引きの過程で判断される。

客との値段交渉において、行商人はスラングや業界用語を多用する。ロバートも傍線部①で、一八〇〇シリングのスラングで、「ブク・ナ・ミア・ナネ」と値段交渉をはじめた。「ブク *buku*」は一〇〇〇シリングのスラングであり、[2] 標準スワヒリ語では「エルフ（モジャ）*elf (moja)*」であるため、一八〇〇シリングは「エルフ（モジャ）・ナ・ミア・ナネ」となる。また服も標準スワヒリ語では「ングオ *nguo*」、古着は「ミトゥンバ *mitumba*」だが、スラングでは「パンバ *pamba*（もともとの意味は綿）」と呼ばれる。このような都市下層の若者のあいだで通じるスラングを使って値段交渉をすることは、外見や属性（たとえば職業・服装・年齢）だけに頼らず、客を判断する重要な方法である。行商人は、客がスラングに反応できないと、客を「服の価値がわからない田舎者」「あまり古着を購入しないカネ持ち」とみなし、極端な場合には最初にスラングで提示した価格を標準のスワヒリ語で言い直すときに高値に設定し直して吹っ掛けてみる。この事例では、客はスラングで切り返していた（傍線部②）。

つぎに重要なのは、交渉において互いの関係性を規定していくことである。行商人も客も、互いを親族名称や特定の関係性を示す名称で呼びあいながら交渉をおこなう。商交渉における親族名称などの使用は、長期的な取引関係を築くための方策［Plattner 1985］としても使われるが、ここでの使用法は、自己と他者との関係を規定し、その関係性において期待される適切な価格を効果的に引き出すための操作という意味合いがつよい。[3] 小売商がマリ・カウリ取引を要求するときに、中間卸売商を「ブラザー」と呼ぶ（九八頁参照）のも部分的には、このような関係規定の戦術による。この事例でロバートは最初、この客を標準語で「客 *mteja*」と呼びかけたが、スラングでのやり取りの後にスラングで「親友」を意味する「ムシカジ *mshikaji*」で呼び直し、傍線部③のように「あんただって、服の値段くらい知っているくせに」と述べた。この言葉には「流行を知っている都会の若者だから、この服の相場を理解しているはずだ」あるいは「何度も自分から買っている友人なのだから、いつもの値段で買ってくれ」という意図がある。それに対してこの古着の相場（服の価値）を理解している客は、「頼む、一〇〇〇シリングで同意してくれよ」と頼み、その理由として傍線部④で「自分もロバートも同じデイ・ワーカーであること」を指摘した。ここで客はみずからとロバートの数ある共通性（都市の若者・男性・貧者など）からデイ・ワーカーを選びとり、互いの関係を規定し直した。「デイ・ワーカー」は英語の day worker と同じだが、タンザニアではマチンガのような自営業者をふくめて「その日その日の稼ぎで生活している人びと」はすべてデイ・ワーカーと自称・他称される。よって客の傍線部④の意図は、「オレたちは同じような〔不安定な〕境遇で生計を立てている仲間だろう、だから、最近ついていないオレの境遇にお前は共感できるだろう。だから、安く販売してくれ」である。これに対してロバートは傍線部⑤で、「その値段で販売したらオレは飢え死にしてしまう。お前は友人が腹を空かせてもいいのか」という意図で切り返した。「死んでしまう／死にそうだ」は行商人の交渉における最頻出用語であり、この事例のように、直訳すると「わたしは殺された *nimeuawa*（＝生きていけない）」という言葉が当てられる以外にも、「わたしは屈曲してしまった *nimepinda*（＝がっくりしている）」「オレはレース中 *niko resi*（＝カネ探しに奔走中）」なども同じ意図で使われる。

ロバートは、傍線部⑥において、一五〇〇シリング、すなわち仕入れ価格で販売することを決意している。彼は、この客との交渉過程で、「この客から利益は取れない」と判断し、この客に販売する古着から利益を得ることを諦めたのである。ここには同じような境遇で働く貧しい仲間に対する共感も存在している。基本的に行商人と客との交渉はすべて、身ぶり手ぶりを混ぜながら、互いに「生活が苦しいこと」や「金銭が不足していること」を訴えあうものである。

このような交渉のあり方を行商人たちは、「リジキを判断する *kuangalia riziki*」「リジキを分けあう *kugawa riziki*」という言葉で表現する。「リジキ *riziki*」はスワヒリ語辞典では、daily needs と訳されており、使用法によっては「その日の食費」を意味する場合もあるが、より広義には「その日を生き延びるために最低限必要なもの」を指す。このリジキは、その人間のその時どきの状況で変化する。たとえば、行商人は同じ都市下層の青年であっても、商交渉の過程で「息子が病気である」「交通事故に遭ったばかりである」ことを理解すると、販売価格を下げるが、逆に「給与が入ったばかりである」「妻がよい仕事に就いている」とわかると、販売価格を上げる。小売商と消費者の交渉では、その日（その時どき）の最低限の必要性（リジキ）が考慮され、価格が決定されているのである。

さて、客は傍線部⑦において、ロバートにとっては最大限の値下げにあたる仕入れ価格での販売の申し出に対しても、「手持ちがないため買うことができない」とあっさり引き下がった。ロバートは「少しだけ値段を上乗せしてくれ」と粘ったが、客は傍線部⑧において交渉を打ち切ろうとした。そこでロバートは客の言い値一〇〇シリングで販売することに同意した。このロバートの決意――五〇〇シリングの赤字価格での販売――はリジキを考慮したものである。ただし、リジキの判断には、目の前の客への共感や反感だけでなく、「より多くの利益を得られる人間からより多くの利益を獲得し、粘っても利益を引き出せそうにない客からは利益は諦めることで、時間を短縮し効率的に多くを販売する」、あるいは「潜在的な常連客に低価格で販売することで、実質的な常連客になってもらう」という経済合理的な判断もふくまれている。慈善事業ではないので、行商人は、当然、その日の全体的な売り上げの帳尻を合わせることができる目算や、今後の利益を考えて、リジキを考慮している。

だが、この事例のように、五〇〇シリングもの大幅な赤字を取り戻すためには、その他の古着をかなり高値で販売するなど、帳尻合わせに大きなリスクがともなう。また、常連客になってもらうことを狙っていたとしても五〇〇シリングは大きすぎる損失である。そもそも行商人から古着を購入する大半の消費者は貧しく何らかの困難を抱えているので、同じように貧しい行商人がすべての客のリジキに応えようとすれば、最低限の生計維持に必要な利益を得ることさえ不可能になる。それでは、なぜロバートはこのような経済的に非合理的な販売をおこなったのであろうか。ここに、マリ・カウリ取引を理解するための重要なポイントがある。

マリ・カウリ取引で仕入れている小売商たちは、夕方には、中間卸売商に売れ残った商品を返品するか、仕入れ価格を下げてもらうことができる。そのためロバートにとっては、帳尻を合わせられないような大幅な赤字価格で販売してしまうよりも、交渉を打ち切り、仕入れ価格以上の値段で購入してくれる客を探すか、売り残して中間卸売商に値下げを要求し、次の日に販売するほうが得策なのである。また、小売商にとって「売り上げ枚数が少ない」ことは、古着のグレードや仕入れ順位の変更、再度の値下げ、生活補助の要求をおこなうための〈可視的な〉根拠にもなる。他方、仕入れ価格や赤字価格でたくさんの古着を販売した結果として、実質的な手取りが少なかった場合、中間卸売商にはそのような小売商の販売努力は〈不可視〉なので、小売商が中間卸売商に値下げや生活補助の交渉をおこなうことが困難になる。小売商が、中間卸売商から配分された古着のグレードや仕入れ順位、販売価格に不満を抱え、それを変更させようと試みる場合には、むしろ売り上げ枚数が少ないほうが効果的な場合もあるのである。

しかし、マリ・カウリ取引における中間卸売商と小売商の駆け引きは、それほど単純ではない。中間卸売商は、小売商が毎日のように売り上げが少ないと、「サボタージュをしている」「真面目に販売していない」などの可能性を考える。ここで中間卸売商は、小売商の不満に応えようとする場合もあるが、逆に小売商にもっと厳しい条件（高い価格設定や遅い仕入れ順位）を突きつけて、思い知らせようともする。また中間卸売商のビジネスの回転が滞り、新しい梱の仕入れが遅れたせいで、いつまでも売れない古着の販売に携わるのは、小売商にとっても不利益である。当然のことながら、小売商にとって、中間卸売商への配慮も重要である。

わたしが同行した行商人（と市場の数多くの露店商）たちは、夕方近くになると売り上げを計算していた。彼らには、自腹を切って赤字価格で販売をはじめる日と、利益が得られない価格では最後まで販売しない日があった。十分な売り上げを得たわけでもないのに、一見客にも赤字価格での販売をはじめた日、ロバートは「最近、オレたちのボスはろくな梱を仕入れていないから、へこんでいる。今日はたくさん売って彼を喜ばせておこう」と説明した。逆に十分な売り上げを得ているにもかかわらず、貧しい常連客との値引き交渉に応じなかった日、ロバートは「最近、オレたちのボスは羽振りがよくて調子に乗っている。今日もたくさん売ったら明日の値下げに応じない。だから今日は適当に販売して、がんばったけれど売れなかったということにして生活補助をねだろう」と説明した。このような販売枚数の調整についてロバートは、「今日、利益があるかどうかだけが問題なのではない。大事なのは、最近、中間卸売商が何を考えているのかを見極めて販売枚数のバランスをとることだ」と語った。

このように、ウジャンジャな小売商の販売価格の決定は、客のリジキに応じた利益の調節とともに、中間卸売商との駆け引きを有利に、円滑に運ぶための販売枚数の操作がふくまれているのである。つまり、事例５－１におけるロバートの販売実績には、リジキだけではなく、こうした中間卸売商との交渉術が反映されていたのである。わたしは調査中／行商中、このリジキと中間卸売商との交渉とのバランスがなかなか理解／実践できず、当初、「だから、客のリジキを見極めろと何度も言っているだろう」と怒られたり、逆に「客のリジキにこだわり過ぎるな。あれは〈たかり〉のようなものだから、もっと大事なことを考えろ」と怒られたり、かなり混乱した。

二　ウジャンジャな交渉術の条件と論理

わたしは調査中、消費者への聞き取り調査をするとき以外は、一二人の行商人のうちの誰かと毎日一緒に行商していた。わたしが経験した行商日数は一年を超えている。以下では、このうちもっとも長く一緒に行商したロバートとわたしの連携による消費者への販売を事例に、ウジャンジャな「騙し」の条件について考察する。

事例５－２　サヤカとロバートの「痴話げんか作戦」

（サヤカと客がしばらく価格交渉をした後に）

客　　「とにかく一〇〇〇シリングぴったりなら出せる。それ以上は無理だ」

サヤカ　「お兄さん、そんな価格では儲からないわ。最低でも一五〇〇シリングよ。わたしは、ケチなボスから古着を仕入れているの。わたしが毎日行商していることを知っているでしょう。わたしの肌の色を見て、安く買えるなんて思わないでちょうだい」

ロバート「でもカジャンジャ〔わたしの渾名。「お転婆」の意〕、①彼は友だちなんだ。もう二〇〇シリング負けてあげてくれよ」

サヤカ「嫌、絶対に嫌よ。②一五〇〇シリングだってわたしの利益はたったの二〇〇シリングなのよ。ぼったくり価格じゃないわ。二〇〇シリング負けたら、儲からないでしょう。ああもう、わたしの商売に口出さないでよ」

ロバート「③ハニー、ときには利益を顧みずに売ることも大事なんだ。彼はいつもこの場所で働いているんだし、これからは僕の客だけじゃなく、カジャンジャの客になるかもしれないじゃないか」

サヤカ「今日は日が悪いの。わたしが一枚も売れていないこと知っているでしょう。それなのにロバートはわたしに利益なしで売れっていうわけ。ああもう、信じられないわ」

ロバート「おいおい怒るなよ。彼は日雇い労働者なんだ。いつも言っているだろう。客を見極めなくちゃだめだよ。ここは、オレの言うことを聞いて一三〇〇シリングで売ってあげなよ」

（このようなやり取りを、客の反応を気にしながらしばらく継続する）

サヤカ「もう、ロバートが口を出すから値引きするしかなくなったじゃない」

このやり取りは、わたしがロバートと何百回も繰り返した「痴話げんか作戦」である。この事例をなぜ「痴話げんか作戦」と名づけたのかは後述するとして、まずこの方法について説明したい。

この事例で、わたしは一〇〇〇シリングで古着を仕入れていた。そのため、客の言い値の一〇〇〇シリングではたしかに儲からないのだが、ロバートが傍線部①でわたしに値下げするように諭した一三〇〇シリングでは、三〇〇シリングの儲けが得られた。つまり、傍線部②のわたしの言葉は嘘であり、傍線部③でロバートもわたしの本当の仕入れ値を知っていながら、「利益を顧みず」と言うことで、わたしの嘘を補強した。つまり「痴話げんか作戦」の基本的な方法は、まず、(一) わたしが「絶対に負けない」と突っぱねる。つぎに、(二) ロバートが「彼は貧乏だから、仲間だから、常連だから」など何らかの理由をつけて、「負けてあげなよ」と諭す。(三) わたしはさんざんごねた後に「しぶしぶ」、ロバートが負けろと諭した価格で売ることに同意する。すると、(四) この痴話げんかを目の当たりにしていた客は、自分が最初に提示した価格ではとうてい購入できないと判断し、ロバートがなんとか引き下げてくれた販売価格で古着を購入する気になるというものである。

この交渉術には、第四章で指摘したウジャンジャの三つのポイント——(一) 商人間で各々の役割を瞬時に判断すること、(二) 客の期待することを演じること、(三) 癖を技化すること (スタイルを応用すること)——、および本章第一節で指摘した (四) リジキを判断すること、がふくまれている。

第一条件　商人間で各々の役割を瞬時に判断する

第一の「商人間で各々の役割を瞬時に判断すること」から説明したい。じつはこの痴話げんか作戦においては、わたしが三〇〇シリングの利益を得られることにはあまり重点がおかれていない。たしかにこの方法は客との交渉が膠着状態に陥った場合などに、うまく値をつり上げたり、客に値下げを諦めさせるのに効果的である。ただし経験的にみて、行商人たちは客が頑固に一定の額しか支払えないと粘った場合に、長々と演技をつづけるよりは、早く交渉を打ち切り、別の客を探したほうがいいと判断することのほうが多い。この痴話げんかの演技で重点がおかれているのは、ロバートの常連客獲得につなげることである。つまり、わたしたちは客が「ロバートのおかげでぎりぎりの価格で古着を購入できた」と信じ、ロバートに感謝して再度彼から古着を買う気になることを期待して演技をしているのである。ここでのロバートに対するわたし

ロバートとわたし。コンビを組んで，はや……10 年。行商での掛け合いは息もぴったり。

の立場は、前章で取りあげた事例４－２のカチャーチャと類似している。わたしは本来外国人の調査者であるので、ロバートにとってわたしは客に薄情で愚かな行商人だとみなされても構わない立場にある。しかしロバートはこれからも商売を継続するので常連客となりうる客に対して悪印象を与えるわけにはいかない。このような役割は、行商人どうしの二者間の立場性が大きく異なる場合だけに限らない。たとえば、ロバートが別の行商人ラス・ドゥーラ[4]とパートナーを組んで行商するときには、ロバートの（潜在的）得意客に対する交渉ではラス・ドゥーラが基本的には悪者、愚か者の役目を担い、その逆ではロバートがそれらの役を担うというかたちで協力がなされている。

第二条件　客の期待することを演じる

第二の「客の期待することを演じること」は、客に応じて演技内容を変える必要性についてであるが、これにはふたつのポイントがある。ひとつ目のポイントは、この演技は、消費者が判断するのが難しいつぎのふたつの点を考慮しておこなわれることが多いことである。それは、第一に、新品と異なり古着にはまったく同じモノがなく――同じ種類の同じ商標の古着でも汚れや破れによって価格は大きく変化する――、流行が変化しやすい――同じ古着が一年後にはグレードＡ・ＢからグレードＣになる――ために、古着の相場は消費者にはわかりにくいこと。第二に、「アカロフのレモン」[5]と同様に、古着には「購入するまでその商品が不良品か否かが判断できない」という不確実性があるため、消費者が不信感をもっていることである。消費者はその古着が妥当な値段であるか、良質かどうかを行商人の表情や言葉、態度に頼って判断しがちである。

行商人は十分な利益が得られても「腹が減っていたので売るしかなかった」とくやしがったり、あるいは「オレの命を拾ってくれてありがとう」と大げさに感謝してみせたりすることを常としている。このような演技はタンザニアに限らず、どこでも見られる普遍的な商売戦術の一部であり、その点は行商人たちも同じである。これは、行商人たちのその場の感覚では「騙し」というより「サービスや気遣い」に近いものでもある。わたしは、「販売交渉が成立した後の愛想笑いをやめろ」と、行商人たちに頻繁に忠告された。その理由として、行商人たちは「オレたちがにやにやした態度で応じれば、客は口車に乗せられて悪いものを買ってしまったのではないかと不安になるだろう」「オレたちは良い品だと販売したつもりでも、後から問題が見つかることがある。そんなときでも、客は自分が安く買い叩いたからしょうがないと思えば、はやく諦めがつくだろう」と説明した。わたしがしぶしぶ値下げに応じたふりをする理由の半分は、こうした配慮にもとづいている〔6〕。

もうひとつのポイントは、個々の客の特徴に対応したものである。嘘や騙しの基本的技法は、「相手の聞きたがっていることを語ること」［フォード 2002（1996）：352］である。事例５－１では、貧者に対する交渉術を検討したが、経験を積んだ行商人は、「人のよさそうな富者に対しては同情に、同じ境遇を生きる仲間に対しては共感に、流行に敏感な若者に対しては自惚れに、権力者に対しては優越感に、正義漢には不条理さ（警官のハラスメントなど）の理解に訴える」というように、相手に合わせて適切な態度・言葉を選び、ふさわしい交渉文句や演技を使い分けることができる。たとえば、彼らは、都市雑業層の若者に対して、調子のよい態度で、「おい、友だち、ちょっとだけ上乗せしてくれ。オレもお前もデイ・ワーカーだろう。オレもくそったれなボスに悪い値段で買わされて、こき使われているんだよ」と、共感を求める言葉を言った後に、その若者のボスがいることに気がつくやいなや、「ああ、わたしはなんて不運なのだろう。わたしのボスはあなたとは違い、わたしがおなかを空かせていても何とも思わないのです。どうかわたしを助けると思ってもう少しだけ上乗せしてくださいよ」と、今度は、わざとらしいゴマすり態度で、自尊心をくすぐる言葉を言ったりする。マチンガのあいだでは、こうした変幻自在な交渉文句や身ぶりのレパートリーの多さが、その商人がムジャンジャか否かを判断するときのもっともわかりやすい指標のひとつとされている。

ウジャンジャ（狡知）は嘘や騙しをふくむが、ウジャンジャの対義語は「誠実さ」ではなく、「愚かさ」や「鈍くささ」である〔7〕。ウジャンジャは、同じ知恵や賢さでも、スワヒリ語で分別や英知を意味する「ヘキマ *hekima*」や「ブサーラ *busara*」とは異なり、倫理的・合理的・慣習的に正しいとされる決まったやり方はない。そのため、このウジャンジャの対義語としての愚かさは「数学ができない」「法律を知らない」などの知識のなさではなく、「機転が利かない」「うまく立ち回れない」「すばしっこくない」など状況対応能力、とくに対人能力に欠けるとみなされるものである。古着商人たちは、（一）「長ったらしい言い訳 *longolongo*」、（二）「銅鑼を鳴らすこと *kupiga ngeo*」、（三）「短命な嘘 *uwongo kifupi*」はすべて、ウジャンジャではないと説明する。（一）は、英語の「長い long」とスワヒリ語の「嘘 *uwongo*」を合成したスラングであり、「相手が聞いていて疲れるような要点のない嘘の話、うんざりする長ったらしい言い訳、あえて語る必要のない野暮な説明」を指し、（二）は「銅鑼をいきなり鳴らして相手にショックを与えるように、相手の受け入れ容量を超えた要求をいきなり押しつけること」を指し、（三）は「単純な／すぐにばれる／つまらない嘘」を指す。マチンガたちがこれらの嘘や演技をウジャンジャとして評価しない理由は、これらの嘘や演技が相手の感情を害したり、あるいは相手の感情を動かさないためである。〈8〉

じつは大半のウジャンジャな戦術は、気づかれないほうが望ましいが、気づかれても別に構わない、むしろ気づかれることをなかば想定しておこなっている戦術である。すでに述べたようにウジャンジャな嘘や演技は過剰だったり露骨にやりすぎると、「賢さ」から「計算高い／狡猾な」戦略へと簡単にスライドする。わたしがウジャンジャに関心をもった理由も、商人と客、小売商と中間卸売商のあいだの駆け引きにおいて、「あんたはムジャンジャだ」という言葉、つまり、その行為がウジャンジャだと察知した相手からの指摘を一日に何十回も聞いたからであった。マチンガを「ムジャンジャ」や「詐欺師」だと揶揄する都市部の客の大半は、マチンガたちの口の巧さを知っており、ある程度、彼らの大げさな身ぶりや口ぶりに対して身構えながら、商品を購入している。要するに、ウジャンジャは「よそ者」にはばれなくても、同じ都市社会の人びとのあいだでは、すぐに気づかれてしまうものである。しかし計算高さや狡猾さが露呈しかけても、マチンガたちは計算高さや狡猾さを取り繕わない。むしろ徹底的に狡猾さを押し出しつづけることで、それを滑稽さやユーモア、悲哀に昇華させているようにみえる。言い換えれば、ウジャンジャな戦術は、「無邪気／非意図的にやっているようにみえるが、もしかしたら計算して演技しているのかもしれない」という疑いをもたれている場合が多いが、計算がばれたときでも「演技や計算だってわかっていても、面白い／憎めない／降参だ」に変化するものでなければならないというわけである。

たとえば、「ウイットが効いた皮肉で、相手を思わず笑わせる」「卑屈におだてるのではなく、大胆に誰でもわかるゴマスリをし、相手を閉口させる」「必死に道化を演じて、相手にむしろ哀れだと思わせる」「あまりに非常識な田舎者や何を言っても動じない頑固者でありつづけて、相手にもうお手上げだと降参させる」というのは、ウジャンジャな交渉術の真骨頂である。前章の事例４－２のラザキが言うように、「生きるためのカネを稼ぐのに騙しなどない」のだから、商人たちは中途半端になったり、ひるんだりしてみずから非を認めるようなことはしない。「人間は後ろを向いて逃げるやつを追いかける。滑ることは倒れることではない *(kuteleza si kuanguka)*。だから滑っても貫いたほうがいい」（ロバート、二〇〇七年九月）のである。[9]

第三条件　癖を技化する（スタイルを応用する）

このような交渉術は、半ば非意図的・感覚的に演じたものでないとうまくいかない。[10] つまり、ウジャンジャな演技は、ジュリアスのような泣き虫が、わたしから保護欲を引き出すやり方、カチャーチャのような道化者が同情を引き出したり、可愛がられるやり方、太鼓持ちがへつらいながらも一生懸命だとみなされるやり方など、自分が他者を気にかけて常日頃からおこなっていることで、自分のペースにうまく相手を巻き込むことができた／相手が半ば気づきながらも「憎めない」と許してくれた感覚をつかんで、その癖を少しばかり意図的に過剰に変幻自在に応用するという、斎藤［2004］の言葉でいえば「癖を技化」したコミュニケーションでなければならない。

事例５－２のロバートは、第二章で説明したようにムワンザ市生まれの生粋のシティ・ボーイであり、ムワンザ市で初等学校時代からさまざまな商売をしていたため、多くの消費者にベテランの商人だと知れ渡っている。また彼は、「話しはじめたら止まらない」という意味の「レディボブ *redio nbovu*（＝壊れたラジオ）」「言い訳や嘘のレパートリーが多く、一度客をつかまえると粘り強く説得をつづける」という意味の「カタマタ *katalogu ya matatizo*（＝問題のカタログ）」などの渾名をもつほど口達者なことで有名である。彼のポーズは、客に合いの手を入れさせる間もなく、商品の良さや、自分の境遇の悲惨さを訴えつづけるというものである。

わたしは、体型や態度から、実年齢より一〇歳ほど下に見られ、客から大学院生もしくは調査者だと認識されることはまれだった。また仲間の商人や得意客からは「カジャンジャ *kajanja*（＝すばしっこい・お転婆）」「オウム *kasuku*（＝おしゃべり）」「子ウサギ船長 *captain kasungura*（＝お節介／仕切りたがり）」などの渾名で呼ばれていた。わたしのポーズは先述したロバートの指摘にあるように「嬉しそうに驚いてみせたり、女の子らしく甘えてみせる」というものである。

このわたしとロバートの日常的なコミュニケーションを技化したものが、前述の商売戦術（痴話げんか作戦）の基盤となっている。ロバートは、わたしに最初に行商を教えた商人であるが、ストリートの教育の鉄則に従い、わたしに体系だって商売を教えたわけではなく実地で学ばせた。そのため、わたしは手探りで商売をしていた。わたしは行商をはじめた当初、客との交渉の仕方がわからないと、助け舟を求めてロバートの顔を見つめる癖があった。ロバートとの痴話げんか作戦は、客がこのわたしの見つめ癖に対して、ロバートが照れくさそうに目で合図する様子を恋人どうしのアイコンタクトだと勘違いしたことに端を発する。わたしたちははじめ、わたしたちをからかって囃したてる客の期待に添うように恋人どうしを演じていた。ある日、ロバートがわたしの利用法を見つけ、それに気づいたわたしが悪乗りしたことで、痴話げんか作戦が生まれたのである。もちろん、相手が異なれば、ウジャンジャな連携のあり方も異なる。ロバートは、当時、マラ州の田舎から出てきたばかりの朴訥としたドゥーラと行商するときには、早く交渉を打ち切らせようとする「せっかちな年長の商人」の役回りを演じることで、鈍くさいが一生懸命な田舎者ぶりで同情を引き出そうとするドゥーラの常連客獲得を助けることがあった。

第四条件　リジキを判断する

第四の「リジキを判断すること」は、行商人は、貧者には安く、富者には高く販売することである。ただし、本章第一節で詳しく説明したように、この判断の基準は道徳的なものというよりも、自分たちがその客に共感できるか、中間卸売商とのそのときの関係がどのようなものか、などによるものである。行商人たちは、たとえ貧しくても「ムシャンバ *mshamba*（＝田舎者）」には悪い商品を押しつける傾向がある。行商人たちは、その理由を「最先端の流行を知らない田舎者は騙されたことに気づかない」と説明する。また彼らは、社会的地位の低い自分たちをからかって喜ぶような客を「ティーティーTT[11]」と呼んで嫌い、高値で売る傾向にある。彼らはその理由を「からかい客は、高く販売された、騙されたと後でわかっても、自分も行商人をからかったという負い目があるから、それでちょうどよい」と説明する。

客がマチンガに与えるという論理

以上述べてきた第一から第四までのポイントを販売過程に即して整理すると、ウジャンジャな交渉術とはつぎのようなものであった。

行商人たちは、そのときの状況に応じて、（一）連携する商人とで互いの役割を判断し、（二）客にあわせてどのような演技が効果的かを、その客の外見や属性、スラングの知識などから判断し、（三）自身のポーズで客が期待する演技をおこない、（四）〈そのときの〉客の経済的・心理的な余裕、および自身の中間卸売商との関係などを見極めリジキの判断をおこなう。この時点で騙された（と感づいた）客は、「ああもう仕方ねぇな」「まったくもううまいんだから」「いやだ、つい乗せられちゃったわ」「はいはい、オレの負けさ」という感嘆の文句または、にやにや笑いや肩をすくめる身ぶりとともに、行商人を「あんたはムジャンジャだ」と評価し古着を購入する。

このようにして販売に成功したときの行商人の気持ちは、悪辣なことをした、騙し取ったというものとは異なる。なぜなら、行商人は客の心を動かすように努力し、客は心を動かされた対価としてカネを諦めたのであり、行商人はもともと客が諦められるだけのカネしか要求していないからである。前章の事例４‐１でアブドゥルが発言した「かすめ取ることを覚えなかったら泥棒になる」はこのような意味であり、これも彼の言葉であるが、「その時どきの客の余裕を、相手の心を動かした返礼として（なかば強制的に）頂戴することと、たんに奪い取ることはぜんぜん違う」のである。つまり、マチンガにとって、「たかり」や「盗み」と、「ウジャンジャなかすめ取り」の違いは、後者が前者とは異なり、「オレは客から奪ったのではなく、客がオレに与えたのだ」というかたちで、「働きかけた自分」と「働きかけられた相手」との関係が逆転している点にある。〈12〉マチンガは、このような主客の逆転を生み出す日々の駆け引きにより、日々出逢う客やマチンガどうしのあいだで「分かちあい」が実現できている、あるいは自分たちが人びとの「分かちあい」を実現している、と考えているのである。

三　中間卸売商と小売商の交渉で駆使されるウジャンジャ

前節では、消費者に対する行商人の交渉術について検討し、ウジャンジャな商売戦術について説明した。この節では、中間卸売商と小売商のあいだでの生活補助、値下げ、報奨金、古着の仕入れ順位をめぐる駆け引きが、どのようにおこなわれているのかを考察する。

事例5－3　生活補助の要求と価格の再設定をめぐる中間卸売商ンガイザーと行商人ジュマの交渉

（行商人が仕入れ代金を渡し、中間卸売商が売れ残り枚数と仕入れ代金の支払い額を数えたのち）

中間卸売商「〔販売枚数は〕五枚か……〔支払い金額が〕三〇〇シリング足りない」

行商人「①それは今日のウガリ〔昼食代〕に消えた。そしてオレは今日の夜は空気を食べるんだ」

中間卸売商「エマは七枚、ドゥーラは帰ってこない。ここのところ、いったいどうなっているんだ」

（②中間卸売商は支払われた仕入れ代金をポケットにしまう）

行商人「③おい、〔仕入れ代金を〕全部持っていくのか。友だち〔自分のこと〕は〔夕飯に〕空気を食べるのにお前はビールで乾杯かよ」
中間卸売商「文句ばかり言うなよ。オレだってたいへんなんだ。今週はぜんぜん売れていないんだ」
行商人「へこむなよ。ここ最近、客のみんなが、カネがないって嘆いているんだよ。④一枚一二五〇シリングでは売れないことを理解しろよ」
中間卸売商「⑤じゃあ、一二〇〇シリングずつにすれば満足なのか」
行商人「⑥一〇〇〇、一〇〇〇にしてくれれば、明日もこれ〔今日の売れ残り〕を売ってやるよ」
中間卸売商「なら、⑦今日は一二〇〇シリングずつ返してくれればいいさ。でも明日もとりあえず一二〇〇シリングずつで粘ってみろよ」
行商人「じゃあ、オレのカネくれよ」
中間卸売商「わかった。（⑧中間卸売商は、五枚×五〇シリング＝二五〇シリングではなく生活補助として二〇〇〇シリングを渡した）⑨明日は早く帰ってこいよな」
（二〇〇二年三月一〇日）

この対話は、たったの五枚しか古着を販売できず、かつ支払わなければならない仕入れ代金の一部を無断で昼食代に充ててしまった行商人ジュマと、中間卸売商ンガイザーとの生活補助および売れ残った古着の仕入れ価格の再設定をめぐる交渉事例である。行商人ジュマが、ルムンバ・ストリートの路肩で古着の梱を開く中間卸売商ンガイザーに、午前中に仕入れた古着の代金を支払いにきたところである。仕入れ代金の支払いは、路地裏などで小売商と中間卸売商が一対一でおこなうことが多い。その際、周囲に他の小売商がいる場合もあるが、その場合、他の小売商は聞こえないふりをするか、さりげなく立ち去ることが多い。わたしはこの日、ジュマの後に、ンガイザーに仕入れ代金を支払うつもりで、ジュマとンガイザーのやり取りを観察し、メモを取っていた。

売り上げ枚数と渡された仕入れ代金の支払い額が合致していないことに気づいたンガイザーは、支払い額が足りないことをジュマに問いただした。それに対してジュマは傍線部①において、昼食代を捻出する利益を得られなかったために支払い額の一部を昼食代に充てたこと、さらに夕食を食べるお金もないことを説明し、ンガイザーに支払い不足額の免除と生活補助を要求した。しかしンガイザーは傍線部②のように、支払い額の全額をポケットにしまうことで支払いの不足分は許したものの、生活補助の要求は無視した。そこでジュマは傍線部③において、より直接的に生活補助の要求を繰り返した。しかしンガイザーは、自分の経営状況も芳しくないと切り返し、ジュマの訴えをやんわりと断った。

マリ・カウリ取引における交渉では、支払い額の不足分が過度に大きな額でない限り、中間卸売商が「契約違反」と小売商を非難したり、返済を迫ったりすることはあまりない。なぜなら小売商に支払いを迫ったり、理由を尋ねたりしても、小売商からは、何らかの事情で自分が困っていたことの説明しか返ってこないためである。小売商によるこうした説明の内容は、先のジュマの事例のように「食費が捻出できなくて使ってしまった」といったものや、「食事のツケの支払いを迫られた」「家族が病気で薬を買ってしまった」「警官に捕まって賄賂を要求された」「隣人の葬式があり、お悔やみ代を渡した」など多様であるが、これらは、開き直りに等しいかたちで堂々と説明される。前節で説明したように、小売商にとってウジャンジャな交渉とは、長々と言い訳を並べることではない。「友だちは空気を食べるのにお前はビールで乾杯かよ」というジュマの言葉は、互いの境遇の不平等やみずからのおかれた状況の不条理を端的に示す交渉術だが、ほかにウイットの効いた文句や諺、格言を駆使して、個別の事情を「普遍的な理」に変換することもよく観察される。たとえば、「空腹は人を選ばない *Njaa haichagui mtu*」「食事を出し渋る者は人間ではない *Mtu anamima chakula si binadamu*」などにより、中間卸売商が小売商に生活補助を提供することを当然の理としたりする。また、「薬缶の取っ手になるな *Usiwe mkono wa bilika!*（＝ズボンのポケットに手を突っ込んだまま硬直していないで、中のカネを出せよ）」「その出っ張った腹の脂肪を減らせ *Punguza kitambi!*（＝オレたちに余分に食べている分を与えろよ）」といったジョークで迫ることもある。どちらにせよ、そうした言葉を吐くときに、小売商はけっして卑屈な態度を取らないし、悪びれた様子もない。

小売商が比較的長く事情を説明して、中間卸売商に理解を求めるときには、語尾や文末を最後まで言わず、問いかけになるように文末／語尾を上げ、相手に答えさせるという会話の形態を活用し、断りにくい状況を創りだす。たとえば、つぎのようなものである。

小売商「……そこに、とつぜん警……」→中間卸売商「警官が現れた」
小売商「オレは逃げ……でもオレは捕……」→中間卸売商「お前は捕まった」
小売商「オレの二〇〇〇シリングは……」→中間卸売商「取られた」

つまり、相手に語尾や文末を引き取らせることで、話の要点を理解させるとともに、話者と聞き手との一体感を創出して自己の状況に対する他者からの同調を引き出そうとする交渉術である。両者の交渉はたいていの場合、スラングや格言、言い回しがテンポよく飛び交い、頻繁に笑いが起きるような明るい雰囲気でなされているが、このように細かくみると、対話の内容はかなり辛辣で、押しの強いものである。
また、ここで重要なことは、これらの「困ったこと」の内容は事実であることもあるが、嘘や誇張であることが、ほとんどであることである。第三章で述べたように中間卸売商には、小売商の「困ったこと」の真偽を確かめる術はない。中間卸売商が小売商から「困ったこと」を聞かされたうえで、彼らを非難した場合は、「姿は人間に見えるが中身は動物だ *Sura ni mtu ndani ni mnyama*（＝お前は冷酷なやつだ）」「仕方がないことに文句言うなよ」と逆に小売商から非難される。それどころか、小売商が努力したにもかかわらず、本当に困窮していた場合、少額の支払い不足額をあまりに厳しく追及すると、小売商は中間卸売商のところに戻りづらくなるので持ち逃げの可能性が高まる。
中間卸売商がどうしても小売商から代金未払い分を取り戻したい場合、あるいは彼らによる仕入れ代金の使い込みを防ぎたい場合にもっとも効力を発揮する手立ては、「オレも困っている」と切り返すことである。中間卸売商も、「今週はまったく売れていない」と小売商の要求を拒否するほかにも、「親族が金をせびりにきて仕方なく仕入れ代金の一部を渡してしまった」「警官に取り締まられ、賄賂を支払った」など、多様な理由を使って、小売商とのあいだで、いわば「困った合戦」を繰り広げるのである。そのとき小売商は中間卸売商の説明に対して理解を示すこともあるが、無視することもある。なぜなら小売商の側も中間卸売商の「困ったこと」の真偽を確かめる術はないし、中間卸売商が嘘をついたり、誇張することが多いことを知っているためである。

さて、ンガイザーに生活補助の要求を断られたジュマは、自分の販売状況が悪いのは、古着の仲卸価格が市場の動向と整合していないからだと説明し、生活補助の要求を諦めて、傍線部④において売れ残った古着の明日の仕入れ価格をめぐる値下げ交渉をはじめた。これを受けてンガイザーは傍線部⑤において、明日は一枚あたり五〇シリングずつ値下げすることを提案した。この提案に乗じたジュマは傍線部⑥において、さらに思い切った値下げを要求する。

ンガイザーは傍線部⑦において、一〇〇〇シリングの仕入れ価格の再設定には応じられないかわりに（三〇〇シリングの代金未払い分は不問にしたうえで）、今日の売り上げの支払いを一枚あたり五〇シリングずつ負けると提案した。ジュマは、今日の売り上げ枚数五枚×五〇シリング＝二五〇シリングのわずかな額と引き換えに、この提案を受け入れ、明日は売れ残った古着をンガイザーの言う一二〇〇シリングで販売することに同意した。ここで、当初は、ジュマからの生活補助の要求をはぐらかし、値下げ交渉に応じることも渋っていたンガイザーは、結果的には、傍線部⑧で示したように、ジュマに二五〇シリングではなく、二〇〇〇シリングものお金を渡した。そしてお金を受け取って立ち去るジュマの背中に向けて、傍線部⑨の言葉「明日は早く帰ってこいよな」を投げかけたのだが、このンガイザーの言動にはつぎのような意図が込められていると考えられた。

ジュマからはじめた値下げ交渉において、ンガイザーはいわばジュマの足元（懐具合）をみるかたちで、明日の販売価格の大幅な値下げの代わりに今日の支払い額を値引きすることで「夕食代（生活補助）」を申し出た。行商人は二五〇シリングの一度きりの夕食代（生活補助）を得るよりも、通常、当然ではあるが数十枚の古着が一枚あたり二〇〇シリング値下げされることを選ぶ。しかし提供される額がわずかな額であるにもかかわらずジュマがこの提案を受け入れたので、ンガイザーはこの時点ではじめてジュマがサボったわけでも、嘘をついたわけでもなく、本当に昼食代や夕食代を得ることもできないくらい困窮していることを確信したと推測される。そして、ンガイザーは、ジュマが今日、仕入れ代金の支払い時間に遅れたことを振り返り、その理由を（一）ジュマが夜遅くまで粘って販売活動をしていた、あるいは（二）売り上げの支払い自体を躊躇して持ち逃げしようとした、と考えたものと思われる。そのため、交渉で決まった額（二五〇〇シリング）よりはるかに多い生活補助（二〇〇〇シリング）を提供するとともに、「明日は売れても売れなくても早く帰ってきてくれ」という気持ちを込めて、小売商の困窮に対する理解を示したのだと考えられる。

　中間卸売商と小売商は、どちらも経営・生活状況について事実を語る保証はまったくないが、それでもこの事例のように、交渉過程において、小売商の困窮や不満の程度を推測できるサインがちりばめられていることが多い。この事例で示されたような小売商の困窮や不満の小さなサインを見逃すと、小売商による売り上げのごまかしやサボタージュ、持ち逃げを引き起こしてしまうのである。その場合、小売商にとって自分たちの窮地を察することのできなかった中間卸売商は「ムジャンジャではない」のであり、小売商による持ち逃げは中間卸売商の駆け引きの失敗だとみなされるのである〈13〉。別の事例をみてみよう。

事例5－4　中間卸売商ンガイザーから行商人ロバートへの報奨金、仕入れ順位をめぐる交渉

（行商人ロバートは仕入れ代金を支払うより先に、売れ残った古着を渡し、中間卸売商はその古着の枚数を数える。数え終えたのちに中間卸売商は、にやにや笑いながら）

中間卸売商「①お前はまじでムジャンジャだな。今日はどこに行ってきたんだ。やりやがったな（*umepiga kinoma*）〔たくさん売ったな〕。今日はカリフォルニア〔商人たちに人気のあるバーの名前〕か？」

小売商「その辺だよ。ほか〔もろもろの消費〕に回しちまえば、〔今日の儲けなど〕残らないよ。②で？　二〇枚だぜ」

中間卸売商「わかった、わかった」

（小売商は報奨金として三〇〇シリングを勝手に抜いて、中間卸売商に残りの仕入れ代金を支払う）

中間卸売商「ははは、③今度〔新しい梱を〕開いたら、Aのファーストにするから〔グレードAを一番最初に選ばせてあげるからな〕」

小売商「忘れるなよ」

（小売商は、中間卸売商にウインクをして立ち去る）

（二〇〇二年三月一六日）

この事例は、売り上げ枚数が多かった行商人ロバートに対して中間卸売商ンガイザーが報奨金を与え、次回の古着の仕入れ選択の順位を一番にする約束をした事例である。この日、ロバートはムワンザ市の高級住宅街カプリ・ポイントCapri Pointに行商に出かけたところ、カプリ・ポイントに住む警察幹部の妻が一人で一七枚の古着を買い上げたため、ふだんよりも売り上げ枚数が多かった。しかし、中間卸売商が傍線部①で「お前はまじでムジャンジャだな」と述べた理由は、ロバートの売り上げ枚数が多かったからではない。

じつはこの数日間、ロバートはグレードAを三番目に選ぶことで、グレードBに限りなく近いグレードAの古着を、一番目にグレードAを選んだ小売商と同じ価格で仕入れていた。高い価格でグレードAの山から三番目に選ばされることに対して不満をもっており――三番目だとグレードAでもグレードBのレベルとたいして変わらないため――、ここ数日のあいだ、ロバートは、意図的にサボタージュを繰り返していた。サボタージュで不満を十分に示していたのに、ンガイザーがまったく交渉に応じなかったので、この日は戦術を変えたのであった。

ロバートが行商場所に選んだカプリ・ポイントは高級住宅街なので、住民の多くはブティックや商店で新品の衣料品を購入することが多く、地道に古着の販売枚数を稼ぐのには不適切な場所である。しかしカプリ・ポイントの豊かな住民は古着を買う気になりさえすれば、一度に大量購入することも多い。ロバートはこの日、グレードAを一番目に選ばせてもらうためには、「極端に多くの枚数を販売するか、あるいは一枚も売らないかのどちらかしかない」と語っていた。つまりロバートは徹底的なサボタージュによって不満の表明を継続するか、あるいは大量販売によってンガイザーを喜ばせることによって、仕入れ順位を変更させようと試みたのである。ロバートは、一度に一〇枚、二〇枚の古着をまとめ買いする金持ちの顧客を少数ながらもっているが、この日のロバートは運よくその常連客に会い大量のシャツを販売することができたのである。

この背景を踏まえると、ンガイザーの「お前はまじでムジャンジャだな」という言葉は、ここ数日間の二、三枚の売り上げ枚数――サボタージュによる結果――と、この日の二〇枚の売り上げ枚数とのあいだの極端なギャップにより、仕入れ順位を勝ち取ったロバートの「賢さ」に対するものであることがわかる。第三章で述べたように、中間卸売商にとって、小売商がサボタージュをしたのか、それとも小売商が努力したにもかかわらず、販売できなかったのかを判断することは難しい。しかし、値下げしていない同じ商品の売れ行きが突然おおきく変化すれば、中間卸売商は小売商が意図的に販売枚数を調整していることに気づく。そしてそのような意図的な調整は、小売商からの不満のサインである。なぜなら、すでに説明したように、販売枚数の調整は小売商の損失につながることも多いからである。そのため、この事例ではンガイザーは、ロバートから「何の要求もないまま」、傍線部③において、突如、みずからロバートにつぎの仕入れでは最初にグレードAを選ばせることを約束したのだと推測できる。

さて、傍線部②でロバートは「報奨金」を要求している。中間卸売商の承諾を受けてロバートは報奨金として三〇〇シリングを自分で抜いて残りを手渡した。このように報奨金も生活補助と同様に中間卸売商のほうから自発的に差し出すよりも、小売商が中間卸売商に直接的あるいは婉曲的に要求する場合が多い。しかしあまり大きな額を要求することはなく、ほとんどの場合は仕入れ代金の端数程度で、中間卸売商か小売商のどちらかが決める。報奨金に、売り上げ枚数が何枚以上ならかならず提供されるなどといった決まりはなく、中間卸売商、小売商の双方ともに、報奨金については、「互いの感謝の気持ちを示す」「駆け引きの一環に使われる」ものであると説明する。この事例の場合、ロバートの目的は報奨金ではなく、仕入れ順位の変更であったので、あまりに大きな額を要求するのは逆効果であった。だからロバートは、自分で報奨金額をコントロールするために、通常とは逆の順番で古着の売れ残りだけを先に渡し、仕入れ代金の支払いは交渉がすんでからおこなったのである。

ちなみに、わたしはこの日の夜、バーで別の小売商に「カプリ・ポイントには、ちょっとおだてると大量の古着を買ってくれるおばさんがいるのよ。楽勝なんだから」と話してしまった。その後、その小売商の口からンガイザーに、ロバートの大量販売の秘密がばれてしまい、ロバートは結局、つぎの仕入れ日に一番目にグレードAの古着を選ばせてもらえなかった。ンガイザーは、「ロバートは三番目にAを選んでも、カプリ・ポイントのおばさんのところに行けば楽勝だろう」と勝ち誇っていた。当然、わたしはロバートに大目玉をくらった。

四　ウジャンジャへの信頼と親密性

以上みてきたように小売商と中間卸売商との交渉は、「とぼけあい」や「嘘のつきあい」をふくみ、言外の文脈理解を必要とするものである。これは、中間卸売商にとって交渉に費やす時間や労力をふくめ非効率的であり、投機的で不確実な取引であるように思われる。この不確実性は、中間卸売商が小売商の信用の不履行を防ぐ実質的な手立てをもっていないことや、小売商の素性を把握していないことだけに起因するものではない。この不確実性は、マリ・カウリ取引における両者の信頼の認識と深く関係している。

まず、第三章で述べたことを踏まえて、この商慣行のしくみを確認しておきたい。マリ・カウリ取引の不確実性は部分的には、中間卸売商と小売商の交渉が「リジキ」の判断にもとづいて展開し、中間卸売商が能力主義を採用していないためである。中間卸売商は小売商の販売能力を評価しているが、必ずしも売り上げの多い小売商を優遇するわけではない。マリ・カウリ取引においては、中間卸売商は、売り上げが少ない小売商がいれば、彼により販売しやすい古着を安価な価格で提供するために、売り上げの多い小売商に悪い古着を高値で販売させることで、利益のバランスをとる必要がある。そのような方法をとらなかった場合、売り上げが少ない小売商は困窮して持ち逃げを起こすためである。しかし、中間卸売商がいつも売り上げの多い小売商の要求に応えなければ、販売能力の高い（ウジャンジャな）小売商は不満を抱えるので、やはり持ち逃げは起きる。もちろん中間卸売商は慈善ではなく商売をしているので、すべての小売商の期待に応えるために自腹を切るような真似はできない。そのため、中間卸売商は取引をしている小売商たちそれぞれの困窮の程度や不満の程度をはかり、それぞれのリジキに応じて仕入れ順位を入れ替えたり、値下げや生活補助を提供する相手をそのつど選び直したりしなければならない。

ここで中間卸売商が、能力の高い小売商につねに有利な古着を配分し、報奨金を与えるというシステム（たとえば「歩合制」や「能力」に応じた優遇策）を採用した場合、販売能力の高い小売商は「販売枚数」の操作や嘘の生活補助の申告をする必要はない。小売商はただひたすら売り上げを伸ばすことに専念すればよいのである。

中間卸売商が能力主義を採用しない理由は、第三章で挙げた中間卸売商の「ビジネスはギャンブルだ」という言葉にもあるように、（一）小売商の販売結果が思わしくないのは、必ずしも本人の販売努力や販売能力の問題ではなく、ある程度は運の問題だと認識していること、（二）中間卸売商たちが不確実な都市社会を生きるマチンガとしての仲間意識のうえに小売商の事情と行為に共感を抱いていること、（三）中間卸売商自身がこのような方法でうまく稼ぐことに自信をもっていることがあると推測できる。そして、このようなゲームを動かしていくために、中間卸売商は、小売商の嘘や騙しを織り込みずみのものとしている。

ただし、ここで重要な点は、中間卸売商が、小売商のすべての嘘や騙しを肯定しているわけではないことである。たとえば、露店において中間卸売商たちと雑談をしていたときに、ある中間卸売商は「もし小売商が恥（*aibu*）をなくしたら、考えもなしに同じ嘘や要求を繰り返す（*atarudia yale yale bila kufikiria*）」ので「よくないことだ」と語った。ところが、この雑談で他の中間卸売商たちは、同じレトリックを使って「しかし、もし小売商が恥（*aibu*）を感じすぎたら、気がおかしくなってしまう（*atachizi.!*）」ので、「大きな間違い」であるとも指摘した。

> ふだんからオレを騙そうとする小売商のほうが、断然扱いやすい。何も不満を言わず、生活補助も要求しないような田舎者［の小売商］は、持ち逃げしやすい。彼らはオレたちが言っている嘘や要求にも気づかない。オレが困難を訴えて

もうまく動けず、突然、怒りだしたり、いなくなったりする。

（ムウェトゥ、三六歳男性、二〇〇六年九月）

ここには、中間卸売商によるウジャンジャへの信頼が見てとれる。小売商が何らかの困難を抱えて生活補助を要求すること自体は、誰にでもありうることであり、それは恥ではない。また事例4－1で、ジュリアスの売り上げのごまかし（過小申告）を「ジュリがムジャンジャになってきた」と嬉しそうに語ったニャワヤに端的に表されているように、中間卸売商は小売商が自己利益の増大を目的にカネをかすめ取ることを認めている。このような小売商の欲望を抑圧し、彼らが不満を鬱積させることは、いずれ「キレた」小売商の持ち逃げや他の小売商からの反感を招くので中間卸売商にとって自殺行為になる。しかしこの小売商の不満を放置し、嘘や騙しを全面的に許容することも、要求をエスカレートさせ、「サボタージュしたうえで生活補助を要求する」といったただ乗りの増加を招くので問題となる。

ウジャンジャな小売商とは、嘘や騙しには適切なタイミングがあり、適切なやり方があることを理解している者である。中間卸売商の経営状況が悪くて小売商に対する不満を抱えていることに気づかず、過剰に生活補助や値下げを要求する小売商は「ムジャンジャではない」と責められる。なぜなら、彼は中間卸売商のリジキを判断し、好機を窺うことができなかったからである。小売商も「中間卸売商がへこんでいるかどうか」を見極め、ときには赤字価格で販売枚数を稼がなければならない。また「長い言い訳」や「銅鑼を鳴らすこと」「短命な嘘」、すなわち中間卸売商の心を動かさないようなやり方で売り上げをごまかしたり、生活補助を要求することは、中間卸売商にカネを諦めさせることに失敗しているので、やはり「ムジャンジャではない」と言われる[14]。

たとえば、中間卸売商ンガイザーは、一時期ロバートに対して冷ややかな対応をとっていたが、そのとき彼は「オレはロバーの長い言い訳（*longolongo*）にはもう飽きた。別に言い訳に納得したから、彼に生活補助を渡しているわけではない。ただ騒音をはやく自分の前から退けたいから、諦めてカネを渡しているだけだ。ロバーはそろそろ気づくべきだ」と語ったことがある。匙加減を誤って、このロバートのように中間卸売商から疎まれたら、やり方を変える必要がある。周囲の人間の変化に気づかずに、あるいは気づきながらもいつもどおりのやり方をつづけている／しかできない人間は、少々パラノイア的であるとされている。[15] マチンガはよく、つぎのようなフレーズを口にする。「もし自分を変化させることができず、ひとつの生き方のスタイルに固執しているとしたら、それはすでにそいつがおかしくなっている証拠だ。自分のスタイルを変化させるんだ」

また別の中間卸売商は、「こちらが本当にいまは無理だと訴えていることに気づかずに、別の機会を待てない小売商が一番手に負えない」と語った。このようにタイミングを理解せずに度を超した要求を繰り返す小売商だけでなく、その反対の小売商も中間卸売商には悩みの種となる。ロバートの長い言い訳に辟易していると語った中間卸売商ンガイザーは、別の日に別の小売商について「文句を言いやすいように振っても何も反応しない小売商は、すでにオレを拒否している」と諦め口調で語った。このようなかたちで中間卸売商から疎まれ、その結果うまく支援や値下げを引き出すことに失敗した場合、それはその小売商の判断ミスであり、駆け引きの失敗である。同じことは、事例５－３、５－４で説明したように、中間卸売商自身にもいえることである。

このようにウジャンジャに対する信頼とは、中間卸売商と小売商が互いの苦境や生きぬく必要に対して共感する力をもち、他者の心を読みとり、賢く行為できることにある。ウジャンジャに対する信頼とは、つぎのようなものである。

友だちを信じるということは、彼が絶対に嘘をつかないとか、絶対に裏切らないとか、困ったことがあれば、絶対に助けてくれるはずだと信じることではない。そういう「絶対」というのは友だちに一方的に期待していることであり、彼を信じているということではない。友だちを信じるということは、彼は困ったらこうするというのを他の人よりも自分が理解しているということだ。たとえば、ロバーは遊ぶカネが欲しいときに、サヤカから盗みを働かないけれど、かわりに調子のよい嘘をついてカネをせびる。君は「ロバーがまた嘘を言っている」と気づきながらもロバーの懇願に負け、「本当にもう、ロバーはどうしようもないやつだ」とぶつぶつ文句を言いながらロバーにカネをあげる。そしてオレたちが「本当にもう、サヤカはどうしようもないやつだ」と文句を言いながら、ロバーからカネを取りあげる。そういうふうに、あいつならこうするに違いないと知りながら、気づかないふりをしたり、騙されてあげたり、怒ってみたりしながら、うまくまわっているのがオレたち〔マチンガのあいだ〕の友情だ。

（ブクワ、二八歳男性、二〇〇五年九月三日）

しかし、このような個別の人間の性格やウジャンジャな戦術に対応した「人格的信頼」が重視されているからといって、彼らができる限り他者の行為を許容すべきとする、寛容の精神で動いているとみるのは、間違いである。そのような寛容さは、この古着商売にとっては危険なものである。わたしは二〇〇三年から二〇〇四年の調査時に中間卸売業に参入し、複数の小売商とマリ・カウリ取引をしていた。親切にしても冷たくしても小売商に持ち逃げされて、すっかり意気消沈したわたしは、周囲の中間卸売商や露店商にマリ・カウリ取引をうまく維持できないことについて相談していた。中間卸売商たちはあきれ顔で以下のような助言をしてくれた。

サイレン（*bikon*）が見えなかったらだめだ。サイレンというのは心がなかったら見えない。相手がどんな人間かをわかろうとしなかったら、この商売はやっていけない。カジャンジャ〔わたしの渾名〕はすぐにどこに住んでいるかを聞きたがる。でもそれは、知らなくてもいいことだ。彼らと渡りあっていくためには、心（*moyo*）と信念（*imani*）がないとだめだ。ここ〔市場〕にはいろんな人間がいる。それぞれがいろいろなやり方を知っている。でも嘘がわかったからと言って、「嘘でしょう」なんて簡単に言うんじゃない。どうして嘘をついたかを考えるんだ。サイレンが見えなかったら、まだ助けてはだめだ。カジャンジャも嘘を言えばいいからだ。でもサイレンが見えたら、〔損をしても〕ちゃんと助けるんだ。

（チャーレ、三七歳男性、二〇〇三年一二月八日）

オレたちが冗談ばっかり言っていると思うかもしれないけれど、本気でやりあっているんだ。サヤカ、生活補助に逃げてはいけない。ムガンディカ〔わたしがマリ・カウリ取引をしていた小売商〕は、今日はサボるに違いない。というか、あいつは最近いつもサボっている。それはムガンディカのためにならない。サヤカが甘やかしたら、ムガンディカはマリ・カウリ取引を一生やるだろう。そしてマリ・カウリ取引ができなくなったら、あいつは泥棒になるんだ。なあ、どちらかが神様になったらオレたちはうまくいかなくなる。オレたちもつねにぎりぎりって感じでいなくてはいけない。バランスを考えるんだ。今日、ムガンディカが帰ってきたら、あいつが言うことをよく考えるのだ。そしたらオレの言っていることがわかる。

（サーレ、二六歳男性、二〇〇四年一月九日）

この言葉には、互いの適切な距離にもとづいた関係性と、支援のバランスに対する並々ならぬ配慮がある。ここで、いまいちど、第三章で示したロバートの八五日間の最終的な手取りについて示した図3－3（九七頁）を参照してもらいたい。この図は、ここまで説明してきた中間卸売商と小売商の値下げや生活補助をめぐる駆け引きを踏まえると、驚くべき結果を示している。ロバートは、じっさいの売り上げにかかわらず、隙あらば、つねに生活補助を要求しようと試みている。中間卸売商ンガイザーは、ロバートの説明の真偽を正確にはわからないのにもかかわらず、この図では、ンガイザーが、ロバートの売り上げが最低生計維持費以下だった日以外の日に生活補助を提供している日は一日もない。小売商たちは、生活補助をつねに提供する中間卸売商より、このンガイザーのように、必要なときにタイミングを見計らって、生活補助や値下げの要求に応える中間卸売商を高く評価する。かつて大規模中間卸売商だったアブドゥルにはカリスマ性があったことを、アブドゥルと取引していたダニーは次のように説明した。

アブドゥルは、本当に困っているときには文句ひとつ言わずに生活補助をくれた。しかし小売商たちが調子に乗りはじめると本当に怖かった。なぜかわからないが、彼には小売商の売り上げがわかるんだ。だから彼と取引する小売商はみんな、アブドゥルには敬意を抱いていた。

（ダニー、三〇歳男性、二〇〇四年五月一二日）

日々、互いの困難を訴えあう駆け引きをしていれば、互いのことがよく理解できるようになってくる。中間卸売商と小売商は、はじめはビジネスをとおした知りあいにすぎなくても、商交渉を通じて、しだいに互いの生活状況や性格、ポーズ、ウジャンジャな戦術を理解しあうようになり、その理解のうえにお互いの信頼を構築する。しかしそれは、両者のあいだに期待を生じさせる。小売商につねに生活補助を提供することは、中間卸売商にとってたんなる自己利益の損失だけでなく、より本質的には両者の関係性を親族や同郷の友人などの関係性と類似したものへと変化させていくことになる。そのような親密な関係性では、ビジネスの文脈を離れた生活の相互支援が過剰に期待されることにつながりうる。親密な関係の構築は、彼らにとってカネ儲けを難しくする。少なくともつねに相手の期待に応えられるか不透明な世界で、互いにカネを争うことを困難にする。小売商にとっても依存関係に向かうことは、必ずしも望ましいことではない。依存関係を築くことは、「かすめ取る」ことを本領とするウジャンジャの発揮が著しく制限され、彼らにもビジネスでの「成功」を諦めさせることになるからである。互いの自律性を認めあいながら、関係性を硬直的、義務的なパトロン—クライアント関係に変化させずに維持するためには、互いに相手の期待に応えながら、ときに相手の期待を裏切りつづけなければならない。

オレたちには、親友（*besti*）はひとりもいない。親友はやばいんだ。サヤカはオレたちがいつもムシカジ（*mshikaji*）とかムセーラ（*msela*）とかカマンダ（*kamanda*）という言葉で、友だち、友だちって言いあっているように思うかもしれないけれど、彼らは親友じゃないし、親友になろうと言っているわけじゃないんだ。でも嘘を言っているわけじゃない。そう呼びあうことは大切だ。だけど、とにかく親友になっちゃだめなんだ。そうじゃなくて、仲間って感じで認めあうんだ。そうやって、赦しあうことがオレたちのやり方なんだ。そのバランスがわかるようになるってことが、ムジャンジャになったってことさ。

（ブクワ、二七歳男性、二〇〇四年、「ブクワの一番の親友はセレマーニなのでしょう」と尋ねたときの返答）

ウジャンジャという狡知は、互いを道具的に操作可能な対象として扱うような権力関係を拒むと同時に、互いを道徳的な規範に従わせるような関係も拒む。小売商は、ウジャンジャを駆使して、困難や不満を中間卸売商に訴え、「仲間」としての共感にもとづいた値下げや生活補助を引き出す。中間卸売商はウジャンジャを駆使して、小売商に「仲間」としてこちらの事情に気づくことを求め、ときには売りにくい古着を販売させる。それは互いがたんなるビジネスライクな関係のように抽象化したり制度化したりすることの困難な関係、すなわち個別的で感情的で身体的な関係であることを求めることにもほかならない。しかし同時に、小売商も中間卸売商も、ウジャンジャを駆使して、ときとして互いの期待に気づかないふりをしたり、あえて期待を裏切ったりしながら、「われわれは、ビジネス以外の領域でも支援しあうような関係ではない、それぞれ自立、独立した対等な仲間である」ことを求める。

ウジャンジャに対する信頼とは、突き詰めれば、互いに対して配慮をしなくてもよいビジネスライクな関係と、互いに対する過度な期待を寄せあう関係との狭間において、親密性を操作することで、「カネ儲け」と「配慮」の同時充足を実現する「仲間」という関係性を、適度なバランス感覚で維持できることにあるのではないだろうか。

ただし、マチンガは、仲間関係を永続的な関係だとはみなしていない。第三章で述べた頻繁な取引関係の解消と再開からも明らかなように、彼らは、ウジャンジャを武器に新しい関係性に参入し、受け入れてもらえる自信をもっている。特定の取引関係が悪化した場合、必ずしも努力してその関係の修復を試みたりせず、他の中間卸売商と取引をはじめたり、持ち逃げをして姿を消し、ほとぼりが冷めた頃に戻ったりすることは、彼らにとって日常茶飯事である。持ち逃げは互いの必要性に無関心であった場合よりも、互いの理解が深まり、互いの手口がわかり、互いに対する期待が高まり、互いの距離感をうまく保てなくなって――親密性が高まり――、ウジャンジャな駆け引きがうまく発揮できなくなったときに生じることのほうが多い。

マチンガの言葉で、「自分から抜けるんだ。転がってでも、前へ前へと漕ぎ出せ（*songa mbele kwa mbele*）」というものがある。ウジャンジャは「とにもかくにも前へ踏み出すスタイル *mbele kwa mbele staili*」をとっている彼らが、「ローリング・ストーンズ」でありつづけながら、「航海する *misele*」ための狡知である。ウジャンジャな戦術は、都市の流動性・匿名性のうえで、マチンガの商慣行の流動性・匿名性を再生産しつづけているのである。

第Ⅱ部

活路をひらく狡知

マチンガの商慣行と共同性の歴史的変容

現在、マチンガと呼ばれている零細商人の一群は、一九六一年の独立後、社会主義体制にもとづく経済発展をめざしたタンザニア国家が深刻な経済危機に陥っていくなかで台頭していった。彼らは不足する物資を隣国から密輸したり、非公式なルートで入手し、政府による厳しい統制をかいくぐりながらブラックマーケットにおいてそれらのさまざまな商品を販売した。一九八〇年代半ばにタンザニアが経済自由化に踏み切ると、マチンガは都市中心部の路上において盛況なオークションを開催した。一九九〇年代に入り、政府による路上商売への弾圧が再燃すると、マチンガはそれに抵抗する実践を繰り広げた。一九九七年頃、急激な商売環境の悪化にともないマリ・カウリ取引は普及していった。ところが、マリ・カウリ取引を軸とした商売も、二〇〇三年一〇月以降の古着の輸入規制や都市計画の推進を受けて、壊滅的な打撃を受ける。

第Ⅱ部では、マチンガたちが時代ごとの政治経済的な変化に応じてダイナミックに商慣行と商関係を変化させていく過程を描きだす。まず第六章において、マリ・カウリ取引がどのような経緯で生み出され、広く普及するようになったのかを明らかにする。またそこでは、商売上の連携構築のあり方が、親族や故郷を中心とする関係から都市の仲間関係へと移行していったことも示される。第七章では、古着商売の危機に直面した商人のあいだで商慣行が再編されていくプロセスを微視的に記述する。ここではごく短期間のあいだに、取引関係が崩壊してマチンガが独立自営化したり、ふたたび「家族」が商売上の連携において登場する。

第六章

「ネズミの道」から「連携の道」へ
——古着流通の歴史とマチンガの誕生

第Ⅰ部では、今世紀初頭にムワンザ市の古着流通において、マチンガのあいだで展開していた信用取引マリ・カウリ取引について明らかにした。掛け売りや信用取引自体は、古くからおこなわれているものであるが、この古着流通における、インド・パキスタン系卸売商―アフリカ系中間卸売商―小売商という三層の商人をつうじてムワンザ市中心部から後背地の農漁村へと古着が流通していくシステム、インド・パキスタン系卸売商とアフリカ系商人とのあいだの断絶、マチンガとしての仲間意識にもとづくマリ・カウリ取引の展開といったすべては、近年、生まれたものである。この章では、古着商人のあいだでマチンガとしての仲間意識がかたちづくられ、現在のマリ・カウリ取引が創出されるに至った歴史的ダイナミズムを、この章の節構成と対応する以下の四つの時期区分に従い明らかにする。第一節、経済危機下での密輸交易とブラックマーケットの勃興（一九七〇年代末〜一九八四年）。第二節、輸入自由化直後の路上での競売取引の展開（一九八四年〜一九九〇年代初頭）。第三節、古着商売の行き詰まりとゆるやかなグループ化（一九九〇年代初頭〜一九九五年）。第四節、公設古着市場への強制移動後のマリ・カウリ取引の生成（一九九六年〜）。

一　経済危機下での密輸交易とブラックマーケットの勃興

古着の密輸交易のはじまり

タンザニアにおける古着の利用は、植民地期にキリスト教団体が布教活動や慈善事業、「未開人の文明化」をめざす活動の一環として、古着を持ち込んだのがはじまりとされている。ムワンザ市郊外のスクマ歴史博物館敷地内のローマ・カトリック教会の司祭によると、ドイツ植民地期にはかなりの量のオランダ製古着が、ムワンザ市で流通していたという。イギリス植民地期には、インド・パキスタン系商人とアラブ系商人が数軒の古着店と新品衣料品店をムワンザ市内に構えるようになっていた〈1〉。

植民地政府は、人種ごとに居住区域や活動区域を定めており、アフリカ系住民の経済活動を規制していた。植民地期の構造は、頂点に貿易業や金融保険業をつかさどったヨーロッパ系住民、中間に農産物の集荷や一次加工、輸入品の卸・小売分野をおさえたアジア系住民、底辺に「おこぼれ的」な活動に従事するアフリカ系住民が位置する三層構造になっていた［吉田　1997：103］。都市部のアフリカ系商人には、輸入業や卸売業をはじめたり、店を構えることは許可されていなかった〈2〉。そのため、都市部のアフリカ系商人の活動は、アフリカ系住民どうしの農産物や漁獲物、伝統的な工芸品の交換［cf. Greble 1971：307-312］を除くと、「アジア系商人のエージェント」として商品を運ぶ行商に限られていた。このアジア系商人のエージェントとして活動したアフリカ系行商人は、その主たる取扱商品が衣類（*nguo*）だったために、「グオグオ *guo-guo*」と呼ばれていた［Lugalla 1995b, 1997：429-430］。

一九六一年にイギリス信託統治領から独立を果たしたタンザニア政府（当時タンガニーカ）は、経済の実権をアフリカ人の手に取り戻すことをめざして、外国人所有の企業の国有化や膨大な数の公社・公団・準国営企業の創設、集村化政策をはじめとする、ウジャマー社会主義にもとづく経済発展を模索した。「アフリカ化 africanization」「土着化 indigenization」をめざした社会主義化路線において、一九七六年の外国人の永住化を抑制する短期滞在キャンペーン（Short-lived 1976 Campaign）や店舗経営法令（Operation Shops 1976）に象徴される、アジア系商人の交易活動の規制が実施された［Tripp 1997: 94-95］。これを受けて、隣国ウガンダほど徹底した排除はなされなかったものの、それまで衣料品や古着流通を担っていたアジア系商人の一部は、タンザニアでの輸入業や店舗経営を断念して別の国へ拠点を移したり、政府の社会主義路線に抵触しない別の業態に転換していった［Lugalla 1997: 432］〈3〉。

社会主義体制期のあいだ、人びとは、国営輸入会社（NICs）や州立商業会社（RTCs）、国営織物会社（NATEX）から公営店「ウジャマーショップ」へと配給される輸入衣料品やキテンゲ、カンガ、バティキなどの布を購入するか、もしくはキリスト教の慈善団体から古着を確保することで衣料品の需要をみたしていた［TGNP 2004: 165］。

しかしウジャマー社会主義体制は、多くの研究で指摘されているようにうまく機能せず、一九七〇年代末には、タンザニアは深刻な経済危機に陥った〈4〉。国営・準国営企業は、国民の需要に応えるだけの衣料品を輸入したり生産することはできなくなっていった〈5〉。

また慈善事業や布教活動として配給された古着も十分ではなかった。ムワンザ市のローマ・カトリック教会傘下の慈善団体カリタス（Caritas）のマシンバ司祭によれば、古着は経済危機のあいだムワンザ州すべてのカトリック教会において、敷地内の畑作業や教会の補修事業への参加に対する報酬や、寡婦や孤児、貧者に対する慈善事業として配られていた。毎週金曜日には、市内の貧しい人びとが賛美歌を歌いながら、古着などの配給品を求めてカトリック教会までパレードをおこなっていた。しかし、一九八〇年頃になると、教会の司祭はもはや古着を優先的に配給すべき貧者の見極めがつかないほど深刻な衣料品不足を目撃するようになった。市内では、農産物を入れる麻袋を身にまとう人びとや上半身はだかで歩きまわる人びとまで観察されるようになったのである［cf. 古沢 1993: 51］。

このような状況において、タンザニアの各都市では、不足する物資を公的な流通ルート以外で販売・購入する巨大なブラックマーケットが出現していった。経済危機は、インフォーマルセクター、「セカンド・エコノミー」［Maliyamkono and Bagachwa 1990］、「シャドー・エコノミー」［Kerner 1988］と呼ばれる巨大な領域を都市経済に出現させていったのである。とりわけケニア、ウガンダとビクトリア湖上で国境を接するだけでなく、ルワンダと国境を接するカゲラ州やブルンジと国境を接するキゴマ州とも密接なかかわりをもつムワンザ市は、当時の「密輸交易の一大拠点」となった。以下では、アジア系商人不在のもとで勃興していった古着の密輸交易についてみていきたい。

古着の密輸交易の方法

一九七〇年代から八〇年代初頭の経済危機において、ムワンザ市の商人の古着の密輸入先は、ルワンダとブルンジが中心だった。[6] 一九七〇年代後半頃には、古着に限っても少なくとも五〇人の密輸商人がムワンザ市を拠点に活動していた。ムワンザ市は、第一章で述べたようにタンザニア最大のエスニック・グループであるスクマの故地、ムワンザ州の州都であるが、古着の密輸交易を担った商人は隣国と国境を接する地域の出身者または隣国からの移民で占められていた。古くから古着流通に従事している商人に当時、密輸交易に携わっていた人びとを紹介してもらった結果、現在ではすでに古着交易から退出している者もふくむ、二八人の密輸交易経験者に話を聞くことができた。これらの密輸商人のエスニック・グループ構成は、ルワンダやウガンダと国境を接するカゲラ州を故地とするハヤが九人、ルワンダ系移民六人、タンガニーカ湖をはさんでブルンジと国境を接するキゴマ州出身のハ三人、ケニアと国境を接するマラ州シラーリ県を故地とするジータ二人とクリア一人、ムワンザ州で生まれたスクマ二人、その他であった。またこの時代の古着の密輸交易を担った人びとは、現在とは異なり、比較的裕福で学歴の高いエリート層であった。聞き取りをおこなった密輸交易経験者二八人のなかには、行政職員二人、空港職員一人、国営織物会社の管理職員、準国営繊維工場ムワテックスの技師、革製品加工工場の技師、経営コンサルタント会社社員、鉄道職員などを前職とする（または兼業する）者がふくまれていた。以下では、当時の密輸交易の様子について事例を挙げて説明したい。

事例6-1 ブルンジからの密輸入

フムディ（仮名）は、キゴマ市近郊の農村で生まれた。両親ともにエスニシティはハである。彼には、タンガニーカ湖対岸のブルンジに友人や親族がおり、フムディ自身もフランス語やルンジ語を話すことができる。古着の密輸交易をはじめたきっかけは、キゴマ市に住んでいたブルンジ人の友人から誘われたからである。フムディは、すでにキゴマ市に住む何人かの先駆者がブルンジからの古着の密輸で大儲けしているのを目撃していたので悩むことなく、弟と村の友人二人を誘ってブルンジ人と一緒に密輸交易をはじめることにした。

フムディらのグループは、一九八一年から八二年まではブルンジの首都ブジュンブラまで古着を仕入れに行っていた。フムディらはタンザニアの州立商業会社からラジオや時計[7]を購入して、それをブルンジで販売し、ブルンジ・フランを手に入れてから古着の梱を購入していた。当時、フムディらが仕入れていたブルンジの古着の卸売商の多くは白人であり、フムディたちは即金で梱を購入していた。フムディが輸入していたのはシャツの梱であり、ひとつの梱の購入価格は二万五〇〇〇フランだった〔タンザニアシリングだと二万二〇〇〇シリングで購入できた〕。梱は、現在と同じように、ひとつ四五キログラムの重さに梱包されており、フランス製またはベルギー製のものが多かった。フムディたちは、ブジュンブラで古着を仕入れると、陸路でブルンジのブルリ県の漁村まで運び、そこから小型の手漕ぎボートでタンガニーカ湖を渡り、タンザニアのキゴマ県の漁村に陸揚げするという行程で古着を密輸入した。国境警備隊や秘密警察に見つからないように、夕方の四時にブルンジの漁村を出港し、夜どおしボートを漕いでタンガニーカ湖を渡り、タンザニア側の漁村には早朝五時から六時に着くようにしていた。タンザニア側の漁村に着くと、あらかじめ約束していた村人の家に梱を運び込み、古着を急いでアイロンがけをし、農産物の袋や旅行鞄に詰め直してからキゴマ市に運んだ。キゴマ市に入る道路がもっとも警察の監視の目が厳しかったからである。フムディたちは市内に入ると休むことなく、家族から〔あらかじめ購入を依頼していた〕チケットを受け取ると、すぐにダルエスサラーム市行きの列車やムワンザ市行きのバスやトラックに乗った。ダルエスサラーム市やムワンザ市に着くと、特定の集会所に集まってくる小売商たちに即金で数十枚から数百枚の古着を卸した。小売商に古着を卸すと、できる限り早い日のチケットでキゴマ市に引き返してきた。一九八二年から一九八三年のあいだに、タンザニアの国境により近いブルンジのマバンダ県にも古着市場が開かれた。そこでフムディたちはマバンダ県の市場で古着を買いつけるようになった。

（フムディ、五〇歳男性、二〇〇四年二月一二日）

この事例と同じように、聞き取りをおこなった密輸商人二八人の証言をまとめると、密輸交易は基本的にはつぎのようなかたちでおこなわれていた。

密輸商人たちはまず、隣国に居住する親族や友人から現地の情報を入手する。つぎにそれらの情報をもとにタンザニアの国営織物会社や州立商業会社、国内の準国営工場、地元の市場からラジオや時計、バティキ（絞り染めの布）、革製品（なめし革、靴）、石鹸、燻製加工した漁獲物や農作物を手に入れる。密輸商人たちは、これらのモノを隣国に持ち込み、現地の馴染みの商人に卸したり、路上や市場において販売したりして現地の通貨を手に入れる。密輸商人たちは隣国の卸売店で梱を購入するか、市場において数十枚から数百枚の古着を購入する。梱を購入した場合は、密輸の発覚を防ぐために現地で梱を開封し、農産物や漁獲物を入れる袋や旅行鞄に詰め直す。その後、国境付近では幹線道路を避け、山や湖を越えてムワンザ市に運ぶ。密輸商人たちはムワンザ市に着くと、すばやく自宅や集会所に古着を運び込み、固定客の小売商または特定の知人に即金で販売するか、他の消費財・食料品と物々交換する。

密輸商人たちのなかには、国内での小売販売業を兼ねていた人びともいたが、ほとんどの密輸商人たちは輸入業を専業としていた。密輸交易における商売戦術について検討する前に、国内での小売販売を担った人びとの活動について説明したい。

国内での密輸古着の販売活動

密輸品である古着の国内販売は、闇取引である。社会主義時代、古着を公然と販売できる市場はなかったし、路上販売どころか自営業自体も違法であった。政府は、社会主義経済体制下で勃興したブラックマーケットに対して徹底的な弾圧を加えていた。一九八三年には、ブラックマーケットで営業する零細商人を一掃することを目的にした「経済的サボタージュに対する戦争 War Against Economic Sabotage」と、都市部からすべての自営業者を故郷やプランテーション農園に送還することを目的とした「人的資本再配置法 Human Resources Deployment Act」が、大規模に展開するようになった。具体的には第八章で後述するが、各都市には膨大な数の警官、準軍事組織員が投入され、都市部で営業する自営業者を問答無用に拘束し、故郷へと強制送還していた。そのため、国内での商活動は密輸交易に匹敵するほど危険なものであった。以下ではどのように国内販売がなされていたのかについて、代表的な事例を挙げながら説明したい。

事例6-2 学生鞄に詰めて行商する

サイディ(仮名)は、兄たちにルワンダから密輸した古着を渡されて訪問販売形式の行商をおこなっていた。サイディは当時、ムワンザ市の初等学校に通っていた。サイディが古着を販売するのは学校の行き帰りで、通学途中に学生鞄に古着を詰めて、あらかじめ兄たちが注文を受け〔信用できると知っていた〕特定の消費者の家を回った。学校がないときでも学生服を着て商売した。

この時期に古着の国内販売を担った人びとは、第一に密輸商人の親族、とりわけ彼らの弟や妹、従弟や従妹であった。サイディのように学生服を着て古着を販売するという方法はそのもっとも一般的な方法であった。当時、学生は自営業者一般が「非生産分子」と烙印を押され逮捕されていた都市部において、昼間に公然と路上を歩ける数少ない身分であり、学生服は格好の隠れ蓑となっていたためである。

事例6-3 野菜販売に紛れこませた古着販売

ガブリエル(仮名)は、一九七五年に野菜をムワンザ市の郊外の農村から仕入れ、ムワンザ市の中央野菜市場などに卸すという集荷人の職についていた。ガブリエルは、一九八三年に、ブルンジの古着の密輸をしていた故郷キゴマ州の友人から現金で古着を購入し、野菜市場において古着の小売販売をはじめた。ガブリエルは、野菜市場の露店にはトマトだけを並べ、古着はトマトを入れていた集荷袋に隠した。ガブリエルは、野菜市場を訪れた客と懇意になると、古着が手に入ることをこっそり伝えた。またガブリエルは客からの古着の注文を密輸商人に伝えるメッセンジャー役も担っていた。

国内販売を担っていた者は、密輸商人の親族以外の人びとでは、ガブリエルのように密輸商人の同郷の友人がつぎに多かった。当時のムワンザ市の野菜市場や魚市場では、ガブリエルと同じように農産物や漁獲物の販売活動に紛れて古着を販売する商人たちが複数存在していたと言われている。古着は、ビクトリア湖において漁撈活動をおこなう漁師の船で運ばれたり、キゴマ州からの農産物と一緒に運ばれ、そのまま市場において農産物や漁獲物の販売に紛れて流通していたのである。

事例6－4　サンプルだけを並べ、見つかったら逃散する

ジョセフ（仮名）は、一九八三年までマラ州の故郷の村で牛を育て、都市部に卸す仕事を家業としておこなっていた。一九八三年一一月にムワンザ市に出稼ぎにやってきて、古着商売をはじめた。ジョセフは、ルワンダ人の友人から古着を仕入れ、マバティニ地区のセブンスデイ・アドベンチスト教会の墓地近くの路上に仕入れた古着の一部をサンプルとして並べ、残りは鞄に隠していつでも逃げられる態勢をとりながらこっそり販売していた。

当時の状況では訪問販売が一番安全であったが、古着の路上販売もなされていた。小売商たちが数多く路上販売をしていた場所はマコロボーイ・ストリートとマーケット・ストリート、およびマバティニ地区とサハラ地区だった。当時の闇取引の中心はこのふたつのストリートだったが、これらの闇市場では、ガブリエルのように野菜や家畜類、その他商品に紛れさせて古着は販売されていた。

他方、マバティニ地区とサハラ地区には共通した特色があった。マバティニ地区にはムワンザ市最大のセブンスデイ・アドベンチスト教会が、サハラ地区にはムワンザ市最大のローマ・カトリック教会が立地していたことである。経済危機のあいだにもこれらの教会では古着が「援助物資」として配給されていた。取り締まり時には、教会内に逃げ込むことを考慮して、路上商人たちはこれらの教会近くで路上販売をおこなっていたのである。

「ネズミの道」——密輸交易における商売戦術

この時期の古着の密輸交易および国内販売の特色は、四つある。

第一の特色は、商人たちが「ネズミの道 *njia ya panya*」と呼ぶ、さまざまな戦術にある。「ネズミの道」とは、ネズミが壁に空いた穴をすり抜けるように、法の網の目をかいくぐることを指して使われる言葉である。密輸商人が幹線道路を避けて国境を突破する方法、農産物を入れる麻袋に古着を詰め直して輸入する方法、国内販売を担った小売商による「偽装」「隠匿」「逃散」はすべて「ネズミの道」である。そしてこの「ネズミの道」における戦術こそ、第Ⅲ部でふたたび取りあげるように、その後にマチンガが市当局による取り締まりに遭遇するたびに形を変えて繰り返し用いられることになるものである。

第二の特色は、故郷とのつながりをつうじた商売の展開である。密輸交易は、隣国—故郷—ムワンザ市の往来で成立していた。当時、輸入元の情報提供者から密輸交易をともにおこなうメンバー、密輸した古着を卸し小売販売を担う者まで、古着は基本的には、親族や同郷の友人などのごく親しい人間のあいだを流れていた。この故郷とのつながりは、当時の自営業者の故郷への強制的な送還とも深く関連していた。また当時の「密輸」や「闇取引」への弾圧は、エスニシティや親族をつうじた連携を強固なものにする契機となっていた。密輸商人は、通常、三人から八人の親族や故郷の友人とのグループを形成して密輸をおこなった。この組織化の理由には、実質的に密輸交易には、ボートを漕ぐなど、ひとりでは遂行できないプロセスが数多くあったことのほかに、見つかれば拘束される危険があり、「信頼できること」がメンバーシップの第一の条件であったためであると語られる。たとえば、ルワンダから古着を密輸していたジョセフは、「国境地帯で警官らに密輸が発覚する可能性よりも、自分たちの商業的な成功を妬んだ人びとによる密告によって発覚する可能性のほうが恐ろしかった」と語った。

第三に、即金または物々交換でおこなわれていたことである。前述したように、密輸商人たちはタンザニアから商品や生産物を持ち出し、ルワンダやブルンジで販売／物々交換し、現地の貨幣を手に入れ、それによって古着を仕入れ、密輸入するという方法を採用していた。このような方式を採用していた背景には、つぎの三つがある。（一）もともと国境地帯の交易では物々交換が主流であり、国境をまたぐ場合にモノを持ち込むことは珍しくなかったこと［cf. Koponen 1988: 102-110; Lugalla 1997: 429-430］。（二）当時、民間商人が公的なルートで外貨を獲得する手段がなかったこと。（三）梱を仕入れるための資本を獲得することが困難であったことである。

吉田によると、ダルエスサラーム市の中級賃金取得者の最低給与は、密輸交易が盛んになる一九七七年で九六〇シリングであり、一九八四年でも一三九六シリングであった［吉田 1997: 307］。ムワンザ市でも同じような水準であったと考えられる。このような賃金水準を考慮すると、事例６－１のフムディらが一つ二万二〇〇〇シリングの梱を購入する資本を捻出するのがいかに困難であったかは容易に想像されるだろう。先にみた密輸商人の前職／本職からもわかるように、これらのモノは商人たちが公的なルートにおいて現金で購入したもののほかに、公社・工場で働く過程で、あるいは公社や工場で働く人びとから横流しされたものも多かった［cf. Lipumba 1984: 37］。

密輸商人は、親族以外には、国内販売を担った小売商にほとんど掛け売りをおこなわなかった。国内販売を担った小売商も消費者にクレジットで販売することはなかった。掛け売りがなされなかった理由は、古着が希少で即金でも簡単に売りさばけたこと、および密輸品であったので代金の支払いが焦げついたときに支払いを強要することが不可能であったためである。

第四の特色は、その危険性に見合うだけの莫大な儲けが得られたことにある。密輸商人たちはみな口をそろえて、いかに検挙の危険があろうとも「信じがたいほど儲かったので、やめる気になど一度もならなかった」と語った。たとえば、事例６－１のフムディによると、一つの梱からは仕入れ値や密輸にかかる経費を引いても二万五〇〇〇シリング以上の利益が得られたとのことである。フムディたちは梱を二つから五つ仕入れていたので、一度の密輸における利益は一〇万シリングを超えることもあった。これは当時の準国営企業の労働者が一年かけても得られない額である。フムディは、経済自由化後にキゴマ市に瀟洒な家を建て、二人目の妻をもらうために多額の婚資を支払い、それでもまだ中古自動車の輸入業をはじめるのに十分な資本が残っていたと語った。国内販売を担った人びとの多くも親族の密輸商人から資金を分け与えられ、次節で説明するように自由化直後には古着の中間卸売業に参入した。

このようにアフリカ系の古着商人たちは、当初は、故郷やエスニシティ、親族と連携することで台頭した。また「ネズミの道」は、彼らの逞しい企業家精神を下支えし、莫大な利益につながっていた。しかしこのような故郷やエスニシティを基礎とする連携は、タンザニア政府がＩＭＦと世界銀行が主導する構造調整政策を受け入れ、経済自由化に踏み切り、比較的自由な商取引がおこなえるようになると、大きく変化していった。以下では、アジア系商人の帰還、零細商売に対する一時的な自由放任政策のもとで、都市路上においてそれぞれ独立自営で競いあう、競売取引が展開していく様子を明らかにしたい。

二 経済自由化と競売取引の展開

古着輸入の解禁とアジア系商人の帰還

一九八四年にサリム・アハメッド・サリム首相は古着の輸入を解禁した。この古着輸入の解禁は、ムワンザ市の古着商人たちには、ルグンガ定期市の開設とともに記憶されていた。ムワンザ州と隣接するシニャンガ州カハマ県のルグンガ地区は、ルワンダのキガリ市からの幹線道路とブルンジへと通じるキゴマ州からの幹線道路が交差する地点にある。古着輸入の自由化宣言以降、ルグンガ定期市では、ルワンダ系やブルンジ系の商人が国外から輸入し

街中にある古着の卸売店舗。梱の絵が目印。

た古着の梱を開封しオークションをおこなっていた。かつてルワンダやブルンジに密輸に出かけていた商人の一部は、ルグンガ定期市におけるオークションに参加するようになった。一九八五年末にはルグンガ定期市は、ムワンザ市の商人たちによく知られるようになっていった。

ウジャマー社会主義を強力に牽引してきたニエレレ大統領から、経済自由化推進派のムウィニ大統領に政権が代わり、政府が一九八六年に世界銀行とＩＭＦ主導の構造調整政策を受け入れ経済自由化に踏み切ると、古着をふくむさまざまな商品の貿易は、本格的に開始されることになった。これ以降、輸入業は、一九七〇年代初頭に半強制的にタンザニアを離れたアジア系商人の帰還とともに急速に拡大していくことになった。[8] ムワンザ市の古着流通においても、インド・パキスタン系商人たちが古着の卸売店をつぎつぎと開店していった。

さて、ムワンザ市内での古着の仕入れが可能になったために、かつて密輸交易と国内販売を担っていた商人たちの大部分は、インド・パキスタン系卸売商から梱を仕入れ、古着を一枚単位にばらして、小売商や消費者へと転売する中間卸売業に参入していった。新興のアフリカ系中間卸売商たちは、マーケット・ストリートにおいて活動を開始した。彼らは、インド・パキスタン系卸売商またはその他の商店の店先に一カ月三〇〇〇シリングから六〇〇〇シリングの場所代を支払って、台を設置して活発な古着のオークション販売を開催するようになったのである。

しかし、ムワンザ市で古着のオークションがはじまった一九八六年後半には、現在とは異なり、卸売商—中間卸売商—小売商—消費者という明確なラインに沿って古着が流通していたわけではなかった。この時期においてマーケット・ストリートで活動する中間卸売商の大半は、かつての密輸交易の仲間や親族らと互いに連帯保証人になりあうことで、インド・パキスタン系卸売商から数百個もの梱を信用取引で仕入れていた。つまり、アフリカ系中間卸売商は、植民地期と同様にふたたびインド・パキスタン系卸売商のエージェントとなったのである。また、彼らにとってインド・パキスタン系商人との取引関係は、アフリカ系小売商との関係よりもずっと重要だった。

〔それまで兄がルワンダから密輸した古着を販売していた〕わたしは、一九八六年に兄から手渡された資本をもとに、インド系卸売商から九〇〇〇シリング〔当時のレートで一七三USドル〕でブラウスの梱ひとつを仕入れることで自分の商売をはじめた。当時、一番高い種類の梱は四万五〇〇〇シリングで、ブラウスの梱がもっとも安い梱だった。商売はとてもうまくいった。一年後にはインド系卸売商にコンテナひとつ分〔約五五〇個〕の梱を注文することができるようになった。わたしは、兄や同郷の友人たちと一〇〇個ずつ分けあってマーケット・ストリートに隣りあって台を並べて一緒に販売していた。インド人たちは、利益を上げるまで仕入れ代金の支払いを待ってくれた。当時、わたしたちアフリカ系商人とインド系商人は互いに助けあって商売をしていた。（ママ・ゴディ、四二歳女性、二〇〇四年五月二〇日）

一方で中間卸売商にとって小売商と消費者の区別は曖昧であり、オークションに参加する人びとが競り落とした古着を、小売りするのか、家族や自分のものとして着用するのかは判然としなかったという。この時期、アフリカ系中間卸売商と小売商のあいだに固定的な取引関係はなかった。先述したように自由化以前にも「小売商」は存在したが、彼らは友人や親族の密輸商人から買いつけたわずかな古着を、それ以外の多様な商品とともに、細々と行商したり、路上でこっそり販売したりしていたにすぎなかった。

しかしムウィニ大統領の比較的ゆるやかな対路上商人政策のもとで、一九八七年終わり頃になると、マーケット・ストリートに近いマコロボーイ・ストリートにおいて、小売商たちの露店が立ち並ぶようになった。さらに一九八九年頃には、マーケット・ストリートとマコロボーイ・ストリートを横切って南北に伸びるルムンバ・ストリートにも、露店が設置されるようになっていった。以下では、どのようにして専業的な古着小売商が出現していったのかを、当時の様子をよく知る商人の語りから説明したい。

マコロボーイ・ストリートの最初の露店は、カプラという名前のルワンダ系商人が設置した。あれは自由化の翌年一九八七年だと記憶している。〔すでに故人となった〕カプラをはじめて見たのは、ルグンガ〔定期市〕だったけれど、彼は古着のことを何でもよく知っていた。だからオレは、カプラのすぐ横に露店を構えることにした。なぜなら、カプラの商売を真似していたら、梱を開く資金がなくても古着商売は儲かるっていうことがわかったからだ。ふつうの客たちはオークションが開かれていても、どうやって古着を選んだらいいかわからなかった。当時のオークションはものすごい人が集まっていて、後ろのほうに陣取ったら古着をよく見ることはできなかった。タンザニア人は衣類に飢えていたので、ものすごい速さで一枚一枚の古着が競り落とされていった。だから、みんな我先に古着を競り落とそうとする。でもじっさいに手に入れてみたら、ボロボロだったり、サイズが合わなかったりということがよくあったんだ。オレたちはなるべく同じ種類の古着で、選りすぐりの古着を競り落としてきて露店に吊した。客は、何度かオークションに参加して買い物に失敗すると、オレたちの露店にくるようになった。オレたちはだんだん常連客を増やしていった。そして、常連客が欲しがる古着をマーケット・ストリートで探してきて販売するという方法で、稼ぐことができるようになったんだ。

（マジュマ、三九歳男性、二〇〇四年四月二三日）

このように自由化後しばらくすると、インド・パキスタン系卸売商、中間卸売商、小売商の三種類の商人層が古着を流通させる形態が出現した。ただし、当時の中間卸売商と小売商の活動範囲は、市内中心部の路上から郊外の住宅地や市周辺の農漁村まで広く拡散している現在とは異なり、ムワンザ市商業地区の三つのショッピング・ストリート（マーケット・ストリートおよびマコロボーイ・ストリート、ルムンバ・ストリート）と、商業地区内にあったひとつの定期市（シャア定期市）にほぼ限定されていた。これらのショッピング・ストリートと定期市では、一九九〇年代前半にかけて、つぎのような取引形態が、中間卸売商と小売商とのあいだで定着していったのである。

中間卸売商と小売商のあいだの競売取引の方法

この時期（一九八七年から一九九三年）に古着商売に携わっていた古着商人五四人への聞き取り調査の結果をもとに、一九八〇年代後半の古着商売の方法を再現したい（図6-1）。

中間卸売商は早朝七～八時に得意先のインド・パキスタン系卸売商から古着の梱を仕入れ、マーケット・ストリートにオークションを開催するための台を設置する。オークションが開かれる前に「ワフングリシャージ *wafungulishaji*（＝「梱を開かせる人」）」(9) と呼ばれる小売商たちが、中間卸売商との商交渉にやってくる。ワフングリシャージは中間卸売商に対して未開封の梱を前に、最低でも何枚以上の古着を、一枚あたり何シリングで購入するという約束をして、「自分のために梱を開いてほしい」と交渉する。交渉が成立すると、中間卸売商は仕入れた梱のなかから、そのワフングリシャージが指定した梱を指定した数だけ開き、それぞれの梱からワフングリシャージが約束した枚数の古着を選ばせ、約束した価格で販売する。

その後、中間卸売商は残りの梱も開封し、ワフングリシャージが選ばなかった残りの古着とともに競りにかける。中間卸売商は、路上に設置した台にのぼり、一枚一枚の古着を広げて手にかかげ、その古着のデザインや品質のよさを説明しながら、最低価格を叫ぶ。ひとりの買い手がそれ以上の価格を叫び、その値段を中間卸売商が繰り返し、別の買い手がさらにそれ以上の価格を叫ぶというかたちで競りはすすめられ、誰からの声も止んだ時点で中間卸売商は、最後に叫んだ買い手に向かって古着を投げる。その後、客引きや盗難の監視を兼ねた手伝いの少年たちが、古着を投げられた買い手から代金を回収して中間卸売商に届ける。

このオークションには、「ワペレンバージ *wapelembaji*」と呼ばれる小売商たちが消費者に交じって参加している。ワペレンバージとは、「掘り出し物を探す」「物色する」商人という意味(10)であり、同じ種類の古着を販売する複数の中間卸売商のオークションを回って売れ筋商品を探し回り、気に入った古着を競り落としていく小売商である。彼らは早朝から目当ての古着の梱を仕入れる中間卸売商の周りに待機し、オークションの開始と同時に積極的に値段を叫んで盛り上げていく。昼頃には一般消費者たちも数多く集まりはじめ、マーケット・ストリートは混雑した状

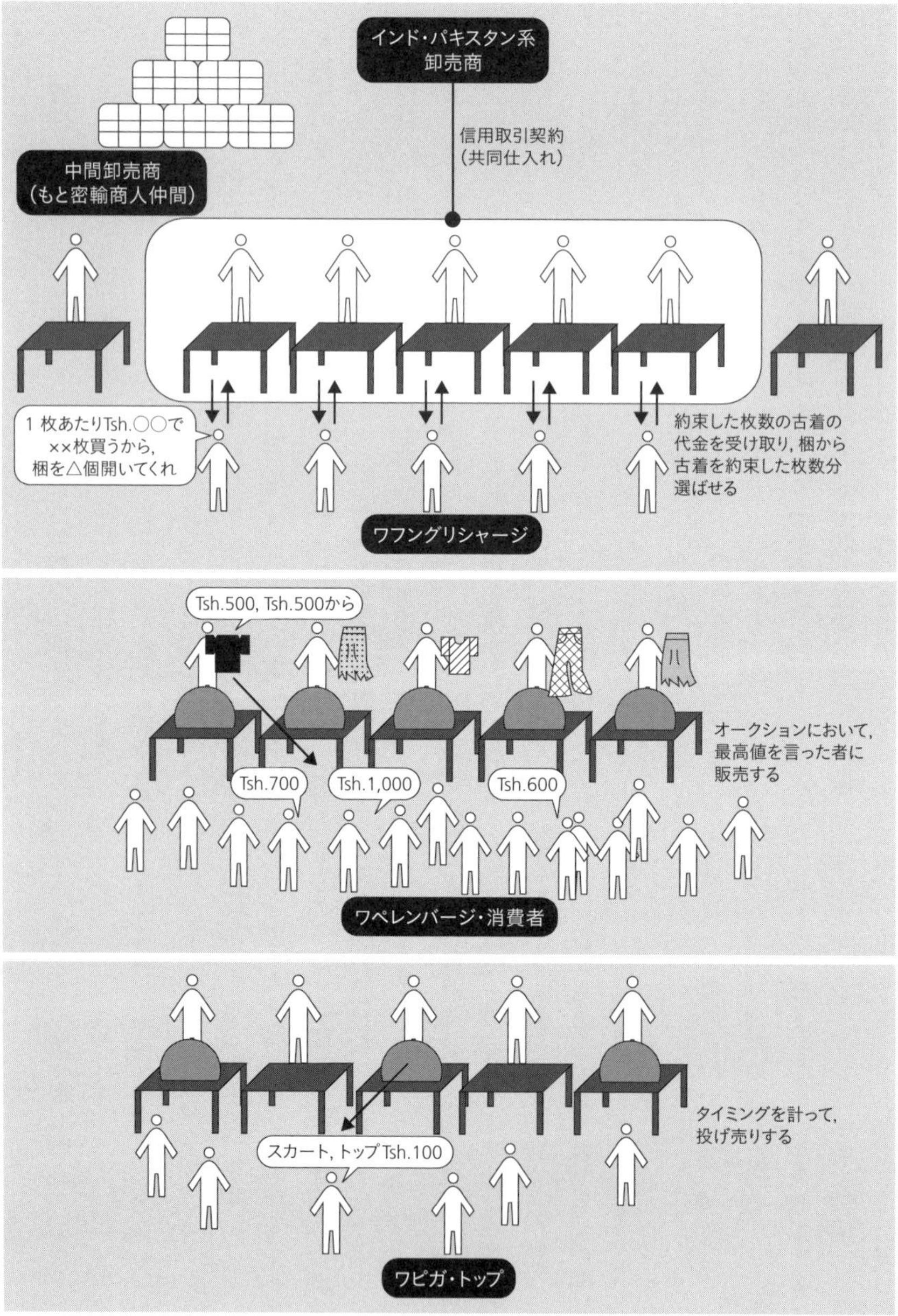

インド・パキスタン系
卸売商
信用取引契約
（共同仕入れ）
中間卸売商
（もと密輸商人仲間）
1 枚あたりTsh.○○で
××枚買うから，
梱を△個開いてくれ
約束した枚数の古着の
代金を受け取り，梱から
古着を約束した枚数分
選ばせる
ワフングリシャージ
Tsh.500, Tsh.500から
Tsh.700
Tsh.1,000
Tsh.600
オークションにおいて，
最高値を言った者に
販売する
ワペレンバージ・消費者
タイミングを計って，
投げ売りする
スカート，トップTsh.100
ワピガ・トップ

図 6－1　競売取引の方法

況になる。

オークションが終盤に近づくと、台の上には最低価格を少しずつ下げながら何度も競りにかけたが、結局、買い手がつかなかった古着が積み上げられていくことになる。「ワピガ・トップ *wapiga top*」[11]と呼ばれる定期市商人は、台の上に十分な量の売れ残りの古着が積み上げられるのを待っている。ワピガ・トップは、タイミングを計って「トップ〇〇〔値段〕！」という掛け声とともに、オークションを打ち切り残った古着を一括で引き取ることを申し出る。中間卸売商はこれ以上、競りにかけても売れないと判断した場合には、ワピガ・トップの掛け声に応えて「トップ〇〇で売り切れ」と叫ぶ。そしてワピガ・トップが台の上に積み上げられた売れ残りの古着すべてを買い取った時点で、中間卸売商が仕入れた梱の中身は完売したことになる。

このように自由化後しばらく経つと、オークションをおこなう中間卸売商と、異なる商売戦略をとる三種類の小売商が古着流通を担うようになっていた。ワフングリシャージとワペレンバージはどちらもマコロボーイ・ストリートやルムンバ・ストリートにおいて露店を経営していた小売商である。[12]ワピガ・トップはシャア定期市（一九九二年にサハラ定期市に移設された）で「たたき売り」をおこなっていた小売商である。中間卸売商とそれぞれの小売商への聞き取りによると、それぞれの商人層には長所と短所をあわせもつ異なる商売戦略があった。

「古着商売はギャンブルだ」――中間卸売商と小売商の商売戦略

まず、中間卸売商の商売戦略から説明する。現在と同様に中間卸売商にとっての最大の問題は、梱の中身が品質の悪い古着ばかりでも、インド・パキスタン系卸売商に決められた仕入れ代金を支払わなければならなかったことである。自由化直後は、同郷の友人や親族と互いに連帯保証人になることで、インド・パキスタン系卸売商から信用取引で梱を仕入れていたので、個々の中間卸売商による仕入れ代金の支払いの焦げつきは、大きな問題となった。

このような事情を抱えていた中間卸売商にとって、ワフングリシャージへの販売は、たとえ仕入れた梱がすべて悪い梱でも、一定程度の仕入れ代金を確実に取り戻すことができる、リスク回避の方策になっていたと考えられる。

その一方で、競売取引において価格を吊り上げながらワペレンバージに販売すれば高い利益を獲得できる古着ばかりが梱包されていても、約束した価格でワフングリシャージに販売しなければならなくなる。そのため、中間卸売商が大きな利益を得るためには、ワフングリシャージの数は仕入れ額を取り戻せる最低ラインでよく、それ以上はワペレンバージに販売したほうが得策である。また中間卸売商にとって売り上げを左右するワペレンバージは、ワフングリシャージへの販売で売れ残った古着しか出回らないオークションには集まってこない。そのため、中間卸売商は多くのワペレンバージを集客して値を吊り上げるために、ある程度、良い古着を残しておく必要があった。

ワピガ・トップへの販売は、中間卸売商にとって販売に時間がかかる在庫を生み出さないための方策となっていた。しかし中間卸売商にとって、「トップ」という掛け声をどのタイミングで受け入れるのかを判断するのは、難しい。ワピガ・トップの掛け声にあまり早く応じてしまうと、オークションで価格を吊り上げながら販売できたかもしれない古着を投げ売りしてしまうことになり、遅すぎると買い取りを申し出るワピガ・トップが他の中間卸売商のオークションに流れてしまうので、在庫を抱えることになってしまう。

以上、中間卸売商の商売戦略は、これら三種類の小売商をいかにバランスよく確保できるか、という点にあったといえる。

つぎに、三種類の小売商の商売戦略の違いを検討する。三種類の小売商への聞き取りによると、彼らの初期資本には大きな違いが見出せなかった〈13〉。小売商たちがどのような仕入れ形態を選択するかは、以下で説明するように、それぞれの仕入れにかかわるメリットとデメリットによっていた〈14〉。

まず、ワフングリシャージ（梱を開かせる商人）の利点は、他の小売商に先駆けて商品を仕入れることができるので、梱のなかからもっとも良質で流行に即した古着を仕入れることができたことである。しかし一方で、ワフングリシャージは、たとえ中間卸売商が開封した梱の中身がすべて悪い古着であったとしても、約束した枚数の古着を約束した価格でかならず仕入れしなければならなかった。そのため、ワフングリシャージの商売戦略は、梱を引き当てる「運」によっていた。もし自分が指定した梱に約束した価格よりも高い値段で売れる古着が、中間卸売商に約束した枚数より多くふくまれていれば、大きな儲けが得られるが、逆に約束した価格以下でしか売れないような悪い古着しか入っていなかった場合には、損をするという投機的な側面があったのである。当時、ワフングリシャージをしていた商人は、「オレたちは、良い梱を引き当てるというギャンブル（*kamali*）をしていた」と説明した。ワペレンバージ（掘り出し物を探す商人）の商売戦略上の利点と欠点は、ワフングリシャージと逆である。ワペレンバージは、複数の中間卸売商の競りを回り、みずからの目で確かめて儲かると踏んだ古着だけを、納得した価格で競り落とせばよいので、梱の良し悪しに左右されることはない。しかし、ワペレンバージはワフングリシャージが物色した残りの古着から売れ筋商品を、他のワペレンバージたちと競り合いながら獲得しなければならない。そのため、ワペレンバージは、ワフングリシャージよりもつねに高い価格で古着を購入することになった。他のワペレンバージと競いながら儲けを得るためには、古着の良し悪しを「瞬時に判断できる目利きのよさ」、および嗜好の違う幅広い顧客層に高値で販売するための「交渉術」が必要であった。当時、ワペレンバージをしていた商人たちは「オレたちは、目利きのよさと口の巧さに自信があるプロフェッショナルだった」「オレたちは自分たちが選んだ古着を流行させる当世のファッション・リーダーだった」と語った。

ワピガ・トップは、シャア定期市において一律価格でたたき売りをする小売商である。彼らは売れ残った大量の古着を安価な価格で買い叩くことができる。しかしワピガ・トップは、一枚一枚、古着を競り落とすワペレンバージとは異なり、商人たちが「雑巾 *deki*」と呼ぶ、まったく利益を生み出さない古着も引き取らなければならなかった。そのため、ワピガ・トップが得られる利益は、掛け声をかける「タイミング」に左右された。掛け声をかけるタイミングが早すぎれば、中間卸売商はそれらの古着をまだ競りにおいて販売しようとするので、彼らへの投げ売りを拒む。逆にタイミングが遅すぎれば、悪い古着ばかりを購入するしかなくなってしまう。[15] 定期市では、競りをおこなうのではなく一律価格（たとえばシャツなら当時二〇〇〜三〇〇シリング）でたたき売りをするので、仕入れた古着のなかの三分の二以上が、定期市販売の一律価格の相場よりも高く売れる古着でなければ儲からなかったという。

このように経済自由化直後は、中間卸売商と小売商はいずれも「古着商売は勝つか負けるかのギャンブルだ」と公言していたとおり、かなり投機的なビジネスをおこなっていた。またこの頃、特定の中間卸売商と小売商とのあいだに固定的な取引関係はほとんどみられなかった。さらに小売商どうしのつながりも希薄で、小売商たちは基本的に独立自営をおこなっていた。

このような投機性の高いビジネスであったが、誰もが当時の古着商売は非常に儲かったと生き生きと語った。たとえば、それはつぎのような語りに表されている。

経済自由化直後は、たった一日で一五個から二〇個もの梱を売りさばくことができた。そしてひとつの梱あたり仕入れ費用の倍近い利益を得ることができた。オレは古着ビジネスから得た利益で、五〇頭以上の牛、三軒の家〔うち一軒はゲストハウス〕を手に入れることができた。この頃は、一般の人びとは古着なんかで儲かるはずはないと信じていたので、われわれ古着商人はみんな盗品を販売する泥棒か、詐欺師に違いないと噂されていた。

（ジョセフ、三八歳男性、二〇〇四年五月一七日）

いまでは古着商売をはじめて、中間卸売商になれる人間はほとんどいない。でも一九九〇年代前半までに古着商売〔小売商〕に参入した商人で、オレが知るかぎり、梱を開けなかった人間はひとりもいなかった。当時、オレたち古着商人たちはバーにくりだしては、バカ騒ぎばかりしていた。オレたちのほうが政府の役人なんかよりよっぽど儲けていたし、バーガールにも気前よく奢っていたので、古着商人たちはたくさんの女の子たちに囲まれてふんぞり返っていた。オレたちがバカ騒ぎをしていると嫌な顔をして文句を言う人びとがいつもいた。でもその頃のオレたちは、他人の嫉妬なんてどこ吹く風（*pote la mbali*）だと思えるほど、カネをもっていたんだ……ウェイトレスがおつりを持ってくるのが遅かったら、おつりをもらうことなんて忘れて立ち去った。いまじゃ、おつりが五〇シリングでも足りなければ、絶対に文句を言うけれどね。

（エマ、三二歳男性、二〇〇四年五月二八日）

以上のように一九八六年の経済自由化から一九九〇年代初頭までの時代は、ムワンザ市の商業地区の路上で日々活発にオークションが開かれ、多数の古着商人が零細商売に参入し、成功した。この時代、中間卸売商と小売商は、互いの目利きのよさや交渉術を競いあったと自身のウジャンジャを語った。しかし、多くの中間卸売商と小売商たちは、このような古着商売の最盛期は長くはつづかなかったと語った。次節では、ビジネスをとりまく社会・経済・政治状況の変化から、しだいにインド・パキスタン系卸売商とアフリカ系中間卸売商のあいだでの信用取引、および「もと密輸商人」である中間卸売商どうしの連携がなくなり、かわって特定のアフリカ系中間卸売商と複数の小売商とのあいだで取引関係が形成されていく様子を明らかにしたい。

三　古着商売の行き詰まりとゆるやかなグループ化

一九九〇年代に入ると、古着商売はしだいに行き詰まっていった。その主たる要因は、三つある。第一に、急激な商人人口の増加とそれにともなう競争の激化。第二に、インド・パキスタン系卸売商による信用取引の中止。第三に、政府によるインフォーマルセクター政策の転換である。

中間卸売商と小売商のあいだのゆるやかなグループ化

古着商人たちによると、自由化直後は、マーケット・ストリート（約二五〇メートル）とマコロボーイ・ストリート（約四〇〇メートル）の両側に、二メートル四方の机や露店がいくつか点在して立ち並ぶ程度で、中間卸売商と小売商はあわせて二〇〇名ほどしかいなかった。しかし、そのわずか五、六年後の一九九三年にムワンザ市当局がおこなった調査では、古着商人はその一〇倍の二〇〇〇人以上存在すると報告された［Mwanza 1994: 39］。一九九〇年代初頭のマコロボーイ・ストリートは通行困難なほど小さな露店がひしめき、商人たちの言葉でいえば、「現在のムランゴ・ムモジャ市場とまったく同じ」市場のような様相を呈するようになっていた。このような商人人口の急激な増加は、向都労働移動の増加にみあう雇用機会の不足や構造調整政策の正負のインパクトによって引き起こされた、インフォーマルセクターの膨張によるものである。

商人人口が増加した結果、古着商人のあいだでは競争が高まっていった。この競争は、中間卸売商のビジネスの早い回転を実質的に下支えしていた、インド・パキスタン系卸売商による信用取引の中止によって促進された。先に紹介した中間卸売商の言葉にあるように、自由化直後、多くの中間卸売商はインド・パキスタン系卸売商からじっさいの自己資金を超える数の梱を信用で仕入れることを認められていた。しかし、自由化直後に小売商として古着商売をはじめた商人が好調なビジネス状況によって資本を獲得し、新規に中間卸売業に参入することによって、一九九〇年代前半には「もと密輸商人」以外の中間卸売商が増加していった。その結果、「店への搬入直後に現金でもすべての梱が売り切れるようになった」「すべての中間卸売商を把握して、信頼することが困難になった」という理由で、中間卸売商たちは、インド・パキスタン系卸売商から信用取引での梱の販売を拒まれるようになった〈16〉。多くの中間卸売商たちは、このようなインド・パキスタン系卸売商の対応を、かつての自分たちのエージェントとしての働きを認めない冷たい仕打ちだと非難した。このインド・パキスタン系卸売商の信用取引の中止により、かつて数百個もの梱を売りさばいていた中間卸売商たちは、突然にその何十分の一の数の梱しか仕入れることができなくなった。親族や密輸仲間と連携していた中間卸売商たちは、しだいに独立自営化していった。その結果、中間卸売商どうしの競争が促進されたのである。

すでに大規模な資金を稼いでいた中間卸売商の一部は、バー経営やゲストハウス経営などをはじめ、古着商売から撤退した。古着商売に残った中間卸売商たちは、他の中間卸売商との競争に勝つために、固定客となるワフングリシャージとワピガ・トップの囲い込みをはじめた。この囲い込みの内容を説明するためには、一九九〇年以降に小売商が直面した事情も合わせて説明する必要がある。

小売商の増加と競争の激化

一九九〇年代に入ると、小売商もビジネス状況が大きく変化していくのを感じていた。地方から都市へと出稼ぎにきた多数の新規参入者により競争が激しくなり、都市部の路上で開催されるオークションは飽和状態になった。オークションに参加していたワペレンバージたちはこの状態をつぎのように説明した。

オレは〔一九八七年に商売をはじめたので〕どんな古着が売れるのかも、その古着がいくらなら販売できるかも熟知していた。でも欲しい古着が手に入らなければ、どうすることもできなかった。それに古着の価値や相場を理解していない新参者が、とんでもない値段（*bei ya kizinga*）で競り価格を吊り上げるから、高い値段で購入するしかなくなった。オレたちがつくりあげたオークション・システムは、地方からの田舎者の流入によって、うまく機能しなくなった。

（ジョフリー、三二歳男性、二〇〇四年五月一〇日）

一九九〇年に入ると、商人の数が増えたせいで、欲しい古着を競り落とすことが難しくなった。でもそれは全体的な古着の量が減ったせいでも、古着が足りなかったせいでもなかった。インド人たちは大量の古着の梱を仕入れつづけていたし、マーケット・ストリートの中間卸売商の数は以前よりも増加した……ただ消費者の目が肥えたせいで、特定の古着が不足するようになった。かつて消費者は、せいぜい衣類の種類と色、財布の中身くらいしか気にしなかった。でもこの頃には消費者もデザインやファッションを理解するようになった。そのためオークションに参加する商人たちは、みんな同じような古着を購入したがった。そしてオークションでは、旨みのある古着を手に入れることが難しくなった。

（ワリオバ、三六歳男性、二〇〇四年五月一四日）

最初のワペレンバージの説明にあるように、小売商たちは商人の数が増加するとともにオークションで欲しい古着を手に入れることが難しくなった。しかしそれは、二人目に挙げたワペレンバージが説明するように、古着の流通量（供給量）が減少したのではなく[17]、消費者のあいだで古着の差別化がすすみ、消費者の嗜好にあった販売しやすい古着に対する競合が激化したためであると推測される。その結果、かつてオークションに参加して、古着を一枚一枚仕入れていたワペレンバージのうち比較的資本をもつ者たちは、特定の中間卸売商から競りの開始前に売れ筋の商品を買い取ることができるワフングリシャージへの参入をめざすようになった。他方、中間卸売商も彼らに信用取引を認め、ワペレンバージがみずからの常連の取引相手としてワフングリシャージになることを歓迎した。インド・パキスタン系卸売商から信用取引で仕入れていた頃と異なり、多くの梱を入手できなくなっていた中間卸売商たちは、ワペレンバージや消費者を客として十分に集めることができなくなっていた。多くのワフングリシャージが常連の取引相手になれば、中間卸売商は確実に仕入れ代金を回収し、ビジネスの回転を速めることが可能になるのであった。

また小売商の増加とそれにともなう競争の激化に、これとは別のかたちで対応していった小売商たちがいた。それがワピガ・トップである。

シャア定期市から〔より大きな〕サハラ定期市に移っても、まったく同じ種類の古着を売っている商人が隣にいたら、売り上げの減少を防ぐことはできなかった。一九九〇年代になってムワンザ市の古着商人〔ワピガ・トップ〕たちは、農村の奥地へ奥地へと分け入っていった。当時、農漁村の市は、牛や穀物などが販売される定期市（*minada*）、あるいは小さな野菜市場だった。オレたちはバスや小型トラックを乗り継ぎ、一〇〇キログラムに近い古着の塊を頭にかついで山を越えて谷を越えて、道なき道を歩き、まだ〔同じ種類の古着を販売する〕誰も手をつけていない農村の定期市を開拓していった。しかしそのためには、〔奥地の農村とムワンザ市を頻繁に往復することは時間／費用がかかるので〕一度の仕入れで大量の古着を確保する必要が生まれた。

（チャマ、三一歳男性、二〇〇四年五月一六日）

このワピガ・トップの説明にあるように、当時のムワンザ市では商人が飽和状態になったので、新天地を求めて奥地の農村定期市を開拓していく小売商たちが増加していた。同時にこの頃、ムワンザ市当局はマラ州・シニャンガ州方面の幹線道路を整備し、農村の定期市に行政官を派遣して税の徴収に当たるようになった。この結果、ムワンザ市から離れるにつれて、道路沿いに月曜日、火曜日、水曜日、と順に市が開かれていくという、現在の定期市網が整備されたのである。ムワンザ市を離れて地方の定期市を巡回するようになったワピガ・トップたちは、安定的に早く古着を獲得するために、特定の中間卸売商に対して、競りにかける前に、あらかじめ古着を販売してくれるように要請するようになった。また中間卸売商たちも、売れ残りをなくすために、特定のワピガ・トップたちに競りにかける前により分けた古着を販売するようになった。また一部の中間卸売商たちは、定期市に向かう特定のワピガ・トップを一〇〇〇シリングから二〇〇〇シリングの報酬で雇い入れるようになっていった。

つまり、この頃、中間卸売商たちは、数人のワフングリシャージとワピガ・トップを、固定的な取引相手として抱えるようになった。中間卸売商は、ワフングリシャージとワピガ・トップに、決まった枚数の古着を決まった価格で販売し、残った古着を競りにかけてワペレンバージと消費者に販売するという方法で商売をするようになったのである。当時、小売商だった人びとの商売歴に関するわたしの聞き取り調査でも、一九九〇年頃から特定の取引先の中間卸売商の名前が彼らの口から挙げられるようになった。そして一九九三年から一九九五年頃にかけて、マーケット・ストリート、マコロボーイ・ストリート、ルムンバ・ストリートには、特定の中間卸売商から古着を仕入れる小売商のグループが形成されるようになった。このグループが現在、マリ・カウリ取引をおこなうグループの原型となっていったのである。

インフォーマルセクター政策の転換

一九八六年の経済自由化以降、政府はしだいに、インフォーマルセクターがタンザニア経済において重要な役割を担っていることを認めるようになっていった。詳しい経緯については第八章で述べるが、自由化直後の混乱期、「放任主義」をとっていた政府は一九九〇年代になると、管理と規制にもとづいたインフォーマルセクターの振興をめざすようになった。

ムワンザ市当局も、一九九〇年にムワンザ市零細商人条例（the Mwanza Municipality Council (Small-Traders) By-Laws）を制定し、古着商人をふくむ零細商人たちに、営業許可の取得とムワンザ市当局が設置した公設市場での営業を義務づけた。さらに市当局は、ムワンザ都市計画（Mwanza Master Plan 1993）にもとづいて、二〇〇〇人以上に激増した路上商人たちを収容する六つの商業センター（常設市場および定期市）を整備・創設した。そして一九九三年末から、市当局は市内中心部に設置されていた露店や台を取り壊すなど、商人たちを商業センターへと強制的に移動させる措置を本格化しはじめた［Mwanza 1994］。

　このムワンザ市当局の対応は、市内商業地区の路上で営業していた古着商人たちによる抵抗を引き起こした。整備・創設された商業センターのうち、市内商業地区にもっとも近い市場は、ムランゴ・ムモジャ古着市場だった。しかし当時のこの古着市場は、市内商業地区からの幹線道路が整備された現在とは異なり、商人たちにとって人通りの少ない郊外であった。

> いまではなんとか市場の体裁を整えているムランゴ・ムモジャ古着市場は、一九九三年頃は、ローカル・バーの跡地にすぎなかった。そこはかつては〔一九八八年以前は〕、ローカル・ビールやゴンゴ〔違法の蒸留酒〕、ポテトフライ、ムシカキ〔串に刺した焼き肉〕などが販売され、年配の男性たちがンゴマ〔伝統的なスクマのダンス〕を楽しむ場所だった。しかし一九九五年頃にはすでに荒れ地になっており、閑散としていた。現在のように地面はコンクリート舗装されておらず、草がぼうぼうと生い茂っていた。ムランゴ・ムモジャ市場は〔川をまたいで建設されたために〕、雨の日には川からあふれた泥水で地面はぬかるみ、藪蚊が渦となって襲ってくるような場所だった……そのため、多くの商人はあんな場所に押し込められたら、たちまち商売が立ち行かなくなるに違いないと恐れた。市場に移動したいと思う商人などひとりもいなかった。だからオレたちは、移動を拒んで警官やムガンボ〔市当局に雇用された警備員〕と戦った。
>
> （ムゼー・アブドゥル、四五歳男性、二〇〇四年一月一三日）

　このように、現在は常設市場として機能しているムランゴ・ムモジャ古着市場は、かつてはビアー・マーケットと呼ばれていた［cf. Greble 1971］。当時、ビアー・マーケットで働いていたフッセンによると、そこで運営されていた店の数は八軒で、すべての店に市当局から営業許可と露店番号が与えられていた。しかし一九八八年にビアー・マーケットは閉鎖され、この場所は荒廃した。

「マチンガ」の誕生

古着商人たちは常設市場に移動することを拒み、警官らによる検挙と商品の没収に対する抵抗運動を繰り広げた。経済自由化以前は、商人の数が少なく営業範囲も拡散していたが、この頃には二〇〇〇人以上の商人が特定の路上で集団をなし、警官らを圧倒していた。路上で営業していた商人は、可動式露店をつくり、警官や民兵の姿が見えると合図の笛を吹きあい、蜘蛛の子を散らすように逃げることを繰り返した。また小売商は、検挙を避けて市内商業地区から郊外に至るまでの、あらゆる路上に拡散していった。

この小競りあいの過程で、ムワンザ市における「マチンガ」は誕生した。マチンガという名称自体はダルエスサラーム市において生まれたが、ムワンザ市の商人たちによると、ムワンザ市において「マチンガ」という名称が広まったのは、一九九三年以降に市当局が、路上商人にターゲットを絞った取り締まりを強化した頃である。市当局は、ラジオなどのメディアをつうじて、あるいはスピーカーをつけた車を街中に走らせて「マチンガ諸君、すみやかに市場に移動しなさい」と再三の勧告をした。

マチンガは、仕立て業者や自動車修理工など、そのほかの零細自営業者と自分たちを差異化するようになった。なぜなら、彼らはフォーマルな定職をもたない人びとであるがゆえに取り締まられるのではなく、市内商業地区の路上で商売をしているという理由で取り締まりの対象にされたからである。この時期に、特定の中間卸売商と数十人の小売商とのあいだで築かれたゆるやかなグループは、逮捕された仲間の商人を警察の留置場から解放させるための賄賂のカンパを集める単位としても機能しはじめた。そこでは、「われわれマチンガは助けあうべきである」「われわれマチンガは、兄弟だ」というスローガンが叫ばれた。

またこのムランゴ・ムモジャ古着市場への移動の過程で、路上商人は、インド・パキスタン系卸売商たちが路上商人排斥運動を引き起こしたとみなした。とくに古着商人たちが露店を構えていたマコロボーイ・ストリートにあるヒンドゥー寺院が、密告者の牙城だと名指しされた。ムワンザ市の古着商人たちは、「インド人たちは、寺院でインド人だけの商談をし、アフリカ系住民に都合の悪い取り決めを密談している」「インド人たちはふたたび市内中心街を自分たちの街にしたいと画策している」と噂した。すでにこの頃、インド・パキスタン系卸売商と中間卸売商の親密な取引関係が解消されていたことも、このような噂を広める一因となった〈18〉。

ムランゴ・ムモジャ古着市場への移動

一九九六年頃になると、それまで市場への移動を拒否し、市当局と小競りあいをつづけていた古着商人たちは、突然、市場への一斉移動をはじめた。なぜ古着商人たちは抵抗をやめて突然、移動を開始したのであろうか。

結局、市当局のやり方はいつも同じさ。最初はいま〔二〇〇四年〕と同じように、市当局はいきなりやってきてはオレたちの露店を破壊したり、捕まえた商人をトラックに放り投げるという、野蛮な行為によってオレたちを無理やり市場に移動させせようとしていた。オレたちは野生動物のように追いかけられ、捕獲された。でも一年も経つと、市当局は力ずくでオレたち頑固者を移動させることはできないと気づきはじめた。一九九六年三月頃になると行政官みずからが、台帳をもってマコロボーイ・ストリートとマーケット・ストリートを日参するようになった。そして彼らは、〔路上で〕露店や台を構えていた商人たちに、ムランゴ・ムモジャ古着市場の露店の番号を割り振ると通告した。当時、ムランゴ・ムモジャ古着市場はフェンスで囲まれていて、なかにはたくさんの露店が設置されたという話だったが、オレたち全員が入れるかどうかは定かではなかった。また多くの商人たちは、露店番号さえ獲得したら、市当局が無料で露店をくれるものと勘違いした。だから商人たちは争うようにしてなんとかして〔立地条件のよい〕露店番号を獲得しようとした。〔取り締まりを避けて〕郊外で活動していた商人たちも戻ってきて、自分にも露店番号を割り振ってほしいと主張するようになり、行政官に賄賂を手渡す人びとまで現れた。そういうわけで、マチンガたちはいっせいに移動した。でも露店番号を割り振るというのは、市当局側の方便だった。移動してから、オレたちは騙されたことに気づいた。市場のなかでもコンクリート建ての店や倉庫、立地条件のよい露店はすべて行政官や彼らの縁者が所有していて、商人たちに割り振られた露店は立地条件が悪かったり、木の枠しかない露店ばかりだった……。

（セケ、三八歳男性、二〇〇四年四月二三日）

この商人の説明によれば、多くの中間卸売商と小売商は、この露店番号をめぐる仲間うちの競争によって市場へと移動したという。このとき、番号を得た人びとにはムランゴ・ムモジャ古着市場の露店が与えられた。古着商人たちの多くは、市場へと移動した後に愕然とした。その理由は、市場の露店を取り囲むようにして設置されたコンクリート建ての倉庫や店が、市の役人や公営企業の管理職員、彼らの縁者に帰属するものであったためである。この商人の説明を補足すると、ムランゴ・ムモジャ古着市場の土地は市の所有物であり、露店番号とは正確には土地区画の番号で、その区画での露店の利用権を指す。露店番号を与えられた人びとが、その利用権を確定するためには税金を払い、営業許可を取得する必要がある。利用権を確定した人びとは、毎月その区画の利用税を支払う義務が生じるが、その利用権を第三者に貸し出すこともできる。大きな資本をもつ中間卸売商は、自分の露店の利用権を別の商人に貸し出し、役人からコンクリート建ての店や立地条件のよい露店の利用権を買いあげたり、借りたりした。その結果、古着市場では、大規模中間卸売商が立地条件のよい露店で営業し、零細中間卸売商と小売商が立地条件の悪い露店で営業するという構造が生まれた。

ともあれ、一九九七年には、市内商業地区で営業していた路上商人のほとんどが常設市場に移動した。しかしムランゴ・ムモジャ古着市場以外の市場には、その後、恒常的に商売をする者は現れず、現在では曜日を違えて開催される定期市に変貌している。またムランゴ・ムモジャ古着市場においても、移動から一年も経つと、大半の小売商たちがふたたび市内商業地区の路上に舞い戻っていった。そして、市場に残った中間卸売商と路上に戻っていった小売商とのあいだで、マリ・カウリ取引が普及することになった。以下では、マリ・カウリ取引の方法が確立されていった要因について、市場への移動後のビジネス状況の変化から検討したい。

四　古着のグレード分けとマリ・カウリ取引の創出

移動後のビジネス状況の変化

移動を躊躇していた商人たちの予想どおり、市場への移動後、市内商業地区への通勤客や中央野菜市場に立ち寄る客が見込めなくなり、ムランゴ・ムモジャ古着市場での商売は非常に困難なものになった。この状況について、聞き取りをおこなった古着商人たちは口をそろえて、「客は〔自分たち仲間の〕商人ばかりになってしまった」と説明した。また先に挙げた商人の言葉にもあるように、当時のムランゴ・ムモジャ古着市場は、交通アクセスが悪く、藪蚊が大軍をなして襲ってくるような場所だった。そのため、「雨が降ると誰ひとりとして客が来なかったので、雨の日は誰も露店を開かなかった」という状況になった。

また移動以前は路上において税金も営業許可料も支払わずに自由に商売をしていた商人たちは、ムランゴ・ムモジャ古着市場では市当局の管理下で、税金を徴収されるようになった。ムランゴ・ムモジャ古着市場は、最上位に市場監理官、そのもとに実務官、つづいて古着市場の組合長、副組合長、組合の書記、副書記、そして最下位に古着商人たちをおく構造になっていた。このうち実務官より下の四役は、古着商人のなかから行政官により任命された。税金を徴収するのは書記と副書記である。これは市当局が古着商人を間接統治する試みであり、当局による市場運営に古着商人たちの意見が反映されることはほとんどなかった。市場に移動したことで、古着商人たちが支払うことになった税と諸経費は、つぎの項目であった。

（一）営業許可料　一万二〇〇〇シリング／年（露店経営者）、四万シリング／年（店舗経営者）
（二）区画税　一〇〇〇シリング／月
（三）露店賃貸料　五〇〇〇〜一万五〇〇〇シリング／月

（四）事業税　　　　二〇〇〇シリング／月（移動二カ月後から徴収）
（五）市場清掃費　　二〇〇〇シリング／六カ月
（六）梱運び入れ費　二〇〇シリング／梱[19]

さらにタンザニア政府は、一九九八年に付加価値税（Value Added Tax：VAT）を導入した［TRA 2000］。古着の梱にも一律二〇％の付加価値税がかけられた。この結果、インド・パキスタン系卸売商が税金分を上乗せして販売するようになったので、図６－２のように急激な勢いで梱の卸売価格が上昇した。同時にインド・パキスタン系卸売商は、関税対策としてより質の悪い古着を輸入するようになった[20]。

これら移動後の変化は、市場からの小売商の流出を引き起こした。新たに必要となった税と諸経費を捻出できなかった小売商たちは、市場での露店経営を諦めて、以前に活動していた市内商業地区の路上へと舞い戻っていった。そのうちの多くの小売商たちは、路上で露店を構えるのではなく、いつでも荷物をまとめて逃走できるようにビニールシートの上に商品を並べた。また一部の小売商は、住宅街での行商や宅配をはじめた。複数の商人によると、ムランゴ・ムモジャ移動前は路上での露店販売や決まった路上で商品を並べて販売する路上販売商が主流であり、行商人はそれほど多くなかったという。行商人は、一九九〇年代後半に、市当局による取り締まりへの対応策のひとつとして増加していった。

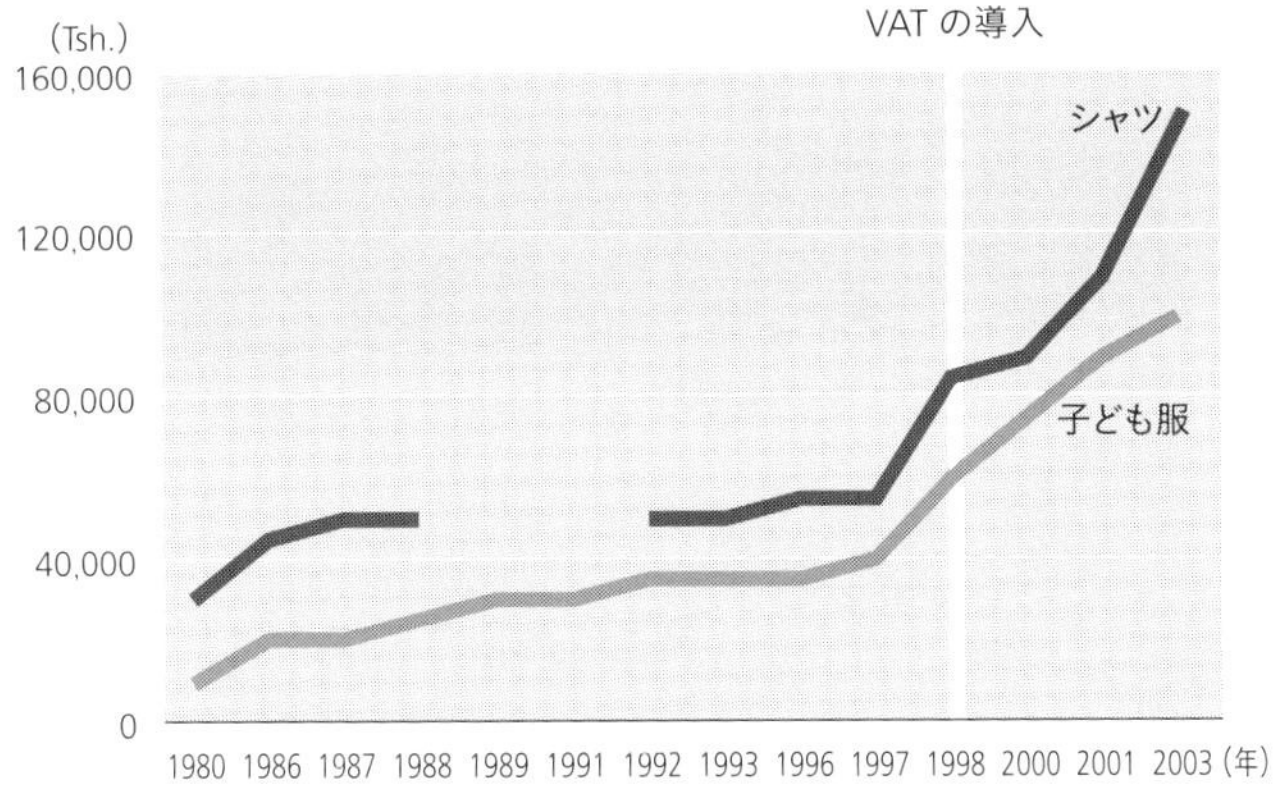

図６－２　梱の卸売価格変化
卸売商および中間卸売商への 2003 年の聞き取り調査にもとづく。

市場から退出する小売商は、雪だるま式に増えていった。なぜなら多くの商人は、一部の小売商たちが市内商業地区の路上に戻ったり、住宅街まで商品を運んだり、宅配をはじめるようになれば、わざわざ市場に足を運ぶ消費者はますます減少していくと考えたためである。市場への一斉移動の直後に、市場から真っ先に退出した小売商たちは、「税金や諸経費を払えなくなった」、あるいは移動後のビジネス状況の変化により「資本を失った」と退出の理由について説明した。しかし一九九八年以降の第二陣の退出組である小売商たちのなかには、「露店経営をする費用はあったが、いくら待っていても客がぜんぜん来なかったんだ」と主張する者たちがふくまれていた。

市場への移動は、中間卸売商たちにオークションを断念させた。それは、市場でオークションを開催しても消費者は集まらなかったうえ、小売商の一部も資本を失って以前のように多くの古着を買いつけることができなくなったためである。税金などの捻出に加えて梱の価格が高騰し質が低下したために、中間卸売商たちは以前のような「瞬時に最低価格を判断して、値を吊り上げさせる」「適当なタイミングでワピガ・トップに投げ売りする」という方法では、「販売後によくよく計算してみると、ひとつ、ふたつの梱は赤字で売ってしまっていた」という問題に直面することになったのである。

その結果、ムランゴ・ムモジャ古着市場に残った特定の中間卸売商と、資本を失い市場から退出した小売商（行商人・路上商人・定期市商人）および市場の露店商たちのあいだで、第I部で詳述したマリ・カウリ取引が発生した。これが、マリ・カウリ取引の創出と普及に至る経緯である。

最後に、このマリ・カウリ取引創出に至るまでの、中間卸売商と小売商の商売戦術、両者の関係形成について整理しておく。

マリ・カウリ取引の創出までの商売戦略・戦術と関係形成の変容

まず、マチンガの商売戦略・戦術の変化を整理したい（図6‐3）。独立後、社会主義体制にもとづく経済発展をめざしたタンザニア国家が深刻な経済危機に陥っていくなかで、マチンガは、不足物資を密輸し、ブラックマー

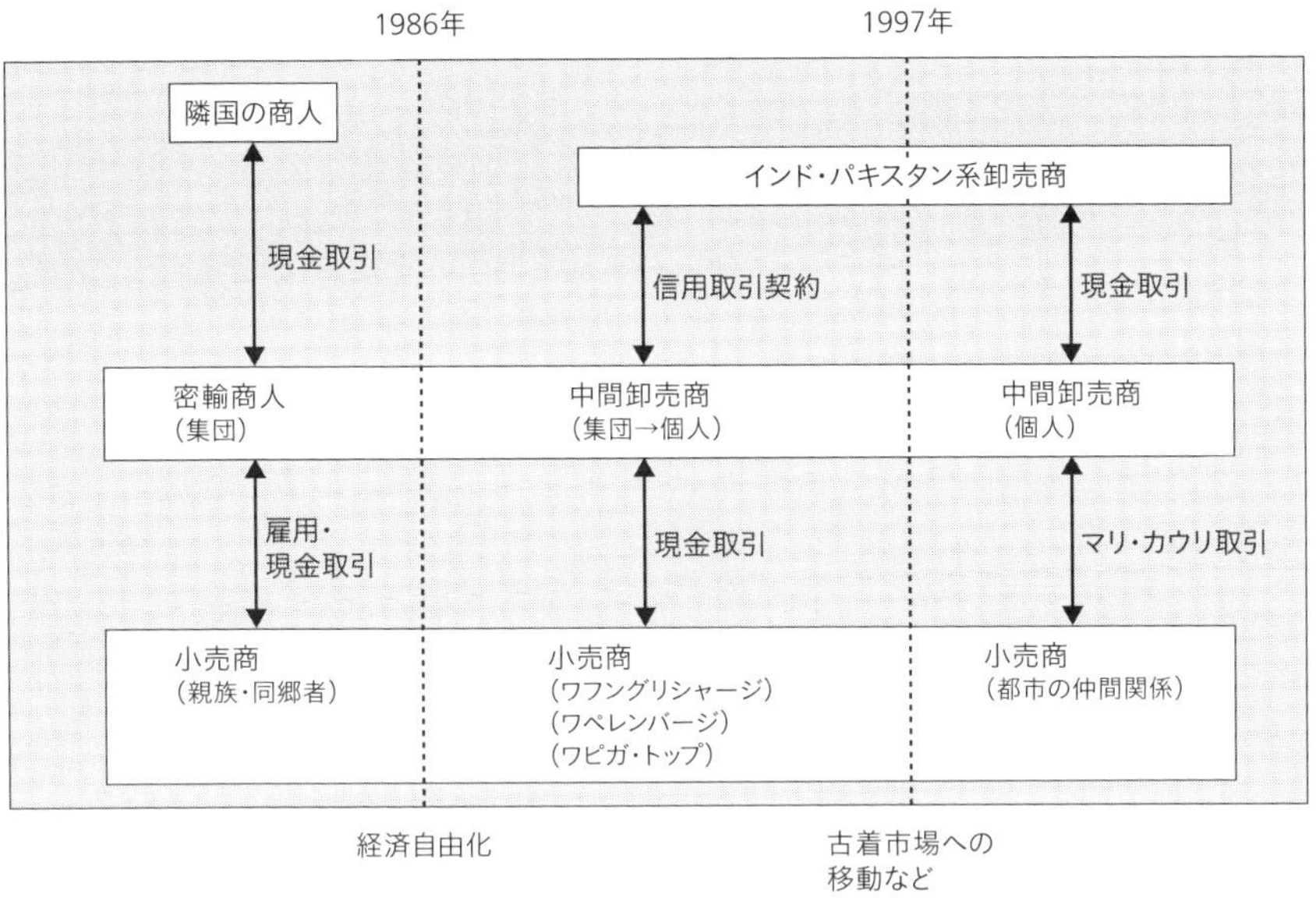

図６－３　マリ・カウリ取引創出までの商慣行と取引関係の歴史的変化

ケットで商品を販売する商人層として台頭した。彼らは、政府による弾圧を回避するために、「ネズミの道」と呼ばれるさまざまな戦術を編み出した。「ネズミの道」は莫大な利益につながった。一九八〇年代半ば、タンザニアが経済自由化に踏み切ると、マチンガは都市中心部の路上において盛況なオークションを開催した。零細商業の「バブル期」とみなしうる自由化直後の時代、成功を夢見て一発逆転の「ギャンブル」に興じたマチンガは、互いの目利きや交渉術を競いあった。一九九〇年代に入り、政府による路上商売の弾圧が再燃すると、マチンガは逃散をはじめとした抵抗実践を繰り広げた。そして一九九七年頃の古着市場への移動にともなう、急激なビジネス状況の悪化への対応策として、マチンガのあいだでマリ・カウリ取引が創出されていった。

また、マチンガの商売上の連携の変化は、以下のとおりであった。

社会主義体制下で展開した密輸交易や闇市での営業では、密輸の情報提供者から国内販売を担った者まで、基本的に親族・同郷者、あるいはエスニック・ネットワークをつうじて古着が流通していた。

経済自由化後に展開した競売取引では、もと密輸商人の中間卸売商グループと、ワフングリシャージ、ワペレンバージ、ワピガ・トップという三種類の小売商人が古着流通を担った。この時期においては、前時期の名残として、中間卸売商グループのみが親族・同郷者との関係を梱の共同仕入れにおいて重視していた。また当時は、アフリカ系商人どうしよりも中間卸売商とインド・パキスタン系卸売商とのあいだの連携のほうが強固で、中間卸売商と小売商とのあいだに固定的な取引関係はみられなかった。

一九九〇年代に入ると、商人人口の急増により、従来の信用取引でなくても梱が売りさばけるようになったインド・パキスタン系卸売商は、中間卸売商との信用取引契約を解消した。これにより、親族や同郷者、同じエスニック・グループを中心に構成されていた中間卸売商の連携が崩壊した。と同時に、市当局による路上販売の取り締まりを受け、中間卸売商と小売商のあいだで、「われわれマチンガ」という仲間意識が生成した。その結果、特定の中間卸売商と小売商とのあいだで取引関係が結ばれるようになった。しかし一九九四年の段階ではまだ、中間卸売商(一一人)と小売商(七八人)の取引関係は、計九一件中、四一件が同郷の友人や親族・姻戚関係で構成されており、さらにエスニック・グループを共有している割合は六二件(約七割)であった。一九九七年の公設市場への移動をめぐる騒動の過程で生まれ、普及したマリ・カウリ取引において、中間卸売商と小売商のあいだの取引関係の大半が都市でのビジネスをつうじて知りあった仲間関係によって形成されるといった状況が生まれた。

しかしながら、次章で説明するように二〇〇三年一〇月以降の急激な政治経済状況の変化により、マリ・カウリ取引を軸とした商売は壊滅的な打撃を受け、一部の中間卸売商は、ふたたび親族を中心とした連携を復活させていくことになる。次章では、ウジャンジャを駆使したミクロな商実践と、新たな関係形成のあり方に焦点をあて、商売をめぐる関係形成の論理について考察したい。

第七章

商慣行の変化にみる自律性と対等性

前章では、商人人口の増加、古着の梱の価格上昇、ムランゴ・ムモジャ古着市場への移動、インド・パキスタン系卸売商との信用取引契約の破棄、中央政府・ムワンザ市当局による政策転換などを背景に、中間卸売商と小売商とのあいだで現在のマリ・カウリ取引が創出されたことを明らかにした。しかし、二〇〇三年以降の急激な社会・経済・政治的変化によって古着商売が危機的状況に陥ると、中間卸売商と小売商は、従来のマリ・カウリ取引を維持することが困難になっていった。本章では、二〇〇三年以降の社会・経済・政治状況の変化を追いながら、新たな商慣行を生み出していく契機となった両者の商実践と関係性を微視的に明らかにする。ここでは、商売の危機に直面した古着商人どうしは、対話による合意ではなく、ウジャンジャを駆使した駆け引きをつうじて新たな商慣行を生み出していったこと、売り上げのごまかしをふくむウジャンジャな駆け引きが両者にとっての「活路をひらいた」ことが明らかになる。

一　古着商売の危機とマリ・カウリ取引の行き詰まり

中間卸売商の経営状態の悪化

この節では、二〇〇三年以降の社会・経済・政治状況の変化が、マリ・カウリ取引をおこなう中間卸売商にどのような影響を与えたのかを考察する。まず、これらの影響がどれほど深刻なものであったのかを示すために、シャツを扱う中間卸売商マトゥングワの売り上げを、二〇〇一年調査時と二〇〇四年調査時で比較したい。

二〇〇一年調査時に中間卸売商マトゥングワは、ひとつ一一万シリングでふたつの梱を仕入れ、マリ・カウリ取引をつうじて五人の小売商に販売させた。二〇〇四年調査時にもふたつの梱を仕入れてマリ・カウリ取引をつうじて五人の小売商に販売させたが、同年は梱の仕入れ単価が一七万シリングと急激に上昇していた。また二〇〇一年調査時にはふたつの梱に梱包されていた古着の合計枚数は四二六枚であったのに対して、二〇〇四年調査時には三八三枚に減少していた（表7―1）。

二〇〇四年に古着の梱包枚数が減少した理由は不明であるが、[1]仕入れ単価が急激に高くなった原因は、二〇〇三年一〇月にタンザニア政府が下着や靴下など人体に直接触れる一部の古着の輸入を、皮膚病の感染予防とタンザニア国民の品位にかかわるとの理由から禁止したことに関係している［BBC News, October 23, 2003］。この古着の一部輸入禁止を受けて、古着卸売業の先行きを憂慮したインド・パキスタン系卸売商たちは、近い将来に商売替えすることになった場合に備えて、なるべく多くの開業資金を獲得しておこうと、いっせいに古着の卸売価格を引き上げたのである。

しかし、仕入れ単価が上昇したにもかかわらず、中間卸売商マトゥングワは各グレードの売り上げ単価をそれほど高くできなかった。古着の一部輸入禁止と並行して、安価な新品衣料品が急激に流入したため、古着の価格の引き上げには限界があったのである。安価な新品衣料品の急激な流入の背景は、つぎのとおりである。

古着の部分的輸入禁止が発表された同月、ムワンザ市当局は市内商業地区の活性化と交通の円滑化を目的として、市内商業地区に一〇〇以上の小道を新設する都市計画を発表した。[2] 市当局は、まず小道新設予定地に建てられた商店や住居に×印をつけて回り、立ち退きを命令した。つぎに多数の労働者を動員して、立ち退かなかった商店を強制的に破壊していった。およそ一カ月後、市内商業地区の各大通りを連結する小道が開通し、市当局はこの小道沿いに小さな貸し店舗を増設していった。その結果、市内商業地区には、わずか数カ月間で五〇〇以上の店舗ができた。この新設された店舗に、新品衣料品を扱う商店が多数参入してきたのである。

市内商業地区において二〇〇四年調査時に開店していた新品衣料品を扱う全店舗を踏査した結果、一九九九年までには一八軒しかなかった新品衣料品店舗は、二〇〇四年までのわずか五年間で一六倍以上の二九七軒にまで激増したことが明らかになった。とりわけ、二〇〇三年の店舗区画整備後に新規開店した店舗は一五九軒にものぼった。首座都市ダルエスサラームでは、一九九〇年代後半頃から新品衣料品市場が徐々に拡大したとされるが、ムワンザ市ではこの都市計画によって、突如、店舗スペースがつくられた結果、新品衣料品が短期間で急激に流入するようになったのである。また二〇〇〇年以後に開店した新品衣料品店舗の商品の輸入先の多くは、中国（香

表７－１　中間卸売商マトゥングワの販売実績の比較（Tsh.）

経費	2001年	2004年
梱の仕入れ価格	110,000	170,000
仕入れ個数	×2個	×2個
その他経費	10,100	9,000
生活補助・持ち逃げ	40,000	10,000
経費合計	270,100	359,000

売上	2001年	2004年
平均売上単価	788	964
古着枚数（梱2個）	×426枚	×383枚
売上合計	335,900	369,200

利益	2001年	2004年
売上合計	335,900	369,200
－経費合計	－270,100	－359,000
利益	65,800	10,200
梱あたりの利益	32,900	5,100

2001年の換算レート US$1 ＝ Tsh. 974，2004年の換算レート US$1 ＝ Tsh. 1,180
平均売上単価は小数点以下四捨五入。売上合計は小数点以下四捨五入前の平均売上単価による。
「その他経費」は，アイロン代と市場までの輸送費
2004年にその他経費が減少したのは，１つの梱に梱包されていた古着の枚数が減り，アイロン代が少なくなったからである。

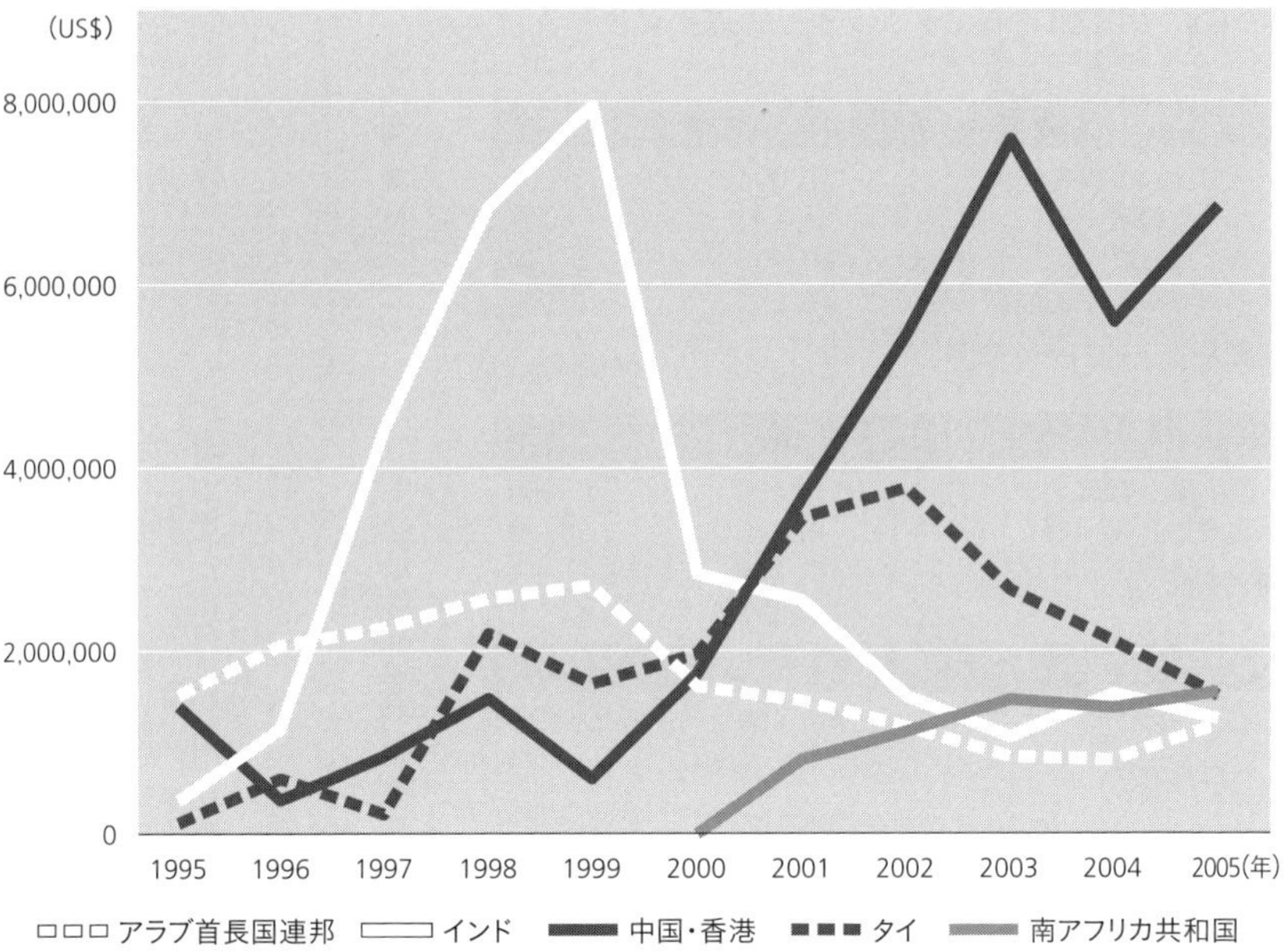

図7－1　常連上位国からの新品衣料品の輸入額の変化

United Nations Commodity Trade Statistics Databaseをもとに作成。

港）、タイ、南アフリカであり、二〇〇〇年以前に主流だったアラブ首長国連邦とインドから大きく転換し、以前よりも流行に即した安価な新品衣料品が大量に輸入されるようになった（図7－1）。

さて販売単価を高くできなければ、中間卸売商の利益は当然減少する。二〇〇一年に中間卸売商マトゥングワは、一度の仕入れで六万五八〇〇シリングの利益を得ていたのに対して、二〇〇四年にはわずか一万二〇〇〇シリングしか得られなかった。中間卸売商マトゥングワは、一カ月平均四・五回の仕入れをおこなうので単純計算すると、二〇〇一年の一カ月の手取りは二九万六一〇〇シリングであった。しかし、二〇〇四年の一カ月の手取りは、四万五九〇〇シリングとなり、公務員の最低賃金六万五〇〇〇シリングにも満たなかった。

このような経営状態で、中間卸売商が従来のマリ・カウリ取引を継続すると以下のような問題が発生する。中間卸売商は、十分な生活費を稼げなかった小売商に生活補助を提供することができなくなる。もし中間卸売商が十分な生活補助を小売商に提供できなければ、生活に困った小売商たちのなかには、売れ筋ではない商品の販売を拒む者や、商品を持ち逃げする者が現れる。しかしこれまで述べてきたように、こうした事態に対して、中間卸売商が小売商を罰することは困難であった。

さらに追い討ちをかけるように、都市整備の過程で小売商（路上商人）に対する市当局の一斉検挙が激化した。その結果、中間卸売商は、小売商に渡した仕入れ代金未払いの商品を、市当局に頻繁に没収されるようになった。しかしここでも中間卸売商が、小売商からそれらの商品の代金を取り立てるのは難しかった。古着市場では、悪いのは市当局なのだから支払い能力の乏しい仲間の小売商を責めるべきではないという風潮が強かったためである。

中国・東南アジア製の新品衣料品を扱う店舗には，アフリカ系の商人が多数参入している。

一斉検挙が恒常化すると、じっさいには商品を没収されていないにもかかわらず、没収されたことにして仕入れ代金を支払わない小売商まで出現するようになった。しかし中間卸売商は、小売商が本当に商品を没収されたのか、あるいは売り上げを自分のポケットに入れたのかにかんする情報を得ることはできないため、結局、小売商が没収されたと語る商品代金をつねに負担することになった。

このような状況に直面すれば、中間卸売商のなかにはマリ・カウリ取引の限界を感じる者が現れてくる。二〇〇一年から二〇〇二年に調査をおこなったときには、マリ・カウリ取引が経済的にも仲間どうしの助けあいとしても、いかにすばらしい取引慣行であるかを熱弁していた中間卸売商たちは、二〇〇四年にはつぎのような語りを繰り返すようになった。

マリ・カウリ取引が現金取引に比べていかに多くの利益をもたらすかを計算しても、所詮、その利益は小売商がたしかに売り上げをもってきてくれるという前提に立った机上の利益にすぎない。もちろん、現金で販売しようと思えば値切り倒されるだろう。でもどんなに少なくても現金で販売した利益は、自分の目で確かめることのできる現実の利益だ。こんな状況で友情だなんだと言ってマリ・カウリ取引をするなんて、本当にばかばかしいことだと思うさ。

（ムウェトゥ、三五歳男性、二〇〇四年一二月）

このように、中間卸売商のあいだでは、ビジネスの継続が困難になり自分の生活費すら満足に稼げないにもかかわらず、従来のマリ・カウリ取引の論理に則って小売商を支援することは欺瞞でしかない、という声が高まってきたのである。しかし、マリ・カウリ取引をやめて現金取引に戻って商売をすることは、中間卸売商にとって容易なことではなかった。その理由を説明する前に、こうした状況下における小売商の対応について説明したい。

小売商の現金取引化

じつはこの時期、小売商のなかでも、マリ・カウリ取引に限界を感じ、現金取引に転換しようとする者が増えていた。すでに述べたように、マリ・カウリ取引をしていた小売商の多くは、ほとんど資金をもたない。この時期にマリ・カウリ取引をやめて現金取引をするようになった小売商四九人の資本を調査したところ、平均して一万二〇〇〇シリングの資本しかなかった。一万二〇〇〇シリングという少ない資本では、シャツのグレードAであれば六〜八枚、ジーンズのグレードAであればたったの一枚しか仕入れられない。そこで現金取引をはじめた小売商は、販売可能な古着を確実に入手するために、まず得意客を回って注文を受け、その後に複数の中間卸売商から注文に見合う古着を探し出し、得意客に直接宅配するという方法をとるようになった。彼らはこの方法による販売サイクルを維持するために、商業地区、郊外の住宅街、古着市場を日に何度も往復した。

このような小売商の商売の方法は、競売取引が主流であった一九八〇年代後半から一九九〇年代前半に、約七割の小売商がそうであったワペレンバージの商慣行と類似していることから、彼らはワペレンバージと呼ばれるようになった。第六章で述べたように、一九九〇年代後半に、商人人口の増加や課税、インフォーマルセクター政策の転換を背景にマリ・カウリ取引が主要な取引形態になってくると、ワペレンバージはほとんどいなくなっていた。二〇〇一年の調査時では、平均二〇人程度の小売商と取引する一人の中間卸売商から、現金で買いつける商人は平均して二人、ムワンザ市の小売商約四〇〇〇人のうち、約四〇〇人程度であった。しかし二〇〇三年の一〇月以降、マリ・カウリ取引をやめて現金取引に転換する小売商が徐々に増加し、二〇〇四年六月頃には約三倍の一二〇〇人程度にまで急増したと推計される。

つぎに一九九〇年代に減少したワペレンバージがふたたび増加した理由を、この時期の社会・経済・政治状況の変化を追いながら、説明する。

先に述べたように、この時期、古着商売は新品衣料品販売との競合に晒されることとなった。しかし、新品衣料品の流入は、古着を扱う小売商にとってマイナスの側面ばかりではなかった。中国や東南アジア製の新品衣料品は、以前に出回っていた新品衣料品に比べて安価で流行に即しているという特徴をもっていたが、その多くは偽ブランド品や粗悪品であった。ムワンザ市の消費者一〇九人に対して聞き取り調査をしたところ、古着のグレードAの購買枚数はむしろ増加傾向にあり、かわりに以前ではふだん着として需要が多かったグレードBの購買枚数が減少したことがわかった。その理由は、古着のグレードAは、最先端の流行を反映しているうえ、多くの新品衣料品とは異なり本物のブランド品で品質が良いため、安価な新品衣料品よりも優れているとされたからである。それに比べてグレードBは、流行においては明らかに新品衣料品に劣り、汚れや汗染みがある分、品質も新品衣料品とたいして変わらない。そのため、グレードBを購入するならば、少々高値でも新品衣料品を購入したほうがよいと考える消費者が増加したのである。また中・下層の消費者のなかには、グレードAと新品衣料品の購入枚数を増やした分、家計が圧迫されたので、ふだん着をグレードBからグレードCに切り換えるようになったという意見もあった。

このような消費者の消費行動の変化は、小売商に、グレードAさえ獲得できれば、大きな利益を得ることができ

表7－2　古着の平均販売単価と新品衣料品価格（2004年）(Tsh.)

	グレードA	グレードB	新品(安価)	新品(平均)	新品(高価)
シャツ	1, 837	1, 081	1, 500	3, 000	16, 000
ジーンズ	11, 600	3, 500	4, 500	8, 000	32, 000
ブラウス	1, 890	1, 020	1, 600	5, 500	16, 000

シャツは表7－1の中間卸売商マトゥングワの2004年調査時の売り上げ単価を用いた。
ジーンズは中間卸売商トールの売り上げ単価を，ブラウスは中間卸売商ガブリエルの売り上げ単価を用いた。
新品の衣料品価格は，衣料品を扱う10店舗においてもっとも安く販売されていた商品の価格（安価），逆にもっとも高い商品の価格（高価）およびもっとも多く販売されている商品の価格（平均）である。

るという意識をもたらした。新品衣料品の価格は、表7－2のように、古着のグレードBの中間卸売価格よりわずかに高い場合から、グレードAの中間卸売価格をはるかに上回る高価な場合までかなりの幅がある。中間卸売商は、新品衣料品の流入によって、需要が高まったグレードAの価格を相対的に引き上げたものの、消費者に直接販売する小売商とは異なり、細かな流行の変化を逐一把握できたわけではない。そのため小売商にとっては破格の利益が得られる特別な商品であっても、中間卸売商はそのほかのグレードAと同様の価格で販売することが多かった。つまり、小売商たちは十分な生活補助を得られない状況では、市場が狭隘となったグレードBの販売を担わされる可能性があるマリ・カウリ取引よりも、利益率の高いグレードAを現金で必要分だけ仕入れることで、独立自営したほうがよいと考えたのである。

またワペレンバージには、あらかじめ注文を受けた客に、必要枚数分だけの古着を鞄などに隠して宅配すれば、激化した取り締まりを回避することができるという利点もあった。マリ・カウリ取引では中間卸売商が古着を配分するので、小売商は誰が購入するかわからない古着を販売しなければならない。そのため、小売商はできるだけ古着が通行人の目に留まるように、手に掲げて行商したり、道ばたに広げて販売したりしなければならなかった。これには、警官や警備員による商品の没収や逮捕という危険がともなっていた。

マリ・カウリ取引の再開

前項では、二〇〇三年一〇月以降、中間卸売商と小売商の双方のあいだでマリ・カウリ取引をやめて現金取引をはじめる者が増加したことについて述べた。しかし、結局のところ、中間卸売商と小売商はマリ・カウリ取引をふたたびはじめることになる。その理由は、中間卸売商については、この状況下で現金取引をした場合、小売商は利潤が大きいグレードAの購入ばかりを希望するため、グレードBの在庫を多く抱えるようになってしまったためである。また小売商については、以下の五つの理由から、マリ・カウリ取引をやめてワペレンバージとなって独立自営することに失敗したためである。

第一に、グレードAの注文をとるために顧客を探し、古着市場と顧客とのあいだを往復するのに多くの時間を費やした結果、一日に販売できる古着の総数がマリ・カウリ取引をしていた頃よりも減少し、結局、小売商は期待した利益を得ることができなかった。

第二に、最先端の流行商品であるグレードAは希少であるため、他の小売商との競合において、つねに注文されたグレードAを確保することは困難であった。

第三に、運よくグレードAを確保した小売商も、マリ・カウリ取引時のように中間卸売商に返品や仕入れ価格の再交渉ができないため、客にキャンセルされた場合などに在庫を抱え込むリスクが大きかった。

第四に、小売商は消費者からのクレジットの要望があった場合、マリ・カウリ取引時のように中間卸売商に代金の支払いを待ってもらえないため、古着を販売できなかった。

第五に、小売商が十分な生活費を稼げなくても中間卸売商からの生活補助はいっさい期待できず、それゆえ生計維持ができない者が激増した。

以上の理由から、ワペレンバージになり独立自営に転換した小売商の多くは、しばらくするとふたたび、過去にマリ・カウリ取引をおこなった中間卸売商のもとに、取引の再開を要請するために戻ってきた。そして二〇〇四年に一二〇〇人程度にまで増加していたワペレンバージは、再調査をおこなった二〇〇五年一月には七〇〇人程度にまで減少したと推計された。またグレードBが販売できずに経営困難に陥っていた中間卸売商の側も、出戻り小売商を受け入れたので、結局、マリ・カウリ取引はふたたび主流になったのである。

中間卸売商の二層化

さて、前述したように二〇〇三年一〇月以降、中間卸売商はマリ・カウリ取引をつづけることが困難になっていった。しかし二〇〇五年一月のインド・パキスタン系卸売商の動向は、中間卸売商のあいだに決定的な経済格差をもたらすことになった。

二〇〇五年一月一日、タンザニア、ケニア、ウガンダとの三国間で東アフリカ関税同盟（East African Custom Union）が結成され、域内の繊維産業の保護・育成を目的にして古着にかける税率の引き上げが提案された。従来は、輸入された古着に対して関税二五%、付加価値税二〇%が賦課されていたが、新しい税率では、関税五〇%、付加価値税二〇%が賦課されることになった。しかし、この税率の引き上げは、インド・パキスタン系卸売商で構成されるタンザニア古着業者組合（Tanzania Mitumba Dealers Association）が、港に運び込まれた三〇〇以上のコンテナの引き取りを拒否する抗議行動に出たために実現しなかった［Daily News, January 15, 2005］。

ここで重要なことは、これにより、危機感を募らせたインド・パキスタン系卸売商が、今度は事前に販路を確保した古着だけを輸入するようになったことである。つまり、インド・パキスタン系卸売商は不動産や動産を査定し、支払い能力のある一部の中間卸売商と選択的に信用取引契約を結ぶようになったのである。第二章で述べたように中間卸売商の多くは、ムワンザ市内に不動産を所有しており、また車やトラックを所有する者もいた。ただし不動産を有していても、それが都市計画に組み込まれていない場所にある場合や、その所有権が不明瞭な場合には、インド・パキスタン系卸売商は、その中間卸売商と信用取引契約を結ばなかった。このとき信用取引契約を結んだ中間卸売商は、一九八六年の経済自由化直後にインド・パキスタン系卸売商（現在は代替わりしている場合が多い）のエージェントとして信用取引契約をおこなっていた古参の商人が大半であった。つまり、これはインド・パキスタン系卸売商と中間卸売商の新規の契約関係の樹立というよりも、かつての契約形態の復活と解釈したほうがより正確である。

このインド・パキスタン系卸売商と一部の中間卸売商との信用取引契約の復活は、大規模中間卸売商と零細中間卸売商との二極化をもたらした。それまで梱は、卸売店に行けば誰でも仕入れることができたが、二〇〇五年二月の調査時には、卸売店に陳列されている梱のほとんどは、二〇人程度の大規模中間卸売商によって予約済みであった。そのため、インド・パキスタン系卸売商と契約を結べなかった零細中間卸売商が梱を手に入れるためには、インド・パキスタン系卸売商が余分に仕入れた少数の梱を奪いあうか、大規模中間卸売商から彼らのマージンを上乗せした価格で梱を買い取るしか方法がなくなった。

オレたち〔零細中間卸売商〕は、最近では、まだ暗い明け方に古着市場に来なければならなくなった。どこかの卸売店の倉庫にトラックが着くと聞きつけた日には、そのほかの中間卸売商たちと手分けして、卸売商の倉庫を見張っているんだ。トラックが倉庫に着いた瞬間に荷卸し人に紛れ込んで中に入り、なんとか余分の梱を売ってもらえないかと卸売商と交渉する。店に行っても、全部の梱が予約済みだと言われて、販売してもらえないんだ。ただ犬みたいに「しっ、しっ」と追い払われるだけだ。でもトールなどのシェファ〔大規模中間卸売商〕には、卸売商から直接に電話が入る。彼らはインド人と携帯電話の番号を交換している。オレもインド人に携帯電話の番号を渡したけれど、彼らはオレには電話番号を教えてくれなかったし、こちらから連絡するって言ったくせに、それ以降もオレの携帯電話に連絡が入ることは一度もなかった。オレはインド人に貧乏だと思われていたって気づいた。倉庫で〔買いっけに〕失敗したら、シェファたちから梱をピガ・トップする〔梱を転売させる〕しかないけれど、シェファたちはすぐそこの卸売店で買ったばかりの梱を、〔梱が買えず〕卸売店の前でうろついているオレたちに、一万シリングから二万シリングの利益を上乗せして売るんだぜ。

（ゴディ、二六歳男性、二〇〇五年二月）

ただでさえ値上がりした梱を、大規模中間卸売商からさらに高値で購入しなければならない零細中間卸売商の商売は、もはや継続が絶望的な状態になった。わたしが卸売店の前で待ち構えて聞き取りをおこなった零細中間卸売商六八人のうち三七人が、インド・パキスタン系卸売商と大規模中間卸売商との信用取引契約の成立後のわずか二週間のあいだに、梱を開くのを断念し、一四人が古着商売自体から退出していった。

このとき、梱を開くのは断念したが古着商売にとどまる決断をした零細中間卸売商は、大規模中間卸売商が梱を開く前にひとつの梱あたり最低五〇枚は購入するという約束のもとで、グレードAを最初に販売してもらうワフングリシャージになろうと試みた。つまり、小売商がワペレンバージになろうと試みたように、零細中間卸売商も経済自由化直後にみられた仕入れ形態を復活させようとしたのである。かつて競売取引が主流だった時期に、ワフングリシャージは小売商の二割程度が採用していた。しかし二〇〇五年にみられたワフングリシャージは、小売商の取引形態というよりも、中間卸売商の変則的な取引形態になっていた。彼らは数百枚のグレードAのみを仕入れて小売商に転売することで、グレードBの販売に悩まされることなく、中間卸売業を継続することをめざしたのである。

しかし、大規模中間卸売商は、数多くのワフングリシャージを必要としなかった。二〇人程度の大規模中間卸売商に、二〇〇人以上のワフングリシャージ（もと零細中間卸売商＋比較的資本をもっていた小売商）が殺到したが、一人の大規模中間卸売商が必要とするワフングリシャージは、二、三人程度であった。それは第六章で述べた経済自由化直後とまったく同じ理由による。つまり、大規模中間卸売商にとってワフングリシャージへの販売は、悪い梱を開いた場合にも仕入れ代金の一部を確実に取り戻すことができるリスク回避の戦略になりうる。しかし、ワペレンバージに競わせて販売したほうが価格を吊り上げることができ、利益が増加する。そのため、大規模中間卸売商は、経済自由化直後とは順番は逆ではあるが、基本的には同じ原則で、ワペレンバージに販売した残りのグレードAを、平均売り上げ価格よりやや安価な価格で、仕入れ代金回収のために必要な、少数のワフングリシャージに販売する方法をとることを望んだ。

このように、大規模中間卸売商は、多くのワフングリシャージを必要としなかったので、インド・パキスタン系卸売商と同様に選択的にワフングリシャージと取引契約を結ぶことになった。ここで注目すべきは、インド・パキスタン系卸売商が取引契約を結ぶ際に取引相手の中間卸売商の支払い能力を選択基準としたのに対して、大規模中間卸売商は、「家族 *familia*」をワフングリシャージの選択基準としたことである。理由については次節で検討するが、ここではおもに、弟妹や子ども、孫、実兄の息子（甥）などの直系親族、つまり、年少の「身内」が取引相手になった。この大規模中間卸売商の「家族である」という基準は、ワフングリシャージだけでなく、商売取引をおこなう小売商の選択基準にもなっていった。

大規模中間卸売商は、グレードAを身内のワフングリシャージに販売した。残りのグレードBとCについても、それまでマリ・カウリ取引をおこなっていた多数の小売商のなかから、家族の成員を販売員として雇用した（このなかには、少数だが同郷の友人もふくまれていた）。そのため、梱を開くことをやめた零細中間卸売商の多くはワフングリシャージになれず、多数の小売商は大規模中間卸売商とのマリ・カウリ取引から排除されることになったのである。このような対応による大規模中間卸売商の利益の増加を以下の事例で示したい。

二〇〇五年に大規模中間卸売商ムウェトゥ（前出の中間卸売商とは別人）への聞き取りにもとづいて、販売実績を推計するとつぎのようになった。ムウエトゥは、シャツの梱三〇個を一梱一六万シリングで仕入れ、グレードAの五〇〇枚程度を五〇人以上のワペレンバージに競わせて、最低でも一枚二〇〇〇シリング以上、最高三五〇〇シリングの価格で販売した。残りのグレードAの一一〇〇枚程度は、一枚一六〇〇シリングの一律価格でワフングリシャージに販売した。グレードBとCは、七人の労働者（年少の身内）を雇って販売させた。雇用労働者にはグレードBの一八〇〇枚程度を一枚八〇〇シリングで、グレードCの二〇〇〇枚程度を一枚五〇〇シリングで販売させた。仕入れやアイロン代にかかる経費を引いたムウェトゥの利益は、四三万シリングであった。彼は月に四回仕入れたので、単純計算すると一七二万シリングの利益を得たことになる。この利益から七人の雇用労働者に支払った給与を差し引くと、ムウェトゥは一カ月約一三九万シリングという巨額の利益を得た計算になる。

マリ・カウリ取引で二四人の小売商を動員して販売していた二〇〇四年一一月にムウェトゥは、つぎのように語っていた。

君がンガイザーのところで行商していた頃〔二〇〇一年から二〇〇二年〕は、オレもンガイザーとだいたい同じ数の梱

〔一五個の梱〕を仕入れ、ひとつの梱から二万～二万五〇〇〇シリングくらいの利益を得ていた。でもいま〔二〇〇四年一一月〕では、ひとつの梱で一万シリング以上の利益を得ることは難しくなったよ。

この言葉によれば、二〇〇五年の梱ひとつあたりの利益は、すでに商売が困難になっていた二〇〇四年とほぼ同じである。しかしながら、インド・パキスタン系卸売商との信用取引契約によって開く梱の数が倍になったので、利益の総額も約二倍に増加した。利益の総額が増えたために、大規模中間卸売商にはグレードBを販売する小売商を雇用する余力が生まれたのである。

一方、ワフングリシャージにもなれなかった中間卸売商は、わずかな梱を獲得してはマリ・カウリ取引を細々とつづけることになった。彼らには大規模中間卸売商のように、グレードBの販売を担う小売商を雇用する余力がない。そのため彼らは、グレードBを販売するために小売商とのマリ・カウリ取引をつづけなければならなかったのである。仮に五人の小売商に毎日五〇〇シリングずつの生活補助を与えた場合、一カ月で生活補助の総額は七万五〇〇〇シリングになる。この総額では、中間卸売商はひとりの小売商しか雇用できない。生活補助にかかる費用が増えても、雇用するよりはマリ・カウリ取引を継続したほうが「まし」なのである。しかし従来のマリ・カウリ取引を継続するだけでは、窮乏化は免れない。次節では、零細中間卸売商と小売商とのあいだで新しい取引形態が生じていった事例を検討していきたい。

二 「群れあうけれど、なれあわない」

ここまでの古着商人たちの対応で興味深い点は、つぎの二点である。第一に、大規模中間卸売商、零細中間卸売商、小売商それぞれが、経済自由化直後に経験した取引形態にひとたびは戻ろうと試みたことである。第二に、大規模中間卸売商は、取引相手として「身内」を選んだが、そのほかの零細中間卸売商はマリ・カウリ取引をつづけるうえで、相変わらず「身内」を敬遠したことである。この節ではこれらの点に留意しながら、零細中間卸売商と小売商が現状をどのように捉えているのかを、彼らの説明の分析をつうじて明らかにする。

マリ・カウリ取引を維持する理由とやめられる理由

零細中間卸売商は、二〇〇四年現在窮乏化しつつある原因を、マリ・カウリ取引の継続にあると説明する。零細中間卸売商は現金取引をおこなえば経営状態はよくなるが、小売商が「マリ・カウリ取引をやめさせてくれない」から経営が悪化していると述べる。その典型的な説明は、中間卸売商はマリ・カウリ取引をつうじて資本をもたない小売商を支援しており、マリ・カウリ取引をやめると宣言したら、不満に思った小売商たちが「退職金」として持ち逃げをしたり、中間卸売商を「がめつい」と罵ったりするからであるというものである。このような主張は、第五章で述べたように、零細中間卸売商がそれなりの儲けを得ていた二〇〇三年以前にはかなりの真実味をもっていた。しかしすでに述べたように、二〇〇四年現在では中間卸売商がマリ・カウリ取引を継続するのは、マリ・カウリ取引をつづけるほかにグレードBを販売する方策がないからではないだろうか〔3〕。

一方の小売商の側も、自身は現金取引でもうまくやっていけるが、経営が困難な中間卸売商のためにマリ・カウリ取引をつづけていると主張する。

たとえ二〇〇〇シリングを〔生活補助として〕やると渡されても、中間卸売商の経営状態を考えながら、ときには一〇〇〇シリングでいいよと言えるウジャンジャがなければ、オレたちのボスはすぐに梱を開けなくなる。だからオレは〔現金取引でも一律の給与をもらう雇用でもなく〕彼らのために、マリ・カウリ取引をつづけているのだ。

（ラザキ、三五歳男性、二〇〇五年三月一日）

小売商は、自身はつねに自律的に商売しており、マリ・カウリ取引での生活補助は中間卸売商による自身への感謝のしるし、あるいは緊急時のカンパであり、けっして給与ではないという従来の主張を繰り返した。小売商は中間卸売商の儲けを詮索しないが、中間卸売商の経営状態を大まかに把握している。わたしは、異なる中間卸売商と取引する仲良しの小売商と飲みに出かけた際などに、ボスの儲けを推測するゲームをしていた。小売商たちはいつも、「昨日、彼が開いた梱はまあまあだったけど、三〇〇〇シリング以上で売れそうな古着はせいぜい〇〇枚だな。後は二〇〇〇シリングが△△枚、一五〇〇シリングから一八〇〇シリングのあいだが××枚……」とざっと計算し、中間卸売商のじっさいの利益とほとんど誤差のない額を見事に当ててみせた。そのため、小売商が中間卸売商の経営状態を考慮して生活補助の要求をしているのであれば、前記の小売商の主張もまったく間違っているというわけではない。しかし小売商が一方的に中間卸売商を支援しているかのような説明は、マリ・カウリ取引のメリットを放棄して現金取引という独立経営をすることが困難であった小売商自身の問題を棚上げしているようにみえる。

ところで、前述のように大規模中間卸売商は、マリ・カウリ取引をやめて家族であることを基準に小売商との雇用契約を結んだが、この大規模中間卸売商の対応について他の零細中間卸売商と小売商はどのように理解しているのだろうか。興味深いことに、零細中間卸売商も小売商も「大規模中間卸売商はマリ・カウリ取引をやめることにしたので、家族を雇用している」のであり、「家族を雇用することにしたので、マリ・カウリ取引をやめたのではない」と一様に主張した。

また、大規模中間卸売商がマリ・カウリ取引をやめた理由について、零細中間卸売商は、「彼らはすでにマチンガではなく白人やインド人と同じであり、仲間の小売商を支援する必要がないからだ」と説明した。これは、大規模中間卸売商はもはや「マチンガ」の輪のなかにいないので、支援を要請されることはないという意見に等しい。小売商は、「彼らは零細中間卸売商と違ってインド人と仲良くなり、自分たちの支援を必要としないので「マリ・カウリ取引をやめられた」」と主張し、「雇用されたいと思う小売商は、まだ商売経験が浅く自力では十分な利益を得られない若者ばかりだ。そういう小売商は、中間卸売商の経営を気遣えずに悪さをするので、彼らは家族を雇用することになる」と語った。

この小売商の意見は、第三章で取り上げた小売商の取引歴において、ラザキが、ジュマに小遣い程度で定期市に荷物を運ばされることに不満をもち、マリ・カウリ取引を要求してコスマスに乗り換えたときに提示した見解と同じである。丁寧に説明すると、それはつぎのような見解である。ラザキと同じく多くの小売商は、マリ・カウリ取引は不安定なのでまったく利益が得られない場合もあるが、その一方で運がよければ／工夫すれば、一発逆転につながるような大きな利益が得られることもあると考えている。経験が浅いうちは雇用されつつ商売の勉強をするのも悪くないが、経験を積んだ商人は、マリ・カウリ取引において自己の才覚を試したいと考えるので、決まった額の給与で雇われたいとは思わない。そのため、大規模中間卸売商でも、マリ・カウリ取引でなければ、稼ぎ上手なうえ、稼げないときには中間卸売商の事情を考慮しながらうまく交渉できるような「ウジャンジャ」な小売商を捕まえることはできない。実際に大規模中間卸売商が雇用した家族は、経験の浅い年少の若者ばかりである。ウジャンジャな小売商を雇用するとなると、それなりの給与が必要だが、大規模中間卸売商にはマチンガに高い給与を払う意志はないだろう。しかし、ウジャンジャではない小売商は給料に不満をもてば、いきなり持ち逃げをするといった行動を取りやすい。だから、大規模中間卸売商は、家族を選んだのである。

零細中間卸売商と小売商のこうした意見に対して、大規模中間卸売商は、「給与制度とマチンガという組みあわせは最悪だ。マチンガは、給与を渡したら真面目に販売しようとしなくなるし、もし給与を渡してさらに持ち逃げされたら盗人に追い銭だ。それよりは支援を要請されている家族を助けるほうがいい」と語った。この場合、「マチンガ」とは、「経験の浅い」年少の若者を指している。なぜなら、大規模中間卸売商はつづけて、「しかし家族と商売をするのも難しい。いまは素直な甥も二年も経てばマリ・カウリ取引をしたいと言いはじめるだろう」と語り、自分たちはマリ・カウリ取引ができない若者を一時的に支援するために雇用しているのだと説明したためである。

ここには興味深い論理がある。第三章では、親族や同郷者とは値下げなどの商交渉をふくむ連携が難しいとする中間卸売商の意見を提示した。しかしここでは、商交渉をふくまない雇用の場合は逆に、親族や同郷者以外の人びととの連携が難しいとする意見が提示されているのである。そしてここで重要なポイントは、誰と連携するかが、商形態の変化に先立って決められるのではなく、商形態の変化に従って決められると語られていることにある。

以上のように零細中間卸売商と小売商は、どちらも自身は現金取引でもうまく経営していけるが、互いを支援するためにふたたびマリ・カウリ取引をつづけていると主張する。もちろん両者とも、現在の社会・経済・政治状況では、マリ・カウリ取引をつづける以外に方策がないことも承知している。しかし、次項で述べるように、こうした状況に対する新たな打開策は、中間卸売商と小売商の双方が、「自分たちこそ他者を支援している」と主張しあう過程で発生することになるのである。

新たな商慣行の生成にみるミステリー

ここでは、前節で述べた中間卸売商と小売商の窮乏化に対して、両者のあいだで打開策が生じる過程を、ふたつの事例における両者の駆け引きのミステリアスな展開に注目して検討したい。このふたつの事例は、わたしがムランゴ・ムモジャ古着市場において、周囲の露店商と小売商とのやり取りを観察していたときに、目撃したものである。またその後に、わたしは、これらの事例の登場人物に、そのときの心境を聞き取りした。

事例7-1　生活補助をめぐる交渉

小売商カムギッシャは毎日のように「子どもの薬代が欲しい」と嘘をついて生活補助を要求し、中間卸売商マコバ(仮名)が生活補助を与えると「命の恩人だ」と大げさに感謝してみせるといったことを繰り返していた。ついにはマコバの承諾なしに、売り上げから勝手に一〇〇〇シリングを抜いて支払うようになり、「子どもが治るまで毎日薬代をくれるなんて本当に感謝している」と、今後もしばらく生活補助をもらいつづけるつもりであることを宣言してしまった。

このようなやり取りがつづいた八日目、中間卸売商マコバは勝手に一〇〇〇シリングを抜かれた腹いせに、小売商カムギッシャにグレードBを配分した。その日の夕方、マコバはカムギッシャから生活補助を要求されなかったため、カムギッシャが思い知ったと考え、翌朝にはふたたび小売商カムギッシャにグレードAを配分した。するとカムギッシャはまたしても勝手に一〇〇〇シリングを抜いた。

一〇日目、マコバは「どうせ一〇〇〇シリングを抜かれるのならば」と配分前に、カムギッシャに一〇〇〇シリングを渡し、その代わりグレードBを配分した。カムギッシャはあらかじめ一〇〇〇シリングをもらってしまっているので、それ以上の生活補助を要求することはできず、しかもそれ以降、販売努力を重ねてもグレードAを配分してもらえなくなった。

一四日目、困ったカムギッシャは、マコバから渡された一〇〇〇シリングに、自分のポケットから一〇〇〇シリングを足して一枚のグレードAを現金で購入した。つぎの日も同じように渡された現金に自前の資金を足してグレードAを購入した。それ以降、カムギッシャはこのやり方を繰り返しつづけ、しだいに購入する枚数を増やしていった。

そして二一日目、カムギッシャは一〇枚のグレードAを現金で購入し、グレードBの購入を渋ったが、マコバは「ついでにグレードBも持っていってはどうか」と提案した。以後、カムギッシャは複数の中間卸売商から現金でグレードAを購入するようになり、面倒だがマコバからは毎日グレードBをマリ・カウリ取引で仕入れ、片手間で客の言い値が仕入れ値に届いたらそれを販売するようになった。

この事例で注目すべきは、マリ・カウリ取引により、それぞれの小売商に特定のグレードの古着を販売させるという中間卸売商の商売戦略が崩れていっているのが、如実に表れている点である。しかし、一方でこの崩壊過程は、新たな取引関係を生み出す契機でもあったのである。

グレードAを確保したいカムギッシャが、マコバから生活補助というかたちで得た資金に自己資金を足してまでグレードAの確保をしながらも、グレードAの販売だけではなく片手間にマコバによるグレードBの販売要請を引き受けたことに、小売商にグレードBを販売させたいマコバは、小売商にこのような現金取引とマリ・カウリ取引の併用をさせる利点を見出した。その結果、マコバは他の小売商にもある程度の資金を提供して、現金取引をおこなうワペレンバージになることを奨励しながら（これにより小売商は複数の中間卸売商からグレードAを確保すること

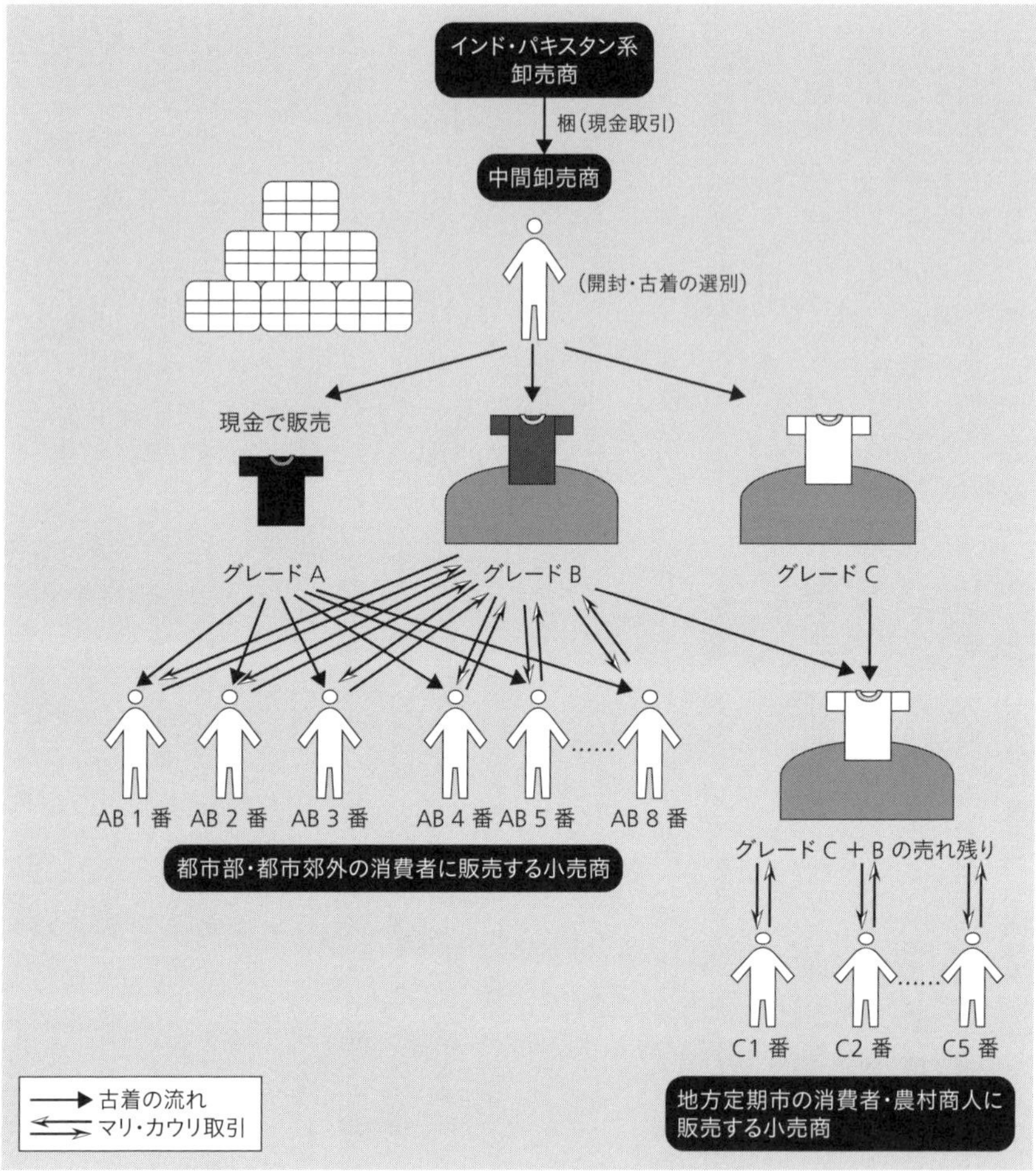

図 7－2　マリ・カウリ取引と現金取引の併用形態（概念図）
概念図であり，平均的な経営規模の中間卸売商が取引する小売商の数は，これよりも多い場合がある。

が可能となる）、その資金提供の見返りとして、グレードAを売るついでに、グレードBを卸価格で販売することを要請するようになった。つまり、都市部で活動する小売商は、現金で買いつけたグレードAの販売益で生計を維持しながら、そのグレードA購入のための資金を援助してくれる特定の中間卸売商とのマリ・カウリ取引も、その中間卸売商のグレードBをついでに販売することで維持する、といった取引関係が生まれたのである（図7－2）。

この取引関係は中間卸売商と小売商の経営状況を改善した。中間卸売商はグレードBを販売する小売商をつねに確保できるうえに、小売商がグレードAの販売益を得るようになったために、小売商から生活補助を要求される回数が減少した。一方、小売商は大きな利潤が見込めるグレードAの販売活動がつねに可能となったうえに、中間卸売商から依頼されるグレードBを販売することで、中間卸売商からの生活補助を期待できるマリ・カウリ取引を維持することができるようになったのである。

後に小売商カムギッシャは「マリ・カウリ取引をおこなううえで大切なことは、中間卸売商の性格や心理を読むことだ。オレはマコバがいまや本当に疲れきっていることに気がついた。だから助けてあげることにしたんだ」と語った。

一方でマコバは、つぎのように語った。「オレはカムギッシャが現金取引をできるとは思っていなかった。彼は一生マリ・カウリ取引をつづけるような人間であり、ボスをおだてて利益をかすめ取るというやり口（*kuuma na kupuliza*）[4]をまるで性格のように身につけている」、しかしマコバは、「途中でカムギッシャが悪巧みをやめたことに気づいた」ので、「本当にカムギッシャが独立経営できるものか支援してみようと思った」と語った。

事例7－1におけるマコバとカムギッシャによる現金取引とマリ・カウリ取引の併用は、両者が駆け引きをおこなう過程で偶発的に生じたものである。しかし、興味深いことに、こうした現金取引とマリ・カウリ取引の併用は、そのほかの中間卸売商と小売商とのあいだでも、さまざまな駆け引きをつうじて同時多発していたのである。つまり、この新たな取引関係の生成過程において、両者のあいだで展開した駆け引き実践そのものが、対応策に向けた「合議プロセス」となっていたと考えられる。前述したように、零細中間卸売商と小売商はともにマリ・カウリ取引の継続理由を、相手への支援として説明していたが、新しい取引形態は、両者が両者の実質的な力関係の変化に気づきながらも、それに言及したり互いの役割をラディカルに変えようとしたりするのではなく、従来どおりの駆け引きの枠組みや役割に則って互いの行為のポテンシャルを操作する過程で、「偶然的に」生成したのである。別の事例をみてみよう。

事例7-2　売り上げのごまかしをめぐる交渉

グレードBの販売に不満をもっていた小売商トッシは、中間卸売商ンキャから渡された六〇枚のグレードBのうち、実際に販売した一二枚の売り上げの一部で、他の中間卸売商から安価な四枚のグレードCを購入し、それを売れ残った四八枚のグレードBと混ぜて五二枚にして、ンキャには八枚分のグレードBの仕入れ代金を支払うという方法を繰り返していた。これに気がついたンキャは、トッシにグレードAを配分することで売り上げのごまかしをやめさせようとした。しかしトッシは、調子に乗って売れ残ったグレードAに、他の中間卸売商カソンゴ（仮名）から購入したグレードBを混ぜて返却した。

翌日、ンキャは、トッシが仕入れから戻る時間帯を見計らって、カソンゴを自分の露店に呼び、何やら相談しているところをわざとトッシに目撃させた。そのうえでトッシに「売り上げが少なくてたいへんだろう」と要求されてもいない生活補助を一方的に手渡した。トッシは、ンキャが「ついに売り上げのごまかしに気づいたのではないか」と心配したが、その後もまったく詰問されなかったために、売り上げのごまかしを継続した。ンキャは、売り上げがごまかされていることに気づきつつも、生活補助を渡しつづけた。

ある日、ンキャの行為に不審を抱いたトッシは、生活補助を突き返してみたが、ンキャは頑なに受け取らなかった。つぎの日、トッシはわざと仕入れ時間に遅れてくると、売れ残ったグレードBを文句も言わず受け取り、ほとんど卸価格で販売することで、二一枚という驚異的な枚数の仕入れ代金を全額、ンキャに支払った。しかしンキャはなおも生活補助を与えた。

翌日、トッシは、突然七枚のグレードAをンキャから現金で購入した。しかもトッシはマリ・カウリ取引でグレード

Bも受け取り、できる限りたくさん販売した。この日やっとンキャは、トッシに不必要な生活補助を渡すことをやめた。

この事例で注目すべきは、つぎの二点である。第一に、なぜ中間卸売商ンキャは小売商トッシに売り上げのごまかしをされていることに気がつきながら、トッシを支援しつづけたのか。第二に、それに対して、なぜトッシは突如グレードBを販売するようになったのか。

次項では、中間卸売商と小売商のあいだで同時多発的に生じたこの新たな商慣行において、両者のあいだで、じつは何が争われていたのか、何が交渉されていたのかについて考察する。

新たな商慣行の生成と互酬性

マーシャル・サーリンズは、類型論的な既存の社会関係の距離を前提として、一般的互酬性と均衡的互酬性とを比較した。一般的互酬性は、返礼の期待ではなく援助の確信にもとづく、近しい者のあいだで普及している義務の体系である。均衡的互酬性は、それほど親密ではない者たちのあいだで普及している交換の体系である［サーリンズ　1984（1976）］〈5〉。これに対して、アナーキスト人類学者グレーバーは、この二種類の互酬性は、当事者間の社会関係の種類によって固定的に捉えられるものではなく、社会関係がより開かれた関係（開放性）、あるいは閉じられた関係（閉鎖性）へと変化するのに応じて、つねに揺れうごくものであるとしている。これを前提として、彼は、この二種類の互酬性は、あやうい競争的な平等主義のうえに成立しており、平等性が損なわれれば、一般的互酬性の場合にはパトロン－クライアント関係へ移行し、均衡的互酬性の場合には完全な競争関係（市場交換）へと移行するとしている。そのため、贈り物に対しては、もし返礼しなければ対等な関係が階層的な関係になると予見されるときにこそ、返礼しなければならない［Graeber 2001：218–228］。言い換えれば、マルセル・モースの贈与論における「与える義務」「受け取る義務」「返す義務」の三原則――「貰ってお返しをしないことは、貰った者をより低い地位に落とさせることであり……」［モース　2008（1925）：226–227］――は、対等な関係が階層的な関係に変化しないと予見される場合には、つねにかならず機能するわけではないということである。

マリ・カウリ取引において中間卸売商が小売商の商売上のリスクを負担し、ときには生活補助を提供するのは、「仲間」として、小売商が販売しにくい古着を販売しようと努力することで、自分を助けてくれるはずだという期待を抱いているからである。他方、小売商も中間卸売商から配分されたどんな古着でも販売するのは、売り上げが少なくて本当に困窮したときには、「仲間」として、中間卸売商はきっと支援してくれると期待しているからである。しかし、第I部で述べたように、この両者の関係は、ウジャンジャによってつねに、グレーバーのいう「あやうい競争的な平等主義のうえに成立して」いることを忘れてはならない。

中間卸売商の経営が順調で小売商に対して経済的に圧倒的優位であった二〇〇一年には、前出の事例7－1の小売商カムギッシャのように過度な生活補助の要求をしたり、事例7－2の小売商トッシのように売り上げをごまかしたりしても、中間卸売商に対して小売商は精神的劣位を感じることはなかった。むしろそのような小売商の行為は、ともすれば「パトロン－クライアント関係」や、「完全な競争関係」にシフトする可能性のある両者の関係性を、平等に保つという点で、マチンガにとってウジャンジャであると正当化されていた。

しかし二〇〇三年以降、中間卸売商が経営難に陥り、中間卸売商と小売商の経済格差が縮小すると、カムギッシャやトッシのような過度な生活補助の要求や売り上げのごまかしは、小売商の精神的劣位を生じさせる可能性をもつことになった。そのため、小売商は、中間卸売商とのあいだでの「仲間」としての対等性が損なわれることを回避しようと、「みずからも中間卸売商を支援している」と主張したり、みずから進んでグレードBを販売したりしたのである。小売商と同様に「仲間」の対等性をつねに気にかけている中間卸売商の側も、こうした小売商の反応を予見し、「じつは」不満を訴えていたのである。

このような論理で考えると、大規模中間卸売商が「マリ・カウリ取引をやめた」理由は、彼らと小売商の双方にとって、対等性を主張しながら駆け引きしあう——力関係を操作しあう——ことが不可能になったからであることがわかる。小売商自身が言うように、「大規模中間卸売商は、小売商の支援——小売商との仲間関係——を必要としていない」のである。そして、大規模中間卸売商が「年少の家族を雇用した」のは、他の小売商を信頼できるか否かという問題だけではなく、パトロン－クライアント関係のような階層的関係を受容しやすい関係が、サーリンズのいうように、もっとも近しい関係、すなわち家族にほかならないからである。もちろん、子どもがいつか自律性をもてば、大規模中間卸売商もわかっているように、「いまは素直な甥もいつかはマリ・カウリ取引を要請する」ようになるのである。

三　自律性と対等性

ここまで、二〇〇三年以降の政治経済状況の変化と、それにともなうマチンガの商慣行の変容を考察してきた（図7－3）。政治経済状況の変化で重要な点は、つぎの三点であった。第一に、国家による古着商売の規制。第二に、中国、東南アジア製の新品衣料品市場の拡大。第三にムワンザ市当局による商人に対する取り締まり強化。これらの変化は古着商売を危機的な状況に陥らせるものであった。

この変化に対するマチンガの最初の反応は、マリ・カウリ取引から過去の取引への回帰であった。一部の中間卸売商は、インド・パキスタン系卸売商との信用取引契約を復活させ、大規模中間卸売商となった。大規模中間卸売商となった彼らは、一九七〇年代末に密輸交易を展開していた頃よりは狭い範囲ではあるが、身内と雇用関係を結んだ。インド・パキスタン系卸売商との信用取引契約からはずれた中間卸売商は、競売取引時代に一部の小売商がおこなっていたワフングリシャージになろうとした。また、小売商はマリ・カウリ取引をやめて、ワペレンバージになり現金取引による独立自営をめざした。

ここでうまくビジネスを立て直すことができたのは、大規模中間卸売商となった一部の中間卸売商と、彼らの親族や同郷者である小売商のみであった。古着商人の大部分を占める零細中間卸売商と小売商たちは貧窮し、マリ・

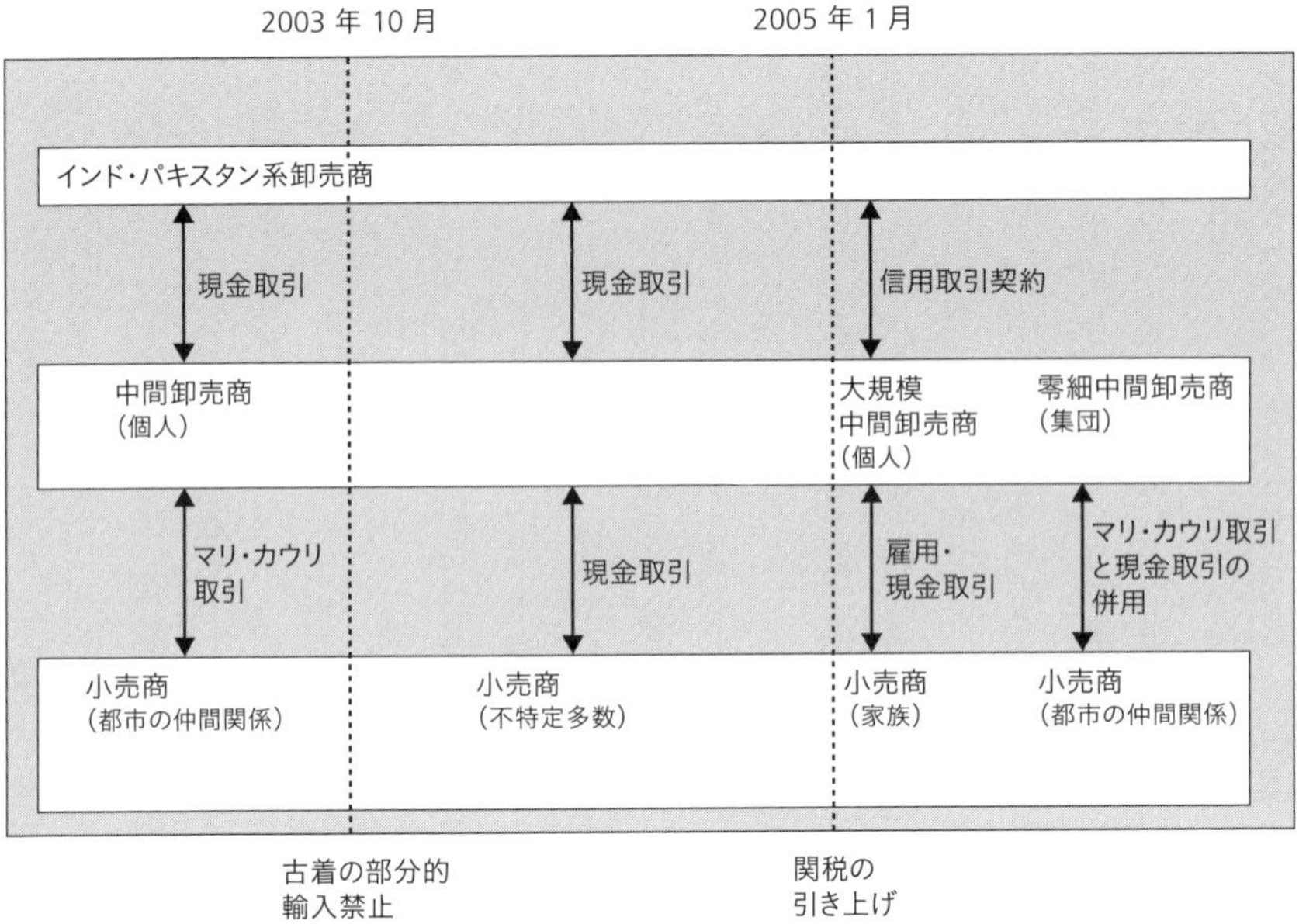

図７－３　マリ・カウリ取引以降の商慣行と取引相手の変化

カウリ取引を再開した。以上の現象は、いっけん、一部の商人がその他大勢の商人を、資本主義の論理に従い淘汰していく過程であるかのようにみえる。しかし、これは淘汰というよりも、古着商売が危機的状況に陥り、従来のやり方ではうまくいかなくなった大規模中間卸売商、零細中間卸売商、小売商のすべての商人が、新たに誰とどのような商関係を築くべきか／築くことができるのかを模索する必要に迫られたといったほうが正確であろう。大規模中間卸売商は、インド・パキスタン系卸売商との信用取引契約を結んだ（復活させた）。すなわち、大規模中間卸売商は新たな商関係の構築を図った。彼らがこの商関係を維持していくためには、インド・パキスタン系卸売商から、その他の中間卸売商とは違う「大規模商人」として認識されつづけなければならなかった。たとえば、大規模中間卸売商は、つぎのように語った。

たしかにインド人たちは、大きな資本をもち、たくさんの梱を仕入れるオレには、たとえば一五個のうち半分は信用取引ということを許してくれるし、電話をかけてきて優先的に古着を配分してくれる。しかし彼らは必ずしも良い梱をくれるわけではない。彼らは便宜を図るのと引き換えにオレたちに倉庫の掃除〔悪い梱の買い取り〕を要求するんだ。そしてもしオレの経営が悪化したら、それで取引は終わりになるだろう。

（ジョセフ、三八歳男性、二〇〇四年五月一七日）

一方、零細中間卸売商と小売商は、結局のところ従来の関係を維持することを選択した。彼らの商関係を理解するうえで重要な点は、先に述べたように、両者は互いに雇用関係――パトロン―クライアント関係――を結ぶことを回避しようとする点であった。また、商売が困難になったときの両者のジレンマは、個人の利益追求と他者への支援との両立というよりも、むしろ自律性と対等性のバランスを保つことであった。独立自営が困難なマチンガにとって、利益を最大化するためのもっともよい方法は、他者からの支援を効率的に引き出すために、みずからも他者を支援することかもしれないが、むしろ困難であるのは、第Ｉ部で述べたように、両者が自律的であるための支援しあうバランスを保つことのほうである。

マリ・カウリ取引がうまくいかなくなったときの小売商の最初の反応が、この取引をやめて独立自営（ワペレンバージ）へと流れる動きであったことからもわかるように、実際にはこの取引における両者の関係は、それまでの関係を帳消しにして、いつでも解消できるものである。中間卸売商のほうも本来は、経営に失敗したからといって戻ってくる小売商を支援する義務など何らない。マチンガは「一時的に身をおくことになった」職業にすぎない。利益が減少し、日雇い労働のほうがましだと思えば、いつでもマチンガをやめることはできるし、それにともなって「マチンガ」という仲間意識も雲散霧消する。もともと関係をつづけるうえで何の義務ももたない両者が、支援を供与する側―される側といった硬直的な関係性を感じたときに、前者が短期的な利益を考えて不平等である／負担であると認識すれば、取引関係は簡単に解消されうるし、後者がそれでも支援されたいと強く望めば、雇用―被雇用関係になりうる。

マリ・カウリ取引と現金取引の併用という新たな商慣行が生まれたのは、独立自営に失敗した両者が、マクロな状況の変化によって互いの実質的な力関係が変化するなかで、互いの関係をあくまで対等な関係あるいは水平的な関係に保とうとする働きかけをつづけたからである。

日々の商交渉において互いの反応を見極めながら、機を捉えて自己の領域に他者を引きずり込んだり、突き放したりする綱引きのうえで、互いの力関係や親密性、依存と自律といったバランスを操作していくやり方は、話し合いによって、合意を形成する方法に比べて不確かなものであろう。しかし、マチンガは、その場その場の駆け引きのゆくえを開かれたものにしながら、目の前の他者と駆け引きする即時的な実践を繰り返していくことで、不安定な経済状況の変化に、柔軟に対応できているのではないだろうか。ひとりの商人はつぎのように述べた。

> 生きていくためのウジャンジャというのは、相手の心理をすばやく読んでうまくやってのけることだ。でもこの賢さには教科書があるわけではなく、人生経験によってみんなばらばらなんだ。みんな自分のやり方でやるから、他人が腹の中で何を考えているかなんて本当のところはわからないのさ……でもそれはオレたちのあいだに信頼がないことを意味しない。オレたちは互いを尊重しあっている。だから、〔他人の行為が〕わからないことを知っているし、わからなくても平気だ。いや、わからないからこそ、オレたちはうまくやっていけるんだ。（スム、二九歳男性、二〇〇五年三月）

ここには、たとえば制度化や組織化によって、互いの行為を予測可能なものにし、経済行為や社会関係における不確実性を除去していくような方向とは異なる、他者とのつながり方をみることができる。それは、他者の他者性を認め――他者はわからないことを認め――、経済行為や社会関係に付随する不確実性そのものを、他者とともに生きていくための資源に転換する方法にほかならない。

第Ⅲ部

空間を織りなす狡知

路上空間をめぐるマチンガの実践

第Ⅰ部と第Ⅱ部では、古着商売におけるマチンガの商慣行の実態と彼らの関係性について検討してきた。第Ⅲ部では古着商売の文脈を離れて、都市中心部の路上に視点を移したい。第Ⅲ部では、古着に限らず、あらゆる商品を扱うマチンガと、マチンガとともに都市路上空間を形づくっているさまざまなアクターを対象とする。

序章で述べたように、路上商売の継続・再生産の背景をめぐって、先行研究では、（一）貧困・教育・雇用機会の不足などの制度的な問題、（二）人びとの不服従の精神にもとづく日常的抵抗、（三）公共空間における権利の承認にかかわる問題から説明してきた。

それに対してわたしは、（一）先行研究では、路上商人の経済実践そのものにかんする分析が欠けており、路上商売が都市部の広範な社会ネットワークに埋め込まれた流通システムの不可欠な一部として機能していることを見過ごしていること、それゆえ（二）路上商売の継続は、路上商人自身の問題や資本の欠如や動機のみに還元するのではなく、路上商人と重層的に関係を取り結んでいる諸アクター間の力関係の推移、ネットワークの動態のなかで捉え直す必要があることを指摘した。

第八章では、まずマチンガに対する中央政府・市当局による弾圧の歴史を整理し、二〇〇六年三月に起きた暴動とその後の展開、マチンガによる公設市場への移動の条件について考察する。第九章では、マチンガと（一）商店主、（二）消費者、（三）その他都市雑業層、（四）警官・ムガンボとの相互関係を明らかにし、それぞれの関係の重層的なかかわりについて検討する。これをつうじて、路上の社会経済空間においてマチンガがいかなる役割を果たし、またこの社会経済空間がどのようなしくみで動いているのかを考察する。

第八章

弾圧と暴動——市場へ移動する条件

二〇〇六年三月八日の午前中、ムワンザ市商業地区では路上商人たちを路上から排斥し、公設市場へと移動させることを目的とした「路上商人一斉検挙」が実施されていた。暴動の発端は、「夕方の市場」と呼ばれる橋の上で商売をおこなっていた路上商人たちが、警官やムガンボ（市当局に雇用された警備員）による商品の没収と検挙に抵抗して、彼らに投石、暴行を加えたことだった。この騒動は、ラウンド・アバウト、マーケット・ストリート、バス・タクシー乗り場へと順次飛び火し、「もっとも頑強な路上商人の牙城」の異名をもつマコロボーイ・ストリートに到達すると、ムワンザ市中心部のあらゆる路上に急速に拡大していった。路上商人たちは、交通を遮断するために、市内商業地区につながる道路を丸太や火をつけたタイヤでふさぎ、少なくとも四時間にわたって市内商業地区全域を占拠した。市内商業地区全域の商店やオフィスは閉鎖し、市内交通は麻痺し、街の機能は完全に停止した。さらに、路上商人と、彼らと同様に退去命令が出ていた路上生活者の一部は、ニエレレ・ロード沿いのインド・パキスタン系商店やアフリカ系エリートのオフィス、車を襲撃し、金品を強奪した。この間に、商品の強奪に怒ったインド系商人が、路上生活者の少年二人を射殺するという事件が起きた。最終的には機動隊（Field Force Unit）が出動し、催涙弾による威嚇射撃などにより、多数の負傷者を出しながらも、この暴動を鎮圧した［Mzawa, March 11, 2006］。

Mzawa

GAZETI LINALOMJALI MZALENDO

TOLEO Na. 338 JUMAMOSI MACHI 11, 2006 TANZANIA BEI SH 200

Vurumai jijini

- Wamachinga waiteka Mwanza kwa muda wa saa nne
- Barabara zazibwa, maduka yafungwa, usafiri wasimama
- Askari watano wajeruhiwa, wamachinga saba mbaroni
- Mfanyabiashara mbaroni kwa mauaji ya mtoto wa mitaani
- Mkuu wa Mkoa asikitika, Masha azungumza na wamachinga

Na Sitta Tumma

Wafanyabiashara wadogo, maarufu kama wamachinga, jijini Mwanza, Jumatano ya wiki hii waliliweka Jiji la Mwanza katika hali ya hatari baada ya kuanzisha vita dhidi ya askari wa mgambo wa Halmashauri ya Jiji.

Wamachinga hao walifanikiwa kuliteka Jiji la Mwanza kwa takribani saa nne kuanzia saa 4:00 asubuhi hadi saa 8:00 mchana katika vurugu zilizotanda kwenye karibu eneo lote la katikati la kibiashara (CBD) linalochukua barabara na mitaa ya Nyerere, Uhuru, Rwagasore, Market (Soko Kuu) na Kaluta.

Vurugu hizo zilitokana na wamachinga hao kupinga kuhamishwa na kuchukuliwa bidhaa zao kwa nguvu

Inaendelea Uk. 2

John Mzee (14), aliyeelezwa kuwa mtoto wa mitaani, akiwa amefariki karibu na mkahawa wa Salma Cone katikati ya Jiji la Mwanza baada ya kupigwa risasi na mfanyabiashara mmoja katika vurumai zilizozushwa na wamachinga Jumatano mchana.

Mmoja wa wamachinga (kushoto) akijiandaa kutupa jiwe katikati ya Barabara ya Nyerere jijini Mwanza wakati wafanyabiashara hao wadogo walipozua kizaazaa katikati ya wiki hii.

Mawe yakiwa yamepangwa kuziba Mtaa wa Lumumba huku matairi yakichomwa moto wakati wa vurugu za wamachinga wa Mwanza Jumatano hii.

Barabara ya Nyerere, ambayo kwa kawaida huwa na msongamano mkubwa wa watu na magari, inaonekana ikiwa tupu kabisa kutokana na vurugu za machinga.
(Picha zote na Cosmas Makongo).

Mabatini yakumbwa na mafuriko

Na Mwandishi Wetu

Mvua kubwa iliyonyesha juzi Alhamisi usiku jijini Mwanza ilileta madhara makubwa kwa baadhi ya wakazi wa Mabatini ambao nyumba zao ziliingiliwa na maji.

Baadhi ya wakazi wa Mabatini waliliambia gazeti hili jana Ijumaa kwamba eneo hilo lilikumbwa na mafuriko yaliyosababishwa na mto unaopita kwenye eneo hilo ambao ulijaa maji.

Baadhi ya wakazi hao wameeleza kuwa nyumba zao zilipojaa maji walilazimika kupanda juu ya dari na watoto wao ili kujinusuru.

Habari za kipolisi zimeeleza kuwa mafuriko hayo hayakuleta maafa makubwa, tofauti na yale ya mwaka 2002, ambayo yalisababisha vifo na uharibifu mkubwa wa mali.

Kufuatia maafa hayo ya 2002, aliyekuwa Mkuu wa Mkoa wa Mwanza Bwana Stephen Mashishanga aliagiza watu wote wenye nyumba kando ya mto huo kuhama, agizo ambalo inaelekea halikuzingatiwa.

Dar kuwa na ma-RPC watatu, ma-OCD 11

Na Mwandishi Wetu, Dar es Salaam

Jiji la Dar es Salaam ambalo sasa ni Kanda Maalumu ya Polisi litakuwa na mikoa mitatu na wilaya 11 za kipolisi.

Mikoa na wilaya mpya za kipolisi zilitangazwa katikati ya wiki hii na Kamanda wa Polisi wa Kanda Maalumu ya Dar es Salaam Bwana Alfred Tibaigana alipokuwa akitoa maelezo kwa Mkuu mpya wa Jeshi la Polisi Tanzania Bwana Said Mwema.

Bwana Tibaigana alisema mikoa mitatu ya Kinondoni, Ilala na Temeke imegawanywa kwenye wilaya kadhaa za kipolisi.

Alisema, Mkoa wa Polisi wa Kinondoni utakuwa na wilaya za Kinondoni, Kawe, Magomeni na Kimara.

Bwana Tibaigana alisema Mkoa wa Polisi wa Ilala una wilaya za Kituo Kikuu cha Polisi, Kariakoo, Buguruni na Ukonga.

Kamanda huyo wa kanda ya polisi alisema, Mkoa wa Polisi wa Temeke utakuwa na wilaya za Chang'ombe, Mbagala na Kigamboni.

Hii ina maana kwamba kila mkoa utakuwa na kamanda wake na kila wilaya pia itakuwa na kamanda wake, na kuifanya Dar es Salaam kuwa na makamanda watatu wa polisi wa mikoa (ma-RPC) na makamanda 11 wa polisi wa wilaya (ma-OCD).

マチンガによる暴動を伝える新聞記事（2006 年 3 月 11 日）

本章では、この暴動前後の動向に着目して、「なぜマチンガは、路上から市場へと移動しないのか」について検討していきたい。第七章で述べたように、二〇〇三年一〇月に通告された都市計画以降、ムワンザ市では警官やムガンボによって、路上から商人を排斥する施策が強化された。この暴動は、この排斥強化を遠因として起きたものである。

暴動の検討に入る前に、これまでもたびたび触れてきた路上商売に対する政府による対応・弾圧の歴史について、いちど整理しておく。

一　マチンガに対する弾圧と排斥の歴史

マチンガに対する政府の対応を、つぎの三つの時期に分けて検討したい。（一）植民地期から社会主義体制期にかけておこなわれた、都市部からの自営業者の排除、（二）経済自由化以降の一時的な放任政策と振興策という名の弾圧、（三）貧困層の救済を謳った近年の路上商売の取り締まり。

都市部からの自営業者の排除

タンザニアにおける零細商売を排斥するキャンペーンの起源は、植民地期にさかのぼることができる。歴史人類学者バートンによれば、植民地政府は、都市人口の制限と、換金作物の生産量の増大を目的として、定職をもたないアフリカ系住民（townsman）を、強制的に故郷に送還する方策をしばしばとった［Burton 2005］(1)。街は、「植民地権力の象徴」［Burton 2005：8］であり、アフリカ系の零細な自営業者は、ヨーロッパ系住民とアジア系商人たちの所有物である街の治安を乱す「ならず者 *mbuni*」とみなされていた。とりわけ、ドイツが支配していたタンガニーカが一九一九年にザンジバルと同様イギリス領になると、都市部における自営業者の排除は強化された。一九二三年の極貧層法、一九四四年のタウンシップ（有害人物の排除）法（一〇四章）、一九四七年の植民地労働力利用法（二四三章）はどれも、植民地政府の治安判事や警察庁長官に、街のアフリカ系住民をいつでも強制的に故郷の農村に送り返す権限を与えるものであった〈2〉。

独立後、植民地期の三層構造（白人―アジア人―アフリカ人）の解体をめざしたタンザニア政府は、社会主義体制にもとづく経済発展をめざす過程で、植民地政府と同様の仕方で自営業者を、都市から故郷へと送還するキャンペーンを展開した。すなわち、政府は都市で活動する自営業者を、植民地期の「ならず者」から「自助努力とウジャマー社会主義政策の敵」「農業に基礎をおいた平等主義的国家に寄生するパラサイト、浮浪者、怠け者」と呼びかえ、都市から排除するキャンペーンを展開したのである［Burton 2005: 8-10; Lugalla 1995b: 161-166］。政府は、都市部の自営業を、きちんとした職業とみなさなかった。一九七六年の自営業者排斥キャンペーンは、「すべての人間は仕事をしなさいキャンペーン」と名づけられたが、このキャンペーンで繰り返されたスローガンとは、「国の経済発展に寄与するために、都市の自営業者は、故郷に戻って農民になりなさい」を意味していた［Kironde 2001: 54］〈3〉。

一九八〇年代初頭に経済危機が頂点に達し、街のいたるところで零細商売に従事する人びとが出現するようになると、政府は全国規模でのより徹底した自営業者の弾圧に打って出るようになる。それは第六章でも触れた、ふたつのキャンペーンに象徴されている。一九八三年三月に政府は、刑法を修正し、零細商売をすべて違法とした。つづいて政府は、一九八三年四月より「経済的サボタージュに対する戦争」と銘打ったキャンペーンを実施した［Kerner 1988: 41］。このキャンペーンは文字どおり「戦争」であり、警官だけでなく、国家奉仕隊や自警団が数多く動員された。彼らは各都市の闇市場において、贅沢な輸入品や外貨、（政府の価格統制を受けていた）ローカルな生産物を取引していた商人の一掃作戦を展開した。闇市場で取引するマチンガは、農村地域の小農と都市部の正規労働者を搾取する「資本家」や「搾取者」として標的にされたのである〈4〉。

さらに同年一〇月一五日には、人的資本再配置法（Human Resources Deployment Act）が施行された。この法は、すべての都市労働者に、「Nguvu Kazi（スワヒリ語で「労働力」を意味する）」という身分証明書の携帯を義務づけるものであった。この法をもとに政府は、都市部の自営業者を強制的に故郷や都市近郊の新設農村、プランテーション農園に定住させるキャンペーンを開始した。警官や国家奉仕隊、自警団は、無差別に人びとを逮捕し、各都市に設置された尋問所において正規の労働者であるかどうかを確認した。尋問所において身分証明書を提示できなかった人びとは、即座に「非生産的な分子」と烙印を押され、故郷や農園に送られた［Kerner 1988: 41-49］。

しかしこのふたつのキャンペーンは完全な失敗に終わった。その理由はいくつかあるが、最大の原因は、政府による「失業者」や「浮浪者」の定義がひどく曖昧であったため、取り締まりにあたった警官らは、いったい誰が失業者であり、誰が生産的な労働者であるのかを識別できなかったためである。上級公務員や準国営企業の管理職員であっても、就業時間中に路上を歩いていた場合には、失業者だとみなされ逮捕された。制服を着用しないで通学していた学生も「ならず者」とみなされて拘束された。その一方で身分証明書や雇用証明書の偽造、貸し借り、売買が盛んにおこなわれ、偽造証明書を携帯して拘束を免れた失業者が数多くいた。各都市の尋問所は拘束された人びととの審査でパンクし、メディアはこの政策に対する都市住民の非難を連日のように報道した。また、故郷やプランテーション農園へ送還された人びとは、ほんの数日後にはUターンして都市部に戻ってきた。取り締まりは、しだいに、市当局と自営業者とのあいだの「いたちごっこ」の様相を呈するようになっていき、最終的に政府はこのキャンペーンの失敗を認めた［Lugalla 1995b: 167-179; Ndulu 1988: 9; Shaidi 1984: 86; Tripp 1997: 141-143］(5)。

この国家による大規模な排斥キャンペーンの失敗と零細商売の急速な拡大が、政府内部で経済自由化を支持する改革派の発言力を高め、インフォーマルセクターに関するポジティブな国家政策を推進する契機となった。先行研究は、この点に注目し、既存の政治経済秩序に対する、民衆の主体的な異議申し立ての可能性を論じた［Kerner 1988: 41-49; Müller Online; Tripp 1997: 141-143］。それでは、その後、インフォーマルセクター政策はどのように変化していったのだろうか。

一時的な「放任」政策と「振興」という名の弾圧のはじまり

ニエレレ初代大統領からムウィニ大統領に代わり、さまざまな規制緩和がはじまると、政府はキャンペーンを放棄して、インフォーマルセクターに対する態度を緩和させていった。一九八七年五月、ムウィニ大統領は公的なスピーチにおいて、「政府は国民に十分な給与を支払うことができないので、人びとは自分自身をサポートするために、さまざまな現金稼得活動に自由に従事すべきだ」と発言した［Maliyamkono and Bagachwa 1990: 32］。インフォーマルセクターは振興されるべき対象となったのである。しかし、すべてのインフォーマルセクターが等しく振興の対象となったわけではなかった。政府は中小規模の製造業部門に振興策を集中させ、最大多数を占める零細商売にはほとんど無関心であった。それでも、一九八〇年代後半から九〇年代にかけての五、六年のあいだは、インフォーマルセクターに対して、政府が比較的自由放任の姿勢をとったという点で、「零細商売の黄金期」であった。この時期、ムワンザ市のマチンガはオークションを開き、大きな利益を得ていた。

しかし一九九〇年代に入ると、政府は「振興」という名のもとに、零細商売の管理をはじめた。一九九一年一月一日に、ダルエスサラーム市当局は、一九八二年に制定した「行商・路上販売条例 Dar es Salaam City Council (Hawking and Street Trading) By-laws」を改定した。この条例の第二条三項には、それまでの「ビジネス営業許可法 Business Licensing Act 1972」からは排除されていたマチンガも、営業許可を取得することが可能であると明記された。つまり、この条例によりマチンガは合法的な存在として承認されたのである。しかしこの条例は営業許可取得の義務をマチンガに課し、未取得者を逮捕する正当な理由にもなった。

マチンガは、営業許可の取得を無視した。煩雑な手続きにくわえて、迅速かつ確実に営業許可を獲得するためには、営業許可料の何倍もの賄賂を支払う必要があったためである。また、営業許可を取得するためには税金を支払うことが必要条件であった。一八歳から六五歳の成人に一律に課せられた開発税は、植民地期の人頭税と同じ性質のものであった〈6〉。事業税も所得の違いに無関係に一律に課せられていた。マチンガは、何の社会保障も得られないのに、これらの膨大な税金を払うことを不当だとみなしたのである。

各都市の当局は道路を封鎖し、マチンガを逮捕して強制的に営業許可料や税の徴収をおこなった。つまり、一九九〇年代に入って政府の関心は、「いかに人びとを都市部から排除するか」ではなく、「いかにして人びとに税を払わせるか」をめぐるものに変化したのである。

またマチンガに対する抑圧的な対応は、地球環境問題への関心の高まりとも連動し激化していった。一九九二年に国連開発計画（UNDP）と国連人間居住計画（UN-Habitat）は、世界持続的都市計画（Global Sustainable Cities Program）の対象としてダルエスサラーム市を選び、環境に配慮した新しい都市計画を立案することを政府に要請した。一九九二年八月のＵＮＤＰとダルエスサラーム市議会の会合では、ゴミ処理や不法占拠区の拡大、都市交通の麻痺、市有地（空き地や公園など）の非効率的利用など、さまざまな都市問題が検討された。その結果、それらの問題を引き起こしている人びととして、マチンガが名指しされた［Nnkya 2006: 83-85］。

ＵＮＤＰと市議会は、マチンガを、税や営業許可料を支払わず、正規商店の営業妨害をしているばかりか、都市の美観を損ね、ゴミの投棄などによって都市の公衆衛生を悪化させ、混雑した状況を生み出すことで円滑な交通を妨害し、おまけにスリや犯罪者の温床となる、もっともやっかいな人びととみなした。

各都市の当局は、一九九三年に都市計画を策定し「より衛生的で安全な場所を提供する振興策」として、マチンガのための市場を創設していった。そして市場への移動を拒むマチンガに対して、定期的に「路上商人一斉検挙」を実施するようになった。これが第六章で述べた、古着商人のムランゴ・ムモジャ古着市場への移動をめぐる国全体の背景である。

これらの都市計画には、マチンガたちを郊外に追いやって、街をエリートやフォーマルセクター、外国人旅行者のための場所としてデザインし直す意図がはっきりと示されていた。インフォーマルセクター振興策は、一九八〇年代後半には比較的自由であったマチンガの活動状況を一転させたのである。各都市の路上では、マチンガを市場に移動させようとする警官やムガンボと、マチンガとのあいだで、投石をふくむ頻繁な諍いが起きるようになっていった……。

貧困層救済を謳った路上商売の禁止

一九九五年にムカパ大統領が就任した後も、マチンガの取り締まりは継続したが、この頃になると、政府はふたたびマチンガに対して譲歩の姿勢をみせるようになった。それはしかし、構造調整政策の負の影響と不平等な振興策の皮肉な結果への対応にすぎなかった。構造調整政策は、社会主義時代には無料だった教育・医療の受益者負担の原則や公務員の削減など、人びとに大きな負担を強いるものもふくまれていた。フォーマルセクター従事者の多くが、インフォーマルセクターに流れ、政府の振興策により恩恵を受けたＩＳ製造業部門がサイド・ビジネスとして商売をはじめるようになった結果、経済自由化直後に「役人よりも儲けていた」マチンガたちは、より底辺へと周縁化されていったのである［cf. Lugalla 1997：437-441］。そして政府は、国際社会や人権団体からの非難を受けて、「貧困層＝マチンガの救済」を謳うようになった。

一九九七年には、「零細商人のためのガイドライン *Mwongozo kwa Wafanyabiashara Ndogo Ndogo*」が公布された。このガイドラインでは、つぎのふたつを条件に路上商売が認められた。第一に、マチンガは営業許可を毎年更新し、決められた税金を支払うこと。第二に、マチンガは、公衆衛生の悪化や環境破壊、交通妨害、営業妨害などの問題を引き起こさない場所において、秩序を乱さないように活動すること。

高額な営業許可料や税金の支払いはさておき、もしマチンガたちがこのガイドラインの条件を守った場合には、彼らが市内中心部の路上で営業することはほぼ不可能である。たとえば、ガイドラインには営業を許可しない場所として、「公園・官公庁・宗教施設・病院・学校・記念碑・公共施設とその付近、あらゆる建物の出入り口付近、車や人の通行を邪魔する場所、バス停・駅・駐車場・休憩所、電線の下」といった具体的な場所が列挙されている。これらの禁止区域以外の場所を街中で探し出すのは困難であり、たとえ見つかったとしても、その場所は商売には適さない閑散とした場所である。

また、ガイドラインは、塀、電柱、街路樹、電話設備、郵便ポスト、看板などに無断で商品を吊すことも禁じ、スチール製の棚を設置するように規定している。マチンガは市当局に棚を設置する許可を申請し、当局が推奨する二四タイプのスチール製の棚のいずれかを賃貸、または購入しなければならず、マチンガがそれ以外の構造物（自前の露店など）を利用した場合には、逮捕される。さらに、市場以外で客引きの声をかけることさえ禁止するなど、ガイドラインは禁止事項が多く、実質上、路上商売を全面的に禁止しているのに等しい。

最後に、ガイドラインは、市当局と商人との軋轢を解消するために、商人たちに「公認の組合」をつくることを推奨している。この組合は、商人どうしの相互監視によって法令や条例を遵守し、組合の承認なしに商売に参入する者を妨げるように機能することを期待するものであった［Dar es Salaam City Council 1998］。

このような商人の組織化は、一九九〇年代後半以降、政府の対マチンガ政策の中心になった。政府は、信用貯蓄組合（Saving and Credit Cooperatives：SACCOs）などをとおして、女性企業家の活動やマチンガの組織化を支援するようになった。実際に、こうした政府による組織化の要請に呼応して、この頃から、ダルエスサラーム市ではインフォーマルセクター自身による「下からの組織化」がみられるようになった、という報告も散見されるようになった［小林　1999：17-19；Nnkya 2006］。ただしこれまで指摘してきたように、ムワンザ市のような地方都市では、マチンガの組織化の兆しはほとんどみられないのが実情である。[7] また、第七章で説明したように、路上からのマチンガ排斥キャンペーンは、都市計画の変更が起きるたびに、これらガイドラインとは矛盾する「交通法」「都市建築法」など、別の法律を根拠に実施されることになった。

以上、政府によるマチンガ対策の歴史をみてきた。時代により目的や理念は異なるものの、政府がマチンガを一貫して弾圧や排除の対象としてきたことは明らかである。本章冒頭のマチンガによる暴動は、このような歴史的背景のもとで生じたものである。以下では、暴動後の動向を検討していきたい。

二　ムワンザ市における暴動後の展開

この節では、まず中央政府や市当局による暴動後の対応を概観し、つぎにマチンガの暴動後の動きについて考察する。

中央政府および市当局による暴動後の対応

本章の冒頭で示した、二〇〇六年三月八日に起きた暴動は全国版の新聞各紙の一面を飾り、タンザニア全土に知れ渡ることとなった。その後、中央政府・市当局によるマチンガに対するさまざまな対策が講じられた。以下では、政府や市当局による、路上商人に対する暴動後の対応や見解を中心に考察する。

暴動の翌日、タンザニア政府はムワンザ市当局をつうじて、マチンガに対してつぎのような和解策を布告した。それは、ムワンザ市郊外のふたつの常設市場を拡張・整備し、移動準備のための猶予期間として六カ月間、市内商業地区の路上での自由な商活動を認める、というものであった。ムワンザ市当局は公約どおり、キロレニ(Kiloleni)市場とブズルガ(Buzuruga)市場の拡張・整備に着手した。キロレニ地区の青空市場であったキロレニ市場には、鉄骨で区割りされた露店区画が三〇〇、コンクリートの倉庫と食堂が六つずつ、トイレと水浴び場がひとつずつ建設された。ニャカトゥ地区の小さな野菜・日用品市場であったブズルガ市場でも、新たに一九二の鉄骨で区割りされた露店区画、五つのコンクリートの倉庫、トイレと水浴び場がひとつずつ建設された。ムワンザ市当局は、整備が終わると、購入可能な露店区画の番号を記載した広告を、ムランゴ・ムモジャ古着市場の入り口や、市内の各商業ストリートに設置した看板に張り出した。

また、キクウェテ大統領みずからが街頭演説やメディア演説をつうじて、マイクロファイナンスへのアクセス拡大や、準国営部門の貯蓄信用組合(SACCOs)の振興をおこなう公約と引き換えに、マチンガに組織化と、猶予期間中の公設市場への移動を通告した。この大統領の通告につづいて、各省の大臣たちも路上商人に対する移動の呼びかけを開始した。

六月一四日に開かれた国会では、二〇番目の議題として三月八日のムワンザ市の暴動が取りあげられた。野党（CUF）の議員から、政府与党に対して、つぎの三つの質問がなされた。第一に、政府はマチンガと対立するよりも合意する手段を見つけたほうが得策だと考えないのか。第二に、政府は暴動によって損失を受けた市民（店の窓ガラスを割られた商人や車を壊されたエリート）に補償をおこなうべきではないか。第三に、政府がマチンガから没収した商品を、マチンガに返却するための計画をもっているのか。

それらの質問に対する公共秩序・安全担当大臣の答弁は、ムワンザ市当局による路上商売の「規制」の正当性を主張するものであった。大臣は、われわれ政府はつねに路上商人との対決よりも合意を望んできたと前置きしたうえで、一九八二年に制定された「地方自治法（一九八二年第五九号立法：都市開発第八号法）*Sheria ya Serikali za Mitaa (Maendeleo ya Miji Na.8 1982 kifungo cha 59)*」によって、市当局には、路上での商行為を規制する合法的な権限が与えられていたことにかんして、野党に確認を求めた。

つづいて大臣は、ムワンザ市当局が路上商人対策に十分、取り組んでいたとする、つぎの答弁をおこなった。ムワンザ市当局はすでに二〇〇二年から市の財源で、ブズルガやキロレニ、マバティニ（Mabatini）、キタンギリ（Kitangiri）、サバサバ（Sabasaba）、テメケ（Temeke）などに、市場の建設を推進してきた。しかし、建設終了後、路上商人が行政サービスの不備を指摘して公設市場へ移動しなかったために、市当局は、ふたつの市場のさらなる整備を実行した。大臣は、こうした市当局の政策努力にもかかわらず、路上商人が新たな理由をつけては移動を拒んでいることを説明し、路上商人の理解のなさを強調した。そして、大臣は、暴動はあくまで路上商人のこうした無理解が引き起こしたものであったため、政府には暴動の被害にあった市民への損失補塡や路上商人に対する商品返却の責務はないとして、討論を終えた（国会議事録 *Bunge la Tanzania, Majadiliano ya Bunge, Mkutano wa Nne, Kikao cha pili 2006/6/14*）。この国会答弁における大臣の説明は、ムワンザ市当局の見解を要約したものであった。[8]

つぎに、マチンガの暴動後の動向についてみていきたい。

暴動後のマチンガの対応とその後の経過

政府がマチンガに対して六カ月間の猶予期間を告知した直後、市内商業地区で路上商売をおこなうマチンガの数は爆発的に増加した。一度は警官やムガンボによる取り締まりを避けるために、郊外で行商をしていたマチンガも戻ってきた。また、新たな参入者も多数、加わっていた。暴動から五カ月が経過した二〇〇六年八月の調査時には、市内商業地区の路上はマチンガであふれかえるようになり、道路標識に衣類を吊す者や、幹線道路の真ん中に鞄を放置しビルの軒先で客を待つ者まで出現した。まさに無秩序状態であった。

このような自由な空気が蔓延するなか、マチンガは当初、政府の方針に対して比較的肯定的であった。与党支持者ではないマチンガも、「スラングを使いこなしてマチンガに呼びかける新大統領は、（農村部出身の）前ムカパ大統領とは異なり、都会的なセンスをもちあわせている」と大統領を評価した。猶予期間の当初、マチンガのあいだでは、就任直後の大統領によるマチンガへの対応、および猶予期間終了後の対策が頻繁に話題になっていた。そこでの大統領にまつわる逸話は、大統領は都市部の若いマチンガの事情を理解してくれるのではないかという期待と、大統領は切れ者であるためこれまでのような抵抗をしても勝ち目はないという畏怖を、マチンガのあいだに引き起こした。〔9〕

このような期待と畏怖のもとで、従来の暴力的な抵抗や「いたちごっこ」ではないかたちで、市当局に対応するマチンガが現れた。たとえば、マコロボーイ・ストリートのマチンガは、署名活動をおこない、市内中心部付近における公設市場の建設を希望する旨の嘆願書を当局に提出した。〔10〕また「夕方の市場」の橋で活動する野菜商のマチンガのなかには、マイクロファイナンスや準国営部門の貯蓄信用組合（SACCOs）にアクセスするために、組織化を試みる者たちが現れた。〔11〕

しかしこのようなマチンガの期待は、二〇〇六年八月頃には失望へと変化していた。マチンガが提出した嘆願書は、「建設予定地は二〇〇二年の時点で決定されており、すでに整備が進んでいる」ことを理由に退けられた。野菜商マチンガが試みた組織化は、融資を獲得する手続きが煩雑であったため、失敗に終わった。ムガンボがマチンガとの衝突に備えた訓練のためにジョギングする号令が早朝から響くようになると、マチンガは「猶予期間が終わったら最後、これまでのような力による排除が繰り返される」といった悲観的な言葉や、「オレたちは、政府と何らかかわりない（*Hatuna mpango na Serikali*）。オレたちは政府なんかにカネを恵んでくれと要求したりしない。オレたちが奴らに望むことはただひとつ、オレたちをほっといてくれということだけだ」といった悲哀混じりの強がりを口にするようになった。

猶予期間後、自主的に公設市場へ移動するマチンガは現れなかった。そのため猶予期間は二カ月間延長されたが、結局、マチンガの予想どおり、「マチンガ一掃計画」は暴力的に実施されることになった。二〇〇六年一一月二六日早朝五時から、武装した警官・ムガンボが市内中心部のあらゆる路上で、マチンガを待ち構えた。マチンガによると、その日は大きな諍いが起きることなく、マチンガは退却した。この成果は「ムワンザ市当局は、たった一度の試みでマチンガを街中から追い出すことに成功した」と報じられた［ITV Habari, November 28, 2006］。

この日から、警官とムガンボが、早朝から夕方まで、市内商業地区を巡回し、マチンガを監視する状態がつづいた。しかし数千人のマチンガは、携帯電話を使って連絡を取りあい、ゲリラ的に広範囲に出没したため、警備は困難を極めた。また数百人の警官とムガンボ（八割がムガンボ）で構成される警備体制には多大な費用がかかったため、市当局には大きな負担であった。二〇〇七年二月には、ムガンボが、危険な仕事にもかかわらず保障がないことや、給与が低いことに抗議して、ストライキを決行した[12]。マチンガはムガンボのストライキに共感・喝采し、路上での活動を再開した。三月、稼ぎ時である復活祭の前には、市内中心部はふたたびマチンガであふれかえるようになった。

四月下旬、ムワンザ市当局はムガンボの雇用契約更新を機に、ムガンボを査定し、職務に忠実で継続の意思のつよいムガンボだけを再雇用した。そのうえで、市当局はムガンボの給与を上げた。またこの時期から、ムガンボは

ほとんど無人のキロレニ市場。建設から１年以上経ち，草が生い茂っている。

制服を着用しない覆面パトロールをおこなうようになり、マチンガの抜き打ち検挙を敢行した。また市当局は、マチンガから商品を購入した消費者も逮捕する通告を出した。そのため、市内中心部での路上商売はふたたび緊張に包まれるようになった。こうした市当局の対策にもかかわらず、暴動から一年以上経過した二〇〇七年九月においても公設市場に移動するマチンガはほとんど観察されなかった。このとき、キロレニ市場の三〇〇の露店区画のうち、営業が確認されたのは、わずか三区画であった。ブズルガ市場では一九二区画のうち九区画のみ確認された。

三　公設市場への移動を拒否する理由

政府によるマチンガ対策は、前述したように一九九〇年代に入り、マチンガの排除からマチンガの管理と振興をめざすものへと移行した。しかし、一九七〇年代後半の経済危機以降、二〇年以上にわたって、政府とマチンガは「いたちごっこ」を繰り返している[13]。

公設市場への移動の猶予期間終了まで、残すところ一カ月となった二〇〇六年八月に、猶予期間後の身の振り方について、マチンガ一〇〇人に対面式の聞き取り調査をおこなった。[14] そのうち回答が得られた九〇人中五八人が「路上商売をつづける」と述べた。その他の回答は、「新たに建設された市場に移動する」（一九人）、「可能な限り路上商売をつづけたいが、状況がそれを許さなければ市場に移動する」（九人）、「その他（別の仕事を探す・故郷に帰る）」（四人）であった。

彼らは、「路上商売をつづける」方法について、「いたちごっこ」の典型的な形態（ネズミの道[15]）で、市当局の取り締まりに対応すると語った。また、公設市場への移動を拒む理由について聞き取りをした結果、回答には次の四種類があった。[16] ⓐ「市内中心部の路上商売の経済的利便性」（五二件）、ⓑ「空間利用の不平等・不公正」（二二件）、ⓒ「資金不足」（二四件）、ⓓ「ムガンボ・警官による暴力的な排除」（二件）。

つぎに、ここで得られた四種類の回答について、順に検討したい。

ⓐ「市内中心部の路上商売の経済的利便性」

これは、郊外の公設市場と市内中心部とを比較した場合、後者のほうが客数や小売価格、仕入れ行為などにおいて経済的に利点があることを指摘するものである。つぎの語りに示されているように、とりわけ多くのマチンガが指摘したこととは、「公設市場にはほとんど消費者がいない」という客数にかんすることであった。

> キロレニ市場だって？　あそこは山羊しか歩いていない野原だ。山羊がカネをくれるか？　あんなところに行ったら、あっという間に資本を食いつぶしてしまう。
> （新品衣料品を扱う路上商人、二六歳男性、二〇〇六年八月）

> キロレニ市場で商売なんてできないさ。田舎で商売をしていったい誰が買うんだよ。キロレニ市場に移動しろというなら、［キロレニ市場で］畑でも耕すさ。
> （化粧品・雑貨類・玩具を扱う路上商人、三一歳男性、二〇〇六年八月）

このように、マチンガは公設市場を、しばしば、「野原・藪 *bush*」「田舎・村 *kijiji*」「原野 *pori*」と表現し、「街 *mji*」や「中心部 *centa*」と明確に対称化した[17]。

商売は、場所によって何が売れるかもいくらで売れるかもまったく異なる。客たちは、村の定期市、町の定期市、居住区、センター〔市内商業地区〕など、ある場所に行けばこれだけ、別の場所に行けばこれだけと、いくら払えば商品が手に入るのかを頭に描いている。消費者はみんな行き先によって財布の中身を変えるんだ。誰でも〔村や郊外の〕定期市では安く買えると思っている。嘘だと思うなら、定期市で良い品をふつうの値段で販売してみるといい。君は仕入れ価格にわずかな利益をのせただけなのに、消費者からは、なぜべらぼうな値段で販売するのかと怒られるだろう。ところが、市内で、良い品を安い価格で販売したとする。すると消費者は、君の商品はまがいものだと言うだろう。だから、オレの〔扱っている〕商品では〔郊外に新設された〕市場に行くことはできないんだ。

（小型電化製品を扱う路上商人、二四歳男性、二〇〇六年八月）

このように郊外の公設市場＝「田舎」「野原」＝安価で悪質な商品というイメージを消費者はもっていると考えるマチンガは、自身の取扱商品の質と適正価格から判断して、郊外の公設市場は販売場所として適さないために、移動したくないと主張した。またつぎの語りのとおり、市内商業地区から郊外の公設市場までは距離があるため、公設市場へ移動した場合には、市内商業地区に立ち並ぶ商店から商品を仕入れることが困難になる、と回答したマチンガも多かった。

オレはキリマヘワ地区に住んでいる。オレが住んでいる場所からキロレニ市場までは二五〇シリングのバス賃で行くことができる。時間をかければ、徒歩でも通える。ところがオレは、まずはセンター〔市内商業地区〕にくる必要がある。なぜか。商品を仕入れるためだ。キロレニ市場に商店は一軒もない。だから問題はこういうわけだよ。オレは二五〇シリングのバス賃を払ってセンターまでやってくる。そして商品を仕入れて二五〇シリングのバス賃を払って街中からふたたび〔自宅がある〕キリマヘワ地区の終点まで行き、そこからキロレニ市場に行くために別のバスに乗り換えてさらに二五〇シリングを払う。その後、キロレニ市場で幸運にも商品が売り切れたとする。ここ〔市内商業地区〕ではすぐそこに商店があるのだから、何も問題は起きない。でもキロレニ市場で商売をすることになった場合、商品がなくなればふたたびキロレニ市場からキリマヘワ地区までバスに乗り、乗り換えてセンターに行き、そしてまたバスに乗ってキリマヘワ地区、乗り換えてキロレニ市場に戻らなければならない。さあ、いったい一日でいくらバス賃を払うことになるか計算してみてくれ。オレたちの一日の手取りがたったの一五〇〇シリングから二〇〇〇シリングだと考えてみたら、あるいはこう考えてもいいさ、一枚の服からの利益が一度のバス賃だと考えてみたら、それがいかに困難なのかは簡単にわかるだろう。

（新品衣料品を扱う路上商人、二九歳男性、二〇〇六年八月）

ⓑ「空間利用の不平等・不公正」

公設市場へ移動したくない理由として、抗争空間論［cf. Brown 2006］が主張するような、空間利用の不平等・不公正を指摘したマチンガもいた。この理由は、路上・空き地・公園などの場所の利用権[18]をめぐる、マチンガの多様な解釈にもとづくものであった。政府による路上からの立ち退き命令をマチンガが不当であると繰り返し主張する根拠は、つぎのような語りに典型的に表れている。

インド人や金持ちはもっとも整備された街中に居座ってもよくて、オレたち貧乏人だけが舗装道路もなく[19]、水や電気も通っていない野原にある市場に追いやられるのは差別（*ubaguzi*）だ。

（新品衣料品を扱う路上商人、二四歳男性、二〇〇六年八月）

彼らの主張は、「市内商業地区＝都心」と「公設市場＝野原」といった対比イメージをもとにした、「アジア系コミュニティ」に対する「アフリカ系コミュニティ」、あるいは「富者」に対する「貧者」の反感につながっている[20]。しかし、この反感がインド・パキスタン系住民とマチンガの全面的な敵対関係につながるわけではないのは、第Ⅱ部で説明したとおりである。本章冒頭の暴動でも、すべての商店がマチンガにより襲撃されたわけではない[21]。襲撃された商店は、ニエレレ・ロード沿いの薬局や大型家電製品店など古参の大規模商店であり、マチンガとはあまり取引がない商店であった。マチンガは取引関係のある商店については、襲撃するどころか護衛したとさえ主張した[22]。またマチンガは、それら取引関係のある商店主から許されて、中心街で路上商売をおこなっていると主張した。

経済自由化直後にマーケット・ストリートで活動していた中間卸売商が、商店の前で販売するために商店主に場所代を支払っていたのとは異なり、現在のマチンガが商店主に場所代を払っているケースは少ない。しかし、マチンガが長い間ひとつの路上で商売をすると、商店主にトイレを借りたり、水をもらったりなどのつきあいが生まれ、マチンガが商店主に商店の前での販売を許されている場合が多い。つまり、こうした点から、彼らは、自分たちは無秩序に路上を占拠しているわけではないと主張し、政府による路上からの排斥を不当とみなしているのである。

多くのマチンガの意見では、市内商業地区の路上はオープン・スペースであり、路上への参入退出自体は原則的には自由である。そのため、新参のマチンガが突然ある路上で商売をはじめても、商店主や「先占権」を主張するマチンガから排除されることはほとんどない。しかし特定の路上が「あのマチンガがいつもいる場所」として商店主や他のマチンガ、客に認識されるようになると、そのマチンガにとってその場所は「オフィス」になる。この「オフィス」概念は、マチンガにとって仕入れ先の商人や、顧客とのネットワーク形成において不可欠なものとして考えられている。

オレはずっと昔からここ〔路上〕で商売をしている。周りの路上商人はみんな知っているし、商店主も知っている。オフィスにやってきたオレの客が、オレが持っていない商品を欲しいと言ったら、「それは○○にある、△△が持っている」と教え、腹が減ったと言われれば「それなら××のご飯がおいしい」と教え、トイレに行きたいと言われれば、案内してあげられる。そうやってオレは自分のオフィスを維持し、何年もかけて商店や顧客とのネットワークを築いてきた。ブズルガ市場やキロレニ市場に行ったら、オレはこのネットワークを失い、何もかも一から築かなければならなくなる。

（新品衣料品を扱う路上商人、二八歳男性、二〇〇六年八月）

ⓒ「資金不足」

資金不足とは、公設市場で露店を賃借する資金や、十分な商品を仕入れる資金、税金を支払う資金が捻出できないことである。ムワンザ市当局は、ダルエスサラーム市当局の決定にならい、公設市場へのマチンガのアクセスを高めることを目的に、二〇〇四年七月に公設市場の営業許可料を暫定的に廃止した。二〇〇六年調査時現在、ムワンザ市の公設市場の露店区画の利用権を取得するためには、市から露店区画を購入し、そのうえさらに区画利用税を毎月一〇〇〇シリング支払う必要がある。もし露店区画を購入できなかった場合には、露店区画を購入した民間人に対して毎月五〇〇〇〜一万五〇〇〇シリング支払って露店を賃借する必要がある〈23〉。そして経営開始二カ月後から、事業税五〇〇〇シリング、市場清掃費二〇〇シリングなど、合わせて月々六〇〇〇シリングほどの経費が必要となった。営業許可料が白紙に戻されたことで、公設市場での必要経費はかなり抑えられたが、これらの経費を支払うことの困難なマチンガも多かった。ただしマチンガは、税金などの経費についてはあまり問題としなかった〈24〉。それよりもマチンガが問題としたのは、市場に移動した場合に生じるであろう「マチンガどうしの販売競争」に負けた場合に生じる多大な損害への懸念であった。

ⓓ「ムガンボ・警官による暴力的な排除」

これについては、聞き取りにおいて二人のマチンガのみが指摘した。たしかにマチンガは、ムガンボ・警官による暴力的な一斉検挙や商品没収、ハラスメントに多大な反感を抱いている。たとえば、商売活動ができないことに不満を募らせる商人たちのあいだでは、二〇〇六年一一月下旬からはじまった徹底排除の時期こそが当局の意図的な嫌がらせであり、ムガンボ・警官の「汚職」の証拠を示していると囁かれた。なぜなら一一月下旬から一二月下旬にかけての時期は、街中で活動する路上商人たちにとって最大の稼ぎ時であるクリスマス・シーズンと合致し、路上商人を叩きのめすうえではもっとも効果的な時期であったからである。また、これらの時期はムガンボや警官にとって出費が重なる時期であるため、マチンガは、この時期の取り締まりを「（賄賂の要求をとおした）小遣い稼ぎ＝汚職」であるとみなしていた。

以上のⓐ～ⓓから、マチンガが公設市場に移動しない理由はその大部分において、商売上の判断に根差していることがわかる。しかし、このⓐ～ⓓにはいくつかの矛盾点がある。その最大の矛盾は、露店区画の購入者を調査する過程でみえてきた。先に述べたように、猶予期間の告知から一年以上経った後も、公設市場で露店を開店しているマチンガはほとんど皆無だった。ところが、公設市場の露店区画の所有者について調査した結果、ほとんどすべての露店区画はすでに購入されていることが明らかになった。たとえば、キロレニ市場では露店を市から購入した者には、民間・公共の投資家のほかに、「移動を拒む」マチンガも半分以上（キロレニ市場三〇〇区画中一六六区画）ふくまれていた。つまり、新しい露店区画を購入したマチンガは、いずれ公設市場に移動するつもりで購入しているにもかかわらず、移動を躊躇しているということになる。マチンガにこの点について質問すると、多くのマチンガは、「強大な政府に対抗しても勝てないので、いずれ移動することになるに違いない」と考えていることが明らかになった。「ではなぜ早く移動しないのか」と質問すると、マチンガは「みんなが動けば動くけれど、みんなが動くまでは自分も動かない」と答えた。次節では、この矛盾点に着目して、マチンガの移動条件について検討したい。

四　公設市場への移動の条件

露店区画を購入したマチンガの見解を要約すると、つぎのとおりである。もしマチンガがひとり残らず市内商業地区から公設市場に移動すれば、消費者もかならずマチンガの後を追って公設市場に集まる。マチンガから買いつける大半の消費者は、市場が立地する郊外（ウスワヒリーニ）に居住しているため、圧倒的多数の消費者にとって市内中心部に買い物に出かけるよりも郊外に新設された市場に出かけるほうが便利なことは間違いない。そうなれば、郊外の公設市場でも市内中心部と同じ価格で販売することは可能である。オフィス街と高級住宅街カプリ・ポイントの住人は、車を持っているのだから郊外の市場にアクセスすることはできる。市内中心部へ向かう消費者の流れが公設市場に向かえば、民間バス会社は、消費者の居住区と公設市場を往復するバスの路線を増やすであろう。その結果、キロレニ市場とブズルガ市場は、商業地区として発展し、都市計画に組み込まれることになるであろう。つまり、マチンガが全員いっせいに移動したら、ⓐ「市内中心部の経済的利便性」にかんする問題は解決する。このマチンガの見解は、まさに市当局が都市計画において企図している内容そのものである。

最初に移動するのは誰か

しかし市当局とマチンガの見解には、大きな違いがひとつある。それは、マチンガにとっての「みんな」には、市当局が「フォーマルセクター」「正規商店」として区分し、市内中心部での商売を認めている商店主、とくにマチンガの仕入れ先である小売店主もふくまれていることである。マチンガは、数千人のマチンガ全員の合意をとる手段がないため、この問題の懸案は、「最初に移動するのは誰か」であると語る。つまり、マチンガは、もし自分が先頭切って移動しても後続がなければ、消費者も公設市場に来ないので、経営は成り立たず、ふたたび市内中心部の路上に戻り商売するしかないと主張する。一方でマチンガは、ほかの誰かが先に移動することで、客が公設市場へと足を運ぶようになり市場が発展した後に移動すれば、困難な経営を経験せずにすむとも指摘する。最初に移動して損をする者と後から移動して得をする者がいるのは、不平等である。彼らの率直な見解は、最初に移動すべきは「われわれマチンガ」ではなく、「彼ら商店主」である。その理由は、商店主は客が市場に集まるようになるまで困難な経営を強いられても、ビジネスを維持できる資本をもっているためである。さらに重要なことに、商店主から移動するという点が実現されれば、ⓐ「市内中心部の経済的利便性」の問題に加えて、ⓑ「空間利用の不平等・不公正」の問題も解決されるのである。

オレはキロレニ市場の区画を購入した。政府は一〇年、二〇年先を考慮して、マチンガの場所を用意している。政府と争うなどということはぜんぜん現実的じゃないね。ただし、たったいま引っ越すというのは大馬鹿者だ。郊外の市場は、大規模な資本をもって参入しないと痛い目にあう。それはムランゴ・ムモジャ古着市場への移動のときに経験ずみだ。政府は、〔都市計画によって告知しているとおり〕市内には何十階建ての豪奢なビルを建築するだろう。すると、市内の商店区画の賃貸料もかならず高騰する。きっとダルエスサラームの中心部と同じように一部屋の一カ月あたりの賃貸料は、一〇〇万~二〇〇万シリングというものすごい額になるだろう。すると、どうなるか。賃貸料が払えない小さな商店もキロレニ市場付近の郊外に引っ越すことになる。つまり、街中には卸売店と役所だけが残り、郊外には〈小売店〉と〈われわれマチンガ〉のビジネスセンターができる。だから、まずは大きな資本をもった人間が移動するのを待つのが得策だ。街を追い出されてゆく商店主をゆっくり観察してから移動するんだ。何も商品がかならず服である必要なんてない。キロレニ市場に移動した商店主が扱う商品なら、なんだっていいんだ。

（新品衣料品を扱う路上商人、三九歳男性、二〇〇六年八月）

もちろん最終的にはマチンガは負ける。オレたちは政府と法律に背いているんだから、つぶされるに決まっている。政府と喧嘩したって勝てるわけがない。そんなことは、古くから商売をしている人間はみんな理解している。それがわかっていないとしたら、それはこの商売の新参者だ。商売をはじめて間もない人間は、「場所を用意したから移動しろ」と言われ、「オレにはそれなりの資本があるぞ」と計算すると、ホイホイと移動しようとする。それであっという間に資本を失って、バイバイさ。露店経営はただ賃貸料や商品を買うカネがあればいいわけじゃない。商売が揺れ動いてもしばらく経営を維持できる余力がいるんだ。そんな余力があるのは、オレたち路上商人ではなく、古着でいえば中間卸売商、新品でいえば商店主といったカネ持ちだ。オレは引っ越すよ。でもその時期は絶対に〔期限となっている〕九月ではないね。まずは市内でウジャンジャ、ウジャンジャにすり抜けながら様子をみる。そして市内で商売が本当にできないことがわかったら、つぎに農村の定期市を回ったりしながら、時間をつぶす。みんなが移動してキロレニ市場が活性化してきた頃に、意気込んで最初に移動した新参者が放棄した露店にするりと滑り込むというわけさ。

（古着を扱う路上商人、四七歳男性、二〇〇六年八月）

またマチンガは、商品流通の観点からも、モノの出所（商店主）から先に移動するほうが理にかなっていると主張した。ⓐ「市内中心部の経済的利便性」の「仕入れ行為」の問題が解決するためである。マチンガはこれについて、比喩を使ってつぎのように表現していた。

商店主は牛であり、マチンガは牛に群がる蝿のようなものだ。牛が移動したら、当然、蝿もついていく。

水は上から下に流れるが、下から上に流れることはない。川はいくつかの小川に分かれて流れていくが、支流だけを切り離しては水は流れない。

これらのマチンガの見解をまとめれば、「公設市場は市内中心部に建設されることが望ましい」が、それが不可能ならば「市当局は、商業地区をそっくり郊外に移動させて中心部には役所とオフィスだけを残せばよい。そうすれば、オレたちを疎ましく思う当局はオレたちに煩わされずにすむし、きれいな外観を保つこともできる」というものである。ここで重要な点は、マチンガは、たんに「資金がないから移動できない」と述べていたわけではなく、市当局による「マチンガ＝インフォーマルセクター」と「商店主＝フォーマルセクター」の区分にもとづいた空間的な分離の方法が間違っていると主張していたことである。ここで興味深いデータがある。

資金の問題なのか？

猶予期間終了直前に「公設市場へ移動する」と回答したマチンガと、「公設市場へ移動しない」と回答したマチンガの運営資金[25]を比較した結果、図8－1のようになった。一五万シリング以上の大きな資本をもつマチンガでは、猶予期間終了前に移動する意思があった者が、移動を拒否した者よりも多い。図に示したように、一万シリング未満のほとんど資本をもたないマチンガでも、移動する意思があった者が、移動を拒否した者よりも多い。一方で資

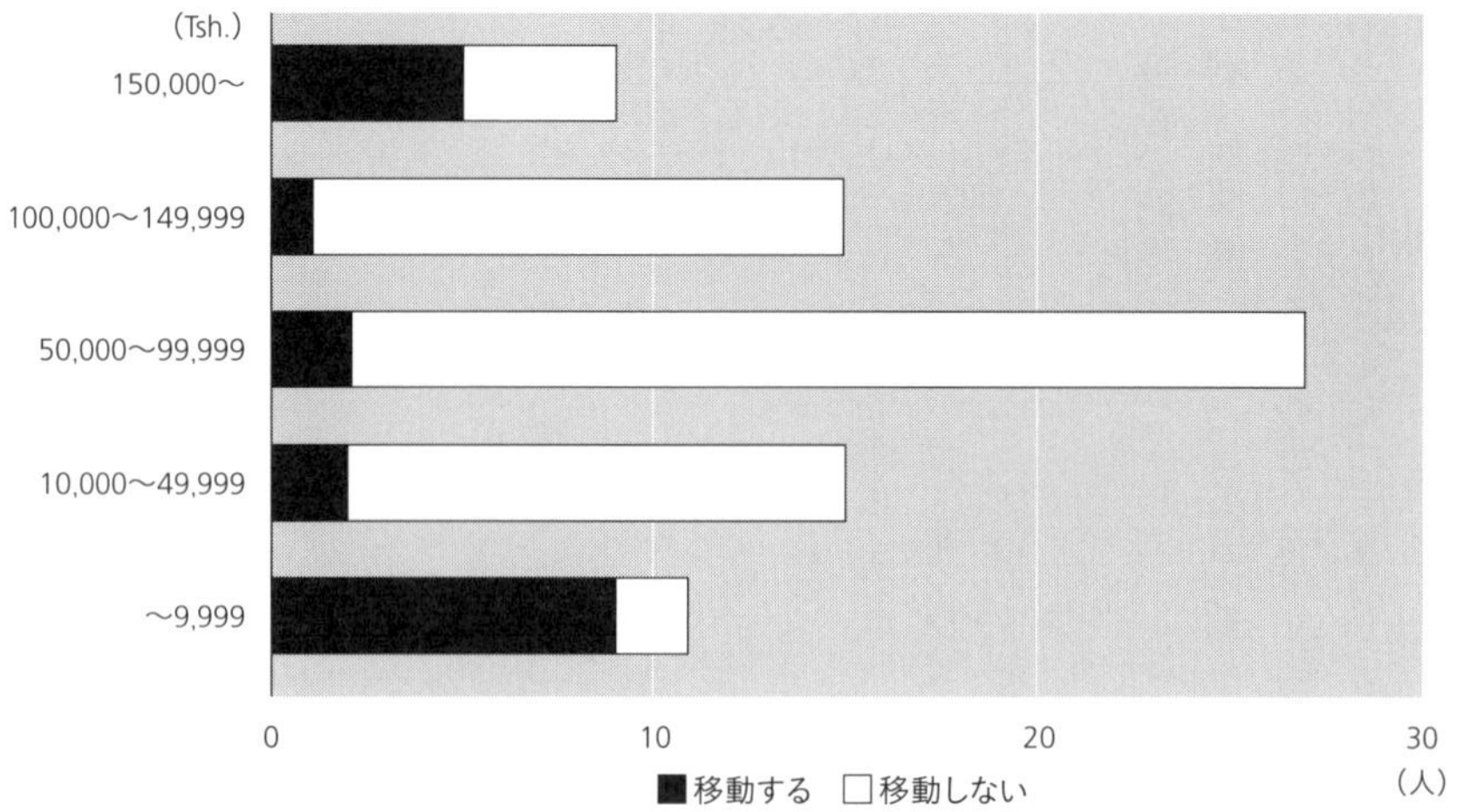

図８－１　「移動する」マチンガと「移動しない」マチンガの運営資金の比較

本規模としては「露店経営が十分に可能な」中規模なマチンガの大半は、移動を拒否している。

しかし、公設市場へのマチンガの移動の問題については、こうしたマチンガの資金について、いくら詮索しても、彼らが移動しない理由に行きつくことはできない。先にマチンガが主張したように、彼らの商売はただ露店を経営する資本があればいいのではなく、他の都市アクターとのネットワークにもとづく「不確実性への対処」を実現できて、はじめて成立するものである。

次章では、マチンガの移動拒否の背景を、その他のアクターとの相互関係に注目して再考していきたい。

第九章

「あいだ」で生きる——路上という舞台

前章では、政府によるマチンガに対する弾圧の歴史の概要を述べ、マチンガが公設市場への移動を拒む理由についてマチンガたちの主張を検討した。本章では、前章で紹介した二〇〇六年の暴動前後のマチンガと諸アクターとの関係を考察することをつうじて、路上商売を複数の諸アクターとの関係性のもとで捉え直す。第一節から第四節までは、暴動前後の（一）マチンガと商店主、（二）マチンガと消費者、（三）マチンガとその他の都市雑業層、（四）マチンガとムガンボ・警官の関係を順次、検討する。それをとおして、マチンガがなぜ市場に移動しないのか、なぜ路上に留まるのかを明らかにする。

一　「蝿」と「蜜蜂」のあいだで

商店主によるマチンガの評価

まず、マチンガと商店主との関係について検討したい。従来、政府の政策立案者や研究者は、営業許可料や税金、店舗経営費を不払いのマチンガは、その不払い分だけ商品を安く提供できるので、不当な競争を強いることで正規商店の営業を妨害しているとの見解を示してきた［cf. Tripp 1997: 147］。しかしこのような見解は、少なくとも現在では不適当であると考えられる。

わたしは、ムワンザ市の商業地区の商店主五五人に対して、マチンガの公設市場への移動の是非について聞き取り調査をおこなった。〈1〉その結果、「路上に留まるべき」がもっとも多く四〇人であった。つぎに「どちらでもよい」が七人、「限定つきで路上に留まってもよい」が四人で、〈2〉「郊外の市場に移動すべき」と答えた商店主は四人のみだった。

これらの商店主の意見の違いは、商店主がマチンガと取引しているか、あるいはマチンガを重要な顧客とみなしているかに拠っていた。マチンガのなかには隣国から商品を仕入れる「スーツケース・トレーダー」〈3〉やダルエスサラーム市から仕入れる者〈4〉もいるが、ほとんどのマチンガはムワンザ市内の商店から商品を仕入れて販売している。またマチンガは、高級家具やテレビなど持ち運びが困難で元手がかかる商品や、医薬品・農薬など、販売に専門的な知識が必要な商品以外のあらゆる商品を販売している。〈5〉

さて、マチンガと取引がない商店主（大型の電化製品や高級家具、医療品を扱う小売店など）は、マチンガが店先で販売することで店を訪れる消費者の通行を困難にし、スリや泥棒の温床を提供しているという意味では営業妨害されている。しかし取り扱い品目と客層が異なるため、マチンガによって不当な競争を強いられているわけではない。そのため、これらの商店主はどちらかといえば、マチンガに批判的というよりも無関心である。

店の前にいるマチンガは全員よく知っている。彼らはとても礼儀正しい若者だ。わたしは彼らとは何ら商売上の取引はない。でも彼らがいても別に構わない。彼らも慣れたもので、わたしの商売の邪魔にならないように気をつけてくれている。店への商品の搬入の際に車を横付けするときには、察しよく自分たちの商品を片づけるし、早く自分たちの商売を再開しようと〔商品の搬入を〕手伝ってくれることさえある。彼らは「おじさん、コーヒー〔の行商人〕が来たよ」などと親しげにわたしに呼びかけ、わたしが困っているときにはわたしの息子たちのように快く手伝いを申し出てくれる。もちろん、すべての若者がそのように礼儀正しくはないだろうから、店主とトラブルを起こす者もいるだろう。そういう若者が店先で営業していたら、店主は迷惑だろう。でもわたしが思うに、そのようなマチンガは少ない。なぜなら、そのようなマチンガはムガンボに追い払われるより先に、店主たちによってとうの昔に追い払われているだろうからね。

（ベッドマット販売店主、五六歳男性、二〇〇六年八月）

この商店主の意見は、マチンガが、前章第三節のⓑ「空間利用の不平等・不公正」で、商店主に許されて路上商売をしていると主張したことと一致する。

一方、マチンガと取引がある商店主にとって、マチンガはむしろ一般消費者よりも重要な客である〈6〉。これらの商店主はマチンガの公設市場への移動に反対する意見を述べた。第七章で説明したように、二〇〇三年一一月以降、市内商業地区では貸し店舗が増設され、商店の数は激増した。マチンガと取引があるのは、その増設された店舗に参入した新興商店主である。これら新興商店主には、つぎの四つの共通点がある。第一に、経営規模が小さい。第二に、中国・東南アジア製の安価で粗悪な流行の変わりやすい商品（新品衣料品・小型家電製品・雑貨・スポーツ用品・文房具など）を扱う。第三に、アフリカ系商人の割合が多い。第四に、もとマチンガであった者が多数ふくまれる。これら新興商店主は競争の激化とともに、マチンガとの既存のつながりを強化したり、新たに取引関係を結んだりして、マチンガとのネットワークに依存した経営をおこなう傾向にある。たとえば、マチンガの移動に反対する商店主はつぎのように説明した。

祝日でもなければ、店で、わたしが一日で一般消費者に販売できる衣服の枚数は多くても五枚だ。ところがこの五枚という数は、ひとりのマチンガが一度に買いつける枚数だ。郊外に移動した結果、マチンガたちが頻繁に仕入れに訪れなくなったら、この店が来年もまだ営業をつづけているかどうかはわからない。

（新品衣料品店主、三四歳男性、二〇〇六年八月）

マチンガと取引のある商店主は、最大の得意客であるマチンガが安定的に商売を継続することで、頻繁に仕入れに訪れ、多くの商品を購入することを望んでいる。そのため、商店主は、マチンガの商売が悪化する一斉検挙や、彼らとの取引が難しくなりうる郊外への移動を懸念しているのである。この商店主の懸念は、前章第三節のⓐ「市内中心部の路上販売の経済的利便性」において、マチンガが主張した「仕入れ行為」の問題を、商店主も同じように問題にしていることを示している。

また、商店主のなかには、同じ前章第三節のⓐの「小売価格」の問題点に言及して、マチンガの移動に反対する意見を述べた者が多数いた。

わたしはキロレニ市場ならば、マチンガの移動に断固反対だ。それは商売と場所との関係にかかわる大きな問題だ。それを説明するには、わたしの商売のしくみを理解してもらわなければならない。このショーケースの中に入っている時計はそれぞれ違うデザインだろう……〔ブランドや性能の説明〕……これらの時計は高級品だから店でしか販売できないものだ。ところが、これらの時計はひどいときには一年もこのケースの中から動かない。なぜならこの時計はひとつ一五万シリングもするので、一般の人はなかなか買うことができないからだ。さて、こちらの〔革ベルトの〕時計はまったく同じ色、デザインだろう。これらの時計は〔マチンガへの中間卸売価格が〕一〇〇〇～二五〇〇シリング〔と安いもの〕でよく売れている商品だが、すぐに壊れる粗悪品だ……〔品質の悪さの説明〕……だから、これらの時計は店では売りたくない。こんなものを販売したら、店のイメージが下がるからね。わたしは、これらの時計を、定期市で販売するマチンガたちに数十個単位で〔マリ・カウリ取引で〕前渡しし、売りさばいてもらっている。では、つぎにこれを見てほしい。これらの時計はショーケースの中身とそっくりだろう。だが値段は一万シリングから三万シリングの安物だ……〔ボタンがあっても飾りにすぎないので電気が点灯しないなどの説明〕……これらの時計は街中の路上でしか販売できないものだ。なぜだか、わかるかい。消費者はこれらの時計をそれなりの「高級品」だと勘違いする。しかしその勘違いはこれらの時計が街中で売られていた場合に限られる。もしこれらの時計が農村の定期市や郊外の市場において一〇〇〇シリングの革ベルトの時計の横で埃を被って売られていたら、消費者はこの時計を同じような価格で買えると思うだろう。ところが、この時計を店のショーケースの横で販売したら、消費者は「ライトがつかない、日付が変わらない」とクレームをつけ、一万五〇〇〇シリングの時計と〔ショーケースの〕一五万シリングの時計とを交換しろと言いはじめるだろう。だから、わたしはこれらの時計を街中の路上で商売するマチンガたちに渡す。消費者はもし時計に不具合を発見しても、マチンガから安く買ったものなら諦めるからね。わかっただろう。わたしは街中のマチンガたちが市場で活動すること自体には反対していない。ただキロレニ市場の場所〔が郊外であること〕が問題なんだ。

（時計・小型オーディオ機器販売店主、三八歳男性、二〇〇六年八月）

この意見は、前章で述べた、販売場所に応じた消費者の商品・価格イメージに対するマチンガの理解と合致する。ここで重要なことは、この理解にもとづくマチンガの商売戦略が、商店主の商売戦略に対応していることである。さらに、多くの商店主にとっては、マチンガが郊外の公設市場に移動した場合の損失は、売り上げの減少だけにとどまらない。前章の最後で述べたように、資本をもたないマチンガのなかに公設市場に移動する意思をもつ者が多くいた。すでにお気づきのように、じつは、これらのマチンガは、商店主とマリ・カウリ取引をしているのである。

商店主とマチンガのマリ・カウリ取引の方法は、基本的には古着商売における中間卸売商と小売商のマリ・カウリ取引と同じである。なぜマリ・カウリ取引をしているマチンガに、市場に移動する意思がある者が多かったのかは、つぎのように説明できる。もしマリ・カウリ取引をしていれば、マチンガは十分な数の商品を商店主から信用で仕入れることができ、万が一、移動後にビジネスが悪化したり、税金の支払いに困っても商店主に支援を要求すればいいので、移動することができる。またこれらのマチンガにとっては、一斉検挙などで代金未払いの商品が没収されつづければ、商店主との関係が悪化する恐れがある。そのため、これらのマチンガはどちらかといえば、公設市場への移動に積極的である。

ところが、ここにジレンマが生じる。商店主はマチンガが移動するならば、マリ・カウリ取引を解消したいと望む傾向にある。その理由は、マチンガが市場へ移動すると販売量が減少するにもかかわらず、頻繁に生活補助を要求されることが予想されるためである。とくに零細な商店主は集客力がなく、マチンガに依存した経営をおこなう傾向にある。しかしそのような零細な商店主ほど、マチンガが移動後に商売を軌道に乗せるまで、彼らを支援する余力がないのである。

マチンガが街から追い出されることは、オレ自身にとって死活問題だ。このルムンバ・ストリートだけでいったい何軒、衣料品店があるか数えたことはあるかい。二〇軒か？ 三〇軒か？ そしてオレの店に客がふらっと入ってくる確率は、右隣の店よりも左隣の店よりも小さいんだ。……でもオレ自身がかつて〔古着を扱う〕マチンガだったから、オレはマチンガとのネットワークを他の店よりも多くもっている。だからオレの店は小さいけれど、実際に販売できる量は大きいんだ。マチンガがキロレニ市場でオレの商品をたくさん販売できるとは思えない。もし彼らが市場への移動後、ビジネスに失敗したら、マリ・カウリ取引で前渡しした商品を持って逃げるだろう。それはオレのような小さな店には命取りだ。だからマチンガがキロレニ市場に行くなら、オレは現金でしか彼らに販売できない。オレだってマチンガたちとはよい関係をつづけたいんだ。だけどオレには養わなければならない家族がいるんだ……。

（新品衣料品店主、三〇歳男性、二〇〇六年八月）

わたしが聞き取りをおこなった商店主のなかには、マチンガの取り締まりが強化された二〇〇四年頃に、マチンガから、没収された商品分の支払いの免除や生活補助の頻繁な要求があり、マリ・カウリ取引をやめたと語る者もいた。とくに二〇〇六年の暴動後は、こうした理由から、マリ・カウリ取引を解消した商店主が増加したという。その結果、猶予期間終了前に公設市場へ移動する意思があったマチンガの多くも、商店主にマリ・カウリ取引を断られたため、結局のところ、移動しなかった／できなかったのである。

マリ・カウリ取引を解消したマチンガは、商店主と現金取引をおこなうようになった。しかし現金取引をすると移動できない理由は、十分な資本がないというだけでは説明できない。露店経営が可能な資本をもつマチンガも、以下で説明するように、移動すると商店主との現金取引が成り立たなくなることから、移動を拒否している。

現金取引をおこなうマチンガは、「ワペレンバージ」または「ダラーリ」と呼ばれる。これらのマチンガの数は、暴動以降、急速に増加した。商店主と取引するワペレンバージの商売戦略も、古着商人とほぼ同じであるが、いくつか異なる点があるので簡単に説明したい。

新品衣料品やラジオ、家電製品を扱うワペレンバージも古着を扱うワペレンバージと同様に、資本を失わないようにあらかじめ販路を確保した商品だけを仕入れることで、ビジネスの安定的な継続をめざす。これらのワペレンバージもまず顧客を回って注文を受けることからはじめる。つぎにワペレンバージは、商店主を回って目当ての商品を探し出し、顧客に届ける。ここで商店主と取引をするワペレンバージは、古着の中間卸売商と取引をするワペレンバージよりも融通が利く。古着商売の場合は、中間卸売商は梱単位で仕入れるために、小売商からの売れ筋商品の情報を受けても個別には対応できないが、商店主との取引においては、商店主にその商品の情報を伝えることで、商店主にダルエスサラーム市の輸入業者や卸売店、海外の商社に仕入れに行くエージェントに注文させることができる。つまり、商店主と取引するワペレンバージは、販路を確保した商品をかならず手に入れることができる注文体制を商店主と築くことで、商売活動の安定化を図っているのである。また第七章で述べたように、ワペレンバージは鞄に隠して商品を宅配するので、ムガンボや警官の取り締まりを回避できるというメリットもある。

一方、商店主にとってワペレンバージは、マーケティングを兼ねた商店の販売員ともいうべき存在である。ワペレンバージは、市内中心部から郊外までを歩き、多様な顧客の注文を受けることが重要であり、公設市場という一所で活動するインセンティブがない。つまり、ワペレンバージの役割と公設市場での販売活動は両立しないのである。

また海外からの輸入業もしている一部の商店主は、関税対策としてもワペレンバージとの取引に依存している。その事例として、新品衣料品店の仕入れ方法について説明したい。第七章で説明したように、二〇〇〇年以降、新品衣料品を扱う店舗の数は急激に増加し、それにともない消費者の新品衣料品に対する需要も増加した。しかし、公刊されている輸入統計を見てみると、新品衣料品の輸入額は、一九九〇年代後半に急激な増加をみせたが、一九

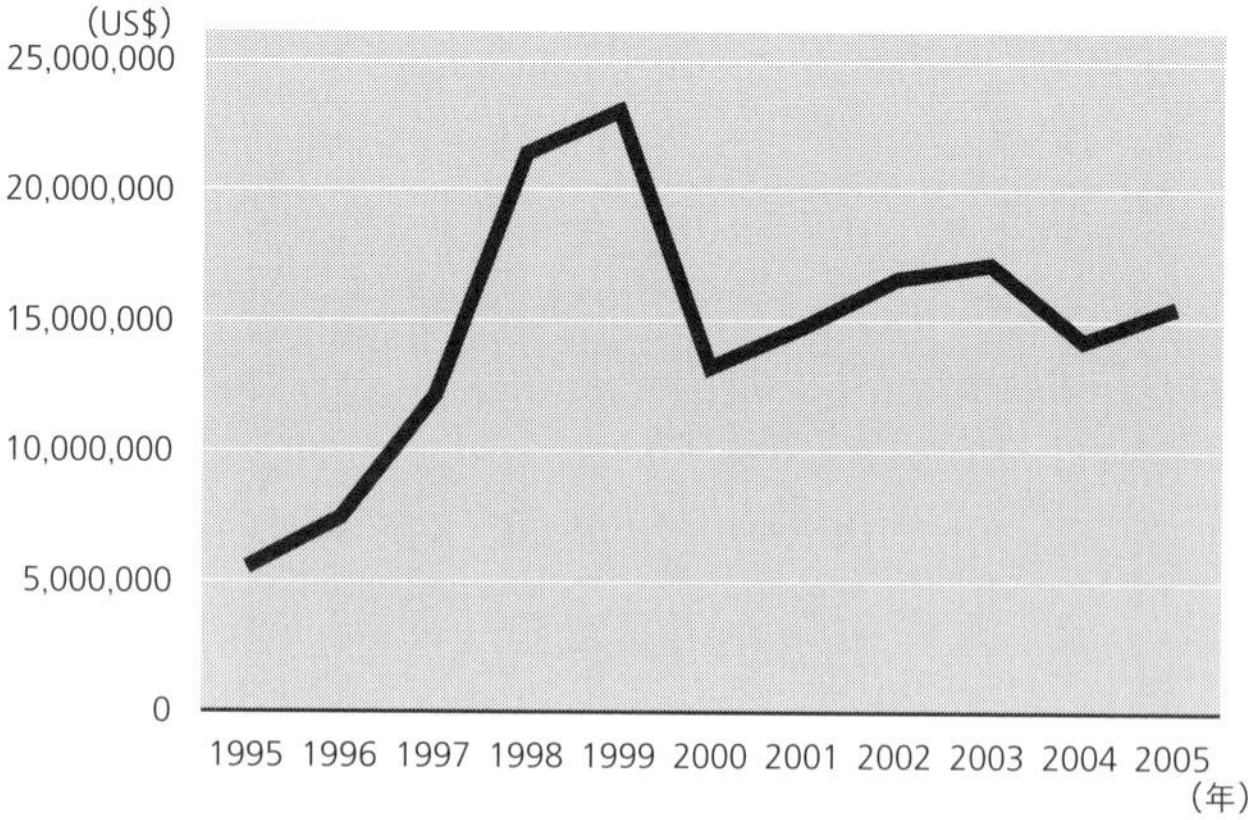

図９－１　新品衣料品の輸入額の変化
United Nations Commodity Trade Statistics Database をもとに作成。

九九年をピークとして二〇〇〇年には大幅に減少している（図９－１）。この統計上の輸入額と実状とのずれは、相当程度の新品衣料品が、正規の通関手続きを踏まないで密輸入されていることを示している。

新品衣料品店への聞き取りによれば、密輸方法には港湾での不正な通関手続きやアジア諸国からいったん関税率の低い隣国に輸入し陸路を使って密輸する方法、自分の手荷物と偽って輸入する方法などさまざまなものがある。ここで商店主にとって販路の確保につながるワペレンバージは不可欠の存在になる。新品衣料品店主にとって、違法に入手した衣料品を店先に並べておくのは危険である。また市内商業地区に大きな店舗を構えれば、賃貸料や営業許可料、税金に多額の費用が必要になる。しかし衣類を密輸直後にワペレンバージに販売してしまえば、大きな店舗を維持する費用を節約できるうえ、監査が入っても検挙される心配はないのである(7)。しかし当然、密輸品をふくむ商品を仕入れたワペレンバージは、公設市場で販売活動をおこなおうとはしない。

別の現金取引形態を採用するマチンガは、ダラーリと呼ばれる。ダラーリは、スワヒリ語で競り業者や仲介業者を意味するが、ここでは後者のニュアンスに近い業態を指す。ダラーリの基本的な活動形態は、以下のとおりである。ダラーリは、商店主から少数の商品を「サンプル」として購入し、商店主の店先、あるいはその商店から数分以内で通える範囲の路上で販売する。もし消費者が見本として並べた商品とサイズや色、デザインが異なる商品を希望した場合、ダラーリは客に「ちょっと待っていてくれ。いま代わりの商品を持ってくるから」と言って、商店主のところに走る。商店につくと、ダラーリは、すでに仕入れたサンプルと客が希望した商品の価格が同じであれば、商店主のもつ商品と交換し、価格が違えば差額を払って交換する。〈8〉その後、客の希望に見合う商品を手に入れたダラーリは客のところに戻り、販売する。また他のやり方として、ダラーリは希望の商品が置いてある商店に客を連れて行き、商店主と客のあいだで販売が成立すると、商店主から売り上げの数パーセントをもらうか、二〇〇シリングから五〇〇シリング程度の報酬をもらうこともある。

つまり、ダラーリの商売戦略は、商店主との協力関係のもと、少数の商品をサンプルとして活用するものと、客引きによって商売をおこなうというものである。またこの販売形態では、ムガンボや警官が現れた場合、ダラーリは同じ商品を販売する近くの商店に、商品を一時保管してもらうことで対応できる。しかし、ダラーリは「客が痺れを切らして立ち去らないように」短時間で販売場所と商店を往復する必要があるために、商店からはるかに離れた郊外の公設市場に移動することは、不可能である。

　キロレニ市場には行けない。いまここには、携帯電話のおもちゃはこの青色のおもちゃひとつしか置いていない。もし客に二人の女の子がいたら、「ちょっと待ってて」と言ってすぐに店に走るんだ。そしていま持っている青色の携帯電話をピンク色の携帯電話と交換して、もうひとつ赤色やオレンジ色などの女の子の色の携帯電話を購入する。もしキロレニに行ったら、特急（*chapchap*）で仕入れて戻ってきても、そこに客の姿を見つけることはできないさ。

（玩具を扱う路上商人、一八歳男性、二〇〇六年八月）

一方、商店主にとっては、ダラーリとは店の商品を出先で宣伝し、客引きを兼ねる店のエージェントにほかならない。つまり、店先や商店の周りにおけるダラーリの活動は、営業妨害どころか、商店主の意向でもあるのだ。

賃金雇用と独立自営のあいだ

以上から、マチンガが公設市場へと移動しない／できない理由は、部分的には、商店主と相互依存的な関係を結んでいるためであることが指摘できる。前章においてマチンガは、自分たちを商店主に群がる蠅として表現したが、じっさいには、マチンガは商店主にとって客や利益を運んできてくれる蜜蜂でもあったのだ。しかし逆に言えば、このような取引関係以外の関係が商店主とのあいだで結ばれることがあれば、マチンガが市場へと移動したいと望む可能性が出てくるのではないかと思われた。この項では、商店主とマチンガのあいだでそれ以外の関係が結ばれない理由について考察する。

わたしは、かつてマチンガとマリ・カウリ取引をおこなっていたが、二〇〇三年一一月以降にマリ・カウリ取引を断念したと語った商店主に対して、「たしかに信用の不履行や生活補助の要求など、マリ・カウリ取引はたいへんだけど、それならマチンガともっとフォーマルな契約関係を結んだらよいのではないか」と尋ねた。第七章では、古着商売において一部の大規模中間卸売商がマリ・カウリ取引をやめ、親族を雇用したことを説明したが、商店主の多くは、古着の大規模中間卸売商と匹敵するか、それ以上の資本をもっていると思われた。[9] しかし以下で説明するように、このわたしの質問は、多くの商店主にとってかなり奇異な質問であったようである。多くの商店主は、驚いた顔をして即座にその可能性を否定した。

わたしのような小さな店で誰かを雇用することを質問するなんて、君はかなり混乱しているようだから、ちゃんと説明してあげよう。わたしも「仕事をください」とやってきた若者を一時的に雇用することはある……そのような若者がわたしから商品を仕入れるマチンガであることもある。それがマリ・カウリというものだ。しかし、仕事の機会を与えるということと正式に雇用するということのあいだには、越えられない大きな溝がある。わたしが日雇い労働者やマチンガに渡す「報酬」は、それだけでふつうの生活をしようと考えているならば、とてもじゃないが十分なものとはいえない。それは給与というより、隣人に何か手伝ってもらったときに渡す「お礼 *shukuran*」に近いものだ。もし誰かを雇用するとなると、非常に長く面倒なプロセスを踏んで正式な契約書をつくる必要がある。給与も決められた水準をクリアしなければならない。でもわたしたち商人は、そのようなシステムを利用して誰かを雇用する意味がわからない。まず、ちゃんとした教育を受けた優秀な商人を雇う必要などどこにもない。なぜならわたしの商売は、誰にでもできることだ。小さな子どもだって親の言いつけどおり、バナナやグアバを行商しているだろう。わたしの商売はその程度のものなんだ。またマチンガたちとは紙切れのない「口約束 *kauli*」だから、うまくやっていけるのだ。たしかに契約書を交わせば、彼らはわたしから商品を買いつづけるかもしれない。でもそれはお互いさまだ。「口約束」なら商品がなくなれば、もうこれで終わりだと言えばすむし、商売がうまくいかないときに値下げはできないと言えば、納得してもらえる。給与を上げろとか、休みをくれなどと要求されないし、決まった給与が払えなくても文句は言われない。助けあいに感謝の気持ちが大切なのは、ビジネスの世界に限らないことだが、そこでの「お礼」は「給与」にはならないし、互いに助けあう気持ちや信頼がなくなれば、〔その関係は〕それで終わりなんだ。

（新品衣料品店主、三八歳男性、二〇〇六年八月）

タンザニアでは、仕事が欲しいと言われれば、契約書などなしに仕事を与え、そして彼が何か問題を起こしたら、何の支払いもなしに解雇するというのがふつうのことだ。シティ・バスの運転手やコンダクターも車というマリ〔財〕を渡され、売り上げのなかから最初に約束した額をボスに届ける。……マリ・カウリというのは、商店やマチンガに限らず、タンザニアの多くの零細商売において採用されている一種の雇用形態だ。でもやはり、マリ・カウリ取引と正式な雇用には大きな違いがある。なぜなら、マリ・カウリ取引では、後で持ってこさせる金額や給与はわたしが決めることであり、お上に決められるものではない。自力でそれ以上の利益を稼ぐことができると踏んだ若者だけが、取引をはじめる。もし若者がわたしの提示した額に満足すれば、わたしたちはお互いに幸せであり、交渉が決裂したら、さようならだ。そのほうが若者にとってもいいことだ。契約書などを交わしたせいで、いつまでもわたしのような小さな店のために働くのは、彼の人生を遅らせるだけだろう。わたしはその責任を負うことはできない。わたしのビジネスには限界がある。支払えないときは支払えない。それにわたしたちはどちらも、国家社会保障基金（National Social Security Fund: NSSF）〔10〕との面倒なやり取りに必要な時間と費用の無駄を節約したいと思っている。そういうわけで、マリ・カウリ取引はどこにでもある。だけど、信頼というのは状況によって成り立たないこともある。いまの状況では現金でしか取引できない。

でもわたしたちは助けあっているのだから、かわりにディスカウントをする。わたしの店自体がよちよち歩きをしているのに、一人前の大人のようにマチンガの面倒をみることはできない。わたしたちとマチンガたちはまだ互いに助けあっている段階にいるんだから。

（家庭用品店主、二八歳男性、二〇〇六年八月）

カジャンジャ、タンザニアの雇用というのは、君が考えているようなシステムでは成り立たないんだ。タンザニアの雇用は「背負いあうこと *kubebana*」を意味するんだ。わたしにはわたしが努力して獲得した店がある。でもわたしの店は、わたしだけのものにはならない。たとえば、わたしは店にオジ、イトコ、弟などを置いている。契約書を交わすような仕事はないし、月末に給与を支払うような仕事もない。たぶん店がすごく大きくなったら、わたしは給与について考えはじめるだろう。しかしそれでもわたしは家族を雇うだろう。なぜならマチンガは、わたしのために安い給料で働く気には絶対にならないだろうから。つまりマリ・カウリ取引は、雇用ではないところに存在するのだ。

（自動車のスペア部品を扱う商店主、二九歳男性、二〇〇六年八月）

このように商店主は、経済的な負担の大きさと雇用契約上の法的手続きの煩雑さのために、マチンガと雇用関係を結ぶことはないと語った。また多くの商店主は、雇用契約は、「マチンガたちのほうが受け入れない」とも語った。

つぎにマチンガが、商店主と雇用関係を結ぼうとしない理由について検討したい。多くのマチンガは、商店主が提示するであろう低い賃金では雇用されたくないと語った。同じ市内中心部の路上で活動するマチンガ五〇人に、わたしは「では、月にいくらもらえるならば、雇用されたいか」と尋ねた。その結果、四二人のマチンガから回答を得られた[11]。この回答結果を、扶養家族をもつ者、扶養家族をもたず単身で生活している者、家族に扶養されている者に区分したのが図9-2である。この図から明らかなように、多くのマチンガは、民間部門の最低給与、月四万二〇〇〇シリング[12]をはるかに上回る額を提示した。この額は、タンザニアの未熟練労働者の給与水準からすると、非現実的な額である。

また「給与が安すぎる」という点のほかに、マチンガは雇用契約を結びたくない理由として、大きく分けて以下の四つの理由を挙げた。

第一の理由は、未熟練労働者の平均給与では生活できないにもかかわらず、雇用契約を結んだ場合には副業に従事しにくいというものだった。第二章で説明したように、マチンガには生計手段の多様化戦略の一貫として、商売からの手取りが少ない場合には、臨時の日雇い労働などの副業で生計を維持している者が少なくない。ただしこの理由はあくまで「現在の取引相手の商店主に雇用された場合の条件」を想定してなされた返答である。少ない給与でも雇用されたいと回答したマチンガは、雇用主としてより大規模な卸売商や流通業者を挙げて、「雇用されると、雇用主が提供する交通費や食費、経費を賢く運用することで、マチンガ業よりもうまく生計維持ができる」「まとまった額の給与を投入して新たな副業の機会を獲得できる」などと返答している。

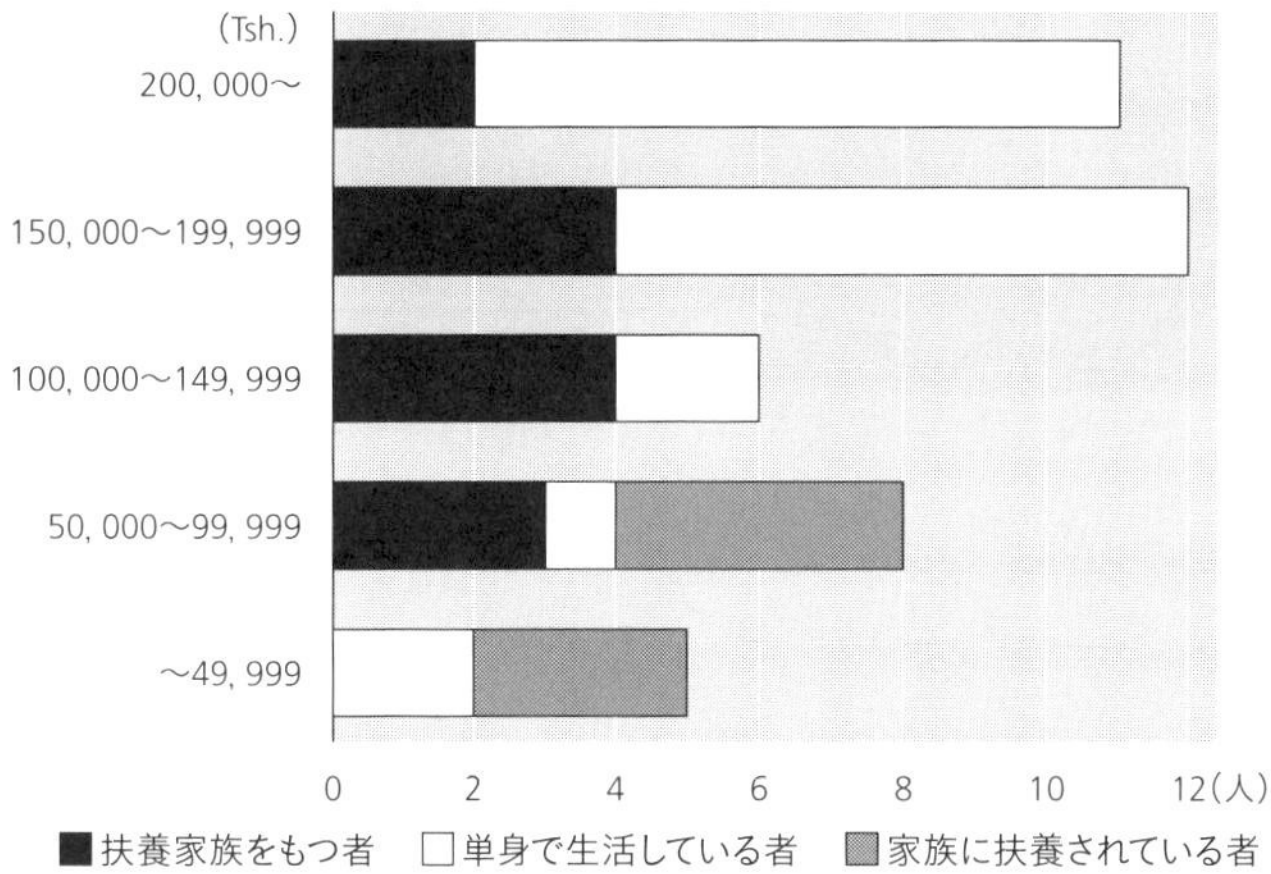

図９－２　雇用に同意できる給与月額（n ＝ 42）

第二の理由は、かつての雇用労働の苦い経験を引きあいに出して、雇用労働が自尊心を傷つけるものであることを指摘するものである。先に紹介した商店主の見解と同様に、マチンガも雇用関係は「背負いあうこと」、あるいは生活を保障しあうことであり、最低賃金で雇用される場合には、生活補助（食費や衣料費・医療費など）と併せて、雇用関係が成立するものであると語る。マチンガのなかには、親が子どもを養育するように、雇用関係における雇用主は被雇用者の面倒をみているようなものであり、一人前の大人である自分たちは、そのような関係を結びたくないと主張する者もいた〈13〉。

第三の理由は、マチンガのビジネスでの成功にかかわるものである。先に述べたように商店主には、ビジネスに成功してマチンガから商店主になった者が存在する。この新興の商店主の増加は、二〇〇三年一一月のムワンザ市当局による貸し店舗の増設を契機に引き起こされたのだが、これはマチンガにとっては、身近な商人との経済格差と同業者の成功を顕在化する出来事であった。零細商人にとってのひとつの「成功」のかたちは、自分の商店を構えることである［cf. Warms 1994: 97］。つまり、経済自由化後二〇年以上経過した現在では、被雇用者よりも路上商売のほうが、成功する可能性が高いと考えているマチンガがかなり存在するのである。

第四の理由は、前記の三つの理由とは性格の異なるものである。以下で説明するように、マチンガは雇用関係よりも商店主との現行の取引関係のほうが、必要性に応じて商店主に生活を保障してもらえるため、望ましいと主張した。この点こそ、両者の関係を考えるうえで鍵となるものである。具体例を挙げて説明したい。

表9－1　新品衣料品店の一般消費者への販売価格とマチンガへの卸売価格

	一般消費者 購入価格	マチンガ 仕入れ価格
ジーンズ	10, 000〜13, 000	6, 800〜10, 000
Tシャツ	4, 500〜6, 000	2, 500〜4, 500

2006年8月，店舗での価格調査およびマチンガへの聞き取りによる。

単位はTsh.（US$1 = Tsh. 1, 280）

表9－1は、新品衣料品店の一般消費者への販売価格とマチンガへの卸売価格を示したものである。商店主のジーンズ一枚の仕入れ単価は、海外から直接輸入するかダルエスサラーム市の業者から仕入れるかで異なるものの、Tシャツ一枚の仕入れ単価の四〜五倍である。ここで注目すべきは、にもかかわらず、ジーンズ一枚の両価格の差額（三二〇〇〜三〇〇〇シリング）と、Tシャツ一枚の両価格の差額（二〇〇〇〜一五〇〇シリング）にはそれほど大きな違いがないことである。これは商店主が商品あたりの利率を考慮して卸値を設定していないことを示している。つまり、通常の卸売価格の設定方法とは異なり、商店主とマチンガとの取引では、一般消費者価格からほぼ一律の値引きをした卸値で販売するという慣行となっているのである。新品の衣料品を扱うマチンガの一日の平均手取りは、古着商人とだいたい同じ二〇〇〇〜三〇〇〇シリング程度である。そのため、一般消費者価格と卸売価格との

差額は、マチンガひとりの手取りの日額に相当しているといえる。

また表９－２は、ある新品衣料品店の販売実績を抜粋したものである[14]。マチンガＡとＢは同じジーンズを仕入れているが、商店主はジーンズの仕入れ枚数が少ないマチンガＢに、多くのジーンズを仕入れたマチンガＡよりも低い単価でジーンズを販売している。通常の市場交換では、仕入れ数量が多い商人や得意客に安く販売する傾向にある。しかし商店主とマチンガとの取引関係では、必ずしもそうはならない。ただし、仕入れ数が少ないからといって、いつも安く販売してもらえるわけでもない。マチンガＣは、マチンガＢと同じく三枚のジーンズを仕入れたが、Ｂよりも高い値段で商品を仕入れている。また同じマチンガが同じ商品を仕入れても、仕入れ価格は日によって異なっている。その理由は、古着の中間卸売商と小売商の取引慣行と同様に、商店主は、取引相手のマチンガの前日の商売が不振である場合などに交渉に応じて卸売価格を低く設定するためである。

マチンガはこのような商店主による卸売価格の設定をつぎのように説明した。

表９－２　新品衣料品店の売り上げ記録（2006年８月６日：抜粋）

	商品・商標名	単価(Tsh.)	枚数	合計枚数	販売価格(Tsh.)
マチンガＡ	ジーンズ			8	47, 000
	50Cents	7, 500	2		
	CK	8, 000	2		
	ZIKO	7, 000	1		
	Ｔシャツ				
	Eco…	3, 000	3		
マチンガＢ	ジーンズ			3	22, 000
	50Cents	7, 000	1		
	Timberland	7, 000	1		
	DIEZEL	8, 000	1		
マチンガＣ	ジーンズ			3	24, 500
	50Cents	8, 500	1		
	Timberland	8, 000	2		

商店主およびマチンガへの聞き取り調査にもとづく。
商標名は中国製の偽ブランドもふくまれている。

「オレたちのおかげで、商店経営は成立している。オレたちが彼らを助けているように、商店主はオレたちが十分な利益を得られなかったら、オレたちを助けるために値引きするのが当然だ。もちろん助けてほしい額は人によって違うし、日によっても違う」

「オレたちと商店主は同じ空間を共有し同じ商売を共有している

のだから、リジキを分けあうのは当然だ」（表9－2の新品衣料品を扱うマチンガ数人との雑談において。二〇〇六年八月）

これは、商店主と現金取引をおこなうマチンガの卸売価格が、マリ・カウリ取引と同様に、「能力ではなく、必要性」に応じて決定されていることを示している。つまり、マチンガにとって、雇用関係が望ましくないのは、そのつどの個人的な必要性に応じて給与額が変化しないためである。

しかし、ここで疑問が生じる。この新品衣料品を扱うマチンガたちは、一枚あたり平均して五〇〇～一〇〇〇シリングのマージンを上乗せして商売をしていた。このことは、消費者の立場からすれば、マチンガから購入したほうが商店で購入するよりもまったく同じ商品が、安く購入できるということを意味する。たとえば、表9－1をつかって説明すると、商店でジーンズを購入する場合、客はジーンズ一本につき、一万～一万三〇〇〇シリングの代金を支払うことになる。しかし、マチンガは商店で六八〇〇～一万シリングで仕入れたジーンズを、一〇〇〇シリングの利益が得られたら売るため、客は、商店で買うより二二〇〇～二〇〇〇シリングも安い、七八〇〇～一万一〇〇〇シリングで、マチンガからまったく同じジーンズを手に入れることができることになる。しかもマチンガがうまく商売できなければ、商店主はさらに卸値を引き下げる。とすれば、マチンガはいつでも消費者に商店よりも安く販売できる。これでは、商店がマチンガに依存しなければ一日に多くても五枚しか販売できず、商店経営が成りたたないのは、ある意味で当然の成り行きではないだろうか。この点について、調査につきあっていたブクワは、「要するに、商店主は〔都市という牧場で〕マチンガを殖やしている畜産家みたいなものだ。ムガンボや警官なんて要らない。商店主が結託してマチンガに消費者と同じ価格で販売するようになったら、一瞬のうちに街からマチンガは消えるだろう」と指摘した。

この点を踏まえると、商店主とマチンガの関係は等しく助けあっているというよりも、商店主の負担のほうが大きく、マチンガが商店主に依存している――蝿のようにたかっている――ようにみえる。しかし前述のマチンガが商店主を助けているという主張には（これは彼らの得意とする言い回しでもあるのだが）、根拠がある。それを明らかにすることもふくめ、次節ではマチンガと消費者の関係について検討していきたい。

二　「詐欺師」と「情け深い人」のあいだで

消費者によるマチンガの評価

マチンガが路上で営業しつづける理由のひとつは、消費者が市当局からの警告に反してマチンガから商品を購入しつづけているためである。長距離バスが発着する市内商業地区の中央バス停、各方面の居住区へと向かうシティ・バスが発着するミロンゴおよびサハラにおいて、朝と夕方の二回、消費者二〇〇人（男女各一〇〇人）に「マチンガの公設市場への移動についてどう思うか」について聞き取り調査をおこなった。[15] その結果、以下の三点が明らかになった。

第一に、公設市場から遠く離れた居住区に住んでいる消費者や街中で仕事をしている消費者は、「マチンガは街中に残るべきだ」と主張し、公設市場付近の住民は「マチンガが郊外に移動したら便利だ」と主張した。

第二に、大半の消費者は、「マチンガは貧者であり、市場での露店経営ができないために街中の路上で活動している」ことを前提に、ムガンボや警官によるマチンガの検挙に対して、「弱い者いじめだ」「マチンガは商品を奪われたら、泥棒になるしかない。かえって治安が悪化するだけだ」と批判した。

第三に、多くの消費者は、マチンガの移動の是非を路上商人と行商人との比較において説明した。マチンガの路上商売には問題があると考える消費者（六一人）は、(一) 通行妨害、(二) スリの増加、(三) クレジットでの購入の難しさ、(四) 不信感を指摘し、マチンガは路上に商品を陳列する販売形態をやめて「行商すべきだ」と指摘した。

わたしはマコロボーイ・ストリートで携帯電話を二度も盗まれた。お金がなくて市場に移動できないのは仕方がないけれど、路上商売は通行人の迷惑になるから、荷物を担いで歩くべきだ。宅配してくれる行商人は、家事育児で家を空けられない女性にとって便利な存在だから、行商人が増えると嬉しいわ。

（主婦、五九歳女性、イゴ地区居住）

路上商人は道に商品を置くから、事故やスリなどの問題を引き起こしてダメだと思うわ。それに路上商人は行商人とは違いクレジットで販売してくれない。オフィスを訪ねてくれる行商人は給料日まで待ってくれるので、市内で仕事をしているわたしにはありがたい存在よ。道に商品を並べているマチンガがキロレニに移動させられても、わたしは別に何の心配もしていない。わたしはとてもいいお客だから、行商人のマチンガが絶対に商品をわたしのオフィスまで届けてくれると思うわ。市当局は、市内でも行商だけは自由にさせてあげたら、市場に移動できない路上商人は行商人になればいいので、問題は解決するのではないかしら。

（郵便局員、二四歳女性、パンバ・ロードで就業）

一方、マチンガの移動に反対した一三九人のうち多くの消費者は、逆に行商人の問題を挙げて、路上からのマチンガの排除は行商人の増加を招くので望ましくないと語った。行商人の問題とは、（一）路上商売と異なり移動性が高いので、返品やクレームをつけられずに不安なことや、（二）持ちあわせがないときに不都合が生じることである。

いつも決まったところで販売している路上商人とは異なり、行商人は素性がわからないことをいいことに、不良品を売りつけようとする。すべての商品の行商人と知りあって、商品を〔自宅やオフィスに〕届けてもらえるほど、わたしはいい客ではないから市内の行商人から購入するのはリスクが大きい。路上商人は移動しないので、悪い商品をつかまされても返品できる。路上商人を取り締まると行商人が増えるだけで、そうしたら安心して買い物ができなくなるので困る。

（キオスク店員、四二歳女性、サハラで就業）

行商人だと欲しい商品を見つけたけれど手持ちがないという場合に、同じ行商人を見つけ出すことはできないから、その商品はもう手の届かないところに行ってしまったことになる。でも路上商人だと、給料が入ったら買おうと、計画を立てることができる。わたしのような貧しい女性には、服一枚買うのも勇気がいる。だからいま買っても明日から大丈夫かしらと悩んでから購入できるのは、本当に助かる。商店だと何も買わないで何度も出入りを繰り返すと、ケチな貧乏人だと思われて恥ずかしい。でも路上だと横目で商品を眺めながら歩いていてもおかしくない。路上商人がいなくなると、買い物ができなくなってしまうわ。

（道路掃除婦、二七歳女性、市内商業地区の路上で就業）

これらの路上商人と行商人に対する意見の違いは、じつは消費者の所得の違いを反映している。路上商人より行商人から購入することを好む消費者の多くは、前述の意見にあるように、特定の行商人との取引関係をもっている。これらの消費者は、経営者や雇用労働者、あるいは街にあまり出かけない比較的裕福な女性である[16]。なぜなら、行商人が商品の定期的な宅配やクレジットでの販売に積極的になるのは、安定した収入源をもっている客が大半だからである。またこれらの消費者が肯定しているのは「宅配」形式の行商（ワペレンバージ）であり、同じ行商でも路上で商品を手に携えて客を捕まえる営業形態（ダラーリ）ではない。一方、路上商人を行商人よりも好む消費者は、行商人から得意客だとみなされない都市雑業層や日雇い労働者、圧倒的多数の貧者である。これらの消費者は、宅配形式ではない行商人からも商品を購入しているが、商人や商品をゆっくり確かめることができる路上販売のほうが、安全かつ計画的に商品を購入できると考えている。すなわち、マチンガによる路上販売は、所得の低い消費者のニーズを反映しているのである。

またここで重要なことは、消費者は行商人と路上商人との差別化は図っても、マチンガ自体がいなくなることは望んでいないことである。消費者二〇〇人に対する聞き取り調査において、マチンガから頻繁に商品を購入すると答えた者は一八七人で、マチンガからは買わないと答えた者は一三人だった。消費者にマチンガから好んで商品を購入する理由について質問したところ、一八七人すべての消費者が主張した点は、「マチンガの販売価格が商店よりも安く、交渉次第では良い品でも持ちあわせで購入できるから」であった。以下では、この点に着目してマチンガと消費者の関係を検討したい。

「騙し」と「助けあい」のあいだ

マチンガが商店よりも安く販売できる理由は、すでに述べたとおり、何より商店主がマチンガに対する卸値を低く設定しているためである。しかし、消費者がマチンガから「交渉次第で」安く購入できる理由は、客に応じて価格操作をおこなうマチンガの販売努力にもよっている。

商店は、一般消費者に対しては基本的に定価販売をおこなっている。商店では、商品に値札がついている場合も多い。また値下げを認めている場合でも、多くの枚数を購入した場合などに「おまけ」として端数を切り捨てるといった値下げがされるだけで、大幅な値下げはなされない。しかしマチンガは古着に限らず、電化製品からおもちゃまであらゆる商品の販売において、定価販売はおこなっていない。第五章で、古着の小売商が同じ価格で仕入れた古着のなかから利益を得る古着とそうでない古着を見極め、客のリジキを判断して「富者から多くの利益を獲得し、払えない人間には仕入れ価格以下でも販売する」ことで、利益のバランスを取っていることを説明した。このマチンガによる価格操作は、消費者にとっては、自分の現在の生活状況（懐具合）や困難を訴えれば、値段が下がることを意味している。こうしたマチンガの販売においては、貧者であれば安く買える可能性は高いが、富者であれば逆もありうる。少数ではあるが、路上商人からは商品を購入しないと回答した消費者は、「マチンガは商店とはちがって、不良品や偽物を法外な値段で販売する」と指摘した[17]。しかし、第五章で述べたように、マチンガは客の属性や地位だけで判断して価格設定しているわけではない。マチンガは商店主に対する「オレたちが、助けてほしい額は日によって違う」という論理を、消費者に対しても実践している。

たしかにマチンガは外国人旅行者や大企業の要職に就いている人びとには、つねに仕入れ価格の二倍、五倍の値段を吹っかける。それはこれらの人びとが、想像を絶する経済力をもつ「完璧なよそ者」だからである。薬局店員や商店主など、マチンガにとって中所得層レベルのカネ持ちは、マチンガをうまく説得できれば、安くなる可能性が残されている。その最良の方法は、特定の商人との互酬性の論理にもとづく顧客関係を形成することである。「よそ者」を脱し「顔の見える相手」になれば、消費者はマチンガが困窮しているときには高い値段で購入することを求められるが、自身に困難が生じたときには、値下げを要求することが可能になる。この点が、都市部の中流層が特定の行商人（宅配）と取引関係を結ぶ傾向にある理由だと想定される。

また第五章で説明したように、マチンガによる客のリジキの判断には、仕入れ先の商人の経営状況も考慮されている。マチンガが商店主を支援していると主張する最大の理由は、ここにある。マチンガは商店主の経営を助けるために、「ぼったくり」や「粗悪品・不良品・偽物」の販売をおこなうことがあるが、このような行為はマチンガ自身の常連客の喪失につながる可能性がある。そのため、彼らはこのような行為を商店主への支援として語るのである。

このジーンズは新品だが、商店の売れ残りだ。ジーンズの流行はめまぐるしく変化する。いまやこの商標のジーンズは流行遅れだ。商店でこのジーンズを販売するとなると長い時間がかかるだろう。でもオレたちには、エクストラな頭脳（*extra ubongo*）があるから、ちゃちゃっと片づけられる。その秘策がわかるかい？　このジーンズは古着で、白人の貧乏人が穿きつぶしたボロ着だ。これは客の言い値が一〇〇〇シリングに届いたら、販売してもいい。オレはこのジーンズを古着市場でグレードCの山のなかから一〇〇〇シリングで買った。このジーンズは、手にとった誰もが〔売れないと判断して〕すぐに捨てた代物だった。しかし、オレはこの古着のジーンズの価値に気づいていた。この古着には、売れ筋の商標がついていたんだ。さて、この新品のジーンズは商店主が見るのも飽き飽きしていた在庫だ。だけどオレはこのジーンズを〔他のジーンズと同じ〕七八〇〇シリングで引き取ってあげた。オレは古着のジーンズの腰についていた商標の札をカミソリできれいに切り取り、この新品のジーンズに付け替えた。古着のジーンズには、新品のジーンズについていた商標の札を縫いつけた。オレはこの〔流行遅れの〕新品のジーンズを一万二〇〇〇シリングの商品に変えたんだ。これは商店主にはできない芸当だ。だって、これこそマチンガのエクストラな頭脳だから。

（衣料品を販売する路上商人、三一歳男性、二〇〇六年八月）

商店主はひとつのところで商売をしているから、信用第一で商売しなければならない。でも商店主だって偽物やいつまでも売れないゴミを仕入れてしまうことがある。もし商店主が正直に「じつはこの商品はすぐに壊れるけれど、買ってくれないか」とやっていたら、商店はつぶれてしまうよ。でもオレたちマチンガは場所を転々とするし、ごろつきだと思われているから、オレたちがかわりにそういう商品をうまく販売してあげているんだ。でも、誰にでも偽物を売りつけているんじゃない。「まあ、いいか（basi tu）」と諦められる〔カネ持ちの〕人間や、偽物だって気づかない田舎者に売りつけるように気をつけているんだ。偽物だってわかったとき、血眼になってオレたちを探し出して交換を迫るような人間には売りつけない。もしそれが悪いというなら、すぐに壊れるような商品ばっかりつくっている中国人が悪い。世界は「タンザニア人は田舎者なので、嘘っぱちの商品でも気づかないだろう」「粗悪品でも貧乏だから喜んで買うだろう」とオレたちをバカにしているんだ。でも都会のウジャンジャな若者たちは、SONYとSONYTECの違いをもうずっと前から知っている……〔ラジオを〕五〇個仕入れたら、いつも壊れている商品が一つ、二つ、混入している。仕入れた商品は何であろうと売らなければならない。だから誰かに押しつける以外に方法はないだろう。

（携帯ラジオを扱う路上商人、二七歳男性、二〇〇六年八月）

後者のマチンガの意見は、第一節に提示した時計店主の商売戦術をかなえるものである。このようにマチンガは、「ぼったくり」や粗悪品・偽物の押しつけなどによって商店主を助けることがある。しかしそれでも、大多数の消費者がマチンガを支持する理由のひとつには、このようなマチンガのウジャンジャな価格操作が消費者にとって何らかの公正さを実現しているからだと考えられる。わたしが行商や露店販売で出会った大半の消費者は、商品の価格がその時どきの自身の状況によって変化することを当然だとみなしていた。消費者の側も後からぼられたと気づいたときに、つねにマチンガに対して憤るわけではない。それは消費者の側もマチンガの価格操作がリジキの判断にもとづいていることをある程度は、理解しているためである。

たとえば、トラック運転手をしている友人は、マチンガから購入する理由としてつぎのように語った。

オレたちにとっては、いま欲しいものを買えることが重要だ。カネがあるときには、ぼられても諦めがつく。カネがあれば、そのときしまったと思うだけで後悔は残らないから。でも明日から子どもが学校にあがるのに学生靴がない。明日来る予定の客に出す食器がない。愛しいわが子がしょんぼりした顔でビーチ・サンダルを履いて学校に行った。大切な客に汚れたプラスチックの皿で食事を出してしまった。そういう悲しみは一生忘れられない。

また本章の目的においては、この種の価格操作が市内商業地区でしかできないことはきわめて重要である。その理由は、公設市場は、すでに述べたように、現在のところ郊外の中・低所得者層の住宅街に立地しているためである。この立地条件では、公設市場への交通網が整備されていない現状では、その住宅街の住人しか客として見込めない。それに対して市内商業地区は、富者から貧者、住民やビジネスマンから田舎者、外国人旅行者に至るまで、多種多様な人びとが流動的に行きかう場所である。市当局は、マチンガの常連客である貧者が郊外に多く居住しているという理由で、マチンガを郊外の公設市場に移動させようとしている。しかしマチンガにとっては、消費者が貧者ばかりであったり、多様な人間が流動的に存在する市中心部とは異なり、粗悪品を売りつける相手が同じ人間に固定されてしまったりするのは、リジキにもとづく彼らの商実践にとって不都合なのである〔18〕。

三　「共感」と「共存」のあいだで

マチンガは取り締まりを回避するためのさまざまな工夫をしている。そのためのマチンガの戦術はしばしば、マチンガに協力する他のアクター（都市雑業層）との関係において成立している。マチンガの取り締まりが強化されはじめた二〇〇三年一二月、わたしはつぎのようなムガンボ・警官による取り締まりの現場に遭遇した。

事例9-1　ムガンボに野次を飛ばす民衆

ムガンボがひとりで中央バス停を見回っていたところ、突然バス停にいた何人かの若者たちが口笛を吹いたり、手を叩いたりしながら、「オーヤア、ムガンボ、こいつ、ムガンボだぜ、オヤー」と囃しはじめた。そのうち路上商人をふくむ数人の若者たちが大声で野次を飛ばしながら、そのムガンボを追いまわしはじめた。やがて興奮したひとりの若者が彼を殴りだした。ムガンボは近くに止まっていたシティ・バスに逃げ込み、バスのコンダクターにドアを閉めるように懇願した。しかしコンダクターは知らん顔をしてドアを閉めることを拒否したため、ムガンボは若者に引きずり降ろされた。そのとき警官たちが駆けつけ、ムガンボを殴っていた若者を警棒で殴り倒して逮捕した。

（二〇〇三年一二月一二日一五時頃）

事例9-2　公設市場商人に追い払われるムガンボ

中央野菜市場と中央バス停をつなぐ路上において、ムガンボが路上で野菜を販売している女性たちに立ち退きを命じていた。女性たちは何かを訴えていたが、そのうちムガンボが路上に陳列した野菜を革のブーツで踏みつけたり、蹴散らしはじめた。野菜売りの女性たちは大声で悲鳴をあげた。すると、中央野菜市場から多数の男女（市場の露店商）が鍋や箒、火掻き棒などを手に飛び出してきた。人びとは、力のない貧しい女性に対するムガンボの横暴なふるまいを口々に非難しはじめた。ムガンボは平然とした顔で数歩ゆっくり歩いてから、突然後ろを向いて全速力で逃走した。人びとはその様子を見て手を叩きながら歓喜した。

（二〇〇三年一二月一八日一四時頃）

事例9-3　路上商人を匿う商店主

ルムンバ・ストリートでは、古着の中間卸売商で、つい最近、新品衣料品も扱うようになったセーレーが、小脇に衣類の詰まった袋を抱えて小道の塀を乗り越えようとしていた。すぐにセーレーの後を数人のムガンボが追いかけていった。しばらく経って、セーレーが息を切らしながらルムンバ・ストリートに戻ってきて、路上に衣類を並べはじめた。セーレーは頬と肘に擦り傷をつくっていた。セーレーに声をかけると、彼は「塀を乗り越えた後、裏口からなじみの商店に入った。商店主に匿ってもらったおかげで、なんとか逃げ切れた。でも持って逃げられたのはこれだけだ。本当にオレたちは、頑強でなければ生きていけない。オレたちの生活は少し前進しては、ふたたび後退することの繰り返しだ。これ以上、商品を奪われたら、オレはパニックになって何をするかわからない」と疲れをにじませた声で語った。

（二〇〇三年一二月一八日一五時頃）

これらの事例に示されているように、警察やムガンボによる取り締まりが成功しない理由のひとつは、市内商業地区で活動する人びとがマチンガを匿ったり、彼らに取り締まりの情報を提供したり、ムガンボや警官を追い払ったりするためである。これは先行研究で指摘されてきたように、政府・市当局の施策に対して人びとが何らかの不公正を感じており、同じ貧者であるマチンガに対して共感を抱いているためである［Burton 2005; Tripp 1997］。しかし、それだけではない。市内商業地区で活動する人びとに、公設市場へのマチンガの移動について、わたしが聞き取り調査をおこなったところ、以下のような回答が得られた。

他人事じゃないわ。マチンガが移動する運命なら、わたしも同じ運命よ。〔布やカンガから〕服に仕立ててくれと注文する客はたしかに重要な客だけれども、マチンガたちも同じくらい重要な客だわ。マチンガは客の注文に合わせて袖や裾を切ったり、仕入れた商品のほつれを直したり、ポケットの位置を変えたり、ちょっとした工夫を凝らしてお客を捕まえる。そのとき、彼らはわたしのような専門家を頼る。服一枚の注文は大きな収入になるけれど、ドレスや学生服の仕立ての注文には時期〔祝日前など〕があるのよ。服の注文がないときでも商売を維持できているのは、マチンガたちが一〇〇、二〇〇シリングの修繕・加工の注文をしてくれるから。わたしには何人かの古着商人や衣料品商人の友人がいる。彼らは毎日やってくる。わたしはすっかり彼らを当てにしている。彼らだってわたしをずいぶん頼りにしているわ。だってわたしは「このあいだのあれみたいに」と言われただけで、注文内容をわかってあげられるから。だからわたしは彼らに「移動しないよね？」と毎日、確認している。

（仕立て業者、三一歳女性、二〇〇六年八月）

マチンガが街中にいたほうがいいか、いないほうがいいかだって？　サヤカ、何をばかなことを言っているんだ。市は、事故を引き起こすからマチンガを取り締まるのだと言うが、事故を起こすのが嫌なら自家用車に乗るのをやめてバスに乗ればいい。バスの運転手は、事故が怖くてマチンガを追い出せなんて文句を言わないさ。マチンガがバス停にいたほうが乗客は集まるから、いたほうがいいに決まっている。市のやることはおかしなことばかりだ。市はバスの乗車賃を値下げしろと言う。人びとはペプシ・コーラが二〇〇シリングから二五〇シリングにあがり、コカ・コーラが二五〇シリングから三〇〇シリングにあがったのだから、バスの乗車賃が五〇シリングあがっても不思議ではないと考えている。でも市は、貧乏人はバスの乗車賃が払えないから値下げしろと言う。でもバスが儲からなくなったら、人びとの足が少なくなるだけじゃないか。人びとは、自力でカネを稼いでいるんだ。今日みたいにバスのストライキが起きたら、みんな大損だ。それでなぜ民衆のためになるというのか。市はまだ経済自由化の意味がわかっていないんだ。だから自分たちは民衆のためにマチンガを追い出すのだと勘違いしているんだ。

（バスの呼び込み、二七歳男性、二〇〇六年八月）

マチンガが街を離れたら、街のさまざまなビジネスが停滞するか、数が減ってしまうだろう。たとえば、小さな商店主、仕立て業者、路上惣菜売り、荷車引き、タクシー運転手、荷卸し人、靴磨き、物乞いまで、零細商売の従事者はみんな依存しあいながら生き延びている。わたしのオフィスの前では多くのマチンガたちが商売している。マチンガは、あらゆる商売の客寄せの中心だ。マチンガがいれば、買い物客を目当てに路上惣菜売りが集まってくる。だから昼は、わたしはたくさんの路上惣菜売りから食事を選んで食べることができる。靴磨きもマチンガの買い物客目当てに集まってくる。だからわたしは靴が汚れれば、いつでも磨ける。急な用事ができれば、買い物客を運ぶタクシーを捕まえられる。目の前にマチンガがいることで、わたしに何の不利益があるというのか。逆にマチンガが市場に移動したら、わたしはこれらすべての便宜を失うんだ。

（タイプライティング業者、三六歳男性、二〇〇六年八月）

最後の語りが示しているように、マチンガはさまざまな都市雑業層や物乞いとのあいだで共生関係を築いている。マチンガに対する彼らの共感は、彼らがただ同じ貧者であるからだけではない。商店主や古着市場の中間卸売商、中央市場の野菜卸売商は、マチンガの取り締まりに明らかな利害関係をもっている。また利害関係がなくても、彼らとマチンガは互いに「ともに在る」ことの「利益」を実感している。マチンガが移動しない理由はこの路上の社会経済空間において「ともに在る」ことを理解しあう諸アクターとの関係に根ざしているのである。

四　「天敵」と「共犯者」のあいだで

最後に、ムガンボや警官とマチンガの関係について検討したい。ムガンボや警官によるマチンガの取り締まりが成功しない背景には、彼ら自身がマチンガを「汚職」によって見逃していることが挙げられる。

ムガンボや警官によるハラスメントの代名詞である賄賂の授受では、馴れあいが横行している。マチンガは、かなりの数のムガンボや警官を識別しており、さまざまな渾名[19]をつけて彼らを「頭が固い *kichwa kigumu*」人間と「頭がやわらかい *kichwa rahisi*」人間に区別している。前者に分類されたムガンボや警官は、一般的には職務に忠実な人間である。後者に分類されたムガンボや警官は、マチンガが「おい、頼むよ、二日前に二〇〇〇シリング渡したばかりじゃないか。ほら、バス停で」などと言えば、にやにやしながら「じゃあ、さっさと立ち去れ」と返すような者である。多くのムガンボや警官は、交渉（*biashara*）によって、そのマチンガの懐具合に応じた賄賂を要求する。賄賂を差し出した後、そのマチンガがすぐに荷物をまとめて立ち去れば、そのマチンガを検挙することはめったにない。また前者に分類されたムガンボや警官に逮捕されても、マチンガがそのムガンボや警官に抵抗しなければ、留置所への移送後に後者に分類された警官と交渉をもつことで釈放される可能性が残されている。

また低賃金で働くムガンボがしばしば「頭のやわらかい」マチンガをこっそり呼び出し、そのマチンガやそれ以外のマチンガから没収した商品を安価な価格で転売していることは、マチンガのあいだでは常識である。じっさいに、マチンガはこのようなムガンボの転売を、タンザニアの新聞記者に対して自分たちが暴動を起こした正当な理由として挙げている［Mzawa, March 11, 2006］。

取り締まり管轄官の説明では、ムガンボや警官による没収品は一四日以内にマチンガが裁判所に出頭し、罰金を払うか相当の刑（六ヵ月以上の禁固刑）に服せば、返却されることになっている。当然、禁固刑の危険を冒してまで、没収品を引き取りに出頭するマチンガはいない。またマチンガが引き取りに来なかった場合、その没収品は市当局主催の競売にかけられることになっている。しかし市当局主催の競売がいつ開催されているのかは知られていない。ムガンボや警官が突然現れ、荷物をまとめる時間がない場合は、マチンガは商品を置いて逃げる。ムガンボや警官は、露店の破壊をふくむ大規模な一斉検挙の場合を除き、通常は一人または二人で現れる。そこでの没収品のすべてが裁判所に届けられようと、そのうちの数点がムガンボのポケットに入ろうと、裁判所に出頭する気がないマチンガにとってはどちらも「戻ってこない」という点では同じことである。マチンガは、ムガンボから没収品の安価な転売を提案された場合、めったに断らない。とくに自分の商品が没収された後には、その埋めあわせのためにムガンボから商品の補塡をしたいと考える傾向にある。

さらにマチンガを取り締まるムガンボや警官も、正規商店からだけでなくマチンガから商品を購入している。市職員も「じつはマチンガから商品を購入している。彼らは本当に安く販売してくれるし、どこに行けば、よい値段で販売してくれるマチンガがいるかも知っている。でも市職員としては、彼らに郊外で行商するように勧めたい」（二七歳男性、二〇〇六年八月）と述べた。こうした汚職・職務倫理違反は、枚挙に暇がない。

以下ではまず、路上からのマチンガ排除を担う主要アクターであるムガンボが、マチンガに対する取り締まりについてどのような意見をもっているのかを検討したい。

市は路上惣菜売りの女性に、あちこちにゴミを捨てるな、衛生的な環境で食事を提供しろと通告してきた。市民は、健康で安全に暮らしたいと望んでいるから、不衛生な環境で食事を提供する女性を取り締まる必要がある。わたしは自分の仕事に誇りをもっている。でも、彼女たちが衛生的な市場で商売をし、その結果、病気になった自分の子どもたちを病院に連れていく収入が得られなかったら、彼女たちはいったい誰の健康に気を配ったことになるのか。このことを考えると悩みがつきない。わたしは衛生の問題とは、人間性（*utu*）と信念（*imani*）によるものだと思っている。路上に落とした肉を洗わずに鍋に戻す。〔薪や炭の節約のために〕飲み水として提供する水を沸かさない。路上に野菜くずをまき散らす。これは彼女自身の人間性と自分の仕事に対する誇りの問題だ。いずれ客は彼女のところでは食事をとらなくなるだろう。それは男性の路上商人にも言えることである。道路標識に服を吊したり、バスを取り囲んだりする。これは自分のせいで事故を引き起こす危険性を考えない若者自身の問題だ。スリと結託して盗品を販売する。これは犯罪行為だ。このようなことをする若者が増えれば、人びとはマチンガたちに反感を抱くようになるだろう。このような若者がいるせいで、貧しいマチンガたち全員を取り締まらなくてはならなくなる。マチンガの多くは客の手の届く価格で販売することで、わずかなカネを稼いでいるだけのわれわれと同じ貧しい労働者だ。しかし、わたしには一人ひとりのマチンガたちの話を聞いて対応する時間が与えられていない……でもわたしは、できるだけマチンガを捕まえたくない。わたしが注意したら、彼らにはすばやく立ち去ってほしいと願っている……。

（ムガンボ、二〇代後半男性、二〇〇六年八月）

マチンガは、法で決まったことを守らなければならない。わたしはマチンガの問題には、教育問題があると思っている。マチンガは三日先、一〇日先のことしか考えられない。いま起きていることも過去の繰り返しだと思っている。彼らは市場に行ったら商売ができなくなると信じ込んでいる。でも違う。市には経済学、都市工学、衛生医療を勉強した専門家がいる。市場に移動して税金を払い、その税金で道路をつくったり、多くの市場をつくるという方法以外に、五年、一〇年先にムワンザ市がよい都市になる方法はない。市は、移動することが彼らのためになることを教える方策を見つけなければならない。わたしにはそれはできない……賄賂はいけないことだ。でも多くのマチンガは賄賂を手渡そうとする。多くのムガンボたちは賄賂を期待してこの仕事をしているわけではない。わたしたちはふつうの労働者だ。ムガンボたちは賄賂が欲しくて解放するのではなく、彼らの懇願に負けて、いくらか同情して解放しているのだと思う。ただ目の前に差し出されたカネを断るのは難しい。不十分な稼ぎしか得られず、明日からの生活に悩んでいる人びとには、本当に難しい。もし〔仲間の〕ムガンボがそれに味をしめて賄賂を強要するようになっているとしたら、それはとても残念なことだ。

（ムガンボ、三〇代前半男性、二〇〇六年八月）

わたしはマチンガ（あるいはマチンガの友人）であると、ムガンボや警官に広く知られていたので、詳しい聞き取りは、わたしの個人的なつながりをとおしたムガンボ七人にしかおこなえなかった。それも影響してか、この二人のムガンボの意見は、ムガンボ全体の意見を代表させるには、マチンガに同情的すぎる。しかしムガンボが、似通った生活水準であるマチンガにある程度の同情心を抱いており、マチンガとの対面的なやり取りにおいて、互いのリジキを判断しながら対応していると考えることはまったくの間違いではない。

多くのムガンボは、マチンガの親族や友人をもっている。ムガンボはそのほかの「日雇い労働者」と給与水準や境遇において何も変わらない貧困層である。彼らも制服を脱いで居住区に帰れば、箒や交通費の貸し借りをするマチンガの隣人である。わたしがマチンガと暮らしていた居住区にもムガンボや下級警官が数多く住んでいたが、職業的な敵対関係が日常的な個人的つきあいに及んでいる光景は一度も目撃したことはなかった。

マチンガがよく口にする「マチンガと警官は、マチンガと雨〔の関係〕と等しいものだ *machinga na polisi ni sawa na machinga na mvua*」にあるように、たしかにマチンガはムガンボや警官を天敵とみなしている。マチンガは、ムガンボや警官の不正行為によってわずかな儲けを奪われたり、商品を没収された恨みを語りあい、それらの行為を汚職だと非難する。[20] しかしマチンガの側もしばしば「ムガンボはひとりのときは意外と臆病で、こちらの事情をわかってくれるが、集団になると〔社会的に〕遠くに行ってしまう」「ムガンボは給料が安いからオレたちからまきあげて暮らすしかない」「ムガンボはマチンガを追いかけるのが仕事で、マチンガは逃げまわるのが仕事なのだから、個々のムガンボに怒りをぶつけるマチンガは未熟者だ」という意見を述べる。マチンガもみずからの活動形態が違法であることは承知している。そのため、彼らはときにムガンボ・警官との関係をもちつもたれつの関係でもあると語る。

このように書くと、両者の不均衡な力関係を度外視して、両者の関係をまるでゲームの駒のように記述しているとの批判がなされるかもしれない。わたしがここで強調したいことは、ムガンボや警官による「汚職」がマチンガにとって抑圧的なものではないということではない。それらは彼らの生計維持を危機にさらすのに十分に抑圧的である。それでもわたしはあえて両者のあいだに人格的なやり取りがあることに目を向けたい。それは第一に、ムガンボや警官による散発的で日常的な取り締まりと、計画された大規模なマチンガ一斉検挙とでは、決定的な違いがあること。第二に、マチンガにとって汚職は明らかに否定的な意味をもつが、エングランド［England 2002］が述べるように、人びとが「汚職」であると認識・表現する諸行為は、状況に応じて変化することに注意を促したいためである〈21〉。

これらの二点を考えるうえで重要なことは、マチンガが商品の没収や賄賂、罰金などによる損害をいつも自身で払っているわけではないことである。マリ・カウリ取引をしているマチンガは、賄賂を支払うよりも商品を置いて逃げる傾向にある。仕入れ先の商人が没収された商品代金を免除してくれる可能性が高いためである。現金取引をしているマチンガは、商品を置いて逃げるよりも賄賂を支払う傾向にある。賄賂を支払ったほうが商品を没収されるよりも安くすむからであり、その賄賂の支払い分については、商店主への値下げ要求や常連客への高値での商品販売により、帳尻を合わせられるからである。ひとりで活動するマチンガよりも、複数のマチンガと一緒に商売しているマチンガのほうが、粘り強く「いたちごっこ」をつづける傾向にある〈22〉。もし逮捕されても仲間のマチンガが、仕入れ先の商人や、その他の都市雑業層からカンパを集めて、自分を釈放させてくれると確信しているためである。このようにマチンガは賄賂や商品の損失を、複数のアクターに少しずつ負担してもらっているのである。また第七章で説明したように、マチンガはときに損失を特定のアクターとの関係性の操作に利用することもある（生活補助の要求、不満の表明など）。

しかし、これらのアクターからマチンガが引き出せる支援には限界がある。これまで示してきたように、マチンガはそれぞれのアクターとの関係における両義的なイメージと役割の「あいだ」でバランスを保つことで、自律的な活動領域を獲得してきた。警官やムガンボによる汚職が、マチンガにとって明確な搾取や暴力（「汚職」）に変化するのは、それを契機に商店主や仕入れ先の中間卸売商が彼らとの取引関係を解消したり、仲間のマチンガが全員逮捕されて助けてくれる人間がいなくなったり、販売価格が高すぎて得意客が彼らから商品を購入するのをやめたりして、マチンガが物理的な場としての路上ではなく、路上空間において築かれている諸アクターとの関係性から排除される瞬間である。二〇〇六年三月の暴動は、頻繁かつ継続的に実施された一斉検挙によって、マチンガを支えてきた諸アクターのネットワークが、多くのマチンガにとっていっせいに維持できなくなった時点の出来事であったといえるのではないだろうか。

結論

conclusion

終章　ウジャンジャ・エコノミー

本書が対象としてきたのは、アフリカの諸都市においてありふれた商行為である。市場商人、露店商、路上商人、行商人、定期市商人――彼らは、公設・私設市場だけでなく、あらゆる路上に拡散し、アフリカ諸都市の活気ある商世界を形成している。この商世界は、先進諸国の人びとが発展途上国のイメージとして、独特の匂いや喧騒とともに真っ先に思い浮かべるもののひとつではないだろうか。しかし、この商世界の内実が、それを構成している人びとの日常的でミクロな商実践から十分に検討されることはあまりない。その理由は、この商世界が、いとも簡単に貧困の深刻化や都市整備の遅れなどの「途上国らしさ」において了解されてしまう傾向にあるためである。序章で述べたように、インフォーマルセクターや零細・小規模企業家の研究では、彼らの経済活動における企業家精神の成長を阻害する要因が注目されてきた。社会学者や人類学者は、彼らの経済活動を生き残り戦略と捉え、とくにそこでの相互扶助に着目してきた。しかし、どちらにおいてもマチンガの日々の商実践は注目されてこなかった。

本書の最終的な目的は、序章で述べたとおり、グローバル資本主義システムの末端で、零細商人マチンガが日々織りなしている商世界の実態を開示し、その商世界を維持・再生産している独自の人間・社会関係と商慣行を、彼らのミクロな商実践に注目して明らかにすることである。そのために、本書はつぎの三つの課題に取り組んだ。第一に、古着商売におけるマチンガの商慣行マリ・カウリ取引のしくみと論理を、ウジャンジャに特徴づけられる彼らの日々のミクロな商実践を事例として明らかにした（第Ⅰ部）。第二に、タンザニアのマクロな社会、経済、政治の歴史的変化のなかにマチンガの商実践を位置づけて考察し、マリ・カウリ取引が創出された経緯とそれが変容刷新されていく過程を明らかにした（第Ⅱ部）。第三に、マチンガの商実践を、彼らとともに路上空間を構成している商店主、消費者、その他都市雑業層、警官・ムガンボとの相互関係に位置づけて考察し、マチンガの商実践を組み込んで成りたっている路上の社会経済的な秩序を明らかにした（第Ⅲ部）。

以下では、まず第一節において、第Ⅰ・Ⅱ・Ⅲ部でそれぞれ論じたこれらの課題に対する考察結果を、序章で述べたマチンガをめぐる先行研究の議論を参照しながら整理する。それを踏まえて、彼らの商世界を、ウジャンジャ・エコノミーとして提示し、その特徴を論じる。

一　マチンガの実践とウジャンジャ

第Ⅰ部　騙しあい助けあう狡知

第Ⅰ部では、古着商売におけるマチンガの商慣行マリ・カウリ取引のしくみと論理を、日々のミクロな商実践を事例として明らかにした。

（一）　マリ・カウリ取引の特徴　　マリ・カウリ取引は、中間卸売商と小売商のあいだで展開していた口約束のみの掛け売りであった。この取引において、中間卸売商は、より多くの小売商を抱え込むことにより、古着を迅速かつ効率的に売りさばくことをめざしていた。一方、小売商は、担保と資金がなくても商売をはじめられることに加えて、売れ残り商品の返品や仕入れ価格の再設定などにより、少ないリスクで商売をおこなうことができていた。また、小売商の売り上げが少ない場合には、小売商は中間卸売商に生活補助を要求することが慣例となっていた。

さらに、この商慣行の特徴として、小売商による信用の不履行の頻発があった。たとえば、小売商は、みずからの商売戦略に応じたグレードの古着を安く仕入れることを希望するが、すべての古着を売り切ることをめざしている中間卸売商は、すべての小売商の希望に応えるわけにはいかない。希望がかなわなかった場合、小売商は、サボタージュや売り上げのごまかし、古着の持ち逃げといった信用の不履行を頻繁に引き起こしていた。この信用の不履行への対処を誤り、中間卸売商から小売商へと転落する者もいた。

この独特な商慣行は、第II部で述べたように、そもそも一九九〇年代半ばにムランゴ・ムモジャ古着市場へ移動した後に資本を失う小売商が増加し、彼らから中間卸売商への支援の要請（「たかり」）に対応して生じたものであった。そのために、マリ・カウリ取引は、経済的合理性を追求するだけではなく、都市での小売商の最低限の生活を支援するものとなっており、中間卸売商は実質的に彼らの最低限の生計維持を保障していた。このような支援は、「道徳的」な零細企業家像を提示してきた先行研究で、アフリカ社会の特徴として指摘されてきた富の再分配を思い起こさせ、この点でマリ・カウリ取引は、農村の共同体でみられるような相互扶助の再現にもみえた。

しかし、従来指摘されてきたアフリカの富の再分配が、親族や同郷者など既存の何らかのコミュニティ内におけるものであったのに対して、マリ・カウリ取引では、本名も出自も住所も正確に知らない人びとに生活補助として「富の再分配」をおこなっていた点に特徴があった。個人情報を把握していない相手との取引は、持ち逃げを頻繁に許すことにもつながっていた。

中間卸売商は「誰も信頼できない」零細企業家像を提示してきた先行研究と同様に、「親族や同郷者は期待が大きいため、面倒である」という認識をもっていた。しかし、彼らは同時に、親族や同郷者といった属性にかかわらず、誰でも潜在的には大きな期待をもつようになるし、状況が悪ければ、誰でも信用の不履行を引き起こしうるという認識ももっていた。つまり、中間卸売商の不信は、小売商個人よりも、小売商に信用の不履行を引き起こさせる現行の不安定な政治経済状況に向けられていたのである。このことは、中間卸売商が小売商のかつての信用の不履行を問題とせず、自分から古着を持ち逃げした小売商もふたたび受け入れることからも、明らかである。また、中間卸売商には、うまく商売をやっていける、小売商とうまく渡りあえるという自身のウジャンジャへの自負があり、これもこの取引形態の存続を支えていた。

ウジャンジャは、学歴や特別な技能をもたないマチンガが生きていくのに困難な都市で生計を立て、社会関係の網の目をうまくかいくぐっていくために必要な狡知であり、仲間意識を醸成する生活信条であると同時に、巧みな話術などの商人としての才覚にも結びついていた。中間卸売商は、小売商のウジャンジャが、客に対する販売能力としてだけでなく、自分を相手とした取引能力としても発揮されることを理解していたが、自身もマチンガである限り、小売商とウジャンジャで渡りあえる才覚をもっていると自負していたのであった。つまり、マリ・カウリ取引は、ウジャンジャな人びとによる、ウジャンジャを駆使しあうための商慣行でもあったのである。

(二)　ウジャンジャ　第四章と第五章では、ウジャンジャとはいかなるものかについて考察した。その結果、ウジャンジャは、(一)機を捉える術、(二)瞬時の役割判断、(三)客に応じた演技力、(四)癖の技化、(五)リジキの判断などにかかわる実践知であり、とりわけメティスと親和性をもつものであることが示された。このようなウジャンジャにマチンガが価値をおいている理由は、中間卸売商と小売商とが互いの状況に応じて、互いの心を読み取り、互いの気持ちを決定的には損ねないかたちで、互いを操作・動員しあえるという信頼に、ウジャンジャが深くかかわっていたためである。中間卸売商は、マリ・カウリ取引を要求する小売商の言説に窺える規範的な内容ではなく、ウジャンジャを駆使して、みずからの心に訴えかけることのできる、小売商の「人間力」をみていたのである。

このウジャンジャに対する信頼とは、突き詰めると、互いに対して配慮をしなくてもよいビジネスライクな関係と、互いに過度な期待を寄せあう関係とのはざまにおいて、社会的距離や親密さ、力関係を操作しあうことで、カネ儲けと配慮を適度なバランスで維持する「仲間」を実現させる信頼でもあった。仲間関係を維持するうえで小売商の信用の不履行は、中間卸売商と小売商双方にとって、つねにいつも裏切りや取引の失敗を意味してはいなかったのである。

また、互いの社会的距離や力関係を操作することが困難になった場合に、ウジャンジャは新たな取引関係の構築に必要な航海術として発揮された。しかしそれは——第II部でも詳述したが——、以前の取引関係や仲間関係の終わりを示すものではなかった。それはむしろ、最低限の生活を保障され、なくならない資本であるウジャンジャを賭けつづけることのできる「賭場」としての商世界を拡大していくものであった。マチンガは、ゆるやかに共有されているルールを制度化せず、取引関係の再編を繰り返しているのである。

このマチンガの商実践と仲間関係は、第二章で述べた「思慮深き機会主義」の実践的な態度と、開放的、流動的、匿名的な都市社会の不確実な人間関係に適合的なものであり、かつそれを状況対応的に反復し、再生産しているものであったといえよう。

第II部　活路をひらく狡知

第II部では、第I部で述べたマチンガの商慣行がどのような歴史的背景のもとで生み出されたのかを明らかにするとともに、マリ・カウリ取引が新たな商慣行へと変化していくプロセスを明らかにした。第II部の課題は、マチンガの商慣行において、いかなるときにどのような商取引のルールが創られるのか／可能なのか、いかなるときにどのような人びととの連携が模索されるのか／可能なのかを実証的に示すことにあった。

アフリカ都市零細企業家をめぐる先行研究では、彼らの経済活動における親族や同郷者との関係維持と、個人的な資本蓄積や経営拡大とのあいだの零細企業家の葛藤に着目するものが主流であった。また、それぞれに互酬的な論理と資本主義経済の論理を固定的に当てはめる傾向があった。そこでは、(一) エスニシティや宗教、同郷などの身内を超えた信頼構築が難しく、ゆえに支援を要求する身内との関係により深くコミットせざるをえないことを問題とする議論［Macharia 1997; Marris 1971 など］、(二) 見知らぬ者は信頼できないが、親しい者も親しさゆえに支援の期待が大きく、また嫉妬されやすいために信頼できないとし、全般的な信頼の欠如を問題とする議論［van Donge 1992, 1995 など］があった。また、(一) と (二) に関連し、(三) 親しい者と熾烈な値下げ交渉をするのが難

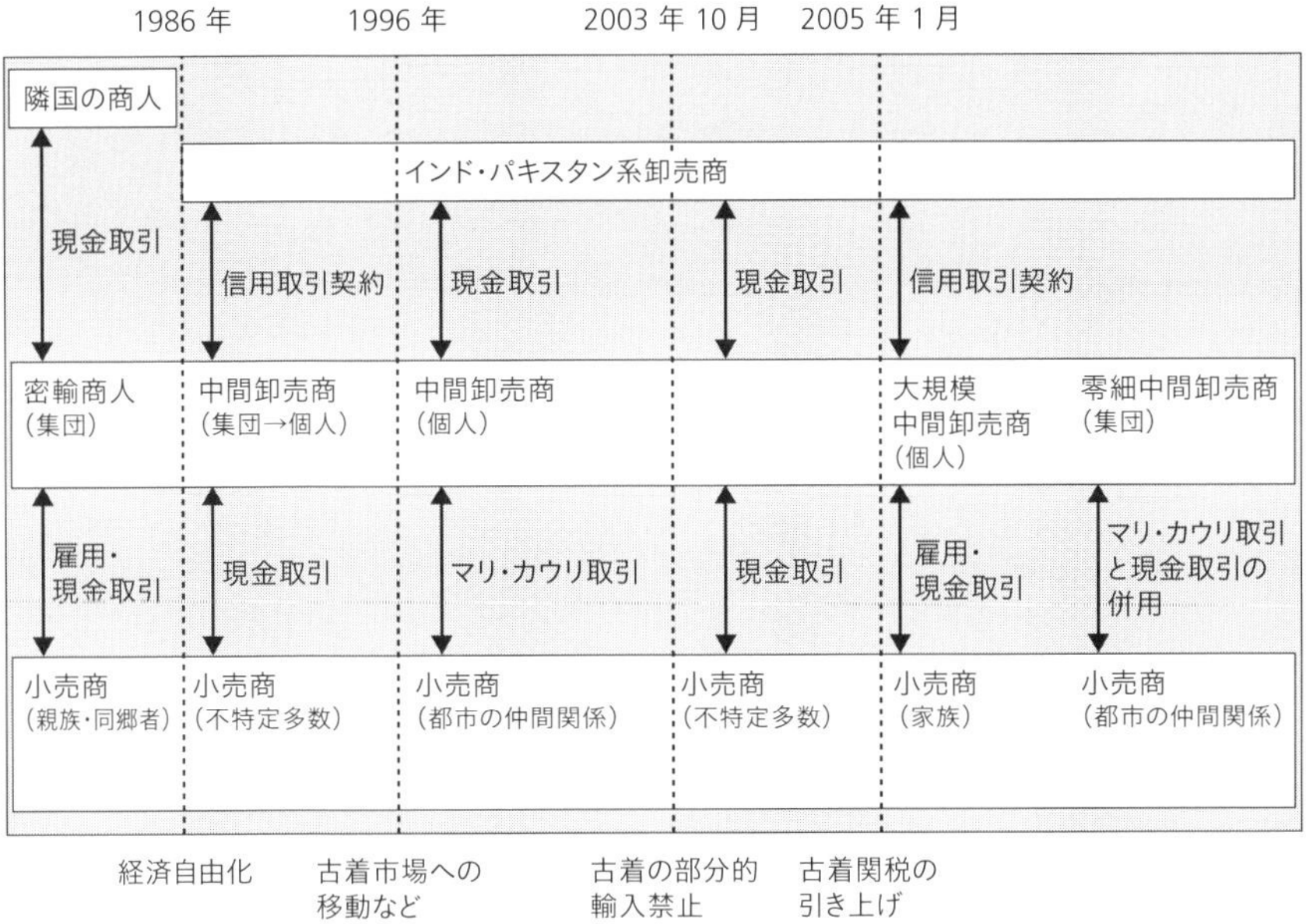

図10－1　商慣行と取引関係の歴史的変化

しいように、商交渉をふくむ商売上の連携は、互酬的な論理で動く関係ではない者とのほうが築きやすいとする議論［Sørensen 2000, 2001 など］も紹介した。

これに対して、第Ⅰ部第三章では、たしかに親族や同郷者など親しい者との連携構築は難しいが、誰と連携するかは、「状況による」というマチンガの見解を提示した。つまり、先行研究において主流であった、親密さと信頼のジレンマ、互酬的な論理と資本主義経済の論理の葛藤といった問題設定は、マチンガの商実践を理解するのに決定的な重要性をもってはいなかったのである。マチンガの商実践は通時的にみた場合、誰とでも状況主義的に連携し、その後にウジャンジャをつうじて親密さや互いの利益などを調整していくものであった。これを第Ⅱ部では、商売をめぐる連携の通時的な分析と、商慣行の変容にかかわった商交渉の分析から以下のように明らかにした。

（一）　商慣行と商売上の連携の歴史的変化

取引関係を中心に商売上の連携を通時的にみると、親族や同郷者などの既存の関係はつねに重視されるわけでも、つねに回避されるわけでもないことが明らかになった

（図10－1）。第六章の最後で整理したように、社会主義体制下で展開した密輸交易や闇市での取引からマリ・カウリ取引が創出されるまでの過程をみると、マチンガの商売をめぐる連携は、親族や同郷者、同じエスニック・グループの成員との関係から、しだいに都市で知りあった仲間関係へと移行していったようにみえた。しかし第七章では、そのような単線的な移行を再考するような展開が生じた。二〇〇三年以降、政府による古着商売の規制、中国・東南アジア製新品衣料品の急激な流入などを受けて、中間卸売商と小売商は古着商売の困難に直面した。ここでインド・パキスタン系卸売商との信用取引契約を復活させ、商売を立て直すことに成功した者は、ふたたび親族（家族）との雇用関係を結んだのであった。このことから、マチンガの商売上の連携における既存の関係の重要性は、たとえば、向都人口移動の増加にともなう都市の人口構成の若年化、あるいは近代化としてまとめられる行動様式の変化といった、親族、同郷者から仲間関係への単線的な変化ではないことが明らかになった。では、どのように彼らの商慣行と商売上の連携は変化していったのであろうか。

（二）　自律性と対等性

第七章では、従来のマリ・カウリ取引の方法では商売の継続が困難になったマチンガたちが、新たな商慣行を生じさせていく過程を明らかにし、その生成メカニズムを贈与論の観点から考察した。マリ・カウリ取引と現金取引の併用という新たな商慣行は、話し合いによる合意ではなく、通常どおりのウジャンジャな駆け引きをつうじて、偶発的、かつ同時多発的に生じた。

従来の研究において、零細企業家像のジレンマとして提示されてきた個人の利益追求と縁者への支援は、何らかの既存のコミュニティを想定したとき、および資本蓄積をつうじた経済発展モデルを想定したときに問題化されるものであった。しかし、中間卸売商と小売商双方にとってのジレンマは、個人の利益追求と他者への支援との両立、親密さと信頼のジレンマというよりも、むしろ自律性と対等性のバランスといった問題設定で考えたほうがよいものであった。

古着商売の危機に直面したときの中間卸売商と小売商の最初の反応が、取引関係を解消して、流動化・独立経営化していくプロセスであったように、もともと関係をつづけるうえで何の義務ももたない両者は、支援を供与する側――される側といった硬直的な関係性を感じた場合、前者が短期的な利益を考えて不平等／負担であると認識すれば取引関係は簡単に解消されうるし、後者がそれでも支援を望めば雇用―被雇用関係になりうるような関係にあった。第Ⅰ部で説明したように、両者は雇用関係――パトロン―クライアント関係――を結ぶことを回避する傾向にあった。そのため、新たな商慣行は、独立自営に失敗した両者が、マクロな状況の変化によって互いの実質的な力関係が変化するなかで、互いの関係をあくまで対等な関係、あるいは水平的な関係に保とうとする働きかけをつづけた結果として生まれていった。日々の商交渉において互いの反応を見極めながら、互いの力関係や親密さ、依存と自律といったバランスをウジャンジャにより操作し、その場その場の駆け引きのゆくえを開かれたものにすることで、マチンガは不安定な経済状況の変化に柔軟に対応していったのであった。

第Ⅲ部　空間を織りなす狡知

第Ⅲ部では、マチンガの商実践を、彼らとともに路上空間を形成しているその他のアクターとの関係に位置づけて明らかにした。

先行研究では、中央政府・市当局による抑圧的な政策に抗した路上商売の継続・再生産をめぐって、それぞれ重なりあいつつも強調点の置き方によって、三つの見解が提示されてきた。第一に、路上を国家経済の破綻や不適切な社会経済制度に起因して生みだされた経済的弱者の生存の場として捉え、マチンガのような路上商人を路上商売以外に選択肢をもたない貧困層と位置づける視点である［Liviga and Mekacha 1998 など］。第二に、路上空間を抑圧的な社会経済制度に対する闘争のアリーナとして捉え、路上商人を国家権力に異議申し立てをおこなう抵抗する人びとと捉える視点である［Kerner 1988; Tripp 1997 など］。第三に、路上空間を、異なる利害関心をもつ市民が多様な権利を折衝する公共空間として描き、路上商人を、周縁化された市民と捉える視点である［Brown 2006; Lindell 2010 など］。

序章では、いずれの研究動向も重要であるとしたうえで、これらの研究では、路上商売が都市部の広範な社会ネットワークに埋め込まれた「流通システム」の不可欠な一部であることを見逃していること、その他の都市アクターと路上商人との相互関係から、路上商売の継続・再生産を再考する必要性があることを指摘した。

（一）公設市場への移動を拒む理由　第八章では、植民地期から現在までの政府・市当局による対路上商人政策（対インフォーマルセクター政策）を三つの時期に区分して概観した。つぎに、二〇〇六年三月にムワンザ市において生じたマチンガによる暴動の経緯を示し、彼らへの聞き取り調査にもとづいて、なぜ指定された市場に移動しないのかを検討した。マチンガから得られた回答には、（一）市内中心部の路上の経済的利便性、（二）空間利用の不平等・不公正、（三）資金不足、（四）ムガンボ・警官による暴力的な排除に対する反感、の四種類があった。これらの回答は、先行研究の主張を裏づけるようなものであったが、いくつか矛盾がみられた。それらの矛盾を追及していくと、路上商人は、現在の路上の社会関係をそのまま公設市場に再現するかたち――商店主をふくめた一斉移動――であれば、移動しうることが示唆された。すなわち、路上商人の公設市場への移動拒否の根本的な理由を明らかにするためには、彼らとその他のアクターとの相互関係をみる必要があることが示された。

第九章では、路上商人と（一）商店主、（二）消費者、（三）その他の都市雑業層、（四）ムガンボ・警官との相互関係について考察した。マチンガが公設市場に移動しない理由は何より、商店主が先に移動し、それにつづいて他のマチンガがいっせいに移動するかたちでないと、個々のマチンガにとって安定的な商売が成り立たないためであった。また、市内中心部の路上のように、多様な消費者が流動的に行き交う場でなければ、消費者のその時どきの状況に応じたウジャンジャな価格操作にもとづいて成立しているマチンガの商売が立ち行かなくなるためであった。さらにマチンガが、直接的な利害関係をもつ商店主だけでなく、その他の多くの都市雑業層と共生的な関係をもっているためであった。すなわち、マチンガが市当局による取り締まりに抵抗する／できるのは、彼らの商実践が、商店主、消費者、その他の都市雑業層、ムガンボや警官といった諸アクター間の相互依存的・共生的な関係によって織りなされている路上空間に埋め込まれているためであったのだ。

ここで重要なことは、マチンガとその他のアクターとの関係を、貧者のあいだの共感や、市当局に抗する民衆の連帯へと一足飛びに還元してはならないことであった。それは、路上の社会経済関係のきわめて静的な理解に帰結する(たとえば、多くの商店主はマチンガの移動の可能性が高まると、自らの経営を考慮して、マリ・カウリ取引の継続を断念した)。また、路上商売の問題を人びとの実践の諸相から遊離した権利の問題に還元してはならない。マチンガが拘泥しているのは、物理的な場としての路上ではないし、マチンガが他のアクターと争っているのは、場に対する権利ではなかったのである。マチンガにとっては、たとえ市場が鉄筋コンクリート建ての立派なものであったとしても、たとえ市場が交通アクセスのよい場所に建設されたとしても、その市場が現在の路上と同じ社会関係を実現したものでない限り、積極的な移動を望む場所にはならないだろう。

(二)　あいだで「いきる」関節＝業師　路上商売を捉えるうえでおそらくもっとも適した視点は、路上商売を「隙間産業」とみるものであった。この隙間は、マチンガがその他の経済の社会経済アクターとの日々の実践の積みかさねのなかで創りだしているものであった。路上空間をめぐるマチンガの商実践を整理するとつぎのようになる(図10－2)。

マチンガは、商店主から大幅な卸売価格の値下げやサンプル商売、生活補助、逮捕時のカンパなどを引き出していた。マチンガはこうした商店主から得られる支援に対して、消費者への粗悪品の押しつけなどにより商店主の経営を支援していた。マチンガは、圧倒的多数の貧しい消費者から支持を受けていた。こうした消費者による支持は、彼らが特定の消費者への「ぼったくり」価格での販売で得た利益の一部で、べつの消費者には、仕入れ価格を割っても販売するという価格操作によっていた。マチンガは警官やムガンボから見逃してもらうための資金や情報をその他のマチンガや都市雑業層、商店主などから得ていた。それは、彼らが路上空間において、他の都市アクターと共生的な関係を築いているためでもあった。

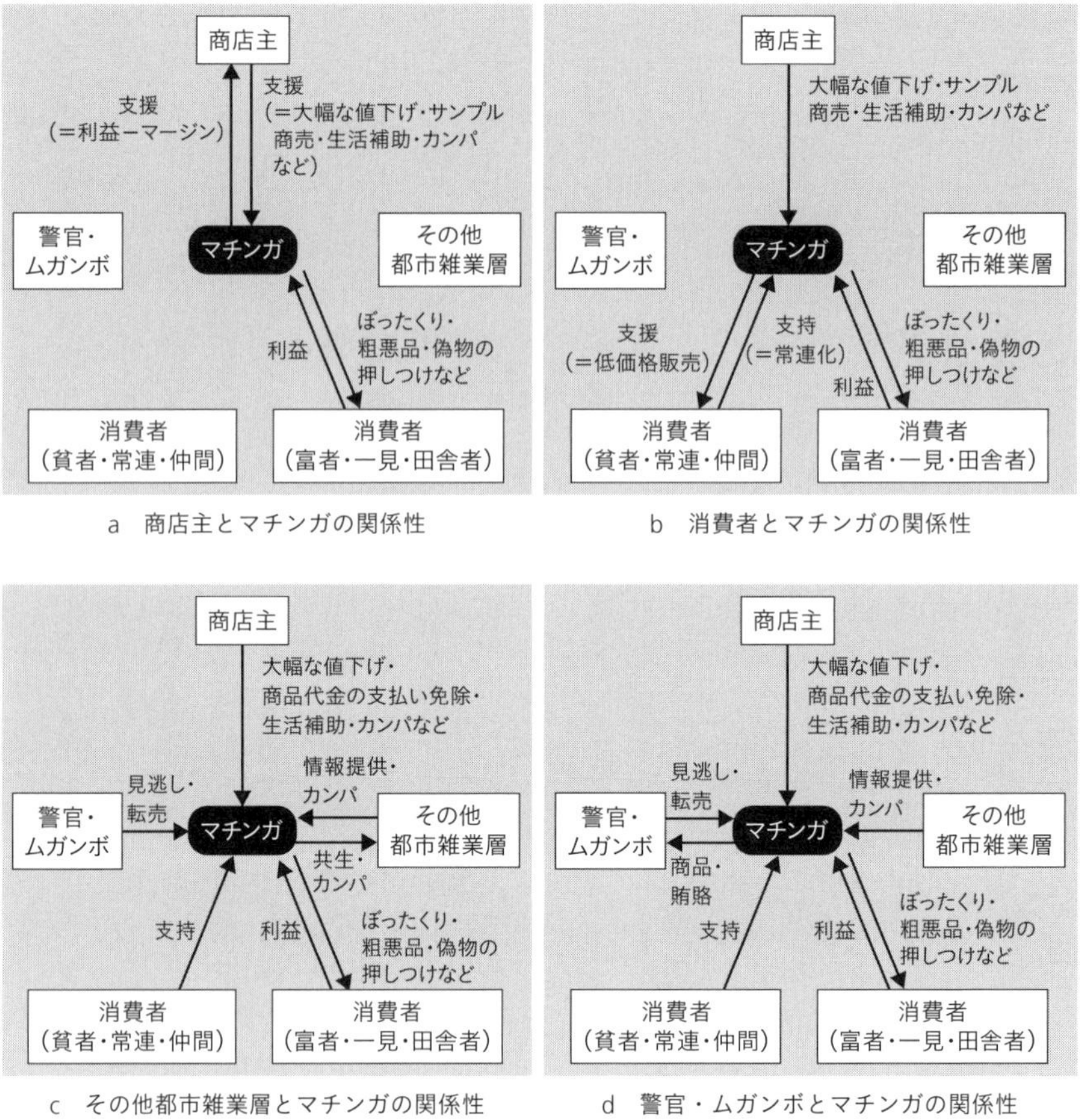

図10－2　路上空間をめぐる実践

マチンガの実践は、「蝿と蜜蜂」「詐欺師と情け深い人」「共感と共生」「天敵と共犯者」という、相反するイメージのあいだに留まる両義的なアクターでありつづけることで、いずれのアクターにも完全に依存したり・組み込まれたりせず、また、いずれのアクターからも完全に独立したり・排除されたり・敵対されないかたちで、複数のアクターのあいだを動き、支援やモノの循環を生みだしていくことで成立していた。このような実践は、トリックスターの研究書においてルイス・ハイドが、「関節＝業師《アルトウス＝ワーカー》の仕事」〔ハイド 2005（1998）〕と呼ぶものと類似している。マチンガは、さまざまな関係性の関節部に位置し、そこを動きながら、路上の社会経済を活性化しているのである。

日常的抵抗から暴動へと至る過程は、この諸アクター間の相互依存的・共生的な関係のネットワークからマチンガが排除される過程と軌を一にしていた。このように本書では、路上商人の日常的な抵抗実践・暴動が、都市の路上に重層的に築かれているその他の経済アクターとの関係の推移にともなって生じることを明らかにすることで、三つの先行研究を接合する視点を提示したのであった。

二　ウジャンジャ・エコノミー

マチンガの商実践について、第I部から第III部において微視的、歴史的、空間的に検討することで明らかになった点は、前節のとおりであった。本節では、これら第I部から第III部までで明らかになったマチンガの商実践の特色をふまえて、彼らの商世界をウジャンジャに着目して描きなおしたい。

マチンガと両義性

マチンガの商実践の共通点として、彼らの商売が、ウジャンジャによる、裏切りと支援、騙しあいと助けあい、詐欺と贈与のような、相反する実践のバランスの上に成立していることが指摘できる。第I部で焦点をあてたマリ・カウリ取引における中間卸売商と小売商の商実践を図式化すると、つぎのようになる（図10－3）。

マリ・カウリ取引において、中間卸売商は取引をしている小売商たちの困窮の程度や不満の程度をはかり、それに応じて古着の仕入れ順位を入れ替えたり、値下げや生活補助を提供したりする相手を選び直す。つまり、中間卸売商の商売とは、特定の小売商に「そのときに販売しにくいグレードの古着を遅い順番で高く販売する」ことで獲得した利益の一部で、別の小売商を「そのときに販売しやすいグレードの古着を早い順番で安く販売したり、生活

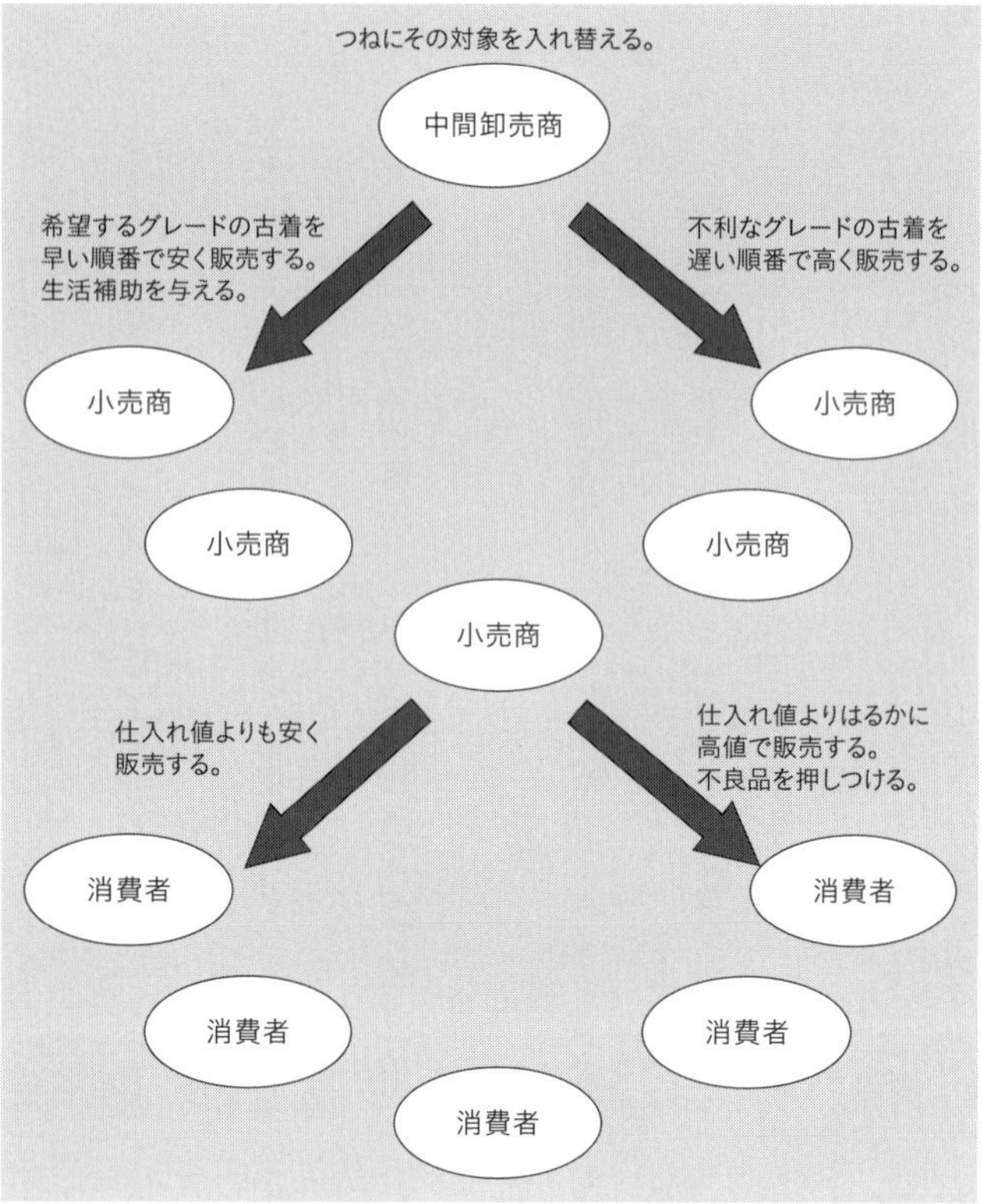

図10－3　マチンガのマリ・カウリ取引を軸とした商実践（理念図）

補助を与えたりする」ことで支援し、その差額を利益として獲得するものである。ここで重要なことは、小売商にとって、このようなやり方で稼ぐ中間卸売商への対応は、きわめて投機性の高いものとなり、結局のところ、中間卸売商の小売商への対応も投機性の高いものとなることである。

　中間卸売商は、業績主義や能力に応じた優遇策を採用していないため、小売商にとっては、努力して多くの古着を販売したからといって、かならず希望グレードの古着を早く選ばせてもらえるという保証はない。しかし中間卸売商には、商売に失敗した小売商をかならず助けなければならないという義務もないため、小売商にとって、売り上げを少なくすれば、いつでも希望グレードの古着を安く販売してもらえたり、生活補助などの支援が得られたりするという保証もない。中間卸売商は、それまでの駆け引きを踏まえて、小売商のあいだで不満が起きないように気を配っているが、小売商たちの仕入れ順位や明日の販売価格、生活補助の提供などにかかわる判断は、それぞれの小売商との対面的な駆け引きの場までわからない。なぜなら、中間卸売商には、小売商の儲けや売り上げが少なかった原因（運が悪かったのか、サボタージュしたのか）などの情報がないうえ、両者の取引では、ある程度の嘘や演技、信用の不履行は交渉術として織り込まれているからである。そのため、中間卸売商は、これらの判断を小売商からのサインへの気づきに依存することになる。

このようなやり方で商売をおこなう中間卸売商は、小売商の側に立てば、自己の不満の表明や支援の訴えに対して「優遇してくれたり、助けてくれる」か、それとも「無視したり、それどころか懲らしめようとする」か、どちらにも転びうる両義的な存在になる。それゆえ、小売商のめざすべき実践とは、必ずしも売り上げを伸ばし販売能力を示すことではない。むしろ、そのほかの小売商の販売動向や中間卸売商の心理や態度を読みながら、ウジャンジャを駆使してその場その場を「うまくやる」ことである場合が多い。このようにウジャンジャを駆使する小売商は、中間卸売商にとっても、自己の働きかけに応じて売り上げを伸ばそうとするのか、それとも利益をかすめ取ろうとするのかわからない両義的な存在である。

この中間卸売商と小売商の実践は、マリ・カウリ取引にかかわらず、マチンガの基本的な商売戦術である。小売商による消費者への商売戦術も同じしくみで成立している。小売商は、中間卸売商から仕入れた古着を、ある客には高値で販売し、別の客には仕入れ価格を割っても販売する。小売商の儲けとは、複数の消費者のあいだで価格操作をすることで生まれた差額である。消費者にとっても、小売商は悪い商品をぼったくり価格で押しつける「詐欺師」にも、懐具合に応じて売ってくれる「情け深い人」にも、どちらにもなりうる両義的な存在として語られる。

また、先の第Ⅲ部のまとめで述べたように、マチンガはこれを商店主、消費者、その他の都市雑業層、ムガンボ・警官などをふくめた不特定多数の人びとの「あいだ」でもおこなっている。つまり、マチンガの実践とは、異なる関係を仲介しながら、基本的にその時その場で余裕のある者から、その時その場で余裕のない者／不満を抱えている者へと、マージンを引いた商品・カネ・支援を回していくことで、状況対応的に諸アクター間の必要性を埋め合わせするエージェントとして利益を稼いでいるのである。このように異なる人びとのあいだを仲介しながら利益を稼ぐマチンガには、つねに両義的なイメージが付与されている。

バランス感覚とウジャンジャ

この両義的存在としてのマチンガの実践を理解するうえで重要なことはふたつある。第一に、マチンガがこれらの古着の配分、価格操作、利益の調節などを、あくまでその場その場の駆け引きにおけるウジャンジャの発動にゆだねていることである。第二に、マチンガは、そのようなウジャンジャの発動に従うことで、「全体がうまくいっている」と捉えていることである。

まず、第一のウジャンジャが発動される地点を考えるうえで、社会学者の荻野が提示した「零度の社会」は示唆的である。荻野は、マルセル・モースが、贈与に着目して社会理論を展開したように、詐欺に着目して社会を成り立たせている原理を追究している。荻野によると、零度の社会とは、「社会の余白であるが、むしろ社会の本源的世界」であり、「友情と敵意、詐欺と贈与が明白に分かれていない。詐欺への作為と贈与への意思は未分化で、どちらにも転びうるし、ある状況が詐欺のようにも、贈与のようにも見えるときさえある。この詐欺であるか純粋な贈与であるか判別さえつかない原初的な世界」［荻野　2005：7］である。この零度の社会には、権力や特定の地位に関心をもたず、ただただ他者を自己に同調させることにのみ心を砕く純粋詐欺師が棲む。

商交渉の場におけるマチンガも、まさに目の前の他者をみずからの魅力や言動にウジャンジャを駆使して惹きこもうとする純粋詐欺師のようなものであろう。彼らは、周囲の者たちから憎めない、面白いと許されている癖を技化するなどして、交渉術に活かす。第五章で説明したように、マチンガにとって、騙しと「かすめとる」との違いは、後者の場合には最終的に「オレが客〔や中間卸売商〕から奪ったのではなく、客〔や中間卸売商〕がオレにくれたんだ」と、働きかけた自分と働きかけられた相手との主客が逆転するところにある。

さらに興味深いことは、マチンガはこのようなその場その場のウジャンジャの発揮により、商売の帳尻が合わせられる、うまく商売が回っている、さらに人びとのあいだで分かちあいが実現されている、あるいは自分たちが分かちあいを実現していると主張していることである。彼らが「リジキを分けあう」と語るときには、少なくとも有限の資源や空間を分かちあう何らかの全体性が想像されている。マチンガにとって、ウジャンジャな行為がたんなる騙しや商売戦術など以上の価値をもつのは、彼らにとってそれが社会的全体性に位置づけられ、ある種の「公共的」な意味をなしているからであろう。

ただし、リジキを分けあう人びとの境界や分けあうべきリジキの内容は非常にあいまいであり、彼ら自身からもある種のバランス感覚としてしか説明されない。たとえば、「今日は儲かったから、この客からの利益は諦める」という感覚、「たんなる取引相手でも親友でもなく、仲間という感じで認めあい、許しあう」という感覚。こうした感覚を駆け引きにおいて「わかる」ことがウジャンジャの駆使にとって重要であった。このバランス感覚にあるのは、超越的な視座に立って理知的・思弁的に思考され志向される普遍的で汎用性のある正義や公正さ、公共性ではなく、自己のおかれた状況や身体性、その時どきの感情に応じた、あくまでも個人的な適切さや公正さがその場その場で発動する感覚である。

マチンガにとって、他者とリジキをどう分けあうかは、目の前の他者の顔色や態度から窺える「彼ら」の状況に対する共感だけでなく、いま自分は幸運つづきで楽しい気分なのか、災難つづきでどん底の気分なのかという、「わたし」の都合や感情によっても――夕方に交渉をもつ中間卸売商の機嫌によっても――異なる。それでも、彼らが、それぞれの人間が個人的なバランス感覚に従って行為することで「うまくいっている」と主張することを理解するためには、マチンガがウジャンジャな自己と他者をどのように認識しているか、彼らのウジャンジャな人間像について踏み込んでいかなければならない。

ウジャンジャな人間像と便宜

マチンガにとってウジャンジャは、都市を生きぬくための狡知であり、「賢さ」よりも「ずる賢さ」を意味することの多い知である。「学問知や観想的な知を脅かし、人心をまどわす危険なものとして追放されることになった」[田辺　2003：35]メティスと同様、第四章で提示したウジャンジャな商売戦術は、客や仲間の心にひそむ驕りや甘え、弱さを刺激し、それによって生まれる隙や錯覚を利用するものであった。しかし重要なことは、マチンガは、生きぬくためなら、ウジャンジャを「何でもあり」とはみなしていなかったことである。ウジャンジャは、たとえ法や慣習的な倫理と一致していなくても、彼らにとっては「ちょうど良い」と思われる範囲において発揮されていたのであった。

この「ちょうど良さ」は一面では、松田の用語でいう「生活の論理」を反映している。主としてケニアの首都ナイロビ市で生活するマラゴリ人の事例から、人類学の多様な問題系に切り込んできた松田は、その論拠として一貫して人びとの「生活の論理（生活の便宜、生活知）」に着目してきた。その集大成ともいえる近著［松田 2009］にも再録された、「必然から便宜へ」［松田 1989］において、松田は、生活環境主義の人間観に依拠しながら、「転倒されない便宜」こそが、日常性に依拠する人類学を構想していくうえで、きわめて重要な視点であると指摘している。人びとは、「説得と納得の言説」――「村は一つ」「親族のしがらみ」など――を範列的なイディオムの束（こじつけの源泉）から便宜的に選びとって生活の場におけるさまざまな問題に対処する。この説得と納得の言説は、「操りの力としての生活知」によって選びとられたものであり、必ずしも意味を解読したり、語り手の属性と対応させる必要のないものである。そして操りの力としての生活知が依拠するのは、生活者の生活の必要や有用性であり、「決して固定化・絶対化され定式化されて、逆に人びとの生活を外から支配することのない、言い換えれば転倒されない知識」［松田 2009：172］であるという。

マチンガにとってのウジャンジャの有用性も、彼らの生活の必要や有用性に限定されているであろう。というよりも、生活の必要や有用性に限定された便宜であるという理由で、彼らはウジャンジャなかすめとりを詐欺や盗みとは異なるものにしている。また同時に、ウジャンジャは、けっして人びとの活動を外側から規定するような、定式化された汎用性のある道徳や合理性にもならない。

荻野は、純粋性を失い、みずからの影響力を浸透させようとする詐欺師を道徳的詐欺師と呼び、純粋詐欺師と比較する。道徳的詐欺師は、みずからが影響力を持ちうる秩序を制定するために、「規範を設定し、受容性を特徴とする純粋な詐欺師の世界に排他性を導き入れる……純粋な詐欺師の持つ一種の自由と公正な態度は失われ、選別的な道徳に基づく正義を貫くことが目指されるようになる」［荻野　2005：58］。そのような道徳的詐欺師は、純粋詐欺師がその同調者とのあいだの距離を無化していこうとするのとは反対に、同調者とのあいだに距離をつくり、それによって彼らを外側から支配しうる秩序を導入する。こうして道徳的詐欺師がつくる秩序は、個別の人びとの生活の必要性を反映するのではなく、それを規定したり、改変したりする力となる。

マチンガがウジャンジャな実践の積みかさねで創りだしている商世界は、人びとの生活を外側から規定する秩序と人びとの生活の論理との隙間に存在している。ウジャンジャな人間像は、状況主義的・便宜主義的な人間像である。そのため、この商世界は、スワヒリ民話に登場するウサギがハイエナだけでなく、お人好しのゾウや愚鈍なヒツジも騙すように、あるいは悪巧みに失敗して痛い目にあってもそれは「報いを受けた」のではなく、たまたま「失敗した」にすぎないように、偶然や便宜、都合に左右される不確実な世界である。しかし同時に、まさにそれゆえに、この世界は、いまの状況、目の前の他者、いまの自分に賭けてみるという可能性と、いま・ここの生活に根差した融通性に満ちている。

たとえば、このような人間観・世界観は、アルバート・ハーシュマンのポシビリズムにも通底している。ハーシュマンの研究の意義を論じた矢野は、ハーシュマンの「ポシビリズム possibilism」をつぎのように説明する。それは、「不確実性・未決定性のなかに可能性を見出し、不確実な世界における人間の主体的活動の方途を模索しようとする」［矢野　2004：68］ことであり、「複雑な事態の予見可能性を求めすぎることが権威主義の温床であり、不確実性を受容していくことが多様性の持続に向け、全体主義的な、あるいは権威主義的な手法に代わりうる政策・戦略を提示」［矢野　2004：70］できるとすることである。このポシビリズムは、不確実性を前提にし、それだからこそ働きかけをやめない人間観に貫かれている。それは、あらゆる可能性に身を開き、いま可能な実践を繰り返す「賭け＝逃げ」の姿勢［近藤　2009］や「思慮深き機会主義」［Johnson-Hanks 2005］が切り開く、ひとつの地平ではないだろうか。

「近代世界において場所をもたない」［Brown 2006: 5］とされるマチンガが、タンザニアで――そして多くのアフリカ諸都市において――増殖している理由は、たんに彼らが資金や技能をもたず、それ以外の選択肢をもたないためではない。また彼らが路上に留まりつづける理由は、都市権力や現行の社会経済制度に不服従の精神をもっているためだけでもない。自由主義経済の論理に従えば、マチンガのような人びとは容易に排除されるか、安価な労働力として組み込まれる。しかしマチンガは、不安定ながらも自律的な活動領域を認められ、それを維持しつづけている。たった一枚しかジーンズを仕入れないマチンガに対して一般消費者よりも安く販売する商店主、その時どきの状況によって値段が変化するマチンガとの交渉を定価販売よりも好む消費者、マチンガを匿ってくれるその他の都市雑業層、「頭のやわらかい」警官。そこには、それぞれはそれぞれの方法で生きぬいているのだという承認のうえに、自身にとっても利点となるような関係を築いていく人びとの特有のつながり方がある。

マチンガはともに働く仲間を見つけ、協働をつうじてゆるやかなルールを創りだし、助けあい、時に巧みな連携プレーを演じることで、匿名の異質な他者が流動的に行きかう都市世界の不確実性、個々の商売に付随する不確実性を減らすように動いている。しかし彼らは一方で都市世界の流動性や匿名性それ自体を、関係の軋轢や取引の行き詰まりを打破するために活用し、ゆるやかに共有されているルールを徹底することなく、自己と他者の行為を開かれたままにすることで、個々の商売実践に付随する不確実性をたしかにみずから再生産しているのだ。

近代的な組織化であっても何らかの価値にもとづく共同体であっても、互いの関係を安定的なものにして、個々の行為に付随する不確実性を減少させていこうとする試みであることには変わりがない――そのめざす方向は正反対だとしても――。しかしマチンガたちは、そうした安定性や確実性を確立し、強固なものにしていこうとする方向には向かわない。そのような制度化や規律化あるいは安定化を追求していく方向とは異なる回路で、ともに生きる人びとがその日を生きぬいていけるようなしくみ――商世界――を築いているのである。その回路とは、打算的で感情的である目の前の他者に、同じく打算的であり感情的である、いまの自分の可能性を賭けてみることを、そのリスクとともに引き受けるという方向にほかならないのではないだろうか。この人間相互のかかわりあいに賭けつづける人びとが、都市世界の不確実性、自己の過剰性、他者の異質性、それら自体を生きぬくための資源とし、活用していくことで成立している商世界を、ここではウジャンジャ・エコノミーと名づけたのである。

おわりに——賭けることの豊かさをめぐって

キース・ハートは、ルーマンらと執筆した近年の論集において、一九七〇年代におこなった調査を回顧して、ガーナのフラフラ移民のスラム経済を「まるで創っては壊され、また創られることの繰り返しのようにみえた」[Hart 2000: 177] と述懐している。彼の目的は、「この創っては壊される」経済にみられるルールや規則性を明らかにすることであった。

マチンガの調査をはじめる際にわたしが考えていたことも、ハートと同じくマチンガの商慣行のしくみや制度、社会関係の特徴を描きだし、そこから、彼らの商世界にみられるルールや規則性を示すことだった。ところが、彼らの商売に深く埋没するにつれて、わたしの関心は正反対の方向に向かっていった。わたしはしだいに、彼らの商売のルールや規則性ではなく、なぜこれほど場当たり的なことが多いのか、なぜこれほどさまざまなことがいい加減なのかという、いわば無条件でもよいという条件に関心をもつようになったのだ。

マチンガとともに商売をしていると、わたしはつねにどこまでみずからの行為、感情、生をその場の人間相互のかかわりあいにゆだねることができるのかを試されているような感覚にとらわれた。あってないような値段、住所も本名もよく知らない相手とのたんなる口約束による掛け売り、「ダメでもともと」の頻繁なたかり、明日いなくなるかもしれない仲間、まったくあてにならない警察……。このような不透明な世界で、何を買うにも交渉しなければならないこと。裏切られてもつぎの可能性に賭け、結局また同じことを繰り返すしかないこと。これらは、定価販売に慣れ、契約書に慣れ、義務や権利を主張するのに慣れ、安定した関係を維持していくことを理想としてきたわたしには、とてつもなく面倒に思えることも多かった。

しかし一方で、私的な困難の訴えに応じて値段が変わること、担保や契約書がなくても売ってもらえること、自分より経済力のある商人と対等に渡りあえること、仕事や友人関係をいつでもやめたり再開したりできること、マチンガが——月並みな表現だが——生き生きと商売をしていること、そこには、経済が人間の相互依存のうちに成立していることを覆い隠し、人間相互のかかわりを客体化・制度化していく過程で、みないふりができるようになった豊かさがあった。この豊かさは、たとえば、現行の資本主義システムを批判するために人びとの道徳や慣習にもとづく異なった経済のしくみを提示すること、あるいは個人の自由や自律性を尊重するのか、それとも社会や共同体からの規制を重んじるのかを迫るような議論からは、みえてこないものではないかと考える。

アルフィ・コーンは、人間行動理論の研究にもとづき、人間社会の基本的な原理にみえる競争も、外発的な動機づけとなるとされてきた報酬も、人間（社会）を動かすうえで必ずしも効果的ではないことを論じた［コーン 1994（1986）, 2001（1993）］。同じく制度や明確な評価基準、深いコミットメントや忠誠心、信頼、自由、創造性といった数々の価値は本当にどれほど重要で普遍的な価値をもっているのか、これらの価値は、どれほど都合に応じて変更したり、無視したりしてもよいものか。このような価値の正体は、いったいなにものなのか。

アナーキスト人類学者のグレーバーは、ヘラクレイトス的伝統に立って、価値を「ある行為が何らかのより大きな社会的全体性——想像的なものであれ——に取り込まれることで、行為者にとって意味をなす、そのなされ方である」［Graeber 2001: 2］と定義する。王の権威とは、彼の追随者が彼を王として扱う行為がつくりだしているものであり、追随者が王として扱うような行為をやめれば、王の権威は存在しない。このように、あらゆる制度、道徳、価値とは、人びとの行為が何らかのかたちでより大きな全体性に取り込まれることで、反照的に行為者にとって意味をなしているものである。それは、価値とは継続することでパターン化しているようにみえる（複数形の）行為であると捉える見方である。マチンガの世界の豊かさは、彼らがこの地平に立って、絶対性や必然性に便宜を対置していると捉えることでみえてくるのではないか。それは、普遍的価値に便宜性を対置する際に、わたしたちが陥りやすい「その時どきで合意すればよい」という考え方——自律した個どうしが真剣に互いの価値をぶつけるなかで着地点を見つける――ではなく、自己と他者の境界性が失われるような感覚――引き込まれあう――のなかで、かかわりあう相互の行為自体が意味をなしているものとして、賭けるという地平といえるかもしれない。こうしたことを考えるようになったのは、わたしが中間卸売商と小売商の双方をじっさいに経験し、それぞれの立場において抱いていた多分に乖離した考えを調整する必要性に経験的に迫られたことが大きい。わたしはその経験においてたしかにこのような感覚で「賭け」ていたのだ。

行商人時代のわたしは、中間卸売業は楽な仕事だと考えていた。足を棒にして稼がなくてはならない小売商に対して、商品を配った後は、露店や路肩でお喋りに興じているだけの中間卸売商に対して反感を覚えたりもした。だから、仲間の小売商が売り上げをごまかすたびに、心のなかで喝采した。わたしは当時、小売商が「助けてもらった」ではなく、知恵を働かせて「かすめとってやった！／勝ちとった！／してやった！」と思いながら、最低限の生計を維持していくことができる点――贈与される側が大きな負債を感じずに人格的な贈与交換の関係を続けていける点――において、マリ・カウリ取引を評価していた。

ある日、ブクワに言われた。「サヤカ、君はいつまで行商をする気だ。君はタンザニアに行商をしに来たのか」。中間卸売商になったわたしは、この商売のあまりの難しさに愕然とした。わたしはひそかに他の中間卸売商よりもうまくやれると思っていたのだ。七人の小売商に逃げられた。親切にしても冷たくしても売り上げをごまかす小売商への怒りで眠れず、「つぎにああ言ったら、こう言ってやる」と一晩中、翌日の駆け引きをシミュレートした。ときには、わたしは彼らよりもはるかに金持ちなのになんて器の小さな人間なのかと一晩中、自己嫌悪にさいなまれた。しかし夜中に何を考えていても、ちっとも思いどおりにならなかった。いざ小売商を目の前にし、何だか悲しげな顔だったり、いかにも開き直った顔だったりするのを見つめながら交渉しているうちに、自分がどうしたいのか、わからなくなってしまうのだ。結局、わたしは、その時どきの交渉の場面までは何も考えないようになり、それまでよりもずっと楽になったと同時に、ずっとうまくやれるようになった。

「ワボンゴは、あまりに考えることが多いので」「すべての悩みごとを考えていると頭がおかしくなりそうなので」と彼らはよく指摘するが、その場その時を切り抜けるウジャンジャを駆使できることとは、その場その時になるまで考えないでおくことも可能にするのだ。

このような態度は、近藤［2009］が指摘するような「フラックス」状況を生きる人びとの「賭け＝逃げ」の姿勢といえるかもしれない。しかし、この「賭け＝逃げ」の態度は、諦めや惰性とはおよそ正反対の地点に立脚しているし、その時どきで折り合いをつけていけばよいという態度とも少し異なる。それはおそらく、自分をふくめた人間と世の中の移り変わりに対する興味や愛情や信頼に立脚し、それに問題となっている価値を投企できるかどうかを判断していくという態度ではないだろうか。

本書で描いてきたマチンガの商世界は、都市で生活する若者たち——いなせな若者たち——の世界である。二三歳で行商をはじめてから一〇年あまり、わたしは同年代の男の子たちに囲まれて、たくさんの夢を語りあって過ごしてきた。近藤も述べるように、賭けとは、基本的に若者の生のありようだ。また、アフリカの都市的世界がその人口構成率——ムワンザ市の場合、三〇歳未満の者が人口の七割、四〇歳未満に引き上げると九割を占める——からみて若者の世界ならば、アフリカの場合、賭けとは都市的な生のありようである。知り合った頃には無鉄砲だったマチンガの多くに賢い妻と子どもができ、かなわぬ夢ばかりを語りあっているわけにはいかなくなったのかもしれない。友人たちのなかに、「もうウジャンジャ、ウジャンジャな都市の暮らしには疲れてしまった」とこぼす者が増えた。

ムワンザ市のマチンガの商世界が、いったいどれくらい他のアフリカの人びとの現実にも当てはまるのか、彼らの故郷や農村には当てはまらないことなのか、年齢を重ねていくと当てはまらなくなるものなのか、裕福な人びとにはまったく縁のない世界なのか、それはこれから時間をかけて明らかにしていくべき課題である。また商慣行の分析に偏重させてしまったこの小著だけでは、マチンガの商世界すら十分に明らかにしたとはいえないだろう。

だがその一方でわたしは、本書で焦点を当てた、マチンガの商世界を生みだしている人間・社会関係とウジャンジャな諸実践は、わたしたちの社会の見えない大部分を動かしている原動力かもしれないと思っている。マチンガとはかなり異なる現実を生きているわたしたちも、ときにウジャンジャを駆使している。たとえば、「友だちを怒らせた」「嘘がばれた」といった日常的な窮地において、逃げるのか、謝るのか、逆切れするのか、笑ってごまかすのかという判断を迫られることがある。わたしたちの日常生活も、人生を賭けた究極の選択や生きるか死ぬかの大問題でないにしろピンチの連続だ。しかし窮地に陥ったとき、悩んだからといって論理的な結論が導きだせるとは限らないし、悩んでいる時間すらないかもしれない。「とにかく今この窮地を切り抜けなければならない」。そのようなとき、わたしたちもたしかにウジャンジャを駆使している。ただ、わたしたちの多くは、ウジャンジャを駆使する自己と他者に否定的だったり、反省的であったりすることで、なるべくウジャンジャに頼らなくてもよいような状況をつくろう——社会関係や制度、ルール、規範を築こう——と努力する。そのように考えるとき、本書で提示したウジャンジャ・エコノミーは、さまざまなしくみや制度のもとで見ないふりをしている、そこかしこにも発見しうるアナザー・ワールドではないかと思えるのだ。

注

序章　マチンガと都市を生きぬくための狡知

〈1〉ほかに、マチンガが首都ダルエスサラーム市で増加しはじめた当初、この業種にタンザニア南部のリンディ・ムトゥワラ州を故地とするエスニック・グループ、ムチンガ（*mchinga*）が多かったことから、ムチンガを語源とする説がある［cf. Liviga and Mekacha 1998; May 2002］。

〈2〉アフリカ諸国の経済活動において、親族や同郷者をはじめとする縁者との関係性が大きな問題となっていることを指摘する研究は、ほぼアフリカ全域において存在する［ex. Olomi 1999; Rutashobya 1999; Tokuori 2006; Waters 2000］。

〈3〉ハートは、ガーナ都市で成功したフラフラ移民に対する、彼らの血縁・地縁者たちの見方には、対極的なふたつがあると指摘した。ひとつは、成功の結果が、努力、禁欲、進取の気性など肯定的な評価に結びつけられ、成功者は彼らにとって公共財を高める変革者として評価される［cf. Barth 1963; 1967］。もうひとつは、成功が、モラルの欠如、利己的欲望、他者の搾取など否定的な評価に結びつけられるものであり、その場合、成功者は彼らにとって社会悪を象徴する人物となる［Hart 1975: 3］。

〈4〉ヴァン・ドンへは、この地域固有の文化論理の別の発現形態として、クリフォード・ギアツのバザール経済論［C. Geertz, H. Geertz and Rosen 1979］や農業のインボリューション論［Geertz 1963］を参照している。しかし、彼が記述したルグル商人の人間像は、フォスターの「限られた幸福のイメージ」［Foster 1965］やルイスの『貧困の文化』［2003（1959）］において描かれているような、妬みや敵意によって成功者を脅かし、不信感や猜疑心を募らせていく人間像に類似している。

〈5〉ショレンセンは、アフリカ都市経済活動における一般的な信頼の欠如、断片化された非持続的な交易関係の蔓延についてヴァン・ドンへの意見に賛同しつつも、零細商売におけるすべての不確実性を商人たちの社会的構築物に還元するヴァン・ドンへの議論は極端であると批判している［Sørensen 2000, 2001］。

〈6〉これは、たとえば、「あなたは、家族や親しい友人と毎日値段交渉したいか」と問いかけるとわかりやすい。

〈7〉ここでショレンセンが述べている「よそ者」とは、必ずしも異民族や異郷人を指すのではなく、ヴァン・ドンへが述べたような、縁者であることを理由にして道徳的義務を突きつけてくるような人びと以外のすべての人びとを指す。

〈8〉サーリンズは、互酬性とはあらゆる種類の交換形態の連続体であり、互酬性の両極間の距離とは社会的距離にほかならないと考え、互酬性を「一般的互酬性」「均衡的互酬性」「否定的互酬性」に類型化した。一般的互酬性は、即時の見返りを求めない愛他主義的な互換活動であり、主として親族や親しい友人とのあいだで展開する。均衡的互酬性は、直接的で等価の交換であり、婚姻関係や和平協定、贈与交換、バーター交易など、一般的な他者との合意にもとづく関係において展開する。否定的互酬性は、損失なしに何かを得ようとする試みであり、さまざまな横領の形態、純粋に功利主義的な利益をめざし、よそ者や敵とのあいだで展開する［サーリンズ 1984(1976)］。

〈9〉商人＝よそ者論は、古くからみられる。たとえば、ジンメルは「異教徒についての捕捉」において、「経済の全歴史をつうじて異教徒はいたるところにおいて商人としてあらわれるか、あるいは商人は異教徒としてあらわれる」と指摘する［1994a: 286］。またポランニーも同様の指摘をしている［1980a(1977): 168-173］。さらに商人＝よそ者は、史実としてだけでなく、商人イメージにもとづいても生産されている。たとえば、ポスピシルは、「交易者は、つねにペテン師である。これゆえに地域内の交易には難色が示されるが、これに対して部族間の交易は商人に利潤だけでなく威信までも与えるのである」と述べる［Pospisil 1958: 127］。

〈10〉ただし、ショレンセンは、メイズ商人が、道徳的な義務を突きつけるかもしれない人びととの取引をいかにして回避するのか、「信頼の鎖」がどのように機能しているのか、友人という「再埋め込み化（再人格化）」にともなう親密さをいかにして回避しているのか、などについては具体的に述べていない。この点において、野元［2005］の研究は明快である。彼女は、パリーとブロックの『貨幣と交換のモラリティ』の議論を援用して、カメルーンの商売の民バミレケが創造的な貨幣の回し方（コンバージェンス）により、個人の欲求を充たす「短期サイクル」と社会秩序や道徳を再生産するための「長期サイクル」とを接合し、同郷者とつながりつつもうまく距離をとっていることを、整合的に説明した。ただし、この議論の整合性は、春日［2007: 17］が指摘するように、バミレケ商人を「資本主義のハビトゥス」を身につけた経済人として、一貫して描くことによる。

〈11〉「状況選択」とは、マンチェスター学派の都市人類学者たちが提示したモデルを基礎とした考え方である。一九四〇年代の植民地政府の常識では、「都市化された農村人・部族民は真の都市的生活様式やパーソナリティを獲得するまでは、農村人でありつづけ、脱部族化しないとみなされてきた。と同時に都市化されれば必ず次第に農村性・部族性を喪失する」とみなされていた［前山 2003: 143］。この仮説は、「社会関係と価値のふたつのシステムが存在しており、人びとは一方を犠牲にして他方にコミットするという考え方であった」［Werbner 1984: 161］。言うまでもなく、この考え方こそインフォーマルセクターや零細企業家研究の多くが少なからず前提としている単線的発展論である。これに対して、グラックマンは、「都市では坑夫としてふるまうが、農村では部族民としてふるまう」［Gluckman 1961: 69］というように、人びとは空間的な移動にともなってふるまいや規範、関係規定のあり方を変化させると論じた。エプスタインとミッチェルはこれをさらに推し進め、アフリカの都市生活者が都市においても部族的な行動様式や関係性と都市的な行動様式や関係性とを状況選択的に使い分けているという視点、すなわち状況選択モデルを提示した［Epstein 1969; Mitchell 1956, 1969; ミッチェル 1983 (1969)］。つまり、アフリカの都市民は、都市民として産業システムや政治システムに適合し、場合によっては部族主義や部族的行動様式にも適合できる人びとであることが、ときに分析者の多大な驚嘆とともに示されたのである。

〈12〉しばしば当該社会で卓越した商人グループが、それ以外の人びとから敵対的な感情をもたれたり、政治経済的に不安定な情勢になるとスケープゴートにされることがある。東アフリカ諸国では、インド・パキスタン系商人や中国系商人の事例によく当てはまるだろう。この場合、商人の関係内部にはコンフリクトはないが、商人とその外部においてコンフリクトを引き起こす可能性がある。

〈13〉グラックマンは、ズル社会において構造が維持されるメカニズムを、「叛乱 rebellion」と「革命 revolution」との区別から説明した。王子は叛乱を起こして王を倒し、王位を継承しようとするが、王権自体は何の変更もなされないまま存続する。グラックマンはこのように社会構造を維持するための叛乱を、社会構造に矛盾が生じてうまく機能しなくなり、葛藤が生じて社会変化が引き起こされる革命とは異なるものであると論じた［Gluckman 1940; cf. 前山 2003: 94-95］。

〈14〉松田による批判の整理とそれに対する反論はつぎのとおりである。批判は、第一に抵抗という視点によって支配の基本的な枠組みが神秘化されてしまう点、第二に、支配される側の多様性を消去して、抵抗する側を一枚岩の民衆として表象してしまう点、第三に、何が抵抗で何が抵抗ではないのかが曖昧な点。それに対する反論は、日常的抵抗論者は、①日常的抵抗のロマン化やファンタジー化の危険性を意識し［cf. Abu-Lughod 1990］、弱者の主体性や創造性が構造的敗者の主体性と創造性であることを確認しながらやってきたこと、②支配権力にすすんで協調・受容する人びとや物理的抵抗運動を組織する人びとなど、支配される人びとの示す多様な反応の過程に抵抗の可能性と限界を探ってきたこと、③そして抵抗概念を曖昧なものにとどめておくほうが、日常的抵抗の可能性を開いておくことができ、それゆえにその実践を行為者の意図にかかわりなく抵抗として定位できるというものである［松田 1999: 7-11］。

〈15〉途上国の人びととの生活を人的資本、社会関係資本、物的資本、自然資本、金融資本など多面的に把握・分析し、援助プロジェクトの立案・実施に用いる分析手法である［cf. Chambers and Conway 1992］。

〈16〉わたしが調査地のムワンザ市の小学校に通う少女に見せてもらった教科書には、「ムジャンジャなウサギとゾウ」という物語が載っていた。この物語については、宮本が『ウサギのかしこい商売』というタイトルで翻訳出版している［1983］。その教訓は「独立独歩の精神」と「知恵は身を助ける」である。鶴田［Tsuruta 2006］は、別の物語が教科書に載っていることを紹介している。

〈17〉トリックスターの民話には、小川が指摘するように「実際に日常世界に持ち込まれれば、ただちに犯罪を構成する」［小川　1985：62］ような、殺人や残虐行為の数々を描いたものもある。

〈18〉零細商業部門は、事業性が高い小規模製造業［cf. Bagachwa 1981, 1983, 1993］に比べて、タンザニアの貿易政策や食糧問題にかかわる農産物流通［cf. Bryceson 1993; Cordon and deGrave 1988］などを除き、研究が圧倒的に少ない。

第一章　ムワンザ市の古着商人と調査方法

〈1〉このアフリカ最大の湖は、現地の人びとには「ニャンザ湖 *Ziwa Nyanza*」と呼ばれており、ムワンザという名称は「ングワニャンザ *Ngw'anyanza*（＝ニャンザ湖のはじまった場所）」という名前の漁村を、アラブ系商人とヨーロッパ人探検家が誤って発音したことに由来する［NBS and Mwanza 2003：iv］。

〈2〉イギリスの人類学者サウゾール［Southall 1961］によるアフリカ諸都市の分類に従えば、ムワンザ市は植民地期以前にすでに一定の社会経済的な機能を備えて存在していたAタイプの都市というよりも植民地期に整備・建設されたBタイプの都市に近い。しかし、植民地化される以前から市や港としての機能は備えていたと思われるし、ハイブリッド化が進む現在ではこうした分類がすでに意味をなさないようになっているとする批判的な見解を提示する議論もある［cf. 松田　1996：59; 野元　2005：27］。

〈3〉たとえば、ムワンザ市はカゲラ州からのバナナやコーヒー、マラ州からの漁獲物をダルエスサラーム市へ輸送する中継地として機能している。

〈4〉ムワンザ市の行政資料では、イレメラ県とニャマガナ県を合わせた区域を「ムワンザ市」と定義しているが、国の国勢調査ではこの地域には「混合地域 mix」と「農村部 rural」もふくまれている。この問題はあるが、本書ではムワンザ市によるその他の統計データとの整合性をもたせるために、地理的区分を採用し、イレメラ県とニャマガナ県はすべて「都市部 urban」として扱う。

〈5〉ただしムワンザ市のような地方都市は、安定したペースで労働人口が増加してきたわけではない。一九六七〜七八年のあいだに急激な人口増加を経験したムワンザ市の人口増加率は、一九七八〜八八年には、ムワンザ州やタンザニア本土部の人口増加率を下回るようになった。この要因は一九七〇年代末から一九八〇年代半ばにかけての経済危機の時期に、国営・準国営企業の経営が悪化したことと、急激なインフレーションにともない都市部における実質賃金が低下したためである。一九八六年に経済自由化された後には、新たなビジネス機会を求めて地方から流入してくる出稼ぎ民人口が増加した。その結果、一九八八〜二〇〇二年には急激な人口増加がみられた。

〈6〉古着のなかには一度も着用されていないアウトレット店の売れ残り品も含まれるが、本書ではすべて「古着」として扱う。

〈7〉ダルエスサラーム港からムワンザ市への輸送ルートは、おもに両市を結ぶ主要幹線道路が利用される。この幹線道路は二〇〇五年ごろまでは一部未舗装であり、それ以前は通行が困難となる雨季にはケニアのナイロビ市を経由する北回りルートが利用されていた。また陸路での輸送には鉄道も重要であった。しかし二〇〇五年に両市を結ぶ主要幹線道路が舗装されたため、現在では雨季においてもトラック輸送が一般的になった。ケニアのモンバサ港に陸揚げされた古着は、ナイロビ経由で陸路で運ばれたり、ケニアのビクトリア湖沿岸の都市キスムまで輸送された後、ビクトリア湖を縦断して船舶でムワンザ南港に運ばれる。

〈8〉ただし、ひとりの小売商が複数の販売形態を兼ねている場合や、時期によって販売形態を変更する場合がある。

〈9〉二〇〇一年から二〇〇二年の調査時においては、ムワンザ市では九つの定期市が開かれていた。またムワンザ市を基点とする主要幹線道路沿いに定期市が立ち並び、それらの定期市からさらに近隣の漁村に向かう道路沿いに、小さな市が数多く開かれていた。

〈10〉一人のライフヒストリー調査に費やした時間は、平均三時間である。わたしは、話し手が立ち去った後に、調査助手であるロバートとブクワの力を借りて、三人で語られた内容を思い出しながらノートに起こしていた。本書で、「」を用いたり段落を替えたりして直接引用する印象的な言葉やエピソード、語り口については、語られたままのかたちで、スワヒリ語で記録していた。聞き洩らしたり、不確かだったり、他の商人の話と整合しない項目（年号や属性、出来事、取引関係など）は、別の機会にふたたび雑談をして聞きだしていた。

第二章　マチンガの商世界

〈1〉『インフォーマルセクター調査』では、ISはつぎの五点で定義されている。第一に、民間部門であること。第二に、農業は都市部でおこなわれる場合に限定し、自家消費用ではなく現金稼得活動としておこなわれていること。第三に、五人以下の被雇用者しかもたないこと。第四に、以上三つの条件を満たす場合、市場や仮設店舗、道路、オープン・スペースで操業する事業をふくむこと。第五に、特定の専門的な知識や高度な技能を必要とする事業（たとえば、医者や法律家）以外であること［PC and MLYD 1991: 1］。

〈2〉つづいて製造業二二%、農業・漁業一〇%、建築業七%、サービス業六%、輸送業三%、鉱業・採石業一%であった。またさらに詳しい職種別割合をみると、露店商がその他の職種を引き離してもっとも多く、つぎに路上野菜行商人、その他商品を扱う路上商人とつづいた。

〈3〉ただし行商人については女性のほうが少ない。ルガラは、女性の行商人は、行商人全体の四割程度に留まることを指摘し、その理由としてふたつの点を挙げている。

第一に、大半のタンザニア人の両親は、男性に誘惑され、婚姻外の妊娠をするかもしれないという恐れから、娘が路上をぶらぶらすることに否定的である。第二に女性は、家事育児をおこなう／手伝っているために、自宅から遠く離れた場所で商売をするよりも自宅付近で商売をすることが多く、また街中で商売をする場合でもすぐに家族や親族、保護者が見つけやすい一カ所で商売をおこなうことが多い［Lugalla 1995a: 132-133］。

〈4〉　これはＩＳ従事者の特色というよりもタンザニア全体の傾向を反映したものといえるかもしれない。タンザニアでは一九九五年から教育改革がすすみ、中等教育学校への進学率が上がっているが、二〇〇〇／〇一年の『労働力調査』においても、タンザニアの労働人口（サンプルとした三六六〇世帯における一〇歳以上の人口が対象）において、無学が二〇・八％、初等教育中退二九・六％、初等教育修了四三・三％で九三・七％を占めていた［NBS 2002: 14］。

〈5〉　たとえばハートは、ＩＳ従事者が所得源の多様化を好む傾向は、極端な不確実性の状況下にあった小農の伝統的なリスク回避の戦術に起源をもつと論じている。人びとがフォーマルな賃金雇用を望む場合には、所得の規模ではなく、安定的に収益を得られることの信頼性にもとづいて志向されている。これが正規の仕事をもちながら、インフォーマルなビジネスを副業としておこなう要因であると説明している［Hart 1973］。

〈6〉　輸入される古着の大半は洗濯されていないが、通常はそのまま消費者に販売される。洗濯屋とは、汚れがあまりにひどい古着だけを一枚、二枚、他の商人から集めて洗濯することで、小銭を稼ぐことを指す。また露店でほかの小物の販売をすると、小銭や小さな額の紙幣がたまる。両替屋とは、そんな小銭や紙幣を大きな額のものにまとめたり、客におつりとして渡す小銭や紙幣がないときに大きな紙幣を崩し、手間賃として五〇シリングをとる商売である。また女性の古着商人は、市場においてスナックの販売を兼ねていた。

〈7〉　バス・タクシー・小型トラック業とは、バスやタクシー、小型トラックを購入して運転手やコンダクター（車掌）を雇い、毎日決まった額の売り上げを届けさせるという業態である。

〈8〉　タンザニアの多くのエスニック・グループの慣習では、現在でも男性は女性の父親に婚資を支払わないと正式に結婚したことにならないが、マチンガの大半は、この婚資を支払っておらず、支払っていても分割払いの途中だったりした。また都市部のＩＳ従事者のなかには、妻や子どもを故郷に残して出稼ぎに来ている人びとも多く、その場合、妻は、日常的な生計については夫からの不定期な送金に頼らずに農業や牧畜で維持していることも多いので、都市部の既婚男性が必ずしもみずから家族を扶養していることを意味しない。

〈9〉　たとえば、ルガラは、都市雑業層（ＩＳ従事者）を「最貧困層 the ultra poor」と「貧困層 the poor」に区分し、ＦＳ従事者を「中所得者層」、上級公務員や準国営企業の管理職員などの「高所得者層」、国外との交易をおこなうアジア系商人で寡占される「ビジネスクラス」に分類した。マチンガはこのうち「最貧困層」に位置づけられている［Lugalla 1995b: 33-38］。またリヴィガとメカチャは、マチンガによる出稼ぎは自主的なものではないと論じている。彼らは、マチンガたちにとって出稼ぎは、一九六〇年代から八〇年代をとおして政府がおこなってきた都市偏重の開発政策に起因する、故郷における困難な経済状況（農業の失敗、代替的な非農業の就労機会の不足など）によって引き起こされた問題であるとする。また彼らは農村―都市のマチンガの移動は、移出地域と移入地域双方において否定的なインパクトをもたらしたことを論じる［Liviga and Mekacha 1998］。

〈10〉　日野［1987］は、スワヒリ人をタンザニア海岸部のスワヒリ文化を身につけた人びとであると定義し、スワヒリ人の特徴として（一）アフロ・アジア的混血民、（二）イスラーム、（三）都市性、（四）スワヒリ的生活様式、（五）スワヒリ語の五つを挙げている。ムワンザ市の人びともタンザニア海岸部の人びとや、日野が調査した内陸のスワヒリ都市ウジジのあるキゴマ州出身者を指してスワヒリ人と呼ぶこともあるが、たんに「都市居住者」という意味でも使う。

〈11〉　この貸し部屋の見つけ方にはふたとおりの方法がある。ひとつは個人経営の不動産業者に部屋代一カ月分程度の報酬を支払って条件に合う貸し部屋を見つけてもらう方法であり、もうひとつは友人や知人からの空き部屋情報をもとに部屋を探す方法である。賃貸契約は、一般的には四カ月から一二カ月分の賃貸料を前払いし、大家と賃借人が一人の証人を交えて契約書にサインすることで成立する。

〈12〉　たとえば、電気のない部屋に住んでいる未婚のマチンガ、ドゥーラが所有していた家財道具は、ベッドマット一つ、小さな棚一つ、小型ラジオ一台、椅子二つ、コンロ一つ、たらい一つに納まる食器類とバケツ二つに、旅行鞄一つに詰められる衣類と雑貨である。妻と二人の子どもをもつブクワでも、ダブルベッド一つ、ベッドマット一つ、衣装ダンス一つ、テーブル一つ、ソファ一つ、コンロ二つ、たらい二つに収まる食器類とバケツ三つに、旅行鞄三つに詰められる衣類と雑貨であり、荷車二台で引っ越しできた。

〈13〉　電気がない部屋に住んでいる若者の携帯電話は、頻繁に電池切れになっているし、電波が入らない場所も多い。携帯電話は都市のコソ泥やスリの最大の標的であるため、よく盗まれもする。

〈14〉　たとえば、キリマンジャロ州を故地とするチャガ人は「教育熱心で商売に秀でているが、ンドゥグ・ナイゼーション（*ndugunization*）［「身内化」という意味のスラング］をしたがり、閉鎖的だ」、カゲラ州を故地とするハヤ人は「学者や役人を輩出するエリートだが、高慢で嫉妬深い」、ムワンザ州の地元民スクマ人は「不動産業や畜産業への投資が好きで、大食いで見栄っ張りだが臆病だ」、マラ州一帯のエスニック・グループは「警官や軍事関係に数多く参入し、好戦的で頑固だ」、キゴマ州を故地とするハ人は「仲介業や斡旋業が好きで、ゴシップを垂れ流して歩くスワヒリ人だ」など。

〈15〉 たとえば、ロバートの取引先の中間卸売商のンガイザーはハヤ人だが、若くしてたくさんの小売商を抱える中間卸売商になりあがったことから、周囲の人びとから、商才に長けた民族とされるチャガ人の首長「マンギ」と呼ばれている。ほかに、アラブ人のように色白で鼻筋の通ったアルーシャ人が、なぜかザンジバル島出身の「ムザンジバル」と名乗っていたり、「怒りっぽく頑固だ」という理由で「好戦的な民族」のイメージをもつ「クリア」と呼ばれている商人（じつは正反対のイメージを持つルグル人）がいたりする。

〈16〉 ロバートは、大きなホテルを経営するオジの娘の結婚式に参加したときには、「スクマ人の多くが不動産業で成功しているのは、スクマ人は伝統的に何千頭もの牛に投資してきたので財を増やす術に長けているからだ。父も二軒の家を残してくれた。自分はスクマ人に生まれたことを誇りに思う」という主旨の発言をした。ンガイザーは、結婚相手は絶対にハヤの女性がよいと主張して故郷カゲラ州に嫁探しに出かけた。その理由を尋ねたときに、彼はハヤの女性と他のエスニック・グループの女性との食生活や葬儀の執りおこない方、男性への敬意の払い方といった慣習的な知識や態度の違いを指摘した。

〈17〉 特定のエスニシティや地域において一般的な名前を両親や名づけ親が子どもに与えたものを指す。

〈18〉 ブクワは一度もモスクに行ったことはないし、そもそもイスラームの正装であるカンズも帽子も何も持っていない。イスラームの戒律もほとんど守っていない。

〈19〉 ただしブクワは、お洒落としてドレッド・ヘアをしているので、ラス・タファリアンではない。ラス・タファリズムの戒律で禁止されている肉やアルコールを摂取している。

〈20〉 キリスト教の宗派であり、土曜日に礼拝をするほか、食物禁忌などの戒律がある。ムワンザ市では、比較的人口の多い宗派である。

〈21〉 ただし、路上商人や行商人は違法の活動形態なので、あまり本名を不用意に名乗りたがらないという傾向はある。レスリーは、植民地期後期の首座都市ダルエスサラーム市において人びとがしばしば税金を回避するためにいくつかの名前を使って当局からの追跡を困難にしたと報告している［Leslie 1963：58, 60, 250］。同じことは現在の路上商人たちにも当てはまると推測される。

〈22〉 ラス・タファリアンの独特の教義や生活様式には、ドレッド・ロックスやナイヤビンギ（nyhabinghi）音楽と呼ばれる儀礼音楽のほかに、違法のマリファナの喫煙もふくまれている。そのため、しばしばラス・タファリアンは警察に拘束されるが、刑務所に収監されると髪を切られることが多い。タンザニアのラス・タファリアン運動については石井［1998］を参照。

〈1〉　もし木曜日の時点で梱を仕入れるための仕入れ代金を回収できなかった場合、木曜日には仕入れ個数を減らす。そして月曜日に仕入れた梱の売れ残りで通常グレードCにまわす古着を木曜日に仕入れた梱のグレードBの古着に混ぜて販売し、翌週にはふたたび月曜日と同じ個数を仕入れられるように努力する。

〈2〉　ムワンザ市の地方定期市巡回商は、基本的には幹線道路沿いの比較的大規模な定期市を巡回し、さらに奥地の小規模な定期市への巡回は小規模定期市周辺の農漁村の小商人が担う。ムワンザ市の地方定期市巡回商デオおよびラザキの売り上げから試算したところ、約七割の売り上げは農漁村の小商人への販売から得られたものであり、一般消費者からの利益をはるかに上回った。地方定期市巡回商は、中間卸売商への支払い代金を確保し、一定の売り上げを得たのちには小商人に一律価格で投げ売りする。この行為は（一）中間卸売商がすべての古着を売り切った小売商には報奨金を与える場合があること、（二）ある程度の古着を売り切った残りの古着は破れや色落ちの激しい傷物であるため、これらの古着を高く販売することに拘泥すると時間がかかり、定期市を巡回するための宿泊費や交通費によって利益を食いつぶす可能性が高いこと、（三）小商人との長期的な取引関係を創出するために効果的であることを踏まえた判断がなされている。

〈3〉　ただしひとりの小売商が幾とおりもの経緯を語って複数回答となっている場合もある。

〈4〉　もっとも安価な食事を提供する惣菜売りママ・ンティリエ（*mama ntilie*）で朝食二〇〇シリング、昼食兼夕食六〇〇シリング、自宅から市内中心部までのバス代往復三〇〇シリング、一カ月の家賃四〇〇〇シリングを三〇日で割った約一三〇シリング、ムワンザ市内の学校に通っている弟のバス代往復一五〇シリングと昼食代二〇〇シリングの合計である。

〈5〉　借金は、小売商が（一）あまりに頻繁に生活補助を要求したり、明らかに「商売を真面目にやらなかった」「売り上げを飲み代に消費した」ことなどがばれて、中間卸売商に生活補助を断られた場合の苦肉の策であるか、あるいは（二）病気や事故、親族の葬式など緊急にまとまった費用が必要な場合に申し込まれるものである。しかし借金といっても、正式な借用証書を交わすことはないし、明確な期日を設けたり、利息を取ることもない。たいていの場合は、「大きな儲けが得られた日に返す」あるいは「儲かった日に少しずつ返す」という口約束のもとでお金を借り、その後にいつの間にか帳消しになっているようなものである。

〈6〉　このほかにも互いの関係に年齢差がある場合には、オジやオバなどと呼ばれる。また義理の兄弟姉妹といった姻戚呼称で表すこともよく観察される。疑似親族関係については、アフリカ諸都市を対象とした研究で広く報告されている［ex. 鈴木　2000; 松田　1996; Jacobson 1973; Parkin 1969; Rames 1998］。

〈7〉 掛谷は、タンザニアのトングウェ社会とザンビアのベンバ社会の調査から、自然と共存するアフリカの農村社会では、生存に必要な量を超えるような生産をおこなわない「最少生計努力」と、ねたみや呪術の怖れにもとづく「平準化機構」が働いていることを論じた［掛谷 1994, 1996］。アフリカ社会における富の再分配の議論では、こうした妬みや呪術による規制がしばしば論じられてきた。

〈8〉 ひとりの小売商が複数の中間卸売商と取引している場合もあるため、件数としては二〇七件になった。

〈9〉 タンザニアではエスニシティ間の対立感情がまったくみられないというわけではないが、タンザニアが周辺諸国と比べて独立以降、民族対立を生み出すような大規模な紛争や暴動をほとんど経験しないで比較的安定した政治体制を築いてきたことは一般的に承認されている事実である。

〈10〉 仲間意識の醸成には、ほかにレイムスが指摘しているような「ストリート・スワヒリ語 *Kiswahili cha mitaani*」による差異化も重要である［Rames 1998］。マチンガはスラングを多用しながら消費者との交渉をおこなう。スラングが使いこなせないと、ムジャンジャではない「田舎者」とみなされる。

〈11〉 そのほかの戦略として中間卸売商の恋愛を取りもつ、住居探しに付きあうなどの恩を売る行為が観察された。

〈12〉 小田は、公共圏や市民社会の対立物として共同体を論じる研究を批判した論考において、ふたつの共同体を提示している。ひとつは、「多様な関係が開かれつつ濃淡をもって関わり合い、かつ職人気質というべき規制を内に含みこんでいる」職人的公共性ともいえる共同体である。もうひとつは、序章で取り上げた鈴木のストリートボーイの「身体技法やスラングなどのコード転換によって諸関係を接合し、閉じていながら開かれている」共同体である［小田 2004］。こうした共同体の概念であれば、マチンガの仲間関係もそのようなもののひとつだということができるだろう。

第四章　ウジャンジャ

〈1〉 ニャワヤは二〇〇四年当時、三〇歳でマラ州の農村出身のジータ、セブンスデイ・アドベンチスト教会信徒であった。ニャワヤは、一九九二年に親戚を頼って中等学校に通うためにムワンザ市にやってきた。しかしその一カ月後に父親が母親を離縁したため、入学を諦めて、母親と妹をムワンザ市に呼び寄せ、扶養することになった。彼はマコロボーイ・ストリートの中間卸売商に「手伝いの少年」として雇われ、しばらくしてインド人にバスのコンダクターとして雇われた。しかしバスの故障をめぐりインド人の雇用者と喧嘩したために仕事をやめて、一九九六年に古着の中間卸売商アモスからマリ・カウリ取引で商品を渡され、行商をするようになった。数カ月後に資本を得たので、露店を開くようになった。九八年からは現金で婦人服を販売するようになり、二〇〇二年に梱を開き、小売商にマリ・カウリ取引で卸すようになった。しかし、すぐに小売商二人に持ち逃げされ、資本を失った。ニャワヤは少ない情報を頼りにシニャンガ州カハマ県まで小売商を探しに行ったが持ち逃げした小売商を捕まえられず、交通費などの支出によって資本を完全に失った。ニャワヤは現在、中間卸売商ガブリエルからマリ・カウリ取引をしてもらって露店販売をつづけ、資本がたまると梱を開き、失うと小売商に戻ることを繰り返している。

〈2〉 アブドゥルは二〇〇四年当時三一歳の男性でマラ州の漁村出身でエスニシティはルーリ、イスラーム教徒である（事例3-2の中間卸売商アブドゥルとは別人）。彼は小さな頃に、漁師をしていた両親がムワンザ市のキルンバ地区に家を建て、移り住んだ。一九九七年に彼は、中等学校を中退して、マラ州のムソマ市で長距離トラックのタウンボーイとして雇われた。九八年にムワンザ市に来て同郷の友人に教えられて古着商売をはじめ、しばらくして露店を借り、ジーンズの梱を開くようになった。二〇〇〇年に開いた梱が悪かったせいで資本を失い、現在では、現金で古着（婦人服）を仕入れる小売商になっている。

〈3〉 たとえば、調査助手のブクワは「あいつのポーズをみろよ。本当に笑わせてくれるぜ」という表現を、友人が背広を着て結婚式に参加したが、背中からシャツがはみ出ていることに気がつかず、ハレの日の御馳走に夢中になっている様子を指して使った。この若者がそれを意図的にやっているようには思えなかった。

〈4〉 わたしは別の定期市において、農村商人への聞き取り調査を実施していた。農村商人のなかには良い商品を買いつけるために、早朝五時から何十キロも離れた村から徒歩や自転車で幹線道路沿いの定期市に来ている者が多数いた。

〈5〉 事例4-2は、この定期市にはじめて出かけた日だったので、その他の定期市商人の取り扱い品目や価格の調査で、ラザキの一枚一枚の販売記録をつけなかった。

〈6〉 この役割の演技は状況対応的ではあるが、菅野［2003］が批判しているような「状況主義的人間観」――「人間は状況に応じて期待される役割を演じるだけの存在であり、その人自身の個性や主体性など存在しない」と「人間は単なる役割の束であり、人間とは語源通り、仮面の集合体である」――を意味しているわけではないことに注意しておきたい。

〈7〉 ド・セルトーは、『日常的実践のポイエティーク』において、戦略と戦術をつぎのように区別している。戦略とは、主体が周囲の環境から身を引き離し、独立を保ってはじめて可能になるような力関係の計算のことを指す。それに対して戦術とは、自分のもの（固有のもの）をもたないことを特徴とする、計算された行動のことである［ド・セルトー 1987（1980）］。

〈8〉 ここで「比較的少ない」「比較的多い」という曖昧な言い方をしたのは、ウジャンジャであるとはあまり語られない戦略とウジャンジャであると頻繁に語られる戦術とは、まったく異なる種類のものというよりも連続線上に位置づけられるものであるためである。またウジャンジャとみなすか否かの基準は、それを評価する人間によっても、その行為をおこなった場面や状況によっても異なるためである。

〈9〉この図の右側の川を渡った先を、図の三倍ほどの距離を進むと、その突き当たりに正門がある。市場はフェンスで囲まれており、フェンスに沿ってコンクリート建ての店舗（高さ二メートル×幅四メートル×奥行き四メートル）が立ち並んでいる。

〈10〉基本的に正門や露店区画の入口（小道の交差点）に近い場所にある露店ほど、集客しやすい。

〈11〉XLやXXLサイズの女性は都市部の富裕層に数多くいるが、XXXLや4XLとなると少数になる。

第五章　仲間のあいだで稼ぐ

〈1〉この対話は、ロバートとの行商中に彼と客との交渉のやり取りをスワヒリ語でメモしたものを起こしたものである。

〈2〉「ブク」というスラングは、かつて紙幣（ノート）が一〇〇〇シリング札だけであった頃に、「ノート」から「ノートブック」が発想され、「ブック」が縮まって生まれた。すべての紙幣とコインにスラングがある。たとえば、一〇〇シリング（*mia*）は、スラングでは「ダラ *dala*（＝一ドル）」、五〇〇シリング（*mia tano*）は、「ジェロ *jero*（パジェロ・ミニが由来）」、五〇〇〇シリング（*elf tano*）は「カーキ *kaki*（紙幣がカーキ色なので）」、一万シリング（*elf kumi*）は、「ムシンバージ *msimbaji*（紙幣の色が赤→サッカーチームのユニホームが赤なのは、シンバ）」など。

〈3〉親族名称の利用をつうじた取引関係の形成については、たとえばハイチのプラティクと呼ばれる交易関係［Mintz 1961, 1964］やモロッコのバザールにおける取引関係［Geertz, C., H. Geertz and Rosen 1979］、フィリピンの取引関係スキ［Davis 1973; Szanton 1972］などを参照。ただしアフリカ都市社会においては、疑似親族関係はごく一般的に用いられているため、さして大きな意味合いがない場合もある。

〈4〉ラス・ドゥーラは、二六歳の男性でマラ州の出身である。ロバートの従弟のリッチと中等学校で同じクラスの友人だったことでロバートと知りあった。ロバートの紹介により、二〇〇二年よりンガイザーとマリ・カウリ取引をはじめ、古着を販売しはじめた。二〇〇二年にムワンザ市に出稼ぎにくる以前は農業をしており、わたしが出逢ったときはまだ商売をはじめたばかりであった。「ゆっくり、でも確実に slow but sure」が口癖のドゥーラは、話すのも歩くのも何から何までのんびりしており、非常にせっかちなロバートと行商するといつも何メートルも後方に置いていかれた。

〈5〉ジョージ・アカロフの「レモン（アメリカの俗語で隠された故障のある中古車を指す）」とは、売り手と買い手の情報の非対称性が存在する市場における不確実性とそれに起因する不信によって隠された故障のある中古自動車販売が促進されるメカニズムを明らかにしたものである。古着も購入後、一度の洗濯で色落ちしてしまったり、小さなほつれがあったりといったことがよくある。また前述したように、古着商人たちは色落ちしている古着を染めたり、小さなほつれを値段やメーカーのシールを貼ったりしてごまかしたり、問題がある古着についてその問題に触れずに夕闇に紛れて売ってしまうなどの行為をするので、一般的に消費者には古着に対する不信感がある。

〈6〉これは一種の職業上の感情規則といえるかもしれない。ホックシールドは、飛行機の客室乗務員がいかに客に対する感情の管理を要求されるかについて論じる。そこには「表層の演技（行動の統御のみで仕事と割り切る）」と「深層の演技（感情規則に即した行為に自身の感情も同一化させる）」の両方があるが、どちらも深い病をもたらすことを議論する［ホックシールド 2000（1983）］。しかしマチンガの場合は、ホックシールドが対象とするような感情が制度化や商品化されている状況にはない。

〈7〉スワヒリ民話の世界において、ウジャンジャを備えた象徴的な動物ウサギと対比されるのは、「力は強いが頭の悪いハイエナ」や「心優しいが動きの鈍いゾウ」である。

〈8〉「人間は本質的に嘘つきである」ことを前提に、「他者に対する嘘」と「自己に対する嘘（自己欺瞞）」を分析した精神医学者のフォードは、病的な嘘つきとは巧妙な嘘つきになれなかった人間であり、病的な嘘つきのつく嘘は自己中心的であり、自分の欲求を他人に満たしてもらううえで必要とされる相互交渉に熟達するだけの明敏さを持ち合わせていないと述べている。それに対して巧妙な嘘つきは、他人の心を共感的に読みとり、自分の欲求を満足させながら、より親密な関係を作り出すようなかたちで嘘を利用する嘘つきである［フォード 2002（1996）：346］。もちろんここで、ウジャンジャとは後者の嘘を指している。

〈9〉このような気づかれることを前提とし、気づかれた場合にユーモアや悲哀に変化するという点が、ジェームズ・スコットが『弱者の武器』［Scott 1985］において描いた「慎重な抵抗」や「舞台裏でのイデオロギー操作」での実践とウジャンジャが大きく異なる点である。またウジャンジャは、ゴッフマンが一連の著作［ゴッフマン、1974（1959），1980（1963），1985（1961），2001（1963），2002（1967）］で描いたような役割期待の過剰性を内包するが、ウジャンジャな戦術はその過剰性を活かしてつくられる。

〈10〉その理由には「真実を自分の意識から隠せば、他者からはいっそう巧妙に隠しおおせる」［スミス 2006（2004）：105］という「自己欺瞞のうえに展開される嘘」のメリットを指摘できる。

〈11〉*TT*とは、「チケット、チケット Ticket Ticket」と呼びかけながら、チケットの所持を確認して回る車掌から転じた「詮索好き」を意味するスラングである。

〈12〉このような主客の逆転については、田中による「誘惑モデル」が参考になる。田中は、「誘惑とは、なによりも誘惑者（主体）の能動的なはたらきかけであるが、この能動性が究極的に求めているのは、誘惑される側の能動性である」として、誘惑が能動的であると同時に受動的であることを論じる［田中　2009：283-285］。

〈13〉具体的には、「あいつは最近ボス気取り（*kibosi bosi*）だったから／あいつは調子に乗りすぎた」ので「自業自得だ」などと表現される。

〈14〉たいていの場合、「あいつは調子に乗りすぎた」「あいつはまだまだ田舎者だ」という表現が前置きされる。

〈15〉また、スタイルは身体の変化に応じても変化させる必要がある。たとえば、故郷からムワンザ市へと出てきたばかりで、田舎者らしい純朴な身体をもっているドゥーラも、都市生活をつづけていけば、しだいに都会風の洗練された身のこなしを身につけてしまう。すると「鈍くさい一生懸命な若者」を演じることは難しくなる。

第六章　「ネズミの道」から「連携の道」へ

〈1〉植民地期の奴隷交易や布教活動にともなう古着の流入と受容については、ザンビアを事例としたハンセンの詳細な記述を参照［Hansen　2000：24-76］。

〈2〉ホーキンズによると、独立前後の一九六〇〜六一年においてレイク州（現在のムワンザ州・シニャンガ州・ムソマ州に相当する）ムワンザ県において輸入業者・卸売業者の営業許可を取得した者にアフリカ系商人は一人もふくまれておらず、輸入品小売業者にも営業許可をもつアフリカ系商人はいなかった［Hawkins 1965：161］。

〈3〉アジア系商人のなかには政府や党の内部に後援者をもつことで規制を回避しながら営業した者もいた［Tripp 1997：94-95］。

〈4〉経済危機の内的要因としては、（一）外国人から経済の実権を奪取するという政治的衝動によって創られた膨大な数の公社・公団・準国営企業・公営店が、つぎつぎと機能不全に陥ったこと［TGNP 2004：165］、（二）流通システムの再編が、輸出用作物から自給用作物へと切り替える農業生産者の増加を招き、国は外貨不足に陥ったこと、（三）国の基幹産業である農業を犠牲にして設立された準国営工場では、原材料となる農産物を確保できず、外貨不足のためにスペア部品を購入することもできず、事実上の操業停止状態に追い込まれていったこと［cf. Coulson 1982：192, 272-288；Lugalla 1997：433］がある。これに加えて、ケニアとウガンダとともに形成していた東アフリカ共同体の解体（一九七七年）や、第二次オイルショックによる石油価格の高騰（一九七九〜八〇年）、ウガンダとの戦争（一九七八〜七九年）、干ばつ（一九七三〜七四年、一九八四年）などの外的要因が、危機を増幅させた［Gibbon 1995：10］。

〈5〉政府の外貨備蓄は、準国営企業への原材料やスペア部品の供給とインフラ整備にふりわけられ、一九六七年に全輸入品の三六％を占めていた消費財は、一九七七年にはわずか一九％にまで減少した［Coulson 1982：192］。深刻な物資窮乏によって、人びとは食用油や砂糖、衣類などの生活必需品にさえ事欠くようになっていった。一九八〇年頃には、公営店の棚には、ほとんど商品が並んでいなかった。聞き取りによれば、ムワンザ市の人びとは「サンダルひとつ購入するのに、何カ月も入荷を待たなければならなかった」「仕事などそっちのけで、動物ではなく人間に見えるよう最低限必要なものを手に入れるために、公営店に長い列をつくった」と語った。

〈6〉ルワンダは一九八三年には、アフリカ最大の古着輸入国（世界第五位）になった［Hansen 2000］。ケニアやウガンダからも密輸入はされていたが、ケニアの場合はタンザニアのマラ州シラーリ県との国境付近に開かれていた市場からのより小規模な密輸が主流だった。ウガンダとの密輸交易は貿易自由化直前の一九八五年頃に盛んになり、主な交易品は新品の靴や化粧品だったという。

〈7〉とくにナショナル製のラジオ（「ムニィンガ *mnyinga*」と呼ばれた）や金メッキの大ぶりの派手な時計（「ディスコ *disuko*」や「ムティマ *mtima*」と呼ばれた）の需要が高かったという。

〈8〉一九七〇年代に離れることになった商人と必ずしも同じ人物ではない。

〈9〉ワフングリシャージとは、「開かせる *kufungulisha*」という動詞に人を示す *wa* と *ji* を加えた業界用語である。

〈10〉タンザニアで放送されていたラジオ番組の現代スワヒリ語講座では、クペレンバ *kupelemba* の語源は、（一）雄鶏が交尾をする雌鶏を探して羽をばたつかせている様子、（二）ボクサーがつぎの攻撃を繰り出そうと足踏みをしている様子などを表し、クペレンバは「何らかのターゲットを探してうろついたり、あたりを見回したりする」を意味する動詞だと説明されていた。この「クペレンバ」に複数人称詞の接頭辞「ワ *wa*」と接尾辞「ジ *ji*」を加えて「ワペレンバージ *wapelembaji*」になった。

〈11〉ワピガ・トップの由来はわからない。

〈12〉ただしそれぞれの仕入れ形態は厳密ではなく、ワペレンバージとワフングリシャージのふたつの仕入れ形態を兼ねていた商人もいた。

〈13〉ワフングリシャージはそのほかの小売商よりも若干大きな資本（平均すると二万五〇〇〇シリング）をもっていたが、大きな資本をもっていてもワペレンバージをしていた小売商もいた。

〈14〉ただし当時の小売商たちは、それぞれの仕入れ方法をその時どきによって変化させていた。また毎日は古着を仕入れない小売商もいた。

〈15〉ワピガ・トップは一定程度の古着を仕入れないとその日の生活費を稼ぐことはできないので、仕入れを見送ることは難しく、あまりよくない条件でも古着を購入せざるをえない。その日のオークションでの仕入れを完全に見送る小売商はほとんどいなかったという。

〈16〉ただし全員ではなく、二〇〇二年においてもごく一部の中間卸売商はインド・パキスタン系卸売商と信用取引をおこなっていた。現在においてインド・パキスタン系卸売商の多くは息子世代に引き継がれていたり、店主が替わってしまっているので、当時のインド・パキスタン系卸売商がなぜ信用取引を拒むようになったのかを窺い知ることはできないが、インド・パキスタン系卸売商の現在のアフリカ系商人への対応をみると、彼らが不確実な信用取引よりも現金で取引したほうが確実だと判断したことは容易に推測できる。

〈17〉古着の輸入量についての統計資料は一九九五年以降しかないため、一九九〇年代初頭の輸入量の増減についてはわからないが、複数の商人の見解を総合すると、安価な中国・東南アジア製の新品衣料品の輸入量が増加する二〇〇〇年頃まで古着の輸入量は増加傾向にあったと思われる。

〈18〉東アフリカにおけるインド・パキスタン系商人に関する研究は、インド・パキスタン系商人の閉鎖性や、商業・製造業部門におけるインド・パキスタン系商人の優越性に起因する、アフリカ系商人とインド・パキスタン系商人のあいだの対立感情に焦点をあててきた［ex. Bharati 1972; Ghai and Ghai 1965; Shack and Skinner 1979］。ショレンセンは、「第三世界における交易とコンフリクト」［Buchholt and Mai 1994］の議論を念頭において、アフリカ系商人による「インド人」表象について、つぎのような見解を示した。アフリカ系商人は、インド・パキスタン系商人がヒンドゥー教やイスラーム、スィク教など多様な宗教をもち、民族や国籍、カーストも異なる場合があることを認識していた。それにもかかわらず、アフリカ系商人はインド・パキスタン系商人を一枚岩的な「インド人」として表象した。アフリカ系商人は、アラブ系商人などに対してとは異なり、多様なインド・パキスタン系商人を「よそ者」として一般化、他者化することをつうじて、反照的にみずからの共同意識をも醸成する結果となっていた。しかし、ショレンセンは、この「インド人」表象について、インド・パキスタン系商人自身が望んだ戦略ではないかという見解を示した。つまり、彼は、インド・パキスタン系商人が「よそ者」としてアフリカ社会の道徳的要請から距離をおき、市場交換の論理に則った利益拡大をするために、このアフリカ系商人による「インド人」表象を、逆に維持・活用していたと考えたのである［Sørensen 2000］。

〈19〉二〇〇〇年頃から導入されたが、ほとんど無視されていた。

〈20〉古着の梱にはランクがあり、最上位のランクは中米や南米に、中位ランクは東南アジアに、最低ランクがアフリカ諸国に輸出されている。欧米のリサイクル会社によって分類は異なるが、アフリカ諸国用の梱はさらにランクA〜Cに下位区分されており、タンザニアの卸売商はこのうち「アフリカ用古着のランクC（最低ランク）」を輸入している［Hansen 2002］。

第七章　商慣行の変化にみる自律性と対等性

〈1〉ダルエスサラーム市の倉庫においてコンテナに詰められて輸入された古着を梱包したり、古着の梱を再梱包する際に、枚数を減らしているという噂が流れていたが、ダルエスサラーム市での古着卸売商への聞き取り調査では否定されたため、真偽はわからない。

〈2〉この計画は一九九三年に立案されたマスタープランに沿うものであり、一九九七年三月一四日に国土省(Ministry of Land)によって権限を与えられたものである。この計画以外にも、この実行に関して、ムワンザ市建築法(*Sheria za Ujenzi mjini* CAP101)と、ムワンザ市都市計画(*Sheria za Mipango Miji* CAP378)、土地法(*Sheria ya ardhi* No. 4 1999)が関係している[Mzawa, November 29, 2003]。

〈3〉たしかに二〇〇三年以降、小売商は一部の大規模中間卸売商による親族以外の小売商との取引拒否、および零細中間卸売商の経営悪化を原因として、取引相手の中間卸売商を見つけることが困難になった。しかし彼らもひとたび中間卸売商から十分な生活補助が得られないとわかると、中間卸売商に見切りをつけて現金取引に転換したうえに、資本を失ってふたたびマリ・カウリ取引に戻ってきた。そのため、小売商がマリ・カウリ取引を拒否する中間卸売商を非難するわけではないと考えられる。

〈4〉「*kuma na kupuliza*」は、直訳すると「噛む *kuma*」と「息を吹きかける *kupuliza*」であるが、この言葉は、ネズミが人の足をくすぐるように息を吹きかけながら噛むように、「おだてたり、なだめすかしたりしながら相手から何かをかすめ取ること」を意味して古着商人のあいだでよく使われるものである。

〈5〉序論で述べたとおり、サーリンズの互酬性の形態論には、この一般的互酬性と均衡的互酬性のほかに、よそ者や敵とのあいだでおこなわれる否定的互酬性がある。

第八章　弾圧と暴動

〈1〉強制送還のほかにもダルエスサラーム市では検問所を設けて通行許可証の携帯を義務づけたり、ラジオなどで市内には仕事がなく失業者が増えているので、出稼ぎ者は故郷に帰るよう放送した[Lugalla 1995b: 159]。

〈2〉各法令の原語表記は以下のとおりである。Destitute Persons Ordinance; Townships (Removal of Undesirable Persons) Ordinance (Chapter 104) of Laws; Colonial Labor Utilization Ordinance (Chapter 243)。こうした植民地政府の街の統治の理念は、産業革命期のイギリスにおける自営業者の弾圧の歴史を引き継いだものである[Tripp 1997: 140]。植民地期のダルエスサラーム市の統治に関するバートン[Burton 2005]の詳細な記述と、イギリス労働者階級形成史を綿密に描き出したトムスン[2003(1963)]の記述を比較すると多くの点で非常に似通った統治理念や自営業者に対する認識が発見される。

〈3〉ただし一九七〇年代はそれほど政府による取り締まりは徹底していなかった。このキャンペーンは、首座都市ダルエスサラーム市のみで実施され、都市人口の二%の一万一〇〇〇人が失業層として拘束されたが、故郷に送還された人びとは一五〇人だけであった[Kironde 2001: 54]。

〈4〉物資窮乏が深刻化するにつれて、限られた消費財や食料品は、政府が設定した価格よりも高い価格を支払うことができた人びとに流れていくことになった。闇市場での商品価格は高騰をつづけ、都市居住者は公定価格のじつに五倍から八倍の価格で穀物を購入しなければならなかった［Ndulu 1988: 9; Ndulu et al. 1988: 11, 17］。

〈5〉その他の理由として、このキャンペーンに多くの機関（労働・社会福祉省、地方政府、与党ＣＣＭ、各都市の市議会、国家人的資本再配置委員会）がかかわり、指揮系統が混乱していたことや、人口圧による土地不足が起きていた一部の農村地域では都市移住者の故郷への帰還を歓迎しなかったうえ、プランテーション農園に送られた「失業者」の一部は農業の知識を備えていなかったことなどが挙げられる［Kerner 1988: 43］。

〈6〉その後、地方政府の税収入源となったものである。この税金は一九六八年に廃止されたが、一九八二年には地方政府の財源確保のために復活していた［Kulaba 1989; Tripp 1997: 157］。

〈7〉小林は、首座都市ダルエスサラームのＩＳ従事者によって組織されたビビンド・ソサエティに関する報告をおこなっている。小林によるとビビンド・ソサエティは一九九八年には、ＩＳ従事者の約二％にあたる二五六の加盟団体、一万五〇〇〇人を超える組合員をもつ大組織に発展し、強制移動・撤去などの際に当局と交渉する団体として機能しているという。小林は、非組織的・非制度的であることが特徴とされてきたＩＳが、一九九〇年代以降の政府によるより巧妙な統制に対応するために、「非組織的な抵抗」に加えて組織化という新たな戦術をとりこんで自己変革を遂げつつあると指摘している［小林 1999: 18-19］。

〈8〉ムワンザ市当局の見解については、わたしは、路上商人一掃計画の実質的な指揮官（*Afisa wa Sheria*）、都市計画担当官、市場管轄担当官に対して、二〇〇六年八月に数回に分けて聞き取りをおこなった。そこで得られたムワンザ市当局の対路上商人政策は、つぎのようにまとめられる。市当局は、旧市内中心部にはフォーマルセクターの卸売店舗と小売店舗を増設した。新興の都心として発展させる予定の地域には、市場を建設した。今後、その地域と旧市内中心部間の物流を生み出すために、路上商人をその地域に再配置する計画がある。またこの路上商人の再配置は、路上商人にフォーマル化や組織化の道を開くことで、都市の貧困問題や衛生問題、交通問題を解決することも目的としている。こうした市当局の対路上商人政策は、一九九五年以降の政府によるインフォーマルセクター振興策の骨子に沿った試みである。

〈9〉マチンガのあいだでは、キクウェテ大統領がダルエスサラーム市最大の商業地区カリアコーに護衛もなしに突然現れ、行商人の少年からピーナッツを購入して少年を驚かせた逸話や、かつては、「ならず者 *mhuni/wahuni*」とレッテルを貼られたラッパーを選挙キャンペーン中に登用し、政党スローガン「新たな風、新たな力、新たな精神」をラップさせた逸話［cf. Suriano 2007: 212］などが話題になった。

〈10〉この嘆願書には、マチンガの希望する公設市場の場所として一九九〇年代初頭から二〇〇一年まで定期市が開かれていた市内商業地区のサハラ（Sahara）や、市内商業地区に位置するムクユニ地区行きのバス停であるミロンゴ（Mirongo）、ムカニャネ（Mkanyane）などの具体的な場所が指定されていた。また聞き取り調査によると、マチンガは、マチンガ数百名の署名を集め、嘆願書をマコロボーイ・ストリートに訪れた行政官に直接手渡した。

〈11〉市営マイクロファイナンスは、（一）連帯保証人となる三人以上のメンバーで構成されるグループであること、（二）三〇万シリングを上限とすること、（三）六カ月後に三〇％の利子をつけて返済することの三つを条件に融資を提供している。行政官はその大半の借り手が小規模な食堂や仕立て店、美容院などを経営する女性たちであり、男性のマチンガの利用は少ないことを指摘した。その理由として、（一）女性はもともと互助講をしているためにグループ形成が容易であること、（二）女性は移動性が低く、信用の不履行が起きにくいことを挙げた。ムワンザ市には非政府・民間のマイクロファイナンスも存在するが、マチンガにはあまり利用されていない。

〈12〉ムガンボとは、市による公募で採用された契約労働者であり、警棒以外の武器の携帯は認められていない。また怪我をしても十分な補償はなされない。ムガンボたちへの聞き取り調査によると、一斉検挙とそれ以降の取り締まりの過程で少なくとも三人のムガンボが、路上商人たちに暴行されて負傷したことを語った。ムガンボはこのような危険な仕事にわずか一二〇〇シリング（約一ドル）という非常に低い日当で従事していた。そのうえ、そのわずかな給与さえ、支払いが滞りがちであったという。ムガンボは雇用主であるムワンザ市を訴えたために、この問題は裁判で争われることになった。

〈13〉具体的には、マチンガは中央政府や市当局による検挙に対してひとたびは暴動や小競りあいを起こして抵抗するが、結局、さらなる強硬手段によって市場に移動させられるか、少なくとも路上から排斥され、その後、警官やムガンボらの監視をかいくぐりながら路上にふたたび舞い戻るというプロセスである。

〈14〉市内商業地区を歩きながら、路上で出会った路上商人たちを呼びとめて、時間があると答えた商人たちにその場で立ち話をした。ただしわたしはムワンザ市の大半の路上商人たちに、古着の行商人や古着市場の露店商としてよく知られているので、彼らが語った内容は同じマチンガ（またはマチンガに好意的な人間）に対するものであった可能性は否定できない。

〈15〉具体的には、「路上には仕入れた商品の一部だけを並べる。警官やムガンボの姿が遠くに見えたら、商品をすばやく鞄に入れて逃げる」「ムガンボが取り締まりをおこなう昼間は郊外で宅配し、ムガンボが仕事を終えて帰宅する夕方四時頃から、市内中心部の路上で商売をおこなう」といった行為。

〈16〉複数回答。対面式の聞き取り調査において、路上商人に公設市場に移動したくない理由を自由回答方式で語ってもらった。そのため、一時間以上もありとあらゆる不満を述べつづけた路上商人もいれば、「だって市場に行くカネがないから」という短い返答もあったが、ひとつの回答のみの者はほとんどいなかった。

〈17〉じっさいには、キロレニ市場もブズルガ市場も、森でも奥地の村でもない。二〇〇二年の国勢調査によると、キロレニ地区は「農・漁村部」に組み入れられているものの一万五六七四人の住民がおり、市内商業地区からシティ・バスで二五分の場所に立地している。ブズルガ市場の立地するニャカトゥ地区などはすでに「都市部」に分類されており、八万二三八一人もの十分な人口を有する［Tanzania National Website］。またブズルガ市場は市内商業地区からシティ・バスで二五分の舗装された幹線道路に面した市場であり、後背地にはすでに上・中流の住宅地をはじめ、インターナショナル・スクールや大型のバス停も建設されている。

〈18〉タンザニアの土地法では国内すべての道路・公園・空き地は、中央政府または地方政府のものとされている。

〈19〉キロレニ市場のみに該当する。ブズルガ市場は舗装道路が開通している。

〈20〉トリップは、経済自由化以降に経済活動のアフリカ化に影響を与えてきた古い政策の多くが破棄されることにともなって、新たな緊張がアジア人の商業グループと新興のアフリカ系商人とのあいだで生成しつつあることを指摘している［Tripp 1997: 94-96］。この指摘はムワンザ市の商業部門においても当てはまる。

〈21〉松田は、都市暴動が無秩序な非合理的な情動によってなされるのではなく、暴動のさなかでも、特異な状況を定義する新たな規範が創出され共有されていることによって、人びとは攻撃対象や攻撃のあり方を冷静に選別・判断することを指摘している［松田　1999: 168-174］。

〈22〉多くの路上商人は、メディア報道で路上商人が商店を襲撃したと報道されたことに対して、つよい憤りを表明した。彼らによると、商店を襲撃したのは路上商人たちの抵抗に便乗した路上生活者や「街のならず者」であり、けっして「われわれ路上商人」ではないという。路上商人のなかには、むしろ「われわれ路上商人は商店の入口に陣取って、馬鹿者たちから商店の商品が盗まれないように防御したのだ」と説明する者さえいた。

〈23〉露店はすべて縦・横・高さ二メートルの立方体で同じ規格であるが、立地条件によって賃貸料は異なる。幹線道路に面していたり、バス停や入口に近い露店のほうが客を捕まえやすいため、入口や道路側に近い露店の所有者は奥の露店の所有者に比べて高い賃貸料を設定する傾向にある。

〈24〉税金を問題にする場合は、支払い能力がないというより役人による不正な税金の使用（「子どもを留学させている」など）や見返りとしてのサービスの低さに対する反感によると思われた。たとえば、古着を扱う路上商人たちは、（一）ムランゴ・ムモジャ古着市場のトイレが壊れたまま放置されていること、（二）（川をまたいで建設された）市場が二〇〇一年に洪水で浸水したときに、商品を失った商人たちに何の補償もなされなかったばかりか、再発防止のために排水設備を整えてほしいと市に訴えても何の対策も講じられないままであることを指摘し、税金の支払いの無意味さを説明した。

〈25〉 基本的には対面式の質問において自己申告してもらったが、営業規模と自己申告された額に大きな隔たりがある場合は追及してたしかめた。

第九章 「あいだ」で生きる

〈1〉 市内商業地区を歩きながら、聞き取りに応じてくれる商店主を探し、雑談をするという形式でおこなった。わたしは商店主にも古着の行商人としてよく知られており、そのせいで商店主が路上商人に比較的好意的な意見を述べた可能性は否定できないが、彼らの詳しい説明内容を聞くと、それほどわたしの立場性にもとづく意見の偏重がみられるようには思われなかった。

〈2〉 「市は市内中心部に路上商人のための市場を建設すべきだ」や「スリや泥棒の問題を解決できるならば、路上に留まってもよい」など路上商人に共感的な回答をした。

〈3〉 「スーツケース・トレーダー」とは一般的には関税などの支払いを回避するために、旅行者を装って販売目的の商品を輸入する密輸の一形態を指す。第六章で説明したように一九七〇年代後半から一九八〇年代前半にかけての物資窮乏の時期においては、このようなかたちでの密輸が隣国とのあいだで盛んにおこなわれていた。しかしながら、経済自由化以降は国内でも十分な量の商品を手に入れることができるため、交通費などの経費がかかる「スーツケース・トレーダー」は、隣国とタンザニアとで価格が著しく異なる一部の商品以外はほとんどみられなくなった。

〈4〉 首座都市ダルエスサラームのカリアコー地区で一週間の短期調査をした結果、何人かのムワンザ市の商人がダルエスサラーム市の小売店から少量の商品を仕入れ、ムワンザ市に運んでいることが確認された。しかしそれらの商人はむしろ小売店経営者に多く、資本規模の小さい路上商人には、親族や友人などの訪問のついでに仕入れをおこなうという形態以外は観察されなかった。

〈5〉 これら多種多様な商品のうち古着はムランゴ・ムモジャ古着市場の中間卸売商から、野菜・穀物類は中央野菜市場の卸売商から仕入れたものであるが、すべての仕入れ先を併記すると煩雑になるので、以下では大きな違いがあるとき以外は、すべて商店主と表記する。

〈6〉 この点については、ダルエスサラーム市でも同じである。スワイと出口は、都市工学の観点からダルエスサラーム市最大の商業エリアであるカリアコー地区を調査し、商店主の五六%の顧客は商人であることを明らかにしている [Swai and Deguchi 2009]。

〈7〉 二〇〇五年一月に東アフリカ関税同盟が再結成されたことにともない、ケニア・ウガンダ・タンザニア三国は一〇年間で徐々に域内関税率を下げていくことに同意した。二〇一〇年三月に、ムワンザ南港の国税局派出所において聞き取り調査をしたところ、すでにケニアとウガンダで生産された商品についての関税率は〇%に引き下げられた。これらの商品において現在、徴収している税金はＶＡＴ一八％のみである。商人はＶＡＴを支払うと登録され、税支払者同定ナンバー（ＴＩＮ）が与えられる。港では、ＶＡＴの半分を徴収する。その後、国税局は六カ月ごとに、ＴＩＮを追跡し、販売記録帳を参考にしながら、残りの税金を徴収することになっている。

〈8〉 商店主と路上商人との取引においては、定価販売されていないために差額がわずかであれば、商店主は差額分の支払いを求めない場合も多い。

〈9〉 スワイと出口は、二〇〇六年にダルエスサラーム市最大の商業エリアであるカリアコー地区で、都市工学の観点から調査をおこなっている。調査した商店主の九〇％は、三人以下の雇用数で、七二％は非親族であった［Swai and Deguchi 2009］。

〈10〉 国家社会保障基金法（The National Social Security Fund Act, 1997）にもとづく民間部門の雇用規定を実質的に監督する機関。

〈11〉 残りの八人の回答は「仕事を選ぶのに給与という基準では考えていない」「給与がいくら高くても雇用されるのは嫌だ」「将来自分自身のためになる技能を身につけられるのなら、いくら安くても構わない」「給与以外の条件によるのでわからない」など。

〈12〉 公務員の最低給与は当時七万五〇〇〇シリングである。

〈13〉 この主張は、低賃金でも被雇用を望むマチンガには親族と同居している被扶養者（一〇代の少年）が多いことを考慮すると、興味深い。

〈14〉 この新品衣料品店主はかつてわたしから商品を仕入れていた古着の小売商に紹介してもらった。許可を得て朝九時頃から夕方六時まで、衣料品店に居座って販売記録をつけた。また表に記載したマチンガたちとは、一緒に衣料品を販売した。

〈15〉 バス停で調査をおこなったのは、新設市場と居住区との距離が、マチンガの移動をめぐる消費者の意見に影響すると予測していたためである。これらのバス停は、市内商業地区から各方面へ向かう路線の結節点となっており、居住区を異にする多様な消費者を捉えるために適当だと考えた。聞き取り対象者の選択には、男女各一〇〇人のほかに年齢層にも偏りがないように気をつけたが、消費者への聞き取り調査は、マチンガや商店主への聞き取りを開始する前の朝七〜九時と、帰宅前の夕方五〜七時頃に偏ってしまった。そのため、結果として街で就業している人びとにやや偏重し、この時間帯に街を出歩かない主婦層および、郊外の学校に通う学生をあまり捕捉できなかったという問題がある。

〈16〉 あるいは貯蓄講をしている女性である。女性たちは貯蓄講（*mchezo*）の金銭を受け取る順番が来たときに、商品代金を支払うことも多い。行商人は固定客の女性たちがいつ貯蓄講で金銭を受け取るかをよく知っており、その日に代金を回収して回る。

〈17〉 特定のマチンガから商品を購入し、別の消費者から同じ商品をそのマチンガからより安く購入したと聞いた消費者のなかには、「騙された」と感じ、「マチンガ＝ムジャンジャ／詐欺師」というイメージをもつ者もいる。

〈18〉 郊外のひと所で販売するならば、定期市のように利幅が少ないが量で稼ぐという「たたき売り」するスタイルになるだろう。このことはなぜ一九九六年に常設化がめざされた郊外の市場が現在において定期市になっているかを示しているように思われる。

〈19〉 たとえば、「ターミネーター」「ロボコップ」「白豚」などがある。これらの渾名は、身体的な特徴や、性格的特徴をもとにマチンガが特定のムガンボや警官に対して名づけるものである。

〈20〉 トリップは、正当な経済活動と不正な経済活動とを区別し、それぞれを「ミラディ *miradi*（＝事業）」と「ミパンゴ *mipango*（もともとの意味は「計画」だが、スラングでは「策略」を意味する）」という言葉を当てて論じる。人びとは、たとえ営業許可料や税金を支払っていなくても、インフォーマルな自営業は「事業」であり「正当な経済活動」であるとみなした。それに対して、フォーマルな仕事の地位を利用してカネ儲けをすることは、「不正な経済活動」である「策略」だとみなしたという［Tripp 1997: 180-184］。ムワンザ市の路上商人たちの「汚職」の定義も基本的には、同じ論理に即している。

〈21〉 マラウィとモザンビークの国境地帯における戦後状況を考察したエングランドは、マラウィ側の農業開発マーケティング機構の従業員たちが、袋からこぼれたわずかな肥料を公定価格より安く販売したり、袋ごと横流ししていることについて、ほとんどのモザンビーク側の村人は、貧しい村人と低賃金の従業員とが「互いに手を貸しあう方法」だとみなしていたことを指摘し、「よい統治 good governance」の反対に「汚職 *katangale*」を位置づけることへの疑義を呈している［Englund 2002: 174-175］。

〈22〉 ルムンバ・ストリートとマコロボーイ・ストリートの路上商人たちは、一九九六年のムランゴ・ムモジャ古着市場への移動後に真っ先に路上に戻ってきた商人たちであり、その後の度重なる一斉検挙においてその他の路上で活動する商人たちが一時的に退去したときにも退去しなかった。それゆえ、これらのストリートは「マチンガの牙城」と呼ばれる。この点について彼らは「自分たちは一九八〇年代後半に最初にマチンガをはじめた開拓者であり、路上商人間のネットワークが緊密であるので、もっとも頑強である」と語った。

あとがき

むかしあるところに仲良しのウサギとゾウがいた。ウサギとゾウはトウモロコシを作ることになったが、ウサギは小さな体であることを理由に、大きな体のゾウに地ならしや種まきを頼んだ。心優しいゾウが種まきを終える頃には、ウサギはすっかり怠け心がついてしまった。ウサギは、なんだかんだと言って、けっきょくゾウに畑の耕作から収穫までたったひとりでやらせてしまった。

収穫したトウモロコシを分ける段階になると、ウサギは「仕事をしなかったから」という理由で、ゾウに一握りのトウモロコシだけを要求した。そして、一握りのトウモロコシをもって自分の運をためす旅にでかけた。ウサギは、得意技の泣きまねをはじめ、いろいろなウジャンジャなトリックをつかって、旅先で出会った動物や人間を巧みに騙し、トウモロコシをつぎつぎと別のモノに交換していった。

旅の途中、ウサギはホロホロ鳥を騙して手に入れた羽をうっかり川に流してしまった。振りだしに戻ったウサギは、川の主から「流れてしまったものはもとには戻らない」と諭される。ウサギは川の主のことばに納得すると、川の水を汲んで旅をつづけ、ふたたび動物や人間を騙し、水を別のモノに交換していった。

ウサギは牛飼いたちをペテンにかけて牛を手に入れようとするが、ここでついにウサギのウジャンジャなやり口がばれてしまう。しかし牛飼いたちは大笑いしてウサギのウジャンジャを認めると、森のめずらしい話を聞かせてくれと頼んだ。ウサギがめずらしい話を聞かせると、牛飼いたちはウサギに返礼としてうつくしい牛をプレゼントした。

ウサギは牛を連れてゾウのもとに帰った。ゾウはウサギが牛を連れてきたことをたいそう喜び、ふたりの友情は深まった。ふたりはいつまでも仲良く暮らした。

これは、東アフリカでもっとも有名なトリックスターの民話のひとつ『ウサギのかしこい商売』——原題は *Sungura Mjanja na Tembo*——の抜粋である。宮本正興編訳では、この民話の教訓は、「知恵は身を助ける」であるとされている［宮本 1983］。しかし、その他の多くの民話と同じように、この民話の教訓や含蓄もひとつではなく、いろいろな読み方を楽しむことができるように思う。たとえば、故郷を出奔した若者が狡知を頼りに旅をし、故郷に錦を飾るという人生について。「投入した労働量にみあう」だけのトウモロコシを元手に、それを必要とする人を求めて移動し、別のモノと交換していく商売の形態について。川の主の「覆水盆に返らず」の言葉について。あるいは、ウサギとゾウのあいだの友情と贈与について。そして、ウジャンジャについて……。

本書は、このウサギのように地方から都市へと出稼ぎにきて、日々頭をつかって生きぬいているマチンガたちの現代版「ウサギのかしこい商売」について、他にもいろいろありえただろう切り口やテーマのなかから、ウジャンジャな商実践に着目して記述・分析したものである。ウジャンジャにこだわりすぎて、十分に扱えなかったことや見えにくくなってしまったことは数多くあるだろう。たとえば、商売を離れたマチンガの日常生活、送金をはじめとする故郷との関係、互助講や貯蓄講をつうじた助けあい、音楽やサッカーといったマチンガが親しんでいる若者文化など、従来の都市人類学が力を注いで検討してきた対象に、本書ではほとんど触れることはできなかった。また、ウジャンジャに着目したことで、彼らとわたしとの力関係をはじめとし、マチンガがおかれた不条理な世界のしくみや彼らの周縁的な立場にきちんと向き合うことのないまま、いくぶん楽観的に彼らの生を表象してしまったきらいがあるかもしれない。それでも、わたしがウジャンジャに拘泥してきたのは、それによりマチンガの何とも表現しがたい魅力の一端を、示すことができると考えたためである。

ウジャンジャは、「もうダメかもしれない」という窮地においても、どこかにある抜け道を探しもとめよう、チャンスをつかみ取ろう、何としてもこの場を切り抜け、やりくりしようとする生命力を宿している。都市を生きぬいている自分たちを、ときに自嘲気味に、ときに誇らしげに「ワボンゴ（＝頭を使っている人びと）」と呼ぶような、軽やかな心を。いままさにウジャンジャが発動したと感じとることができるのは、この軽やかな生命力においてである。たとえば、交渉中に何かを思いついた小売商の目がキラリと光る瞬間。すました顔で「たかり」をやり過ごしていた中間卸売商の口元がニヤリと持ち上がる瞬間。警官を発見し、荷物をひっつかんで逃げる真剣な横顔にどこか楽しげな笑みが浮かぶ瞬間。消費者に商品を売りつけて振り返った行商人の茶目っけたっぷりな顔……。わたしは、このような彼らの表情や態度にみられる軽やかな生命力に、心底、魅了されてしまったのだ。

マチンガの日々のミクロな商実践、生計実践を、西洋近代の設計主義的合理主義にもとづく世界構想のあり方とは異なるウジャンジャ・エコノミー、アナザー・ワールドを駆動するものとして位置づけた本書は、マチンガにとって少しでも意味をなすものになったであろうか。

本書に登場した何人かはすでに亡くなってしまった。わたしに古着をマリ・カウリ取引で販売してくれた中間卸売商のンガイザーも、二〇〇五年に病気のため他界した。ほかにも親切に商売を教えてくれた何人かの先人は、とても悲しいことに、もうこの世では再会することができない。また、古着商売をやめてしまっていたり、他の都市へ移出してしまったり、故郷に帰ってしまったりして、ゆくえがわからない人びとも多い。少年カチャーチャは、ある日、わたしがラザキに貸していたCDウォークマンを「手土産」にどこかへ行ってしまった。彼を可愛がっていたラザキも最近では、トラックを転がしているらしい。参入退出の激しい零細商売の世界は、新たな出会いと同時に別れの連続でもある。だけど最近、わたしは、別れをまたふたたび出会う楽しみとして考えるようにしている。

二〇一〇年三月、わたしは、市場で偶然にジュリアスに再会した。「泣き虫」ジュリアスは、ある日、祖母が他界したと故郷に帰ったきり、わたしたちのもとには戻ってこなかった。六年ぶりに再会したジュリアスは、筋骨隆々のたくましい青年に変貌していた。ジュリアスは、いまは市内のガレージで自動車修理工の見習いをしているのだと話し、自分が面倒をみている若者だとふたりの少年を紹介した。ブクワは、「ほら、ジュリもすっかり都会のムジャンジャな若者だ」と晴れやかに笑った。わたしがなんだか嬉しくなって不覚にも涙ぐむと、ジュリアスも何だか照れくさそうにしながら、「それじゃあ」と去っていった。

マチンガたちと暮らして、「出会う *kukutana*」のつぎに「知りあう *kujuana*」がきて、そのつぎに「慣れあう *kuzoeana*」があることを知った。「もう君に慣れてしまった」と言われると、胸が熱くなる。……プルルル……携帯電話が鳴る。そう、そうだった！「慣れあう」は、まずこれだ。＋255（タンザニアの国番号）……番号をみて、ため息をつく。そう、そうだった！「慣れあう」……番号をみて……俺は、元気だ。家族も元気だ。だけど……いや元気なんだけれども、ちょっと問題があって……その……少しおカネを……」。こっそり、ため息をついたのがばれたのかしら。電話を切る直前、すばやく付け足される。「サヤカ、声を聞くのは会うことの半分だ。運が悪くておカネの話をしたけれど、本当は、ただ元気かどうか、声が聞きたかっただけなんだ」。これだから、彼らにはかなわない。

＊　＊　＊

本書の執筆にあたっては、数多くの人びとのご支援をいただいた。まず何はさておき、闖入者であるわたしと一緒に商売をし、ともに遊び、苦楽をともにし、わたしの禅問答のような質問につきあってくれたムワンザ市の商人たちに感謝の意を捧げたい。とくにブクワとロバートがいなければ、本書どころか、タンザニアで調査をつづけていたかどうかもわからない。Nashukuru sana Mbukwa, Robert, na washikaji zangu wote wa Mwanza. Bila upendo na urafiki wenu, sikuweza kuandika kitabu hiki. Tumetoka mbali, na tuendelee urafiki paka siku ya mwisho.

京都大学大学院アジア・アフリカ地域研究研究科の先生方、先輩と後輩の皆様には、本当にお世話になった。とりわけ主指導教員の池野旬先生には、調査のすすめ方やデータの取り方など基礎的なことから教えていただいた。

「農村で調査をしなさい。危ないことはやめなさい」という暖かい助言を無視して都市部で自由奔放に調査をしたわたしは、心配ばかりをかける不肖の弟子だったに違いない。木村大治先生には、サバティカル中にもかかわらず、博士論文の審査員になっていただき、貴重なコメントをいただいた。また京都大学大学院文学研究科の松田素二先生には、日本学術振興会特別研究員の受け入れ教員になっていただき、博士論文に対して的確かつ丁寧なコメントをいただいた。アフリカ都市研究の大先輩として松田先生には一生頭があがらない。

現在、機関研究員として所属している国立民族学博物館では、森明子先生をはじめ、さまざまな地域を対象とする研究者に囲まれて、日々新鮮な経験をさせていただいている。岸上伸啓先生には、終章が未完成な原稿にもかかわらず、丁寧に読んでいただき、いくつもの危うい分析を指摘していただいた。

研究会やシンポジウム、ワークショップなどの企画をつうじて、さまざまな研究者の方々にご指導いただいた。現代アフリカ都市研究会において、日野舜也先生（東京外国語大学名誉教授）、嶋田義仁先生（名古屋大学大学院）、和崎春日先生（中部大学）からいただいたコメントには、いつも勇気づけられた。アフリカのポピュラー・カルチャーに関する研究会（アフリカセミナー）では、岡崎彰先生（一橋大学）、近藤英俊先生（関西外国語大学）、鈴木裕之先生（国士舘大学）、鈴木慎一郎先生（関西学院大学）をはじめ、一橋大学、京都大学、名古屋大学を中心とした院生の皆様に発表の機会と貴重なコメントをいただいた。モラル・エコノミー研究会では、杉村和彦先生（福井県立大学）をはじめとした皆様方から、厳しいコメントと海外の研究者との素晴らしい出会いの機会をいただいた。アジア経済研究所の吉田栄一先生には、アジア経済研究所での企画に参加させていただき、より大きな視野からアフリカ経済を研究する重要性を学ばせていただいた。南スーダンでの調査に同行させていただいた栗本英世先生（大阪大学）、タンザニア農村部での調査を手伝わせていただいた吉田昌夫先生（日本福祉大学大学院）には、研究の視野を広げさせてもらった。わたしの力量不足から、これらの貴重なコメントやご指摘の数々を十分に活かすことはできなかったが、精進をつづけたいと思う。

四年以上にわたりつねに活発な議論をおこなってきた経済人類学研究会の皆様、エージェンシー研究会の皆様、分科会やワークショップをともに企画した皆様、個別にお名前を記すことができないが、感謝している。

また調査の現地受け入れ教員になっていただいたダルエスサラーム大学社会学・人類学科のサミュエル・マギンビ教授、現地での滞在において何かと気にかけていただいた根本利通・金山麻美ご夫妻（JATA TOURS）のご厚情にお礼を申し上げたい。

本書の執筆にかかわる調査のために、以下の助成を受けた。二十一世紀COEプログラム「世界を先導する総合的地域研究拠点の形成」（平成一四年度〜平成一八年度）、公益信託澁澤民族学振興基金（平成一八年度）、笹川科学研究助成（平成一八年度）、日本学術振興会特別研究員奨励費（平成一九年度〜平成二二年度）。ここに厚くお礼を申し上げる。

また、本書の出版は、日本学術振興会平成二二年度科学研究費補助金（研究成果公開促進費）の助成を受けて実現した。世界思想社の望月幸治さんには、本書の構成や表現にいたるまで、丁寧なご助言をいただいた。ここにお礼申し上げたい。

最後に、マチンガと同じように（？）たまにしか帰らない娘／姉／孫を、いつも暖かく迎えてくれる小川家の人びとに心からの感謝を捧げたい。

初出一覧

本書は二〇〇九年に京都大学大学院アジア・アフリカ地域研究研究科に提出した博士学位論文「アフリカ都市零細商人の商慣行に関する人類学的研究」と、以下に記した既発表論文をもとに、大幅に加筆・修正を加えたものである。

「都市零細商人の経済活動における連帯と生活信条——タンザニア、地方拠点都市ムワンザ市における古着の信用取引を事例に」『アフリカ研究』六四号、六五—八五頁、二〇〇四年。

「タンザニア都市古着商人の商慣行の変容にみられる平等性と自立性」『アジア・アフリカ地域研究』六巻二号、五七九—五九九頁、二〇〇七年。

「タンザニアにおける古着輸入の規制とアジア製衣料品の流入急増による流通変革」吉田栄一編『アフリカに吹く中国の嵐、アジアの旋風——途上国間競争にさらされる地域産業』アジア経済研究所、八三—一一二頁、二〇〇七。

「ウジャンジャの競演／共演空間としてのタンザニアのポピュラー音楽「ボンゴ・フレーバ」」『くにたち人類学研究』三号、二二—四六頁、二〇〇八年。

The Trade of Second-Hand Clothes in the Local-Mega City Mwanza, Tanzania：With Special Reference to the Social Network of Mali Kauli Transaction. *African Study Monographs*, Suppl. no. 29 (2005)：205–219.

"Earning among Friends"：Business Practices and Creed among Petty Traders in Tanzania. *African Studies Quarterly* 9, no. 1 & 2 (2006)：23–38. Florida University Online Journal (http://www.africa.ufl.edu/asq/v9/v9i1-2a3.pdf)

The Social Space of Street Trading：With Special Reference to the Reasons of Riot. In I. M. Kimambo, G. Hyden, S. Maghimbi and K. Sugimura (eds.) *Comparative Perspectives on Moral Economy：Africa and Southeast Asia*. Dar es Salaam：Dar es Salaam University Press, forthcoming.

Werbner, R. P.
1984 The Manchester School in South-Central Africa. *Annual Review of Anthropology*, 13: 157-185.

Wescott, J.
1962 The Sculpture and Myths of Eshu-Elegba, the Yoruba Trickster: Definition and Interpretation in Yorba Iconography. *Africa*, 32(4): 336-354.

1972 *A Right to Survive: Subsistence Marketing in a Lowland Philippine Town*. University Park: Pennsylvania State University Press.

TGNP (Tanzania Gender Networking Programme)

2004 *Gender Budget Analysis in Tanzania 1997-2000*. Dar es Salaam: TGNP.

Tinker, I.

1987 The Human Economy of Micro-entrepreneurs. Paper Presented at the International Seminar on Women in Micro-and Small-scale Enterprise Development, Ottawa, Canada.

Tokuori, T.

2006 The Economy of Affection and Local Enterprises in Africa: Empirical Evidence from a Network Study in Burkina Faso and Senegal. *African Studies Quarterly*, 9(1-2). Florida University Online Journal (http://www. africa. ufl. edu/asq/v9/v9i1a7. htm, 2008 年 2 月 10 日参照)

TRA (Tanzania Revenue Authority), Tanzania

2000 *Value Added Tax*. Dar es Salaam.

Trefon, T. (ed.)

2004 *Reinventing Order in the Congo: How People Respond to State Failure in Kinshasa*. London: Zed Books.

Tripp, A. M.

1989 Women and the Changing Urban Household Economy in Tanzania. *The Journal of Modern African Studies*, 27(4): 601-623.

1997 *Changing the Rules: The Politics of Liberalization and the Urban Informal Economy in Tanzania*. Berkeley: University of California Press.

Tsuruta, T.

2006 African Imaginations of Moral Economy: Notes on Indigenous Economic Concepts and Practices in Tanzania. *African Studies Quarterly*, 9(1-2). Florida University Online Journal (http://www. africa. ufl. edu/asq/v9/v9i1a8. htm, 2008 年 2 月 10 日参照)

van Donge, J. K.

1992 Waluguru Traders in Dar es Salaam: An Analysis of the Social Construction of Economic Life. *African Affairs*, 91(363): 181-205.

1995 The Social Nature of Entrepreneurial Success: Three Cases of Entrepreneurial Careers of Waluguru traders in Dar es Salaam. In Ellis, S. and Y.-A. Fauré (eds.) *Entreprises et Entrepreneurs Africains*. Paris: Karthala and Orstom, pp. 154-174.

Warms, R. L.

1994 Commerce and Community: Paths to Success for Malian Merchants. *African Studies Review*, 37(2): 97-120.

Waters, T.

2000 The Persistence of Subsistence and the Limits to Development Studies: The Challenge of Tanzania. *Africa*, 70(4): 614-652.

Areas. *Social Dynamics*, 15(1): 29-45.

Rutashobya, L. K.

1999 African Entrepreneurship and Small Business Development: A Conceptual Framework. In Kinunda-Rutashobya, L. and D. R. Olomi (eds.) *African Entrepreneurship and Small Business Development*. Dar es Salaam: Dar es Salaam University Press, pp. 19-52.

Scott, J. C.

1985 *Weapons of the Weak: Everyday Form of Peasant Resistance*. New Haven: Yale University Press.

1990 *Domination and the Arts of Resistance: Hidden Transcripts*. New Haven: Yale University Press.

Shack, W. A.

1973 Urban Ethnicity and the Cultural Process of Urbanization in Ethiopia. In Southall, A. (ed.) *Urban Anthropology: Cross-cultural Studies of Urbanization*. New York: Oxford University Press, pp. 251-285.

Shack, W. A. and E. P. Skinner (eds.)

1979 *Strangers in African Societies*. Berkeley: University of California Press.

Shaidi, L. P.

1984 Tanzania: The Human Resources Deployment Act 1983: A Desperate Measure to Contain a Desperate Situation. *Review of African Political Economy*, 11(31): 82-87.

Sørensen, P.

2000 *"Money is the True Friend": Economic Practice, Morality and Trust among Iganga Maize Traders in Uganda*. Hamburg: LIT.

2001 Trust-A Cornerstone in Trade: The Economic Universe of the Iganga Maize-traders in Uganda. In Alila, P. O. and P. O. Pedersen (eds.) *Negotiating Social Space: East African Microenterprises*. Trenton: Africa World Press, pp. 305-327.

Southall, A. (ed.)

1961 *Social Change in Modern Africa: Studies Presented and Discussed*. London: Oxford University Press.

Suriano, M.

2007 Mimi ni Msanii, Kioo cha Jamii: Urban Youth Culture in Tanzania as Seen through Bongo Fleva and Hip-Hop. *Swahili Forum*, 14: 207-223.

Swai, O. and A. Deguchi

2009 Commercial Activities in Relation to Urban Issues in the Central Commercial District of Dar es Salaam, Tanzania. *Architectural Institute of Japan*, 74(637): 601-610.

Swantz, M. L. and A. M. Tripp (eds.)

1996 *What Went Right in Tanzania: People's Response to Directed Development*. Dar es Salaam: Dar es Salaam University Press.

Szanton, M. C.

Ngware, S.
1996 The Status of Urban Research Policies in Tanzania. In Ngware, S. and J. M. Kironde (eds.) *Urbanising Tanzania: Issues, Initiatives, and Priorities*. Dar es Salaam: DUP Ltd., University of Dar es Salaam, pp. 7-20.

Nnkya, T.
2006 An Enabling Framework?: Governance and Street Trading in Dar es Salaam, Tanzania. In Brown, A. (ed.) *Contested Space: Street Trading, Public Space, and Livelihoods in Developing Cities*. Rugby: ITDG Pub., pp. 79-98.

Olomi, D. R.
1999 Entrepreneur Characteristics and Small Firm Performance. In Kinunda-Rutashobya, L. and D. R. Olomi (eds.) *African Entrepreneurship and Small Business Development*. Dar es Salaam: Dar es Salaam University Press, pp. 161-180.

Omari, C. K.
1994 Social and Cultural Factors Influencing Poverty in Tanzania. In Bagachwa, M. S. D. (ed.) *Poverty Alleviation in Tanzania: Recent Research Issues*. Dar es Salaam: Dar es Salaam University Press, pp. 249-270.

Parkin, D. J.
1969 Tribe as Fact and Fiction in an East African City. In Gulliver, P. H. (ed.) *Tradition and Transition in East Africa: Studies of the Tribal Element in the Modern Era*. London: Routledge, pp. 273-296.

Parry, J. and M. Bloch (eds.)
1989 *Money and the Morality of Exchange*. Cambridge: Cambridge University Press.

PC and MLYD (The Planning Commission and The Ministry of Labour and Youth Development), Tanzania
1991 *The Tanzania (Mainland): National Informal Sector Survey, 1991*. Dar es Salaam: PC and MLYD.

Plattner, S.
1985 Equilibrating Market Relationships. In Plattner, S. (ed.) *Markets and Marketing*. Lanham: University Press of America, pp. 133-152.

Pospisill, L.
1958 *Kapauku Papuans and Their Law*. New Haven: Yale University Press.

Rames, P.
1998 *"Karibu Geto Langu/ Welcome to My Ghetto": Urban Youth, Popular Culture and Language in 1990s Tanzania*. UMI Dissertation Services.

Robertson, C. C.
1997 *Trouble Showed the Way: Women, Men, and Trade in the Nairobi Area, 1890-1990*. Bloomington: Indiana University Press.

Rogerson, C. M. and D. M. Hart
1989 The Struggle for the Streets: Deregulation and Hawking in South Africa's Major Urban

1996 *Rural-Urban Migration and Poverty Alleviation in Tanzania: A Research Report*. Dar es Salaam: Dar es Salaam University Press.

Mintz, S.

1961 Pratik: Haitian Personal Economic Relationship. In Gudeman, S. (ed.) 1998 *Economic Anthropology*. Cheltenham: Edward Elgar Publishing, pp. 495-503.

1964 The Employment of Capital by Market Women in Haiti. In Firth, A. and B. S. Yamey (eds.) *Capital, Saving and Credit in Peasant Societies: Studies from Asia, Oceania, the Caribbean and Middle America*. Chicago: Aldine, pp. 256-286.

Mitchell, J. C.

1956 *The Kalela Dance: Aspects of Social Relationships among Urban Africans in Northern Rhodesia*. Manchester: Manchester University Press.

——— (ed.)

1969 *Social Networks in Urban Situations: Analyses of Personal Relationships in Central African Towns*. Manchester: Manchester University Press.

MLHU (Ministry of Lands, Housing and Urban Development), Tanzania

1994 *Mwanza Master Plan*. Dar es Salaam.

Müller Online

The Political Dynamics of the Informal Sector in Tanzania. Mette Müller 2nd Module Project, International Development Studies, Roskilde University Center. (http://diggy.ruc.dk: 8080/retrieve/2081/license.txt, 2009年11月2日参照)

Murphy, J. T.

2002 Networks, Trust, and Innovation in Tanzania's Manufacturing Sector. *World Development*, 30(4): 591-619.

Mwanza (Mwanza Municipal Council)

1994 *Mwanza Master Plan*. (未公刊文書)

1998 *Environmental Profile of Mwanza Municipality*. (未公刊文書)

NBS (National Bureau of Statistics), Tanzania

2002 *Integrated Labour Force Survey 2000/01*. Dar es Salaam: National Bureau of Statistics.

2006 *Integrated Labour Force Survey 2005/06*. Dar es Salaam: National Bureau of Statistics.

NBS and Mwanza (National Bureau of Statistics and Mwanza Regional Commissioner's Office), Tanzania

2003 *Mwanza Region: Socio-economic Profile*. Dar es Salaam.

Ndulu, B. J.

1988 *Tanzania* (*Stabilization and Adjustment Policies and Programmes. Country Study*, 17). Helsinki: World Institute for Development Economic Research of the United Nations University.

Ndulu, B. J., H. K. R. Amani, N. H. I. Lipumba and S. M. Kapunda

1988 *Impact of Government Policies on Food Supply in Tanzania*. Dar es Salaam: University of Dar es Salaam.

1963 *A Survey of Dar es Salaam*. London: Oxford University Press.

Lindell, I.

2010 Between Exit and Voice: Informality and the Spaces of Popular Agency. *African Studies Quarterly*, 11(2-3). Florida University Online Journal (http://www. africa. ufl. edu/asq/v11/v11i2-3a1.pdf, 2010 年 9 月 10 日参照)

Lipumba, N. H. I.

1984 The Economic Crisis in Tanzania. *Paper presented at the National Workshop on Economic Stabilization Policies in Tanzania*, Dar es Salaam.

Liviga, A. J. and R. D. K. Mekacha

1998 Youth Migration and Poverty Alleviation: A Case Study of Petty Traders *Wamachinga* in Dar es Salaam. *Research Report No. 98. 5*. Dar es Salaam: Research on Poverty Alleviation.

Lugalla, J.

1995a *Crisis, Urbanization, and Urban Poverty in Tanzania: A Study of Urban Poverty and Survival Politics*. Lanham, MD: University Press of America.

1995b *Adjustment and Poverty in Tanzania*. Münster: LIT.

1997 Development, Change, and Poverty in the Informal Sector during the Era of Structural Adjustments in Tanzania. *Canadian Journal of African Studies*, 31(3): 424-451.

Macharia, K.

1997 *Social and Political Dynamics of the Informal Economy in African Cities: Nairobi and Harare*. New York: University Press of America.

Maliyamkono, T. L. and M. S. D. Bagachwa

1990 *The Second Economy in Tanzania*. London: James Currey.

Maphosa, F.

1999 Leadership Succession: A Recalcitrant Problem in the Indigenisation of African Economies. *Zambezia*, 26(2): 169-182.

Marris, P.

1968 The Social Barriers to African Entrepreneurship. *Journal of Development Studies*, 5(1): 29-38.

1971 African Businessmen in a Dual Economy. *The Journal of Industrial Economics*, 19(3): 231-245.

Marris, P. and A. Somerset

1971 *African Businessmen: A Study of Entrepreneurship and Development in Kenya*. London: Routledge.

May, A.

2002 Unexpected Migrations: Urban Labor Migration of Rural Youth and Maasai Pastoralists in Tanzania. Ph. D. thesis for Department of Anthropology, University of Colorado.

Mbilinyi, D. A. and C. K. Omari

Heinemann.
2006 *African Politics in Comparative Perspective.* Cambridge: Cambridge University Press.
Illiffe, J.
1979 *A Modern History of Tanganyika.* Cambridge: Cambridge University Press.
Jacobson, D.
1973 *Itinerant Townsmen: Friendship and Social Order in Urban Uganda.* Menlo Park, Calif.: Cummings Pub. Co.
Jimu, I. M.
2005 Negotiated Economic Opportunity and Power: Perspectives and Perceptions of Street Vending in Urban Malawi. *Africa Development,* 30(4): 35-51.
Johnson-Hanks, J.
2005 When the Future Decides: Uncertainty and Intentional Action in Contemporary Cameroon. *Current Anthropology,* 46(3): 363-385.
Kasfir, N.
1986 Are African Peasants Self-sufficient? *Development and Change,* 17(2): 335-357.
Kennedy, P.
1988 *African Capitalism: The Struggle for Ascendency.* Cambridge: Cambridge University Press.
Kerner, D. O.
1988 "Hard Work" and Informal Sector Trade in Tanzania. In Clark, G. (ed.) *Traders versus the State: Anthropological Approaches to Unofficial Economies.* Boulder: Westview Press, pp. 41-56.
Kironde, J. M. L.
2001 *Financing the Sustainable Development of Cities in Tanzania: the Case of Dar es Salaam and Mwanza.* Dar es Salaam: University College of Lands and Architectural Studies.
Kondo, H.
2003 Illness in Between: Uncertainty and Everyday Crisis in the Life of a Factory Worker in Northern Nigeria. *Japanese Review of Cultural Anthropology,* 4: 1-29.
Koponen, J.
1988 *People and Production in Late Precolonial Tanzania: History and Structures.* Uppsala: Finnish Society of Development Studies.
Kulaba, S.
1989 Local Government and the Management Urban Services in Tanzania. *Journal of Development Studies,* 20(2): 171-201.
Lerise, F., A. Kibadu, E. Mbutolwe and N. Mushi
2001 The Case of Lindi, Southern Tanzania. *Rural-urban Interactions and Livelihood Strategies, Working Paper 2.* London: International Institute for Environment and Development (IIED).
Leslie, J. A. K.

A.（ed.）*Social Change in Modern Africa: Studies Presented and Discussed*. London: Oxford University Press, pp. 67–82.

Graeber, D.

2001 *Toward an Anthropological Theory of Value: The False Coin of Our Own Dreams*, New York: Palgrave.

Greble, R. E.

1971 Urban Growth Problems of Mwanza Township, Tanzania: A Study of Tributary Area Relationships. Ph. D. thesis for Boston University.

Gutmann, M. C.

1985 Rituals of Resistance: A Critique of the Theory of Everyday Forms of Resistance. *Latin American Perspectives*, 20(2): 74–92.

Hansen, K. T.

2000 *Salaula and the Work of Consumption in Zambia*. Chicago and London: The University of Chicago Press.

2002 Commodity Chains and International Secondhand Clothing Trade: Salaula and the Work of Consumption in Zambia. In Ensminger, J.（ed.）*Theory in Economic Anthropology*. Walnut Creek, CA: Altamira Press, pp. 221–236.

2004 Who Rules the Streets?: The Politics of Vending Space in Lusaka. In Hansen, K. T. and M. Vaa（eds.）*Reconsidering Informality: Perspectives from Urban Africa*. Uppsala: Nordiska Afrikainstitutet, pp. 62–80.

2010 Changing Youth Dynamics in Lusaka's Informal Economy in the Context of Economic Liberalization. *African Studies Quarterly*, 11(2–3). Florida University Online Journal (http://www.africa.ufl.edu/asq/v11/v11i2-3a2.pdf, 2010年5月10日参照).

Hart, K.

1973 Informal Income Opportunities and Urban Employment in Ghana. *The Journal of Modern African Studies*, 11(1): 61–89.

1975 Swindler or Public Benefactor?: The Entrepreneur in his Community. In Goody, J.（ed.）*Changing Social Structure in Ghana: Essays in the Comparative Sociology of a New State and an Old Tradition*. London: International African Institute, pp. 1–35.

2000 Kinship, Contract, and Trust: The Economic Organization of Migrants in an African City Slum. In Gambetta, D.（ed.）*Trust: Making and Breaking Cooperative Relations*, Electronic edition. Oxford: Basil Blackwell, pp. 176–193.

Hawkins, H. C. G.

1965 *Wholesale and Retail Trade in Tanganyika: A Study of Distribution in East Africa*. New York: Praegar.

Hydén, G.

1980 *Beyond Ujamaa in Tanzania: Underdevelopment and an Uncaptured Peasantry*. Berkeley: University of California Press.

1983 *No Shortcuts to Progress: African Development Management in Perspective*. London:

Epstein, A. L.

1958 *Politics in an Urban African Community*. Manchester: Manchester University Press.

1969 The Network and Urban Social Organization. In Mitchell, J. C. (ed.) *Social Networks in Urban Situations: Analyses of Personal Relationships in Central African Towns*, pp. 77-113.

1981 *Urbanization and Kinship: The Domestic Domain on the Copperbelt of Zambia, 1950-1956*. London: Academic Press.

Evers, H.-D.

1994 The Traders' Dilemma: a Theory of the Social Transformation of Markets and Society. In Evers, H.-D. and H. Schrader (eds.) *The Moral Economy of Trade: Ethnicity and Developing Markets*. London: Routledge, pp. 7-14.

Evers, H.-D. and H. Schrader (eds.)

1994 *The Moral Economy of Trade: Ethnicity and Developing Markets*. London: Routledge.

Fedelman, S. (ed.)

1963 *African Mith and Tale*. New York: Dell.

Foster, G. M.

1965 Peasant Society and the Image of Limited Good. *American Anthropologist*, 67(2): 293-315.

Geertz, C.

1963 *Agricultural Involution: The Process of Ecological Change in Indonesia*. Berkeley: University of California Press.

Geertz, C., H. Geertz and L. Rosen

1979 *Meaning and Order in Moroccan Society: Three Essays in Cultural Analysis*. Cambridge: Cambridge University Press.

Ghai, D. P. and Y. P. Ghai

1965 Asians in East Africa: Problems and Prospects. *The Journal of Modern African Studies*, 3 (1): 35-51.

Gibbon, P.

1995 Merchantisation of Production and Privatisation of Development in Post-*Ujamaa* Tanzania: An Introduction. In Gibbon, P. (ed.) *Liberalised Development in Tanzania: Studies on Accumulation Processes and Local Institutions*. Uppsala: Nordiska Afrikainstitutet, pp. 9-36.

1997a The Poor Relation: A Political Economy of the Marketing Chain for Dagaa in Tanzania. *CDR Working Paper 97.2*. Copenhagen: Centre for Development Research.

1997b Of Saviours and Punks: The Political Economy of the Nile Perch Marketing Chain in Tanzania. *CDR Working Paper 97.3*. Copenhagen: Centre for Development Research.

Gluckman, M.

1940 The Kingdom of the Zulu of South Africa. In Fortes, M. and E. E. Evans-Pritchard (eds.) *African Political Systems*. London: Oxford University Press, pp. 25-55.

1961 Anthropological Problems Arising from the African Industrial Revolution. In Southall,

ITDG Publishing.

Bryceson, D. F.

1993 *Liberalizing Tanzania's Food Trade: Public and Private Faces of Urban Marketing Policy, 1939-1988*. London: United Nations Research Institute For Social Development.

Buchholt, H. and U. Mai

1994 Trade and Conflict in the Third World. In Evers, H.-D. and H. Schrader (eds.) *The Moral Economy of Trade: Ethnicity and Developing Markets*. London: Routledge, pp. 225-233.

Burton, A.

2005 *African Underclass: Urbanisation, Crime and Colonial Order in Dar es Salaam*. Oxford: James Currey.

Chambers, R. and G. Conway

1992 Sustainable Rural Livelihoods: Practical Concepts for the 21st Century. *IDS Discussion Paper 296*. Brighton: Institute of Development Studies, University of Sussex.

Clark, G.

1994 *Onions Are My Husband: Survival and Accumulation by West African Market Women*. Chicago: University of Chicago Press.

Cliffe, L.

1987 The Debate on African Peasantries. *Development and Change*, 18(4): 625-635.

Cohen, A.

1988 The Politics of Ethnicity in African Towns. In Gugler, J. (ed.) *The Urbanization of the Third World*. Oxford: Oxford University Press, pp. 328-337.

Cordon, H. and P. deGrave

1988 The Evolution of the Market for Maize in Tanzania. *Tanzania Economic Trends*, 1(3): 25-33. Dar es Salaam: University of Dar es Salaam.

Coulson, A.

1982 *Tanzania: A Political Economy*. Oxford: Oxford University Press.

Dar es Salaam City Council

1998 Mwongozo Kwa Wafanyabiashara Ndogo Ndogo. Dar es Salaam.

Davis, W. G.

1973 *Social Relations in a Philippine Market: Self-interest and Subjectivity*. Berkeley: University of California Press.

Egbert, H.

2004 Networking and Entrepreneurial Success: A Case Study from Tanga, Tanzania. In Wohlmut, K. et al. (eds.) *African Development Perspectives Yearbook Vol. 9, 2002/03*. Münster: Lit, pp. 291-309.

Englund, H.

2002 *From War to Peace on the Mozambique-Malawi Borderland*. Edinburgh: Edinburgh University Press.

ラディン、ポール／ケレーニィ、カール／ユング、カール・グスタフ
1974（1956）『トリックスター』皆河宗一・高橋英夫・河合隼雄訳、晶文全書。
ルイス、オスカー
2003（1959）『貧困の文化』高山智博・染谷臣道・宮本勝訳、ちくま学芸文庫。

欧文文献

Abu-Lughod, L.
1990 The Romance of Resistance: Tracing Transformations of Power through Bedouin Women. *American Ethnologist*, 17(1): 41-55.
Azarya, V. and N. Chazan
1987 Disengagement from the State in Africa: Reflections on the Experience of Ghana and Guinea. *Comparative Studies in Society and History*, 29(1): 106-131.
Bagachwa, M. S. D.
1981 The Urban Informal Enterprise Sector in Tanzania: A Case Study of Arusha Region. *E. R. B Paper 81.4*. Dar es Salaam: Economic of Research Bureau, University of Dar es Salaam.
1983 Structure and Policy Problems of the Informal Manufacturing Sector in Tanzania. *E. R. B Paper 83.1*. Dar es Salaam: Economic of Research Bureau, University of Dar es Salaam.
1993 Impact of Adjustment Policies on the Small Scale Enterprise in Tanzania. In Helmsing, A. H. J. and T. Kolstee (eds.) *Small Enterprise and Changing Politics*. London: ITP Publication, pp. 91-113.
Bagachwa, M. and B. Ndulu
1996 Structure and Potential of the Urban Small-scale Production in Tanzania. In Swantz, M. L. and A. M. Tripp (eds.) *What Went Right in Tanzania: People's Response to Directed Development*. Dar es Salaam: Dar es Salaam University Press, pp. 69-97.
Barth, F.
1967 Economic Spheres in Darfur. In Firth, R. (ed.) *Themes in Economic Anthropology*. London: Tavistock Publications, pp. 149-174.
——— (ed.)
1963 *The Role of the Entrepreneur in Social Change in Northern Norway*. Oslo: Norwegian Universities Press.
Bharati, A.
1972 *The Asians in East Africa: Jayhind and Uhuru*. Chicago: Nelson-Hall Company.
Bienefeld, M.
1975 The Informal Sector and Peripheral Capitalism: The Case of Tanzania. *Institute of Development Studies Bulletin*, 6(3): 53-73.
Brown, A. (ed.)
2006 *Contested Space: Street Trading, Public Space, and Livelihoods in Developing Cities*. Rugby:

古沢　紘造
1993「民衆の暮らしと民主化――タンザニア」吉田昌夫・小林弘一・古沢紘造編『よみがえるアフリカ』日本貿易振興会、pp. 50–65。
ブルデュ、ピエール
1988 (1980)『実践感覚 1』今村仁司・港道隆訳、みすず書房。
1990 (1980)『実践感覚 2』今村仁司・福井憲彦・塚原史・港道隆訳、みすず書房。
ホックシールド、A. R.
2000 (1983)『管理される心――感情が商品になるとき』石川准・室伏亜希訳、世界思想社。
ポランニー、カール
1980a (1977)『人間の経済 I　市場社会の虚構性』玉野井芳郎・栗本慎一郎訳、岩波現代選書。
1980b (1977)『人間の経済 II　交易・貨幣および市場の出現』玉野井芳郎・中野忠訳、岩波現代選書。
前山　隆
2003『個人とエスニシティの文化人類学――理論をめざしながら』御茶の水書房。
松田　素二
1985「アフリカ都市における伝統の非連続性について――ある自発的結社の軌跡から」『人文研究』37 (2)：79–112。
1989「必然から便宜へ――生活環境主義の認識論」鳥越皓之編『環境問題の社会理論――生活環境主義の立場から』御茶の水書房、pp. 93–132。
1996『都市を飼い慣らす――アフリカの都市人類学』河出書房新社。
1999『抵抗する都市――ナイロビ移民の世界から』岩波書店。
2009『日常人類学宣言！――生活世界の深層へ／から』世界思想社。
ミッチェル、ジェームス・クライド（編）
1983 (1969)『社会的ネットワーク――アフリカにおける都市の人類学』三雲正博・福島清紀・進本真文訳、国文社。
宮本　正興（編訳）
1983『ウサギのかしこい商売――アフリカ〈ウガンダ〉の昔ばなし』小峰書店。
モース、マルセル
2008 (1925)『贈与論（新装版）』有地亨訳、勁草書房。
矢野　修一
2004『可能性の政治経済学――ハーシュマン研究序説』法政大学出版局。
山口　昌男
1975『文化と両義性』岩波書店。
1980『仕掛けとしての文化』青土社。
2007『道化の民俗学』岩波現代文庫。
吉田　昌夫
1997『東アフリカ社会経済論――タンザニアを中心として』古今書院。

スミス、デイヴィッド・リヴィングストン
2006（2004）『うそつきの進化論――無意識にだまそうとする心』三宅真砂子訳、日本放送出版協会。
武内　進一
1998「コンゴの食糧流通と商人――市場構造と資本蓄積」池野旬・武内進一編『アフリカのインフォーマル・セクター再考』アジア経済研究所、pp. 57-99。
田中　雅一
2009「エイジェントは誘惑する――社会・集団をめぐる闘争モデル批判の試み」河合香吏編『集団――人類社会の進化』京都大学学術出版会、pp. 275-292。
田辺　繁治
2003『生き方の人類学――実践とは何か』講談社現代新書。
2010『「生」の人類学』岩波書店。
ド・セルトー、ミシェル
1987（1980）『日常的実践のポイエティーク』山田登世子訳、国文社。
トムスン、エドワード・P.
2003（1963）『イングランド労働者階級の形成』市橋秀夫・芳賀健一訳、青弓社。
西井　涼子・田辺　繁治（編）
2006『社会空間の人類学――マテリアリティ・主体・モダニティ』世界思想社。
野元　美佐
2005『アフリカ都市の民族誌――カメルーンの「商人」バミレケのカネと故郷』明石書店。
ハーシュマン、アルバート・O.
2005（1970）『離脱・発言・忠誠――企業・組織・国家における衰退への反応』矢野修一訳、ミネルヴァ書房。
ハイデン、ゴラン
2007「情の経済とモラル・エコノミー――比較の視点から」鶴田格・黒田真訳『アフリカ研究』（70）：35-50。
ハイド、ルイス
2005（1998）『トリックスターの系譜』伊藤誓・磯山甚一・坂口明徳・大島由紀夫訳、法政大学出版局。
日野　舜也
1987「スワヒリ世界の形成と拡大」川田順造編『民族の世界史12　黒人アフリカの歴史世界』山川出版社、pp. 250-273。
平井　京之介
2006「都市をつくる社会空間――北タイ女性工場労働者のロマンチックな物語」西井涼子・田辺繁治編『社会空間の人類学――マテリアリティ・主体・モダニティ』世界思想社、pp. 395-416。
フォード、チャールズ・V.
2002（1996）『うそつき――うそと自己欺まんの心理学』森英明訳、草思社。

菅野　仁
2003 『ジンメル・つながりの哲学』NHK ブックス。
コーン、アルフィ
1994 (1986) 『競争社会をこえて――ノー・コンテストの時代』山本啓・真水康樹訳、法政大学出版局。
2001 (1993) 『報酬主義をこえて』田中英史訳、法政大学出版局。
児玉　由佳
1998 「エチオピアにおけるインフォーマル・セクターと小規模企業――先行研究動向と統計資料による概観」池野旬・武内進一編『アフリカのインフォーマル・セクター再考』アジア経済研究所、pp. 219-251。
ゴッフマン、アーヴィング
1974 (1959) 『行為と演技――日常生活における自己呈示』石黒毅訳、誠信書房。
1980 (1963) 『ゴッフマンの社会学 4　集まりの構造――新しい日常行動論を求めて』丸木恵祐・本名信行訳、誠信書房。
1985 (1961) 『ゴッフマンの社会学 2　出会い――相互行為の社会学』佐藤毅・折橋徹彦訳、誠信書房。
2001 (1963) 『スティグマの社会学――烙印を押されたアイデンティティ（改訂版）』石黒毅訳、せりか書房。
2002 (1967) 『儀礼としての相互行為――対面行動の社会学（新訳版）』浅野敏夫訳、法政大学出版局。
小林　直明
1999 「組織化・制度化する「インフォーマルセクター」――タンザニア・ダルエスサラームの場合」『アフリカレポート』(29)：16-19。
近藤　英俊
2009 「偶然化と呪術――ある起業家の賭けと苦境をめぐって」落合雄彦編『スピリチュアル・アフリカ――多様なる宗教的実践の世界』晃洋書房、pp. 131-173。
サーリンズ、マーシャル
1984 (1976) 『石器時代の経済学』山内昶訳、法政大学出版局。
斎藤　孝
2004 『生き方のスタイルを磨く――スタイル間コミュニケーション論』NHK ブックス。
ジンメル、ゲオルク
1994a 『社会学（上巻）』居安正訳、白水社。
1994b 『社会学（下巻）』居安正訳、白水社。
鈴木　裕之
2000 『ストリートの歌――現代アフリカの若者文化』世界思想社。
2009 「ストリートで意味を生産する――アビジャンにおけるストリート文化の記号論」関根康正編『ストリートの人類学（上巻）』国立民族学博物館調査報告、pp. 327-347。

参照文献

邦文／邦訳文献　（ ）内は、原著の出版年

アラン、グラハム

1993（1989）『友情の社会学』仲村祥一・細辻恵子訳、世界思想社。

石井　美保

1998「越境するラスタファリ運動——タンザニア都市における社会宗教運動の展開」『民族學研究』63（3）：259–282。

今村　仁司

1985『排除の構造——力の一般経済序説』青土社。

1988『仕事』弘文堂思想選書。

上田　元

1996「ケニアにおけるインフォーマルセクターの研究動向」池野旬編『アフリカ諸国におけるインフォーマルセクター——その研究動向』アジア経済研究所、pp. 1–34。

2002「東アフリカ小農社会のモラル・エコノミーをめぐる諸論——タンザニア・メル山周辺の新開地社会における農耕と流通の実態把握に向けて」高根務編『開発途上国の農産物流通——アフリカとアジアの経験』アジア経済研究所、pp. 215–242。

小川　了

1985『トリックスター——演技としての悪の構造』海鳴社。

1998『可能性としての国家誌——現代アフリカ国家の人と宗教』世界思想社。

荻野　昌弘

2005『零度の社会——詐欺と贈与の社会学』世界思想社。

小田　亮

2004「共同体という概念の脱／再構築——序にかえて」『文化人類学』69（2）：236–246。

掛谷　誠

1994「焼畑農耕社会と平準化機構」大塚柳太郎編『講座地球に生きる 3　資源への文化適応——自然との共存のエコロジー』雄山閣出版、pp. 121–145。

1996「焼畑農耕社会の現在」田中二郎・掛谷誠・市川光雄・太田至編『人間の探検シリーズ　続・自然社会の人類学——変貌するアフリカ』アカデミア出版会、pp. 243–269。

春日　直樹

2007「貨幣と資源」春日直樹編『資源人類学 5　貨幣と資源』弘文堂、pp. 13–26。

マ行

ヤ行

ラ行

ワ行

サ行

事項索引

ア行

カ行

ヤ行

ラ行

索　引

・頻出する語については、先行研究・定義・属性にかかわる頁のみを掲載している。
・事項名そのままの形でなくても、関連性の高いページは掲載している。

人名・地名索引

ア行

カ行

サ行

タ行

ナ行

ハ行

マ行

著者紹介

小川さやか（おがわ　さやか）

1978年生まれ。京都大学大学院アジア・アフリカ地域研究研究科博士課程修了。博士（地域研究）。日本学術振興会特別研究員、国立民族学博物館研究戦略センター機関研究員、同センター助教を経て、現在、立命館大学先端総合学術研究科教授。

主な著書

『「その日暮らし」の人類学――もう一つの資本主義経済』光文社新書

『チョンキンマンションのボスは知っている――アングラ経済の人類学』春秋社（第8回河合隼雄学芸賞，第51回大宅壮一ノンフィクション賞）

都市を生きぬくための狡知
――タンザニアの零細商人マチンガの民族誌

2011年 2月28日　第1刷発行
2023年10月10日　第9刷発行

定価はカバーに表示しています

著　者　小《お》川《がわ》さやか

発行者　上原寿明

世界思想社

京都市左京区岩倉南桑原町56　〒606-0031
電話 075(721)6500
振替 01000-6-2908
http://sekaishisosha.jp/

ISBN978-4-7907-1513-9

『都市を生きぬくための狡知』の
読者にお薦めの本

旅するモヤモヤ相談室

木谷百花 編

タンザニアの行商人、ブータンの酒飲み、エジプトのムスリム、パスタを深く味わうイタリア人……世界を知れば、悩みは解ける！　医学生が、先生たちを訪ねて見つけた、目からウロコの生きる知恵。小川さやか氏のインタビュー＆推薦本を収載。

本体価格 1,800 円（税別）

ストリートの精霊たち

川瀬慈

人類学のフィールドワークのため，エチオピアのゴンダールに居着いた著者。そこは物売りや物乞い，芸能者たちが息づく奥深い空間だった。著者と彼ら“ストリートの精霊たち”との密な交流から雑踏の交響詩が聞こえてくる。坂本龍一さん推薦！

本体価格 1,900 円（税別）

恋する文化人類学者　結婚を通して異文化を理解する

鈴木裕之

これは恋の物語であり，異文化交流の物語である。アフリカで，著者は彼の地の女性アイドル歌手と恋に落ちた。結婚式は，8日間にわたる壮麗なものだった。激しい異文化の渦に巻き込まれた著者が，自らを素材に語る体験的入門書。

本体価格 2,200 円（税別）

ストリートの歌　現代アフリカの若者文化

鈴木裕之

学校や家庭から落ちこぼれ，ストリートに降り立った俺たち。世間からは不良だと言われている。だが聞いてほしい，俺たちの歌を。見てほしい，俺たちの生き方を！ストリート・ボーイと暮らした気鋭が，西アフリカの大都市アビジャンを活写する。

本体価格 1,900 円（税別）

定価は，2023 年 10 月現在